周健强 著
蒙宪 编注

谈笑有鸿儒

——中国当代文坛访贤录

群言出版社
QUNYAN PRESS
·北京·

图书在版编目（CIP）数据

谈笑有鸿儒：中国当代文坛访贤录／周健强著；蒙宪编注． -- 北京：群言出版社，2024.2

ISBN 978-7-5193-0919-0

Ⅰ. ①谈… Ⅱ. ①周… ②蒙 Ⅲ. ①中国文学－当代文学－文学评论－文集 Ⅳ. ①I206.7-53

中国国家版本馆CIP数据核字（2023）第250638号

责任编辑：孙平平　宋盈锡
特约编辑：蒙　宪
封面设计：逸品书装

出版发行：群言出版社
地　　址：北京市东城区东厂胡同北巷1号（100006）
网　　址：www.qypublish.com（官网书城）
电子信箱：qunyancbs@126.com
联系电话：010-65267783　65263836
法律顾问：北京法政安邦律师事务所
经　　销：全国新华书店
印　　刷：北京柏力行彩印有限公司
版　　次：2024年2月第1版
印　　次：2024年2月第1次印刷
开　　本：710mm×1000mm　1/16
印　　张：27.5
字　　数：436千字
书　　号：ISBN 978-7-5193-0919-0
定　　价：128.00元

【版权所有，侵权必究】

如有印装质量问题，请与本社发行部联系调换，电话：010-65263836

体 例

鉴于这些访谈文章的特点，并根据作者同被访者接触的多寡、关系的亲疏及文章的数量，本书体例上做如下编排：

第一，将有关胡愈之、聂绀弩、罗孚三位先生的文章（或日记信札）各自单列为一个单元。

第二，文章排列以在报刊公开发表时间先后而非写作结笔时间为序。

第三，除了极个别笔误或错别字改正外，尽量保持文章刊登或书籍出版时的原貌。

第四，对部分文章里的某些称谓、人名、事件等作简要注释，旨在为读者提供一些背景资料以助了解。

第五，书中大部分插配照片是作者独家珍藏且首次公开，具有不可替代的文献史料价值。

第六，最后需要特别说明一点：作者因为工作关系，对胡愈之、聂绀弩和罗孚三位先生的接触访谈较多，尤其是作为聂绀弩先生的私淑弟子和传记作者，掌握的原始资料极其丰富，因应不同报刊稿约分别发文，所刊文章内容难免时有重复，编排初期曾想全文或部分删减，后来发现各文主旨不同，重点各异，为保持文章原貌及其史料完整，最终决定不做删减，照编如仪，相信读者诸君明察。

序一 活灵活现的文史资料

——不算序言的序言

潘耀明

蒙宪兄说,周健强女士有一部关于中国著名文化人的书出版,让我写序。我遽然应诺后,深感后悔,原因是编务繁重,人事纷杳,所有余暇都碌碌于笔底文字、酬酢之间,一拖再拖,本想婉却,又因答应在先,延宕在后,更惶惶然不知所措。

我曾在主编的香港《明报月刊》发表过周女士的文章,也曾在主持的出版社出过周女士的书,从文字上认识周女士是一位治学严谨和方正的人。

断断续续拜读周女士这本大著,对她的勤奋和敬业精神,不禁动容。文稿里,前辈文人之中,有些曾有过交往,如沈从文、冰心、罗孚、牛汉、高旅等人;也有一面之交或数面之交,如夏衍、林海音、胡风、钟期荣胡鸿烈伉俪、启功等人;还有熟悉其名而未能亲炙其人,如胡愈之、聂绀弩等人。特别是后者,牵涉不少文坛逸事,其半生经历曲折坎坷,却是极可爱可敬的人,因为活得磊落,做人什么时候都是坦荡荡,不负师友。倒是有好友在政治运动中打小报告,让他陷入缧绁之灾。出狱后聂绀弩仍能以德报怨,气度轩敞,试问世上能有几人?!

书中文章提到沈从文与丁玲的恩恩怨怨,真是说也说不清楚。我与这两人均有往来,两人情谊是有的,据研究沈从文的美国著名汉学家金介甫教授(Jeffrey C. Kinkley)亲口告诉我,沈从文早年的确追过丁玲,也有一首《呈小莎》的情诗存世。小莎是沈先生对丁玲的昵称(均见拙著《这情感仍会在你心中流动》)。

潘耀明《这情感仍会在你心中流动》，作家出版社2021年5月。(资料照片)

早年我编辑香港《海洋文艺》，刊发过沈先生一篇文章，写他如何在国民党的白色恐怖下，假借丁玲的丈夫之名，冒着生命危险，穿越重重障碍，送丁玲返湖南家乡。可见他对丁玲的深情和仗义。丁玲也不是寡情薄义的人，沈先生在二十世纪五十年代因"精神失常"自杀不遂，丁玲闻讯后，曾与夫婿陈明登门慰问，并送二百万人民币（相当于今天的二百元，在当时也不是小数目），只是后来在二十世纪八十年代初，丁玲读到沈先生《记丁玲》这本书的时候，才恼羞成怒。当年沈先生以为丁玲已被国民党杀害了，出版这本书怀有悼念的用意，基本是肯定丁玲的文学成就和行迹，却也有兼及月旦丁玲的私人感情生活，对于后者，在丁玲看后觉得大有揶揄损贬的成分，酿成以后两人恩怨情仇的风波。钱钟书先生说世界上最快乐的是"假如"，最伤心也是"假如"，假如丁玲没有读到《记丁玲》，丁沈这段埋在心里的情谊应可以长存。

说了以上一连串词不达意的话，主要是想说，文化人比起常人感情更丰厚、更敏感。有时对自己爱过或深交的人，要求更严苛，不能有半点蒙尘，所谓爱之越深，责之越切也！

....

周女士是名编辑，过去大半世纪生涯遇过不少著名文化人，在她笔下娓娓道来，活灵活现，不乏第一手文史资料，颇有可读性，值得推荐给读者。

潘耀明 浅识
2022 年 8 月 11 日

2018 年 11 月，香港作家联会成立三十周年，作联会长潘耀明（左五），和前来道贺的中国文联/中国作协主席铁凝（左四）、香港中联办副主任杨健（右五）、香港特区政府民政事务局局长刘江华（左二）、中国作协副主席李敬泽（右三），以及全国人大原代表、作联监事长吴康民（左三）、作联永远名誉会长贝钧奇（右四）等嘉宾合影。（资料照片）

（潘耀明：中国作家协会全国工作委员会荣誉
委员、香港作家联会会长、香港文学馆馆长）

序二　我所认识的周健强与聂绀弩

罗海雷[*]

周健强是父亲罗孚在"北京十年"的重要联系人，她有多重身份：一方面作为父亲与老朋友聂绀弩的"通讯员"，这时聂老已经进入生命的最后几年，基本只能躺在床上；另一方面也作为父亲与北京三联书店范用的联系员，三联与范用给在"落难"的父亲莫大的支持；她还是父亲投稿给香港文章的最后把关员，特别是在1988年以前父亲的文章是否可以在境外刊登其实是比较敏感的问题，为了众所周知的原因，周健强夫妇需要把父亲文章重新抄写一次。父亲再托人带出去香港发表，我经常是这个工作的"快递员"，我也是这时候开始认识周健强。那时没有手机和互联网，不仅是在北京与香港，甚至北京本地的通讯都很不方便，所以通讯与联系工作往往需要很多时间精力，周健强就是这些繁重工作的幕后推手。根据已经整理好的"罗孚日记1983—1993"，周健强名字在日记出现的次数达到363次，是朋友中最多的一位，出现第二多就是北京三联书店的范用。

周健强这批文章大部分是二十世纪八十年代发表的，周健强因为凭着聂绀弩与三联编辑的背景，能够有机会面对面采访这些文化大家，并听到与记录了他们很多真实的思想与回忆，因此这本访谈实录有其与众不同之处，仔细阅读可以了解更多老知识分子在历尽艰辛后的所想、所思。

我相信现在的年轻人已经很难明白那个年代的知识分子的感情与行为，

---

[*] 编者注：作者罗海雷是罗孚先生小儿子。

2012年2月，罗孚先生92岁寿辰，作者（前右一）和姚锡佩（前左一）获邀赴港贺寿。中为罗孚、吴秀圣夫妇。后中是罗海雷。（作者提供）

包括我虽然与他们很多人有一些接触，但我也是需要通过阅读相关的文章才能够慢慢了解他们的行为与心态，其中聂绀弩就是很好的例子。我一直觉得聂绀弩是父亲文艺界朋友中经历与个性最为独特的一位，是一位爱憎分明，敢说敢做的知识分子。父亲与他认识时间很长，但真正作为同事交往比较密切可能就是二十世纪四十年代末期到五十年代初期的三四年。虽然时间不长，但感情很深，从他们的通信可以看出。但为什么可以成为生死之交，我也是看了很多文章包括这本访谈录后才能够明白一二。

聂绀弩与父亲有一些共同点，就是家庭出身一般，学历也不高，主要依靠自学成才，但过程中也是遇到不少伯乐。也是因为这样，他们都愿意帮助自学成才的年轻人，周健强是机缘巧合之下认识了聂绀弩夫人周颖（没有亲戚关系），在为周健强父亲的平反工作中得到周颖的不少帮助，之后也是在聂绀弩的支持下得以在父亲负责的香港《新晚报》发表文章，最终走上文学之路。正如周健强说"聂绀弩对于无亲无故的'小白丁'便极提携关怀"。还有一点，看到这些文章，更加深我的认知，就是聂绀弩在经过"文化大革命"的"洗礼"后，思想上还是很清醒的，谁曾经雪中送炭，谁是落井下石，心中是有数的。因此章诒和在文章中在缺乏证据前提下"指证"黄苗子的告密行为，与我们已经知道的聂绀弩和黄苗子在"文化大革命"后的关系是不一致的，这里就不展开了。

以后无论是学者或其他人希望了解这段时期的知识分子的心态，这类纪实文字将会是极其珍贵的史料。特别是在我心目中聂绀弩可能就是另一个张爱玲，他的文学成就还没有好好发掘。正如章诒和所推崇的"聂绀弩在小说、诗歌、杂文、散文、古典文学研究方面的贡献，是继鲁迅之后的第二人。特别是他的旧体诗，形类打油，旨同庄骚，读来令人欲笑而哭，自成一格，人称'聂体'，是'异端'诗的高峰"。聂绀弩成就的深度与高度最终会被后人慢慢认识。在这方面，周健强做了不少工作。

父亲的朋友我只见过一些，其中见过多次并有交流的在香港就是徐复观，而在北京的就是黄苗子。大多数父亲的朋友都是近年来通过阅读他们的文章、作品来认识，其中我特别希望能够一睹风采大概就是两人，一位就是文坛"酒仙"杨宪益，另外一位就是"落拓不羁，我行我素，不拘小节"的聂绀弩。他们像父亲的其他朋友一样有学问，生平不但波澜起伏，而且敢作敢为。在历尽磨难后还能保持清醒而睿智豁达的心态，活得潇洒。聂绀弩就更不用说！一生活得精彩，这么早参加革命，认识这么多领导人，但他选择了文学道路，他的诗和人品会不断地被传诵下去。

最后也需要补充一下我与周健强的一些巧合，访谈录有一篇文章是采访李淑贤回忆"与溥仪相亲相爱的时光"，这篇文章初稿1982年邮寄到香港时，父亲就被召回北京，后来就不知所踪了，父亲是在十一年后才得以重回香港。想不到就差不多三十年后，我为父亲整理资料时，居然给我重新发现这个手稿，后来手稿物归原主并最终在香港提供给大山文化出版社出版了，这也算为父亲偿还了他当年的一个"债务"。

2022年6月8日

目 录

序一　活灵活现的文史资料
　　　　——不算序言的序言　　　　　　　　　　潘耀明 / 1
序二　我所认识的周健强与聂绀弩　　　　　　　　罗海雷 / 4

一、忆胡愈老

胡愈之 / 3
引曙光于世　播佳种在田
　　　——访胡愈之先生 / 5
胡愈之亲手编定的最后一本书 / 18
卓然超群的胡愈之 / 19
极富魅力的个性
　　　——访沈兹九大姐 / 31

附录一：永恒的纪念
　　　　——《鲁迅全集》出版始末（胡愈之口述，周健强整理）/ 41
附录二：我所知道的冯雪峰（胡愈之口述，周健强整理）/ 45
附录三：南洋杂忆（胡愈之口述，周健强整理）/ 53
附录四：为全民抗战奔走呼号（胡愈之口述，周健强整理）/ 76

二、怀三耳伯

聂绀弩的幽默与其他
　　　——三耳伯散记 / 99

聂绀弩谈《动向》和《海燕》／103

聂绀弩童年二三事／110

绀弩与适夷一唱一和／117

在莫斯科中山大学
　　　——聂绀弩自述之一／120

老作家聂绀弩自学成才散记／126

关心妇女问题的老作家
　　　——访聂绀弩／134

"知尔乾坤第几头"
　　　——聂绀弩诗祭冯雪峰／137

活着的聂绀弩／141

这个绀弩，红色的劲弩……／152

从传主和"庸人自传"说起
　　　——写在后面／171

编撰不息，老而弥坚
　　　——介绍老作家、老编辑聂绀弩／184

与聂伯伯谈笔名／188

聂绀弩谈《三草》／191

与三耳伯最后一次高谈阔论（1986 年 3 月 31 日）／197

三、念罗孚叔

散记罗孚与京中友人／205

罗孚在京访友及其他
　　　——作者日记七则（1980—1991 年）／214

罗孚致周健强信
　　　——作者信札一通（1983 年 7 月 8 日）／231

四、记诸师长

四十年代战斗的声音
　　——访牛汉谈《白色花》/ 235
周震鳞和他的座右铭 / 244
一个站着写作的女作家
　　——记《爱与仇》的作者珠珊同志 / 248
"教育英才图济世　书研颜法欲传人"
　　——记女书法家周昭怡 / 257
柳无忌以文会友 / 261
记沈老给我信的前后 / 268
附录：复周健强（沈从文）/ 278
"和合菩萨"沈从文 / 281
夏衍谈"左联"后期 / 289
林海音：爱心·耐心·信心
　　——小英子与"第二故乡"/ 303
沟通两岸文化与心灵的金桥
　　——《青春本色》代后记 / 310
倾家兴学为报国
　　——记钟期荣、胡鸿烈伉俪 / 313
一个记者与冰心老人的对话 / 320
"老小孩"小丁趣话 / 324
书缘
　　——与张中行先生的相识 / 329
启功：随和与不随和 / 331
"鬼怪老头"萧赛 / 338
哲人徐梵澄 / 343
罗老念生之最后辰光 / 359

回忆与溥仪相亲相爱的时光

  ——访"小皇上"遗孀李淑贤女士 / 372

五、集书评介

无意中引人入胜

  ——读高旅《持故小集》/ 395

三支妙笔忆朱湘

  ——写在《二罗一柳忆朱湘》出版后 / 398

书人书事集锦

  ——赵家璧与《编辑忆旧》/ 400

《香港，香港……》的来龙去脉 / 402

罗念生与《希腊罗马散文选》/ 404

两本别致的回忆录

  ——读《旧巢痕》和《难忘的影子》/ 406

搬来了一座奥林匹斯山

  ——读《罗念生全集》/ 409

留一缕文脉在书中相遇

  ——《谈笑有鸿儒》编后记 蒙 宪 / 413

一、忆胡愈老

1984年11月,作者到北京医院看望胡愈之先生并核对《胡愈之年表》。(作者提供)

胡愈之

文化先锋战士、国际问题专家、政论散文大师、老编辑、老报人、出版家胡愈之同志，自1914年考入上海商务印书馆开始编辑生涯，数十年从事文化新闻出版事业，是至今（1985年）仍健在的编龄最长的出版家。曾主编《东方杂志》《东方文库》《文学周报》《公理日报》《世界知识》《南洋商报》《风下》《南侨日报》等著名报刊。

胡愈之1896年9月9日生于浙江省上虞县。六岁读私塾，十五岁考入绍兴府中学堂二年级，正值鲁迅任该校学监兼教员，堪称鲁迅"亲传弟子"。下学期辛亥革命爆发，他因病休学，翌年考取杭州英文专科学校。

受"五四运动"影响，胡愈之不顾商务印书馆老板反对白话文运动，暗中与沈雁冰用白话文写作并译介外文作品，投寄《时事新报》副刊《学刊》和《新青年》等进步报刊。1920年，与瞿秋白、叶圣陶、沈雁冰等发起组织中国文学研究会。

"四一二"事变后，胡愈之因与郑振铎、周予同等联名致函国民党元老，抗议残杀工人群众，被迫远走法国，不久后入巴黎大学读国际法。1930年，因经济拮据退学后，以世界语学者身份游历欧洲，途经莫斯科停留七天。回国后出版了著名的《莫斯科印象记》，受到各界热情欢迎。

"九一八"事变使胡愈之痛感"国亡无日"，渐渐疏远文学，开始在编撰之余投身救国运动。他希望中国走十月革命的道路，遂于1933年在上海加入了中国共产党。

抗战后，胡愈之离开商务印书馆，除单独负责主编《东方杂志》外，还在哈瓦斯通讯社任编辑主任。并暗中在生活书店帮助邹韬奋工作，为先后创刊的《新生周刊》《大众生活》等撰稿。同时参加由蔡元培、宋庆龄、杨杏佛领导的中国民权保障同盟的工作。

"七君子"案发生，"全救会"负责人之一的胡愈之，偕同宋庆龄等发起"爱国入狱"运动，营救"七君子"。

上海沦陷前，胡愈之坚守"孤岛"，组织抗日救亡，一面为《团结》《上海人报》《集纳》等进步报刊操劳，一面以复社名义编译出版了轰动一时的《西行漫记》及《续西行漫记》，同时巧筹资金，在短期内使《鲁迅全集》问世，被传为出版"奇迹"。

1937年5月间，胡愈之离沪到抗战中的武汉，在军委会政治部任第三厅第五处处长。直至武汉沦陷后到桂林，筹备成立文化供应社，出任社长，同时参加范长江主持的国际新闻社工作。1940年赴香港地区，经廖承志推荐，应聘到新加坡就任《南洋商报》编辑主任。胡愈之改版革新了旧《南洋商报》，每天亲撰社论，配合陈嘉庚领导的"南侨筹赈总会"，支持广大爱国华侨对团结抗战、民主进步的正义呼声，《南洋商报》因而销量猛增。

太平洋战争打响，胡愈之和郁达夫等组织"星洲华侨文化界战时工作团"，同当地人民一起战斗，《南洋商报》也坚持出到撤离前夕。

日本占领南洋期间，胡愈之夫妇同一群文艺界朋友，在苏岛丛林隐姓埋名，度过了三年零八个月的流亡生活。他借机学习印尼语，并编撰了《印尼语语法研究》和《汉译印尼语辞典》等书。

日本投降后，胡愈之夫妇重归新加坡，白手起家筹办新南洋出版社，创《风下》周刊。次年得陈嘉庚、陈岳书、张楚琨、高云览等资助，创办《南侨日报》。该报以极活泼清新的栏目、及时准确的消息、社长胡愈之的精彩社论，为宣传共同纲领、保护侨民利益、建立新中国，做出了不可磨灭的贡献，被誉为"侨民喉舌""民主堡垒"。

1948年4月，胡愈之回到香港，应民盟邀请，秘密去我党中央所在地西柏坡参加新政治协商会议。新中国成立后历任《光明日报》主编、出版总署署长、文化部副部长、中国文字改革委员会副主任、第六届全国人大常委会副委员长、第一届中国出版工作者协会名誉主席等职，并时有文章散见于报刊，对编辑出版工作亦始终关怀备至。

原载《编辑之友》1985年第1期

引曙光于世　播佳种在田

——访胡愈之先生

"斫轮老手"

三联书店计划为胡愈老出一本书，任务交给了我，我经过一番紧张的搜寻，凑齐了一小册文稿。一篇篇拜读过来，便觉得一位可亲可敬的先辈形象跃然纸上。只有文章高手才能写出这样看似毫不着力，实则感人至深的文章来。最使我感动的是，在搜寻过程中，我不仅得到社内外同志的大力帮助，还得到许多素昧平生的人的热情支持和鼓励。他们接到我的求援信，便从山东、湖南、上海等地为我寄来复印资料或提供线索，并希望早日看到胡愈老的书。这使我既感到"同行相助"的幸福，又感到自己从事的是一桩极有意义的工作。

到了约定时间，出版协会王仿子同志领我趋谒胡愈老。愈老夫妇正坐在沙发上看书，见我们来了，立即起身和我们一一握手，二老脸上漾着童稚般纯真的笑容，一下子扫除了初次见面的拘谨。我简单说明来意，奉上剪贴好的一叠文稿，愈老接过去便埋头翻阅起来。他看完以后，微微笑着，慢条斯理地说："我写的这些回忆录，大都是'文化大革命'以后，报刊来催来要的应景文章。时过境迁，没有什么大意思，写得也不好，我看没有什么出版价值，就不要出书了吧！"

"老先生"竟然拒绝找上门的出书机会，看来我恐怕要白费功夫了。这时，王仿子同志说话了："这些回忆文章，在您看来好像没什么，但是我们看起来颇感亲切，很受教益。像您回忆潘汉年的那篇，不但说出了许多不为人知的史实，又极为感人，死者有知，也会含笑九泉。还有对像范长江、金仲华、杨贤江、杜重远等同志，年轻人最多只听到过他们的名字，至于他们是怎样的人，对革命有过些什么贡献，就鲜为人知了。您的这些文章，可以帮助年轻人了解过去的斗争生活。"

沈（兹九）老是胡愈老的亲密伴侣，亦是一位著名的社会活动家、老编辑、老报人。她看了她的老伴一眼，对我说：

"愈之总是这样，说他的书没有出版价值……比方说《郁达夫的流亡和失踪》就是很重要的史料，第一个揭开了郁达夫失踪之谜。战后日本为这篇文章闹得很凶，极力否认文章揭露的法西斯罪行。可见愈之的文章影响很大，很有保存价值。我写的《流亡在赤道线上》与他的不同，是用文学笔调写的。事隔近四十年，最近在《华声报》重新发表以后，许多读者和朋友纷纷来信，都表示欢喜和感动。我们一群进步文化人，当年漂泊南洋时的斗争生活，不要说你们年轻人不了解，就是有些老首长也不很了解哩……"

"是的是的，你们在热带丛林的流亡生活，像传奇故事一样迷人，可惜我才第一次读到。"

胡愈老并不固执，大家终于说服了他同意出书。随即他便从出版的角度考虑，向我指出：

"这许多文章不能像这样子凑在一起，我看应该分成两本书。一本以南洋为中心，包括《郁达夫的流亡和失踪》《流亡在赤道线上》，专门讲在南洋的斗争生活。还可以把我们办《南洋商报》《风下》和《南侨日报》的前前后后写一篇文章加进去。一本以人物为中心，收进写蔡元培、杨贤江、邹韬奋、潘汉年、郑振铎、许地山等的纪念文章。"

胡愈老真不愧是"斫轮老手"，三言两语就把那一堆匆忙搜集起来的文章分门别类了。

胡愈老的贤内助考虑得更加细致周到："编成两本书很好，一本几万字，出成像《干校六记》那样的小册子，找些当时的照片插进去，增加兴味。一本几角钱，可以装在衣兜里，青年人买得起，携带也方便。"这些老一辈编辑出版工作者，总是处处为读者着想。

沈老停了会儿又对我说：

"《风下》周刊、《南侨日报》，都是很有影响的报刊，它们的创办经过很值得回忆，写出来会是很好的新闻研究资料。我看可以让愈之说，你帮助整理写成文章。"

王仿子同志当即表示赞成，并嘱咐我："只要愈老健康许可，约个时间，你就来完成这个工作吧！"

"行！"我爽快地答应下来。

翻古谈往是老年人的"专利"；回忆那些无愧于今天的可贵经历，更是老年人的慰藉。而我觉得发掘他们珍贵的记忆宝库，是和抢救历史文物同等重要的工作。我喜欢这工作，恨不能立即动手干起来。况且，当工作需要，我开始关注胡愈老的大名以后，我惊奇地发现：在我随手翻阅的《文史资料》《新文学史料》《救国会》《西行漫记》等书刊里，在鲁迅、瞿秋白、茅盾、叶圣陶、郑振铎、邹韬奋、陈嘉庚等作家、名人的传记资料及回忆录里，还有在新中国成立前的书报杂志里，处处都会碰到胡愈之的名字。

他从"五四运动"开始，同沈雁冰躲在昏暗的宿舍里，瞒着他们的反对白话文的商务印书馆老板，偷偷用白话文进行译著，以不同的笔名向当时仅有的几家刊登白话文的报纸副刊，如《时事新报》副刊《学灯》、《国民日报》副刊《觉悟》，以及《新青年》等等投稿，参加新文化运动。

他曾主编过《东方杂志》、《文学》周报、《公理日报》《生活日报》《世界知识》《南洋商报》、《风下》周刊、《南侨日报》《光明日报》等颇有影响的报刊杂志。

他与瞿秋白、郑振铎、耿济之等于1920年筹备创立的"外国文学研究会"，在现代文学史上颇具声名。

他是我国最早的世界语学者之一，是二十世纪二十年代上海世界语会负责人。

"九一八"事变以后，他全身心投入抗日救国运动，是"全救会"的发起组织人及负责人之一。

他致力于统战工作，通过杜重远与张学良将军取得联系与默契，促成了有历史转折意义的"西安事变"，为国共第二次合作做出了不可磨灭的贡献。

他一生经历了不同的时代，是许多著名历史事件的参加者和见证人。我看到过的许多人的回忆录里，都十分尊敬地提到胡愈老，也读过胡愈老亲切怀念故友的文章。但是，我几乎从未读到过胡愈老回忆自己的文字。现在，我将有幸亲聆他回首当年，多么令人高兴啊！

巧渡南洋

怀着将发掘一座未经"开采"的"富金矿"的快乐心情,我又走进了胡愈老的客厅。那一对"偕老白头"的恩爱夫妻,还像我上次来时一样,各据一只沙发,正静静地在"文字国"里漫游。胡愈老同我打过招呼以后,就捧起了刚放下的书说:"你们谈,你们谈吧!"

随即又埋进书里去了。他正在读《邓小平文选》。他的助听器放在沙发旁的小几上,显然不准备参加交谈。望了望专心读书的老人,我不无遗憾地看着沈老微笑。沈老向我解释:"愈之开了一上午会,累了,让他读书吧,我们两个谈。"

沈老为使我不虚此行,就开始有条不紊地谈起她怎样从"皖南事变"中逃出来,周恩来同志怎样要她去南洋拓荒并协助胡愈老工作。又谈到《南洋商报》的创办人陈嘉庚先生,怎样靠经营米厂和橡胶园起家,艰苦创业的故事。还讲起陈先生倾家荡产为家乡兴办教育,为祖国筹赈救亡,以及创办《南洋商报》的经过。见谈话进入正题,我乘机发问:"胡愈老究竟是怎样去新加坡办报的呢?"

"愈之!你来谈谈吧!"

沈老敲着茶几喊对面的老伴儿。胡愈老插上耳塞子望着我们,我笑着重复了一遍。他放下手中的书,靠坐得舒适些,便开始侃侃而谈:

"是廖承志推荐,张楚琨介绍我去的。楚琨当时是《南洋商报》副刊《狮声》的主编。大约是 1939 年或 1940 年吧,他以特派员身份回国采访时,董事经理傅无闷托他为《南洋商报》物色一位合适的编辑主任。楚琨在重庆曾多次访问周恩来同志,并请他推荐编辑主任人选。党内定了我。周恩来同志要他去香港找'小廖'商量,'小廖'就是当时南方工委负责人廖承志。'小廖'推荐了我,《南洋商报》马上表示欢迎。自'九一八'事变以后,我就经常在报上发表反日抗日的文章和国际问题评论,南洋的报纸曾转载过,海外读者对我并不陌生,所以欢迎我去。我就和王纪元一起启程去了。"

"愈之去新加坡的经过蛮有意思的,你好好记录下来。"沈老嘱咐我。

"公开去新加坡很不容易,因为国民党也想派人去占领舆论阵地。一般像我这样的'先生'去新加坡都是坐二等舱,但是坐二等舱要护照,护照要找

1984年秋，作者（右一）与张楚琨先生（左一）到北京张自忠路汪芝麻胡同49号胡宅探望胡愈之夫妇。（作者提供）

国民党当局办，他们当然不会给我办。名字可以改一个，相片却无法改。我只能坐三等舱、统舱去。坐三等舱不要护照，但必须在新加坡附近一个小岛（旗章岛）上扣留一礼拜。名义是检查传染病，实际是专门刁难穷苦百姓的一种侮辱性检查。廖承志同志很精明，他事先就叫我找一个英国医生看病，让他开条子证明我没有病，实际是给他一百块钱买张证明。这样，要检查我的时候，我拿条子给他们看，就可以免受侮辱，合法上岸。香港的国民党特务很厉害，他们掌握我的一些情况，曾电告新加坡英殖民当局：胡愈之坐三等舱去新加坡，设法不许他上岸。

"三等舱条件极差，空气恶浊，拥挤不堪，吃食特差，无法下咽。但是可以去二等舱吃饭，另外花钱。我与王纪元同去二等舱吃饭时，极凑巧地碰见楚琨夫人吴梅丽母女，我们彼此照应，一路平安抵达新加坡。

"上岸第二天，《南洋商报》登出我和王纪元的合影，并附志新闻介绍。本报新聘国际问题权威胡愈之先生为编辑主任，聘名记者王纪元先生为编辑，二氏均已开始视事……

"新加坡当局见报吃了一惊，胡愈之怎么来的？怎么没有查到？他们通知报馆，叫我去华民政务司（英殖民当局专管华侨的机构）谈话。假如说我不是合法上岸，或叫他们查出什么小毛病，就会被指控为偷渡入境，他们就可以叫我原船返回。报馆懂得他们的一套，马上为我赶印了一批名片，我带着这名片去华民政务司谈话。他们问我：'你叫什么名字？从哪里来的？'

"我递过一张印有'南洋商报编辑主任胡学愚字愈之'的名片。

"他们又问：'你是怎么来的？'

"报馆催我火速启程，来不及办理护照，我只好坐三等舱来，但是合法上岸的。

"他们为什么没有查到我胡愈之呢？因为我一路上用的都是我的本名胡学愚，这名字除了我家里的人知道，和我在'五四运动'前曾用它发表过文章以外，几乎无人知道。他们也知道中国人的名字很复杂，又是本名，又是字、号，一般为了表示尊敬都称字。至于他们不知道胡学愚就是胡愈之，只能怪他们孤陋寡闻。他们抓不住我的'小辫子'，只好让我留下。

"沈兹九第二年也是坐三等舱来的。由于工作联系密切，相互渐渐产生了感情，我们不久就在新加坡结婚了。

"还有乔冠华和郑森禹同志，也是第二年坐统舱来的。但是英殖民当局就是不准他们上岸，硬说他二人的名字是假的，原来的名字都是著名的共产党。因为乔冠华曾用'乔木'做笔名，他们就说他是延安那个著名的中共政论家胡乔木。结果郑、乔二位只好徒劳往返，又乘原船回去了。

"我到《南洋商报》快满一个月的时候，陈嘉庚先生从祖国回来了。他以南侨总会主席名义，率南洋华侨回国慰劳视察团，到全国各地视察了九个月，又到延安访问了九天。他把延安和国统区做了比较之后，终于由一个拥蒋派转变为拥护共产党了。他在回新加坡途中，经仰光、沿槟城和马来亚各大城市南下，一路宣传团结抗日，说明中国的希望在延安，受到各地华侨的热烈欢迎。他到达新加坡时，恰好是1940年除夕，他想不到我已就任《南洋商报》编辑主任之职，见到我高兴得连声说：'深庆得人，深庆得人！'。"

办报和流亡

"《南洋商报》的当务之急是打开销路，扩大影响。傅无闷是老报人，懂得跟上时代潮流，迎合读者心理至关紧要。而要赢得读者，就必须拥护、支持华侨领袖陈嘉庚先生及他所领导的南侨总会，拥护抗战救国。这与我来南洋的目的真是不谋而合。因此我的改版、改造《南洋商报》的计划均得以顺利进行。我既得到范长江同志主持的'国新社'的大力支持，又和香港保持着密切联系。在报馆同人上下一致的努力下，《南洋商报》名声大噪，销路猛增，一时跃居南洋各报之首。"

胡愈老思路清晰，语言流畅，在沈老的插话补充下，把四十余年前去新加坡的始末讲得简单明了，遗憾的是很少具体谈他自己。我只好单刀直入地问："您是怎样改造《南洋商报》，使它销路大增的呢？"

"我们大家各负其责，分工合作。除保持原商报的特色，有广告、有商市牌价、各业行情以及外汇兑换率等等外，还配合如火如荼的抗日救国运动，配合陈先生领导的南侨总会的工作，将国内抗战的最新消息，发生的重大事件，及时准确地予以报道，并大量采用'国新社'稿和特约稿，做到新闻真正快而新。同时抓当地新闻、本埠新闻，组织了一个采访委员会，侧重于及时报道各行各业、各个阶层的筹赈救亡活动。每天一篇社论，另有星期专论，对动荡激变的国际形势、国内局势进行条分缕析，力求客观公允、言之成理、令人信服。我们有一个人才济济的编辑班子，继我和兹九之后，刘尊棋、张企程，蔡馥生等也陆续来到《南洋商报》，都是既当编辑，又作记者和写家，个个多才多艺又齐心协力，报纸销路还能不好吗？"

"您具体做什么呢？"

"我除负全责外，主要负责写社论。"

"都说您是国际问题权威，政论散文大师……"

"我写这方面的文章。"

"人家说您是陈嘉庚先生的政治顾问，是吗？"

"我不过每周去怡和轩同他谈谈天。我们都很忙，没有时间交际。我每礼拜和楚琨去陈先生家一次，主要是报告他一些新闻，同他谈谈国际国内形势及动向。可惜我们语言不通，他一口福建话，我一口虞腔，谁也听不懂谁的，全靠楚琨当翻译。我对陈先生的为人、襟怀、尤其对他的爱国主义精神是由衷的钦佩。我们都愿为抗日救国竭尽全力，尽管言语不通，心灵却是相通的。加上有一位理想的翻译官，我们每次都谈得十分投契，十分愉快。

"我们这种促膝谈心，一直到太平洋战争爆发，星岛沦陷前夕才中断。陈先生了解到新加坡英总督决心不战而降，同时重庆国民党政府来电要求安全撤退总领事馆人员及官方代表，却无只字提及抗日侨领及其工作人员的安全问题。英殖民当局甚至不许陈嘉庚先生离开新加坡。陈先生当机立断，召集新加坡华侨抗敌动员总会工作人员谈话表示：'新加坡总督准备当俘虏，我们可不能！'并通知大家务必设法迅速撤离，以免遭日寇残酷报复。陈先生于1942年2月2日凌晨，与刘玉水等乘小火轮秘密转移去巴东。后又辗转到爪哇，改名李文雪，剃去留了多年的胡子，在玛琅蛰匿至日本投降，才重返新加坡。

"我当时是星洲华侨文化界战时工作团副团长（郁达夫是团长），又是华侨抗敌动员总会执行委员兼宣传主任。等陈先生安全离开以后，我也召集文化界战时工作团负责人员开了二十分钟紧急会议，并于2月3日偕兹九、郁达夫、王纪元、王任叔、高云览、张楚琨、汪舍丁、邵宗汉等二十几人，撤离了兵临城下的新加坡。大家都隐姓埋名，改头换面，在苏门答腊的原始丛林里，开始了三年零八个月的迁徙流亡。我改名金子仙，剃了光头，蓄了小胡子。郁达夫改名赵廉，装成富商。

"1945年九十月间，我和兹九以及同时撤离的一群朋友，陆续回到了战后的新加坡。可惜损失了郁达夫，他被日本宪兵绑架杀害了！我们回到新加坡的第一个念头就是：我们马上可以办报了！在战后精神食粮十分缺乏的时候，我们愿意尽一个拿笔杆的人所应尽的责任。为祖国的和平民主，为支援南洋各民族争取独立解放的斗争，为提高华侨的地位，我们想尽快开辟一个舆论阵地，拥有一个呐喊的窗口。我们打算先办一个小刊物。办大报办不起，办小刊物要不了多少钱。那时我与兹九寄住在陈岳书家里，生活困难。刊物办起来以后，既可以做进步文化事业，也可借以维持生活。恰在这时，上海书局老板石叔旸要我们帮助开分店。上海书局一向很进步，我们当即欣然应允，这样就解决了部分经费和社址问题。上海书局新加坡分店很快就开张了，楼下门市部卖书，楼上作编辑部，成立新南洋出版社，编辑出版《风下》周刊，主编沙平,就是我。"

"播佳种在田"

"1945年12月3日,《风下》创刊号问世。《开场白》写道:'新加坡现在是东南亚洲总部所在地,实在也是西南太平洋军事、政治、经济、文化的重镇。因此本刊的报道、分析、评论,将侧重在这西南太平洋的各项问题上面。本刊愿意作为这一广大地区内的一万万人民的报道机关,以求反映他们的意志情感,传达他们的民族愿望。'这是创办《风下》周刊的初衷。

"为什么题名'风下'呢?原来马来人把西方称为'风上之国'。因为四五百年前,第一批西方殖民主义者,就是驾着帆船,乘西南季节风来到马六甲与巽他海峡沿岸的。马来人把自己的土地叫作'风下之国',从锡兰(即今斯里兰卡)以东,一直到菲律宾群岛,包含缅甸、马来亚、越南以及整个印度尼西亚。'风上之国'成为欧洲及近东各国的总称。'风下之国'整个沦为殖民地,丧失了政治、经济、文化的独立地位,这里的数万万人民,数百年来都过着被剥削被奴役的生活。

"两次大战后的今天,'风下之国'已不愿再受西方的支配奴役,到处发出战斗的呼号。未来的战争与和平决定在'风下之国'。

"怎样去理解'风下之国',怎样去倾听'风下之国'被压迫奴役人们的呼声,反映出他们的愿望与要求,这是我们《风下》创刊者的希冀。由于此,把我们这个小小刊物,题名为《风下》,以配合'风下之国'如火山爆发的民族独立解放斗争,维护远东的和平安宁,其中也包括中国内部为民主和平团结而进行的斗争。

"《风下》周刊一问世,就代表了我们的观点和态度,提出明确的政治主张,并为引导华侨社会的舆论尽了它应尽的责任。《风下》紧扣时代脉搏,从内容到形式都较清新可喜。这主要得力于许多著名作家和知名人士的热情惠稿支持。如郭沫若、茅盾、陶行知、黄炎培、沈钧儒、许广平、楼适夷、何其芳、马凡陀、沈志远等名家,在国内的独裁统治下,找不到发表文章和作品的园地,就把他们的大作惠寄《风下》予以发表。至于杨骚、巴人、汪金丁、卢心远、陈仲达、张企程、吴柳斯、沈兹九等等流亡在南洋的文艺界朋友,几乎都是《风下》的基干作者兼记者,有的还担任《风下》的编委,每期都有他们采访的新闻、通讯和各种文章发表。名家汇集是《风下》的一大特色。另一特色是注意培养自由投稿人中的青年作者,发表过许多当地青年生机勃勃的作品。年轻人的文章不成熟,我和兹九及前面提到的那些文艺界朋友,就耐心地代为修改,只要稍有可取之处,就尽量予以刊登。这样,既提掖后学后进,也培养鼓励了年轻人,并因此赢得了读者,扩大了影响,增加了销路,真是一举而数得。

"《风下》是一份颇具特色的综合性周刊,辟有内容丰富的多种栏目。如由我'包办'的'卷头言'的国际、国内时事专论;由兹九负责的'这一周'时事短讯、短评;由金丁和少青主管的'每周一课',还有'人物介绍''书报介绍''一周一书''新音乐''哲学漫谈''笔谈''通讯''信箱''画刊'等等不一而足,堪称'名目繁多''容纳丰富'。这本小小的十六开周刊,被滞留新加坡的文艺'众星'捧月似的捧着,被装点得有声有色,成了青年读者的'宠物',被读者誉为'不可缺少的精神食粮'。

"我们看到当地青年因忙于生计,没有条件进入正规学校攻读。而马来西亚的华侨学校,只限于中小学,除英文专科学生外,没有大学生。青年们又是那么渴望获得较高、较广泛的文化科学知识,尤其渴望提高自己的国文水平。我们决定以《风下》编辑部为基础,创办青年自学辅导社,帮助广大失学、渴学的青年自学成才。我们以'自学青年的福音'为题登出广告:

《风下》周刊为协助失学青年起见,定于本年(1947年)5月开办'青年自学辅导社'。学员每月作文二篇及练习题数次,由本社聘请名家担任改卷。学员成绩优异者可获免费优待,学费、课卷费一律免交。修满一年毕业成绩最优者可得奖学金。有志自学者,请向新南洋出版社索阅简章及入学志愿书。

"广告见报后,自学青年报名十分踊跃。一时间《风下》编辑部门庭若市,变成了自学青年'活动中心',社员逾千人。我们谨守诺言,担任改卷的都是实实在在的'名家'。自学社员只要订一份《风下》,一年交二元学费,每月交二篇作文,我们都认真仔细批改,指出其优缺点。好的文章推荐给《风下》或《南侨日报》发表,稿费从优。学习成绩优异者,不但免交学费,还赠阅《风下》和新书。这样既激励了青年们的学习热情,使他们的国文程度有长足的进步，还达到了团结与培养教育广大华侨青年的目的。《风下》因为受到青年人的拥戴而成为一份历久不衰、始终受欢迎的读物，一直出了一百三十余期，直至1948年英殖民政府颁布'紧急法令'后，所有参加编辑和撰稿工作的同志，一个个被迫陆续返国为止。

"令人欣慰的是，当年许多参加《风下》编务工作，参加自学社的默默无闻的青年，今天都成了'社会的栋梁'。有的回国以后当了国家干部，至今仍活跃在文化、新闻、教育战线上。有的现在是新加坡政府的部长，有的成了学者、文学家、戏剧权威……他们至今还在怀念《风下》周刊和青年自学辅导社，怀念那些舐犊情深的改卷名师。不少人一直和我们保持通信联系，他们在归国访问、旅游或出差来京时，还常来看望我们，与我们一起回首当年，畅谈往事。这说明，大到一个政党、一个团体，小到一个人、一份小小的刊物，只要脚踏实地，全心全意为青年、为大众做一点有益的工作，是永远不会被人遗忘的。

"当年，我们这一群滞留异国的文化界赤子，大都兼做多种工作，尽量做到'有一分热，发一分光'。国内大规模的内战打响，国民党反动政府宣布中国民主同盟为非法组织以后，我们筹备成立了中国民主同盟南方总部，驻新加坡办事处就设在《风下》编辑部楼上，并编辑出版《民主周刊》。邵宗汉等在苏门答腊主持《民主报》，王纪元等在东爪哇吧城出版《生活报》，还有民盟槟城分部机关报《商业日报》。这些进步报刊和《风下》一样，篇幅不大，影响有限。而各地大小报刊又多为国民党控制，那些'党报''准党报'的反动宣传甚嚣尘上，蒙蔽了不少华侨。为团结广大华侨反蒋拥共，促进祖国早日实现和平民主、自由解放，为协助南侨总会及陈嘉庚主席的工作，我们需要开辟规模较大的舆论阵地，需要拥有自己有力的宣传喉舌。《南洋商报》由于股权变换，昭南阴魂不散，已不能为我所用。我们和陈先生商量，要办一份大报。陈先生表示赞同，并与其亲友一起慷慨解囊，张楚琨和高云览也倾囊捐助，各帮爱国侨领和民主派侨胞也纷纷入股，我们很快就募集了必要的资金，由我组织了一个出色的编辑班子。大家齐心协力，仅用了两个月时间，赶在1946年11月21日，将《南侨日报》创刊号送到了读者手中。董事主席陈嘉庚，总理张楚琨，督印李铁民；我任社长，总管编辑事务，个人不受薪。我在《南侨日报》'创刊词'中开宗明义提出：'以前南侨是抗日

长城,现在南侨是和平先驱,民主堡垒。'

"《南侨日报》汲取战前《南洋商报》和《风下》的成功经验,以准确无误的新闻消息,说理透彻、观点鲜明的社论,活泼清新的版面,丰富多彩的栏目,赢得了广大华侨的喜爱和信任,被读者誉为'民主堡垒''公众喉舌'。在南洋报界自始至终处于不败的地位。关于《南侨日报》,张楚琨在《陈嘉庚与〈南侨日报〉》一文中,已有相当详尽的记述,我就不重复了。我忍不住要提到的是《南侨日报》编辑部罕见的工作热情和效率。编辑部连我在内二十一人,而每天要编排十来个不同栏目,八版两大张,要翻译、编撰近八万字,还要答复大量读者来信,工作量是相当可观的。我那时虽然年近半百,幸精力尚佳,要做的事情那样多,恨不能一天有四十八小时。白天我要参加各种社会活动。下午三四点钟来到报社,一直要忙到第二天凌晨,与编辑主任胡伟夫共同签完'大版',才算结束一天的工作。所有编辑部同人也都一以当十,像打仗一样拼命工作。新加坡终年酷热,每到下午,街上行人都很稀少。只有夜间九十点钟以后才较为凉爽,宜于休息。当整个星岛乘着夜晚的凉爽沉入梦乡之时,却正是《南侨日报》编辑部灯火通明,工作最紧张的时候。通宵达旦地工作是常事,凌晨两三点能上床就是节日了,我们全体就这样日复一日、年复一年地苦干,就在英殖民当局实施'紧急法令'后仍坚持不懈。直至1950年9月20日晚上报馆被封,《南侨日报》才被迫停刊。但《南侨日报》至今被引为侨报的光荣和骄傲,为它的读者所津津乐道……"

几次访问胡愈老归来,都使我久久不能平静。在这个虚怀若谷的老人的言谈、回忆里,没有个人的功绩,只有集体的成就。他几乎不会用单数第一人称,而只会说"我们""大家""全体"!他的同事和朋友对他推崇备至,尊敬钦佩不已。有人说,他对我国文化事业的贡献,仅次于鲁迅。《鲁迅全集》正是以他非凡的组织经营才能,在上海沦为孤岛,遍地烽烟的时刻,白手起家,以四个月时间出版发行六百万字的巨著,创造了出版界奇迹!他们说,他惯于从没有路的地方走出路来,在文化出版事业方面,他做的多是开创性的工作。

他主编的《东方文库》和《世界文库》几乎罗致了文艺界、科技界乃至翻译界所有的当代名流。桂林文化生活供应社是他擘画,《风下》自学辅导社是他首创。至今传为报业佳话的《南侨日报》编辑部,就是以他诚信待人,

"一碗水端平"的卓越的领导才能，使二十一个人团结得像一个人一样，发挥一以当十的工作热情，用事实证明了"文人相轻""同行相忌"未必是真理。新中国成立初，他入主出版总署和文改会，在那满目疮痍、百废待举的时刻，他一手挥笔杆，一手拿算盘，从总体规划到纸张来源，乃至全面铺开整个文化出版工作，都留下了他不可磨灭的足迹。他是一个披荆斩棘的拓荒者，一个胼手胝足的耕耘者。

他一生从事于"引曙光于世，播佳种在田"的伟大工作，从不替个人打算……

原载《编辑之友》1985 年第 2 期

胡愈之亲手编定的最后一本书

《怀逝者》收入胡愈之自一九四一年至一九八一年所写悼念亡友的文章十九篇。胡愈之以质朴动人的文笔，满怀深情地追忆了他们的革命情谊，介绍了这些已故者的生平和英雄业绩。笔触所到都是各个历史时期党内外著名的政治、文化、教育、新闻出版界人士，如周恩来、蔡元培、杨贤江、邹韬奋、沈钧儒、杜重远、高崇民、潘汉年、范长江等等。许多前辈、先烈都在作者笔下栩栩如生，是真实可靠的传略史料，感人泪下的怀念文章，亦是学习近代史，进行革命传统教育的生动教材。

《怀逝者》书影。（资料照片）

这是胡愈之亲手编定的最后一本书，并亲自题名为《怀逝者》，又颇含深意地将毛主席的《水调歌头·游泳》作为扉页题诗，与书名互相呼应，突出"逝者如斯夫"的深刻内涵。胡愈之一生谦虚谨慎，甘当无名英雄。他从事编辑出版过重要的书报杂志，兢兢业业为他人"作嫁"而自己几乎没有"坐过轿子"。

《怀逝者》是胡愈之应三联书店之约，又经过劝说才答应编辑出版的一本书，更是弥足珍贵。

原载《群言》1986年第3期

卓然超群的胡愈之

漠视"声"与"名"

据考证，孔子是我国最早的一部诗歌总集、第一部诗选《诗经》的"责任编辑"，是我国的"编辑之祖"。

老一辈编辑出版工作者，都一致推崇胡愈之老为"新闻出版工作的先驱""人民文化出版事业的开拓者"。新中国成立，胡愈老是出版总署首任署长。

胡愈老自1914年考入上海商务印书馆编译所当练习生，开始编创生涯。在上海"孤岛"时期，胡愈老曾主持编译出版了轰动一时的《西行漫记》与《续西行漫记》。随后又把一部20卷、共600万字的《鲁迅全集》送到了万千读者手中，创造了我国出版界的奇迹。

就是这个"出版口"的最高领导人，这个一再创造"出版奇迹"，编龄长达70余年的胡愈老，却让自己首创的上千万字著述，散载于各报纸杂志任随湮没，而从来没想到为自己辑集出版。直至1983年，人民出版社和北京三联书店的领导，饮水思源，派我主动找上门去，要为胡愈老出书，才编辑出版了《流亡在赤道线上》和《怀逝者》两本小书。

记得我随王仿子同志第一次拜访那一对寿星公婆，简单说明来意，奉上搜集好的一叠文稿，愈老埋头很快浏览一遍后，便微笑着，慢条斯理地以商量的口吻说：

"我写的这些回忆，大都是'文化大革命'以后，报刊来催来要的应景文章。时过境迁，没有什么大意思，写得也不好，我看没有什么出版价值，就不要出书了吧！"

"老先生"竟然拒绝找上门来的出书机会，使我感到惊讶。

后来，经王仿子同志以"您这些文章可以帮助年轻人了解过去的斗争生活"苦口说服。胡夫人沈兹九又一再强调其"史料性""可读性"等等，好不容易才说服了胡愈老同意出书。并同意让我为他整理一篇回忆南洋的文章。

不谈"我""自己"

自从我开始关注胡愈之的大名，我不无惊奇地发现：在我随手翻阅的《文史资料》《新文学史料》《西安事变资料》《救国会》《中国民权保障同盟》《西行漫记》《鲁迅研究资料》等书刊里，在鲁迅、瞿秋白、茅盾、叶圣陶、巴金、邹韬奋、沈钧儒、陈嘉庚等作家、名人的传记及回忆录里，几乎随处可见胡愈之的名字。

胡愈老从"五四运动"开始，便同沈雁冰一起，瞒着反对白话文的商务印书馆老板，偷偷地用白话文进行译著，并以不同笔名向仅有的几家刊登白话文的报纸副刊：《时事新报·学灯》《国民日报·觉悟》和《新青年》等投稿，成为新文化运动的一员战将。

1920年，胡愈老与瞿秋白、沈雁冰、郑振铎等人创立了现代文学史上颇具声名的"文学研究会"。

1927年4月12日，胡愈老目睹了"受三民主义洗礼之军队竟向徒手群众开枪轰击，伤毙至百余人……"他愤然对好友吴觉农说："没想到他们比北洋军阀还要凶狠。"他索取纸笔，奋笔疾书，向荷枪实弹的"最高当局"表示"目睹此率兽食人之惨剧，万难苟安缄默"。要求"最高军事当局立即交出对于此次暴行直接参与之官长士兵，组织人民审判委员会加以裁判"。第二天，他征集了郑振铎、章锡琛等七人签名，寄给了蔡元培、李石曾、吴稚晖。同时发表在《商报》上。周恩来称"这是中国正直知识分子的大无畏的壮举"。此壮举令反动当局震怒，胡愈老不得不远走法国留学避祸。

"九一八"事变之后，胡愈老全身心投入抗日救亡，是"全救会"的发起组织者及负责人之一。他在营救"七君子"发起"爱国入狱"斗争中，在争取张学良将军联蒋抗日，在桂林开展抗日文化宣传工作以及团结南洋华侨共同抗战救国等等方面，都做出了不可磨灭的贡献。

胡愈老一生经历了不同的时代，是许多重大历史事件的发起、参与者和见证人。我看到过的许多名人回忆录里，都十分尊敬地提到胡愈老的事迹，也读过胡愈老缅怀故友的不少文章,却几乎没有读到过愈老回忆自己生平的文字。天假以缘,使我有幸亲聆胡愈老回首当年,真是按捺不住心头的激动。我开始了频繁的拜访。每次去,我都受到慈父般的接待。热天,他会忙着为我拿来扇子;冷天,他马上叫人泡来热茶。

每次访谈归来,都使我心潮起伏,久久不能平静。我惊异于造化的神奇,生命的伟力。在胡愈老瘦小的身躯里,到底蕴藏着多少光和热、智和力?在他漫长的一生中,究竟为国为民做过多少有益的工作?有谁能说得清?但是,在这个虚怀若谷的老人的言谈、回忆中,没有个人的功绩,只有他人和集体的贡献。他几乎不会用单数第一人称,而只会用"我们""大家""全体"!这给我的整理工作带来了困难,因为我恰恰需要的是愈老谈"我"、谈"自己"。我只好遍访愈老当年的同仁好友:从他们的回忆叙述中,丰富我整理的文章主述人的事实和经历。整理终篇,承张楚琨先生斧正后,送给二老过目。胡愈老不顾年迈体弱事忙,硬是逐字逐句进行了修改订正,使文章大为增色。当书稿发排前,我送去让二老最后敲定,愈老指着目录上写的"附录:南洋杂忆"说:"我没有写这篇文章,文章是你写的。"

沈老笑道:"上面不是写着你口述,她整理吗?看仔细一点!"

"我口述?我哪口述了这么多!"

"那您说怎么办?不要了?"我笑问。

愈老拿起笔把"附录"二字划掉,说:

"这本书就是三篇文章:《流亡在赤道线上》《郁达夫的流亡和失踪》《南洋杂忆》。张楚琨写的作后记很好,《南洋杂忆》应该算你的文章。"

"哟!那可不成!没有您和沈老提供材料和访问线索,我能凭空写出这篇文章来吗?二老在南洋流亡和战斗的时候,我还是婴儿哩!要是算我的文章不成了天大的笑话了吗?胡愈老,先不管算谁的,您只看写得行不行?真不真实吧?"

"写是写得不错,有些出入我也改过来了。只是我没有花工夫写它,算我的文章,不是剥削你的劳动吗?"

"您这样说我就放心了。算您的文章是应该的,我记的是您的话和事,又经您仔细修订,您花的劳动还少吗?您能够这么信任我,我感谢还来不及,哪来剥削之说?"

"周健强同志,谢谢你!我代表读者谢谢你!"

临别的时候愈老握着我的手,郑重其事地说。我紧紧那只温暖柔滑的手,只觉得一股热流暖遍全身,连眼眶也热了,赶紧转身离去……

生死达观

记得 1984 年 10 月 30 日下午,我为胡愈老编好一个简单的年表,特意去和老人核实。那天还有一位 60 来岁的老先生在座。愈老接过年表,飞快地翻看了一下,就哈哈笑着对那位老先生说道:"哎呀,年表都编出来了,说明我快死了!"我愣了一愣,便嗔怪道:"瞧愈老说些什么呀!一点儿都不唯物!年表是研究工具,要是不先编好,就无法进行下一步工作,怎么跟死联系上了呢?!"

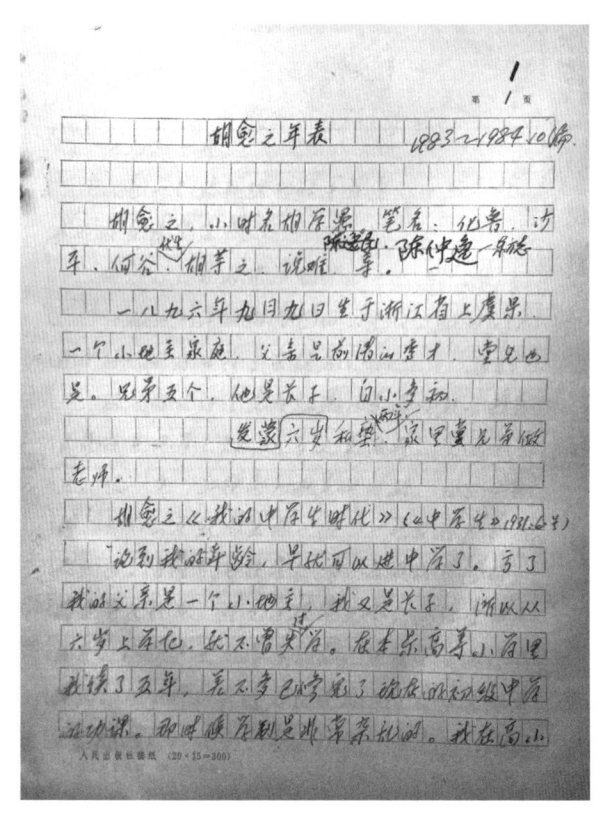

1984 年 10 月,作者周健强为胡愈之老初拟《胡愈之年表》手稿。(作者提供)

"人总归是要死的嘛,更不要说我已经这么大年纪了!我看你才不大唯物呢!"

"真的,我还不知道您的生日哩!就只知道您是1896年生,是鲁迅的同乡……"

"我的生日好记,是九月九。"

"哈!真是好日子!九是最高最吉利的数字,您占双九,比九五之尊还尊贵呢!就冲您生在重九,我看您活120岁没问题。"

"活120岁就糟糕了!"愈老带着笑容,一字一板地说。

"那有什么糟糕?"我反问。

"那就真正成了老不死了!哈哈……"愈老说着,像孩子一样笑声朗朗,招惹得大家也哈哈喧天。笑过之后,我转入正题:"您快核对一下年表的时间、地点、人物名称和主要事实,看看有错没错。"

"哪有这样子搞法的?我又不是什么大人物,值不得浪费纸笔,不要弄了吧?"

愈老一面翻阅,一面不以为然地叨叨,随后又问:"这些都是怎么弄出来的?"

"根据您的回忆,别人的回忆,主要还是查阅资料弄出来的。怎么样?出入不大吧?"

"你还真有办法!"愈老笑着看了我一眼说。接着便一面浏览,一面指出了好几处错误,让我当场改正。

"愈老,您从1914年进商务印书馆,到1924年离开'商务'去法国,这10年您都编了些什么书刊?写了些什么文章呢?"

"不是1924年,我是1928年去法国学习国际法的。"

"怎么想起学这个呢?"

"自从晚清以来,我国被迫签订了多少不平等条约呀!我想研究国际法,看可不可以使国家不再吃亏。"

"啊,愈老,刚才我不该打断您,还是请您说在'商务'做什么吧!"

"我去'商务'当练习生时只有18岁,头件事就是叫我学打算盘,我很快就学会了。接着又让我编利息表,我用了两个月编了本利息表。编这种表要精确、要细心,又枯燥得很,但是很有用。存户要用,银行也要用。比方你存 100 块钱，存一年利息多少？存两年利息又多少？多少本钱、多少利钱，连本带息都要算，很麻烦，有了这本《利息表》，只要一查就清清楚楚了。后来又编动物、植物大辞典的索引，还编了《验方汇编》的索引。我每月工资四元，可以在'商务'住宿吃饭。最大的好处是，图书馆就在我们编译所楼上，谁都可以借书。我只念过两年中学，书都是在"商务"读的。《东方杂志》需要翻译外文，我日文、英文都学过一点，后来就进英文夜校，专修英文。有空就看外文杂志，看到有兴趣的文章就叫杜亚泉、钱智修决定，我来翻译，登在《东方杂志》上。当时我兴趣很广，自然科学、社会科学和文学的文章我都翻译。这对我是很好的锻炼。编书编杂志还要管印刷，到工厂看排版、做校对。这样我不仅学会了排版、印刷，还交了许多工人朋友。后来，我在上海"孤岛"时期，出版《西行漫记》和《鲁迅全集》，就全靠了这些工人朋友，先出书，后给钱。用一个月时间出了《西行漫记》。《鲁迅全集》初版分 20 卷，共 600 余万字，仅用了 4 个月时间就全部出版了，创了出版奇迹。年轻人不妨什么都学点，多会几样本事，对谋生对革命事业都有好处……"

胡愈老侃侃而谈，话虽简朴，却语重心长。我既了解了他的生平，也获得了许多可贵的知识和教益，使我更加感到这位耄耋老人的可亲可敬。

此后不久，胡愈老因病住院了。我应山西《编辑之友》之约，写了《胡愈之简介》。怕出纰漏，不得不冒昧打扰病中的愈老，不料却发生了一场不愉快……

肺腑之言

去医院探望之前，我曾与沈老联系，因怕影响愈老静养。原想请沈老过目审订。沈老说：

"他的简介，还是他自己审订好，愈之凡事认真，不给他看是不行的。你去找他谈谈很好，他已经好了，快出院了。"又问我："要不要派愈之的车接你，这样方便些。"

我谢了沈老的好意，心想从我家去医院一站就到，何必麻烦？

按约定，我准时到达医院门口。万没想到探高干病房，还要单位介绍信。出示工作证和愈老给我的便条都不行。我好说歹说，软磨硬泡也无济于事。

1984年11月6日，胡愈之老在北京医院为《胡愈之简介》一文审阅定稿。（作者提供）

眼看着时间一分一分地过去，我心急如焚。我知道愈老是最守时拘礼的，他一定是衣帽整齐地坐着等我去。我跟他们说道理，套"近乎"，直说得舌干唇焦，他们还是冷冰冰的一句：要介绍信！最后总算上天开眼，换班换上来一位年纪大一点的中年军人，我央求他为胡愈老的保卫人员小徐打一个电话，总算得到恩准。小徐放下电话，马上出来接我。经过三重岗哨，两次盘问，总算进到了愈老的病房。果然不出所料，愈老衣帽整齐，已端坐等候我半个多小时了！我歉意地迎向已起身为礼的愈老，一边握着他伸过来的手，一边就发开了牢骚："劳您久等了！真对不起！但这不能怪我，我是守时的，我准时到了大门口。只怪这医院的门禁太森严了！好像我书包里装着炸弹要往这里冲似的，怎么也不放我进来，非要什么介绍信不可。"

愈老坐下后，心平气和地微笑着说："保卫工作嘛，严格认真一点总是好的。"

"可是，坐小卧车怎么就可以通行无阻呢？"我在门口站了半天，看见一辆辆小卧车出出进进,十分自由,就不服气地问。

"他们认得那是谁的车。"

"原来认车不认人!怪不得沈老要我坐您的车来啊!"我的火气还没有消下去,顿了一顿,又说:"这门禁制度也不知是怎么定的,我给他们看有钢印有照片的工作证,他不信,偏相信那最容易伪造的一纸介绍信!"

"他们也是执行制度。不过,你这个意见可以提供他们参考。"

愈老还是那么微微笑着,平平和和地做解释。我的嗓门不由得也降低了一些,但还是忍不住继续发牢骚:"其实所谓高干病房,不就是住着些像您这样的德高望重的老人吗?谁会丧心病狂来伤害您呢?不都是人民的公仆吗?还害哪门子怕呢?不知道您注意了没有?现在铁栅栏越竖越多了,围墙也越砌越高了。"

"是啊,所以要整党啊。现在要抓、要做的事情太多了。先抓最主要的,就是改革、搞活经济,对外开放,慢慢一切都会好起来的……"

完全是同志式的劝解,那么平等亲切,那么入情入理,像促膝谈心一般,

1984年11月6日,作者到北京医院看望胡愈之老。(作者提供)

我不觉为自己的偏激感到羞惭。看着眼前这位谦和大度的老人，想着他曾走过的漫长的人生道路，他做过多少贡献？又受过多少委屈和不公正的待遇呢？但是从来没有听他发过一句牢骚，哪怕是一丝牢骚情绪都不曾觉察到过。我不觉笑道："愈老，您的脾气真好，气量真大，总是为别人着想、总是体谅别人。"

"不，我的脾气也不好。"他打断我的话头说，"我有时也很急躁。尤其因为我的马列主义学习得不好，长期受'左'的思想影响，在历次运动中，也曾伤害过一些同志的感情，给党的工作带来损失。我只要想起这一点，就感到很愧疚……"

老人的坦诚、真挚，使我深受感动。这是一个有着海天一样坦荡的胸襟、有着水晶一样透明、金子一样宝贵心肠的无与伦比的老人啊！在这样一位老人面前，我不能不自惭形秽，不能不五体投地啊！

记得那天我从医院出来，走在宽阔整洁的长安街上，跻身于匆忙来去的车辆行人之中，摩肩接踵，磕磕碰碰，但我已不再感到心烦气躁，因为我相信，在这广大的人群当中，一定也不乏像愈老那样可亲可敬的人……

九十大寿

冬去春来夏将尽，不久就是胡愈老的九十寿庆。记得那年 9 月 9 日，我第一次也是最后一次给愈老祝寿。我背着小相机，捧着一小盒袖珍玩具似的"寿礼"，贺片上写着"愈老愈年轻，努力加餐饭"。我原怕愈老家宾客如云，高朋满座，准备悄悄放下小盒，就转身离去。谁知那天却出乎意料的冷清，小客厅兼书斋里除了一双寿星公婆，竟没有一个客人。我进门就拱手作揖，笑道："胡愈老，我给您拜寿来了！恭喜，恭喜！恭喜寿星公、寿星婆健康长寿！"

寿星公笑眯眯地站起来，双手一抱，向我作揖道："谢谢！谢谢！"

我随即打开小纸盒，捧出那一套小小漆木玩具，说："这是放佐料的小玩意儿，您看好玩吗？"那是几只像小孩子"过家家"玩的小器皿。

寿星公忙叫寿星婆来看："兹九，你看看，小巧得很哩！"

寿星婆笑问："蛮好玩的，你从哪里弄来的？"

我说："我这是借花献佛，别人送我的。"

"我灵机一动,打开相机,对准焦距,对二老说:'我给寿星公婆照张相!'"摄于1985年9月9日。(作者提供)

把玩了一会儿,寿星婆就叫摆到书架上去。我环顾室内,没有半点寿庆痕迹。就问:"今天怎么没有一个客人?王健同志不是说要给您做九十大寿吗?"

"史良同志刚刚去世,谁有心思做寿?"俞老回答。

"唉!真不凑巧,明年九月九日又是毛主席十年忌辰……"我不觉叹道。

"不能做寿更好,省了许多麻烦,大家都忙呀。"

"那么,争取明年九月为您出一本书,作为九十大寿纪念好吗?"

"出什么书呢?"

"出您的回忆录怎么样?"

"可以,大家都要我写回忆录,可是我的脑子不行了,精力也有限。"俞老用手指点了点自己的太阳穴,遗憾地笑着摇了摇头说。

"您的脑子不错呀!九十岁了还一点也不糊涂,您说记得的,经核对资料都没错误,您说不记得的,就是真忘了,一点都不含糊,这是很难得的。我和胡序文同志可以帮您整理，政协文史出版社答应一定赶在您九十大寿前出书。您同意吗？"

"同意，我想回忆一些别人不大回忆的人和事，许多好同志，为人民做了许多好事，但知道的人不多，我想回忆他们。"愈老若有所思地说。

"这太好了！革命能够成功，其中有许多无名英雄的功劳，就应该回忆他们。怎么样，咱们说干就干起来吧！"

"好，就怕你忙，有时我也要开会。这样吧，每天下午三点以后，你都可以来家里找我，我要是不在家，你可以和兹九谈。"

"好极了！等我拟个提纲，咱们就依照提纲有重点地整理。整理一篇先发一篇，好听听各方面的意见。然后收编成书。"

"好好好。"愈老高兴地连连点头。

一会儿有人来送文件，愈老起身接了，就站着翻阅起来。我灵机一动，打开相机，对准焦距，对二老说："我给寿星公婆照张相！"

我揿了三次快门，留下了三张珍贵的照片。

使我终生遗憾的是，等我把拟就的回忆录提纲送去时，正赶上胡愈老最后一次住院。我下午三点多钟去，愈老吃完午饭走的，真是失之交臂！那天，沈老还要我多等一会儿，她说："我们说说话儿，等等愈之，他很快就要回来了。"

谁知竟是一去不复返啊！

我先后为胡愈老整理了《从"不好学"说起》《永恒的纪念》《南洋杂忆》《我所知道的冯雪峰》《为全民抗战奔走呼号》等几篇回忆文章，还编写了《胡愈之简介》《胡愈之年表》等等。但是由于我忘了"六十不隔年，七十不隔月，八十不隔天"的老话儿，竟对一位九旬寿翁掉以轻心，没有抓紧他的宝贵时间，当然还由于种种客观原因，使我倏忽间失去了一座记忆的宝库，留下了一个永远的遗憾在心间。

再过几天就是胡愈老的六周年忌辰，而这位"不七尺躯雄万夫"的"文化巨人"，这位十二三岁就和弟弟及小伙伴们，用毛笔小楷在毛边纸上编"文摘报"向上虞县的父老乡亲散发的"天才编辑"，直至逝世前两年才"被动"地为自己编了《流亡在赤道线上》和《怀逝者》两本薄薄的小书，结束他无私忘我的编辑生涯，而他还未能看到它们的出版，真是痛心疾首！

然而，人民没有忘记这位"与人照肝胆，见义轻风浪"的"中华民族的

《胡愈之印象记》。中国友谊出版公司1996年8月。(资料照片)

脊梁"。在他的三周年忌辰前后，由众多名家编写的《胡愈之印象记》出版了！翌年，《我的回忆》也由江苏人民出版社出版了！只需翻开那两本书，那个自学成才的上虞翁，那个筚路蓝缕、建树卓著、从不为名利所动的诚信君子，那个关心朋友、热爱青年，胜过关爱自己的慈祥老人，就会带着他特有的谐谑感人的微笑，迈着迅疾轻捷的步子向你迎面走来……

原载《胡愈之印象记》（增补本）　中国友谊出版公司，1996年8月

极富魅力的个性

——访沈兹九大姐[①]

"叫我沈大姐……"

早就听到过胡愈之、沈兹九这两个响亮的名字,一个被出版界所称颂,另一个为妇女界所推崇。他们是难得的志同道合恩爱到白头的一对寿星。因为工作需要,当我随出版协会王仿子同志,第一次穿过那个朴雅的,只有几行冬青树篱的小小庭院,去拜会这一对名人时,我的心情不觉有些紧张,这是"我的作者"中职位最高的一对啊!

推开正北房的门,只见两位白发苍苍的老人正并排坐在长沙发上读书呢!抬头见我们来了,立即双双起身和我们一一握手。二老脸上漾满纯真慈蔼的笑容,一面殷殷让座、垂问,一面叫人泡茶。我本来有些忐忑的心,这时却充满好似久别来归的喜悦。王仿子同志是熟客,与二老有谈不完的话,但他很快将谈话引入正题,我奉上剪贴好的一叠文稿,二老接过去便埋头翻阅起来。看完之后,胡愈老微笑着慢条斯理地说:"我的这些回忆录,大都是'文化大革命'以后,报刊来催来要的应景文章。时过境迁,没有什么大意思,写得也不好,我看没有什么出版价值,就不要出书了吧!"

"老先生"竟然拒绝找上门的出书机会,是我始料不及的,我用目光向王仿子同志求助。他说:"这些文章,在您本人看来可能没什么,但是我们看起来颇感亲切,很受教益。像您回忆潘汉年的那篇,不但说出了许多鲜为人知的史实,又极为感人,死者有知,也会含笑九泉。还有对于像范长江、金仲

[①] 编者注:副标题为编者加。

华、杨贤江、杜重远等同志，年轻人最多只听到过他们的名字，至于他们是怎样的人，对革命有过些什么贡献，就鲜为人知了。您的这些文章，可以帮助年轻人了解过去的斗争生活。"

沈老瞟了她的老伴一眼，笑笑对我说：

"愈之总是这样，说他的书没有出版价值。其实像《郁达夫的流亡和失踪》就是很重要的史料，第一个揭开了郁达夫失踪之谜。当年愈之为郁达夫失踪案，曾做过大量实地访查，才写了这篇文章，揭露日本法西斯的罪行。战后日本为这篇文章闹得很凶，极力否认文章所揭露的罪行，可见愈之的文章影响很大，很有保存价值。而我写的《流亡在赤道线上》与他的不同，是用文学笔调写的。事隔40年，最近在《华声报》重新发表以后，许多读者和朋友纷纷来信，都表示欢喜和感动。我们一群进步文化人，当年漂泊南洋时的斗争生活，不要说你们年轻人不了解，就是一些老首长也不很了解哩！一般认为在国外都享福，其实艰苦极了。当地人和外国人都喊我们是'知识苦力'。记得辽沈战役胜利前夕，举行舞会。周（恩来）总理那时忙得不得了，也来参加。他是很会跳舞的，那么多女同志都想跟他跳，他就一支曲子与好几个人跳。她们请愈之跳，愈之说他不跳。朱德同志就来请我跳，我也说不跳。他问为什么不跳。我说因为我不会跳。朱德同志感到十分惊讶，说：你们从南洋回来的还不会跳舞？我说我们在南洋艰苦极了，从来没有跳过舞，倒是会造酒、做肥皂，没时间学跳舞。朱德同志说：那你懂音乐吗？我说音乐倒懂一点，我很爱听音乐。朱德同志说：那好，我们来一个听音乐散步。我就跟他踩着音乐节拍拖呀拖，拖了一支曲子……因此，我和愈之都想写一写南洋的事情，可惜已经没有精力写了。"

我又给二老看我查到的他俩的传略，二老看得极为认真。胡愈老笑道：

"原来我还有个笔名叫何谷，我早忘记了。"

沈老说："我翻译了《战争论》？我都记不起来了。你这是在哪儿查到的？你真有办法。"

我说："我们资料室就有。"

二位老人一面翻看文稿，一面发些感慨，亲切随和极了。

胡愈老并不固执，大家终于说服了他同意出书。随即他便从出版的角度考虑，向我指出：

"这许多文章不能像这样子凑在一起，我看应该分成两本书。一本以南洋为中心，包括《郁达夫的流亡和失踪》《流亡在赤道线上》，专门讲在南洋的斗争生活。还可以把我们办《南洋商报》《风下》和《南侨日报》的前前后后写一篇文章加进去。一本以人物为中心，收进写蔡元培、杨贤江、邹韬奋、潘汉年、郑振铎、许地山等人的纪念文章。"

胡愈老真不愧是"斫轮老手"，三言两语就把那一堆匆忙搜集起来的文章分门别类了。

沈老亦是一位有经验的优秀的老编辑，她考虑得更加细致周到：

"编成两本书很好，一本几万字，出成像《干校六记》那样的小册子，再找些当年的照片插进去，增加兴味。一本几角钱，可以装在衣兜里，青年人买得起，携带也方便。"

胡愈之、沈兹九《流亡在赤道线上》。三联书店，1985年12月。（资料照片）

她处处为读者着想，给我留下极为深刻的印象。她停了一会儿，又对我说：

"《风下》周刊、《南侨日报》，都是很有影响的报刊，它们的创办经过很值得回忆，写出来会是很好的新闻研究资料。我看可以让愈之说，你帮助整理写成文章。"

初次见面，即得到如此信任，使我有点受宠若惊，不知如何回答。王仿子同志当即表示赞同，并嘱咐我：

"只要愈老的健康许可，约个时间，你就来完成这个工作吧！"

"行！"我爽快地答应下来。

此后，我便有幸亲聆二老回首当年。在二位老人的亲切关怀指点下，我很顺利地完成了胡愈老的几篇回忆文章。《流亡在赤道线上》及《怀逝者》两本小册子也先后问世[②]，受到读者欢迎。最使我感动的是，这两位德高望重的耄耋老人，对我这个无名小辈的信任和器重。他们把自己珍藏的照片、资料都无私地提供给我。

有一次沈老笑眯眯地对我说：

"以后你叫我沈大姐好了，妇联的姐妹都这样叫。"

"那合适吗？"我感到为难，"这样的天壤之别，怎么能平辈相称呢？"

"什么天壤之别！都是革命同志，我不过比你年纪大而已。叫大姐又简单又亲热不好吗？"

"当然好啦！那我就'恭敬不如从命'了，沈大姐，您好！"

"这样很好，很自然。你真调皮！"

她笑着用指头点了点我说。

此后我就亲亲热热地叫开了沈大姐。这是 1983 年年末的事。

"要受得起委屈……"

转眼到了 1986 年，胡愈老去世后的第一个春节。因惦着沈大姐的身体，特地去给她拜年。到底是久经磨炼的极有修养的老人，对晚年丧偶看得很开，她的精神还是那么矍铄，态度一如既往的从容、慈蔼。看到她永不衰老的明亮的眸子，像往常一样闪着笑意，我把原先准备宽慰她的话咽了回去，进门

[②] 编者注：此二书均由周健强任责编，三联书店分别于 1985 年 12 月和 1986 年 5 月出版。

就拱手笑道：

"沈大姐，给您拜年来了。祝您健康长寿。"

1985年作者看望沈兹九大姐并合影。（作者提供）

她笑容满面，堪称明眸皓齿。她坐在沙发上略略欠身拱手笑笑说：

"我想写一本回忆愈之的书，想请你帮忙写。我和愈之共同生活了四十多年，有许多他的事情，只有我知道。你愿意帮这个忙吗？"

"当然愿意，太愿意了！"

"不过今天不能谈了，邓大姐的秘书要来，让序文③陪你谈谈吧！过几天你再来和我谈，好吗？"

"好！一言为定！"我停了停，"您今天精神好极了，能让我和您照几张相吗？"

"序文，你来帮我们照相。"沈大姐兴致很高，"你给序文也照一张。"

照完相，我就告辞了。

过了几天，我如约而去，沈大姐已在客厅等我。她跟胡愈老一样，凡是

---

③ 编者注：即胡序文，胡愈之侄子。

约定了时间，必定分秒不差地等候。见我准时到达，她笑道："排了半天，才约到今天。正好前几天下雪，今天天气好了，省得你不好挤车。"

我递过冲洗出来的照片说：

"看看您多精神，简直是容光焕发。"

"照得不错，真不错。这是送给我的吗？"

"是的。"

她谢过我，又叫把照片放到写字台玻璃板下。随后就关切地问起三联书店的经营情况。又问我编过些什么书，写过多少文章，发表了多少。正谈得高兴，张明养先生偕夫人来了。两口子进门就说：

"给你拜个晚年。"

"别拜了，这一阵拜年成灾了，每天都是一批一批的，热闹极了，什么事也干不成。"

"大家都关心你的身体，怕你寂寞，应该来。"

"哎呀，我可累坏了！妇联退下来的人，时间多，又闷，就一伙一伙地来我这里聊天，我没有时间寂寞。我的身体嘛，很不错。我一直有病，病养人哪！像愈之、梅兰芳他们，都说自己没有病，结果都走在我们有病的前头……"

1984年，作者和张楚琨拜访胡愈之夫妇，并给他们合影拍摄。（作者提供）

说着说着，老人的目光黯淡下来。张氏夫妇连忙一个劲儿地夸我拍的照片好极了，应该收进传记里，应该放大等等，谈话又变得轻松起来。忽然，沈大姐问：

"你们两个没有什么事吧？"

"没有，就是来看看你……"

沈大姐连声道谢后又问：

"你们是坐小车来的吧？"

"是坐小车来的。"

"那好，今天十二分对不起，我要和她谈话。你们坐一会儿就走吧！都是多年的老朋友，我就不客气了。"

张先生看了看自己的夫人。笑道：

"好，我们坐坐就走。"

沈大姐指了指我，说：

"她可怜，只能用两条腿走路。晚了，人多挤不上车。不像你们有四个轮子。"

张夫人问我住在哪儿，想顺路用车送我。

沈大姐笑说：

"我同她有事，她不能和你们一起走。"

夫妇二人果然只稍坐了一会儿，就道别走了。沈大姐立刻招手叫我：

"快过来，我们谈。"

我笑着点了点头说："您真行，人家刚来就下逐客令。"

"没关系，都是老朋友，他们想来，随时可以来，他们有小车，方便。"她停住，眼望着我，"告诉我，你是不是受委屈了？"

那慈蔼的目光，关切的口吻，使我眼眶发热，心里想，她怎么知道的？嘴上却笑：

"也谈不上委屈。"

"这个一点不奇怪。一个妇女，能干，有个性，总不免有人给委屈受，生活就是这个样子。人要受得起委屈，才有成就。有本事，怕什么呢？以后嘴巴子注意点，不要随便说话，犯自由主义……"

她顿了顿又说："我的日子也不多了，现在我要把自己的事情理出一个头绪来，把该落实的都落实好。愈之的文集，你们三联出。还有一本画册，想出成活页的，两面印，纸要讲究。还要给愈之拍电视剧，我找了夏衍，他是内行，懂得电影艺术。你说这样好不好？只有这样才对得起愈之。他兢兢业业一辈子，从不出头露面，应该让大家知道有这么个老头儿，有这样的共产党员。我做妇女工作，做无论什么工作，都得到他的帮助。他一生都爱帮助人，就是在商务印书馆当练习生一月只挣几块钱的时候，也肯帮助别人……"

"您的想法太好了。胡愈老实在值得大写特写，让世人都知道还有这样的共产党员。您不是想写他的回忆录吗？只要用得着我，我一定尽力。对于愈老的事，希望您早早和我谈起来，我好利用业余时间帮您搞。"

"我现在要做的事太多，等我安排好了，我们就谈起来。我现在每天自己写一点，把重要的线索连起来。"

可惜后来因为种种原因，那本《我和愈之共同生活四十年》的回忆录，只留下一个题名在我的笔记本里，也留下一个无法弥补的遗憾至今压在我心头……幸喜民盟和妇联都曾派人帮她整理，但愿那些珍贵感人的史料能够留传后世。

"不要失去幽默感……"

沈大姐不但关心我的工作、进步乃至情绪、挤车，还从政治上关心我这个"什么也不是"的晚辈。因为帮胡愈老整理回忆文章，使我对民盟的历史有了活生生的了解，遂萌发了加入其中的愿望。当时我较熟识亲近的盟员只有胡愈老、张楚琨先生等人，我就冒昧地请胡、张二老做我的介绍人，二老欣然俯允。不久，史良先生逝世，胡愈老代民盟主席。恰在此时，我的入盟正式报批表格要介绍人签字，沈大姐签上了她的大名。随即便找我去，说明缘由：

"你的两个介绍人太'大'了，一个主席，一个组织部部长，叫基层盟组织怎么办？所以我自告奋勇当你的介绍人，你不反对吧？"

"反对？高兴都来不及哩！是我考虑不周。只不过您也不'小'呀！"

"不算'大'，我比愈之小两岁哩！哈哈……"

她谐谑地拿年龄大小打岔，笑得像小姑娘一样。

自此以后，她每见我，都要关切地询问我所在支部的活动情况，鼓励我靠拢组织。而印象最深的一次是1988年5月间，我去给她送书。进门时，老人正在看书，见我来了，满脸是笑：

"你不是早就打电话说要来,怎么今天才来?好久不见了。你怎么这么久不来了?"

"这不是来了吗?"

"是因为忙,还是因为穿小鞋,不好走路?"

她慈蔼地望着我,打趣道。

"唔,穿小鞋有穿小鞋的优越性……"

"哦,是什么?"

"穿小鞋跟脚,不容易被踩掉,哈哈……"

"对生活永远不要失去幽默感,你这样子很好。"她总是不忘鼓励表扬人,哪怕是微不足道的长处,她也及时加以肯定。随后又问:

"你来送我什么书呀?"

我打电话告诉她说是来送书。

我打开提包,递过《华夏妇女名人词典》④ 和《聂绀弩传》。她高兴地接过去,说:

"你们真能干,真努力,这么大一本书说出来就出来了,真快呀!"

"这两本书等我慢慢看。"她随手翻了翻词典和聂传,就放到一边了。

"你经常参加民盟的组织活动吗?"

她忽然转了话题。

"我属于人民出版社支部,我们支部大多是离退休的老人,很少有组织活动。有也是传达学习文件,一起座谈座谈。"

"你去过盟中央吗?"

"还是胡愈老在时,他让我去找过一趟王健同志,后来没再去过。"

"你这样子不好。你们离盟中央很近,还不常去走走?应该多靠拢组织嘛!"

"我觉得没有什么事,去做什么呢?"

"去找组织部、宣传部、群言杂志,看他们有什么事要你做不?主动找事情,还能没事情做吗?比方说,你送我的书,也可以送给他们看看,一来表示尊重组织,二来也是一个盟员应尽的义务,让组织知道你的进步,知道你

---

④ 编者注:《华夏妇女名人词典》由沈兹九、冰心等人任顾问,作者大姐周行健任主编,作者本人任定稿编委及撰稿者之一,1988年3月在华夏出版社出版。

《女界文化战士沈兹九》。中国妇女出版社，1991年6月。（资料照片）

做出了什么成绩。你最近就去一趟，就说是代我去看看他们，汇报一下基层组织的活动情况，他们有什么忙不过来的事，你就主动帮忙做一做。你还年轻，现在不努力做事，什么时候再做呢？以后你经常去走走，争取多参加一些组织活动，要不你加入民盟做什么呢？"

沈大姐语重心长的谆谆教诲，至今还常响在耳边，而她已走完她漫长的光辉的道路，离我们远去了。看到安卧在鲜花丛中面带微笑的沈大姐，我甚至不能相信这就是永别。

她喜欢用"个性"这个词儿，也欣赏有个性的人。她的个性是什么？是她系着的白纱巾、唇红齿白的明朗笑容？还是她待人的平易、爽快和诚信？还是她处处为人着想，对年轻姐妹、后生晚辈的关怀爱护？不拘是什么，她有极富魅力的个性，她将永远活在我心中……

1990年5月

原载《女界文化战士沈兹九》，中国妇女出版1991年6月

附录一

永恒的纪念[1]

——《鲁迅全集》出版始末

鲁迅先生自一九〇六年在东京弃医从文,三十年来呕心沥血,为唤醒民众留下了数百万字的文学著作,这是珍贵的文化遗产。在他生前,先生曾有意将整理出来的二百五十万字著述,辑成十大本出《三十年集》。但他的书被禁止出版发行,他写的文章只有变换笔名,请人抄过,瞒过检察机关,才得以刊登。就是这样,他的文章还常常被删改得面目全非。为完成鲁迅先生的遗志,继承和发扬鲁迅精神,最好的办法是将他的全部著作编辑出版传之于世。而在那民族危亡的黑暗沉沉的时候,要实现这一壮举,困难是不难设想的。

自鲁迅先生逝世后,社会各界纷纷要求出版《鲁迅全集》,许广平先生更是全力以赴,搜集整理先生已出版或未出版之遗稿。关于全集的整理编辑工作,在《鲁迅全集》编校后记中有详尽记述。

溯自先生逝后,举世哀悼。舆情所趋,对于全集出版,几成一致要求……一九三七年春,台静农先生亲临凭吊,承于全集,粗加整理,并约同许寿裳先生商请蔡元培、马裕藻、沈兼士、茅盾、周作人诸先生同意,任全集编辑委员……不料七七卢沟桥事起,一切计划,俱告停顿。去秋先生周年逝世纪念席上,沪上文化界又复以全集出版事相督促。良以敌人亡我,首及文化。出版先生全集,保卫祖国文化,实为刻不容缓之事。然庐墓为墟,救

---

[1] 编者注:该文由胡愈之口述,周健强记录整理。

死不暇；百业凋敝，谋生日拙；虽有大心，终无善策。而先生以一生心血，从事于民族解放的业绩，又岂忍其久之搁置，失所楷模。

一九三七年十一月十二日上海沦陷以后，租界当局宣布中立，当时确是"百业凋敝，谋生日拙"。公开的抗日活动不能搞，许多人都走了。书店大多搬往内地，印刷厂搬不走，闲着没事做，工人失业，生活困难。商务印书馆也搬走了，印刷厂的工友都认识我，来找我，问有没有书给他们排印。我说书有，但是钱没有。他们说，钱慢一步不要紧，先排印，印出书来卖了就有钱。商务的工友都很好，技术也很好，《西行漫记》最初就是他们排印的。

当时 Red Star Over China（《西行漫记》原名《红星照耀中国》）刚刚由伦敦戈兰茨公司第一次出版。作者埃德加·斯诺其时正好在上海。我从斯诺那里最先借来一本看了，觉得很好。这是第一个西方新闻记者冲破严密的新闻封锁，冒了生命危险，进入陕甘宁边区，进行实地采访，搜集的第一手资料，我觉得应该尽快地介绍给我国读者。

当时漂泊在上海租界内的一群抗日救亡人士，每星期二都到青年会聚餐、座谈。大家在一起商量，决定集体翻译、出版发行这本书的中译本。并改用《西行漫记》这个不带政治色彩的书名作中译本书名，以利广泛发行。排印费可以先欠着，没有钱买纸张怎么印书呢？我们还是利用每星期二到青年会吃饭的机会，暗中进行预约推销。定价一元钱一本，想买的先登记付钱，收了钱买纸张，印出来就给书。大概一个月时间就把《西行漫记》印出来了，第一次只印了一千本，很快就卖光了。开始大家不知道是什么书，等知道是写共产党、写延安的，买的人就更多了。仅半年工夫就销了五六版，卖到八九万本，还运到香港、南洋去卖，轰动了华侨所在地。出版发行的名义用"复社"，复社是临时想出来的名字，其实根本算不了什么"社"，"复社"就在我家里。后来我的家因此被巡捕房查抄，但当时我已离开上海。《西行漫记》从翻译到筹集资金出版发行，都是走的群众路线，依靠的是抗日救亡的群众。

有了出版《西行漫记》的经验，有了"复社"的名义，才考虑到用群众力量来出版《鲁迅全集》。

当时上海的形势很紧张，日军随时可能占领租界，鲁迅先生的巨量文稿要是被日本人弄去就麻烦了。搬到国民党地区也不行，鲁迅是密令通缉对象，他的书是被禁止出版发行的！许广平先生为此忧心如焚，大家商量，认为要把这份文化遗产完整地保存下来，只有一个办法就是出版全集，"纸张寿于金石"嘛！鲁迅先生逝世后，卢沟桥事变前，出版全集的事已找过商务印书馆，因一些问题不能解决，拖延了下来。反动派禁止发行鲁迅的书，一般书店都不敢承印《鲁迅全集》，只能由我们想办法出版。当时纸张很便宜，印刷厂正没工做，排印不成问题，问题还是没有钱。五六百万字的著作，相当于《西行漫记》二十部，印起来困难不说，按成本核算，定价要二十元一部才可不赔钱。二十元买一部《鲁迅全集》，现在看来很便宜，但那时候正打仗，大家都没钱，谁舍得一下子买二十块钱的书呢？又有几个人能掏得起二十块钱呢？我们就把价格降低，定为八元一部，但是这就连工本费都收不回来，谁来掏钱赔本呢？后来想了一个办法，除印八元一部的普及本以外，另印一种精装纪念本，加上一个精刻的木箱，箱盖上刻上"鲁迅全集""蔡元培题"，卖一百元一部，成本二三十元，这样就可以有余补不足。纪念本上海要的人有限，要到各地预售，用"复社"的名义出版发行不行了，就用"鲁迅纪念委员会"的名义，实际只用会长蔡元培和副会长宋庆龄的名字，是专为对付国民党反动派的。那时蔡、宋两位都在香港，我去香港，得到二位的同意，并请蔡老先生写四个字。他写了"鲁迅全集"，落款写上"蔡元培题"。蔡老先生是国民党元老，声望很高，他题签的书，国民党就不能把它怎么样了。困难的是要一百元一部，太昂贵了，只有富人才买得起。而一般有钱的商贾，又不会对《鲁迅全集》有兴趣。有钱人当时多集中在香港、广州、武汉等大城市，我们赶印了预约书券和广告，首先在香港发售预约券，后来到广州、汉口发售。每到一地，我们就举行茶话会，清茶一杯，邀请进步的资本家、各界开明人士乃至国民党要人来参加，并请他们签名购买预售书券。我从香港经广州到汉口时，已卖出近百部。马上把预收书款寄到上海，上海那边马上买纸张印刷，书很快就印出来了。我至今还记得有两个从我手里一次预购十部的国民党人，一个是孙科，另一个是邵力子，还有几个一次预购十部的，可惜想不起名字了。

　　这是一九三八年上半年的事。那时武汉形势还比较好，周恩来同志在那里，武汉八路军办事处也热情帮助。再加国外定购也很踊跃，如美国方面有陶行知先生负责推广介绍，南洋方面有王纪元同志发售预约书券，华南方面有巴金、茅盾等帮助发行，上海本地预购也出人意料地踊跃。致使我们在极短的时间内便筹集了三四万元出版资金。《鲁迅全集》初版分二十卷，共六百余万字。动员了百数十学者、文人以及工友，为全集挥笔、排校，仅用了四个月时间，就把一份丰厚的文学瑰宝送到了广大读者手中，开创了我国出版界的奇迹。而且通过《鲁迅全集》的出版、发行工作，广泛团结了各界抗日救亡人士和群众，使鲁迅精神得以发扬光大，也使我尽了一个学生对自己所敬爱的先生的一点纪念之情。

（胡愈之口述　周健强整理）

原载《纵横》1985 年第 4 期

民国版《鲁迅全集》全 20 册外加补遗。（资料照片）

附录二

我所知道的冯雪峰[1]

物换星移,光阴似箭,弹指间,我已年近九旬,垂垂老矣。而雪峰离开我们也快十个年头了!回想雪峰在那些含冤负屈、病魔缠身的日子里,是我们家里的常客。他的住处离我家不远,他喜欢步行来做夜访,我们对坐抽烟、闲谈,一谈就是半夜。往往是兹九在沙发上听着听着睡着了,又蓦地惊醒过来,笑道:

"你们还在谈哪!真有精神,恕我少陪了……"

兹九起身走向卧室,也提醒我们确实该休息了,雪峰这才依依告别离去,约定明晚再来。

我认识雪峰,是我在商务印书馆编《东方杂志》的时候,大约是1923年前后。那时我还是个二十几岁的青年编辑,对文学怀着浓厚的兴趣。雪峰更加年轻,大概二十刚出头,他是"晨光"文学社的成员,也是我联系的作者,我们的关系谈不上密切,但我知道他是一位颇有才气的青年诗人。他与应修人、汪静之、潘漠华等结成"湖畔诗社",专写白话诗,如"我们歌笑在湖畔,我们歌哭在湖畔";他们几个合出的《湖畔》诗集、《春的歌集》,风格清新,情感真挚,受到青年读者的欢迎,被统称为"湖畔诗人"。我约他们写稿。至于雪峰曾投了些什么稿,又发表了哪些,我都忘记了。只记得他后来去了北京,就在李大钊先生被绞杀的血雨腥风中,加入了中国共产党,随后因躲避反动派追捕又重新回到上海。这是1927年,当时,我和郑振铎、周予同等联名写信给国民党元老蔡元培、吴稚晖、李石曾等抗议"四·一二"大

---

[1] 编者注:该文由胡愈之口述,周健强记录整理。

屠杀，不得不远走法国。这以后我们三四年都没有联系。1931年，我离开巴黎，经德国、波兰、苏联回到上海时，雪峰正负责"左联"的工作，主要是代表党联系鲁迅先生。我仍回到商务印书馆工作。一面把自己在莫斯科游览7天的所见所闻如实地记录下来，书名就叫《莫斯科印象记》。当时国民党反动派不许出版有关苏联和社会主义的书刊，《莫斯科印象记》侥幸得以出版发行。物以稀为贵，此书受到各界读者欢迎，行销内地、香港及南洋一带。"九一八"事变以后，我被聘为哈瓦斯通讯社编译员，同时积极参加抗日救国运动，在各报刊发表反日文章。雪峰这时也写了不少批判反动派及"第三种人"的文章，反对国民党"文化围剿"。

胡愈之《莫斯科印象记》。上海新生命书局，1931年8月。（资料照片）

1932年1月28日，日本侵略军向上海北站及江湾等地发动武装进攻，驻沪第十九路军奋起抗战，上海民众积极支援，这就是有名的"一·二八"战争。自"九一八"事变以来,这是日寇遇到的最强硬的抵抗。日军兽性大发,日本陆战队及飞机 20 余架,在上海闸北、江湾等区域狂轰滥炸,并肆意摧毁文化机关。我和雪峰以及邹韬奋、鲁迅、郁达夫、叶圣陶、丁玲、周扬、夏衍等 43 人签名发表了《上海文化界告全世界书》。2 月 7 日,在 43 人的基础上,又联合 129 名爱国人士发表了《为抗议日军进攻上海屠杀民众宣言》。这年下半年,商务印书馆从废墟中站起,并把《东方杂志》包给我,由我主编复刊后的《东方杂志》,我忙得不亦乐乎。雪峰这时已接手潘汉年的"文委"书记工作,更忙得不可开交,我们只能不时在一些公众场合碰面,当然我也忘不了向他拉稿子。

1933 年前后,由于王明"左"倾机会主义路线的影响,上海党中央、江苏省委等受到严重破坏。就在党中央秘密迁往江西瑞金前后,周恩来同志还在上海时,我加入了中国共产党。后来才知道,潘汉年和冯雪峰都参加了这次转移党中央、保卫首长安全的工作。当时白色恐怖严重,暴露党员身份就有性命之忧。所以我的组织关系放在绝密的中央特科,只有单线联系,就是特科只有一个人知道我,我也只知道一个人。直到"文化大革命"以后的 1979 年,中央统战部公开了一批秘密党员的名字,我的党员身份才正式公开。1933 年以后,将近三年时间,我在上海就再也没碰见过冯雪峰了,原来他在 1933 年底秘密去了江西瑞金,随后便参加了举世闻名的二万五千里长征,到达陕北,就留在党中央所在地瓦窑堡工作了。

我再一次见到雪峰是 1936 年 5 月间。5 月初,我和潘汉年刚刚从莫斯科经巴黎回到香港。汉年到港不久即接到雪峰的信,告知他已从陕北出发到上海,希望与他取得联系。汉年把信给我看了,并叫我回上海会雪峰,因为雪峰离开上海好几年,对上海地下党的情况不了解,而我是了解的。

恰恰是雪峰和汉年离开上海后的这几年,白色恐怖特别严重,一些党员叛变了,上海和大江南北的党组织连续遭到破坏。但到了 1935 年年底,两广的国民党地方势力正准备反蒋抗日,国内形势变化发展很大,党中央派冯雪峰到上海来,是为同各界救亡组织和领袖取得联系,建立关系,同时也寻觅和了解上海地下党组织情况,以便开展有组织有领导的工作。

我到上海时大约是 1936 年 5 月中下旬,住在我的兄弟胡仲持家里,仲持是《申报》主编,很有名。雪峰当时住在鲁迅先生那里,由他找我方便得很。

我们在仲持家会面了，久别重逢，两人都很激动，更何况我和雪峰，已由编辑和作者的关系，进而为生死与共的同志关系了呢？谈到上海地下党的情况，我第一个告诉他，夏衍是可靠的。雪峰第二天就找了夏衍，但后来夏衍很有意见，说雪峰"先找党外，后找党内"，这是夏衍的误会。之后我陪雪峰到香港与潘汉年面谈。我则忙于《生活日报》的出版工作。《生活日报》于1936年6月7日"开张"，共出了55天，终因经费困难，限制重重，不得已自动停刊后，我返回上海。雪峰从香港回到上海，忙于同上海各界救国团体和领袖，如沈钧儒等等频繁接触，向他们传达党中央关于建立最广泛的抗日民族统一战线的政策，了解情况，收集情报。到六七月间，上海各界抗日救亡运动有了很大发展，群众的抗日救亡热情空前高涨，形势很好。而文艺界在"左联"无声无息自行解散之后，关于"国防文学"和"民族革命战争的大众文学"两个口号的论争也在六七月份达到高潮。鲁迅先生和冯雪蜂都是维护"左联"的，而"左联"还是被解散了。在党呼吁"大家都应当有'兄弟阋于墙，外御其侮'的真诚觉悟"，号召全民抗战，建立最广泛的抗日民族统一战线之时，文艺界却纷争不休，互相指责，而且把矛头指向最坚决、最热烈拥护统一战线政策的鲁迅先生（当时先生正在病中）。冯雪峰当时是作为党中央特派员到上海来寻觅、恢复、联系地下党组织的，而上海那几个党员却不接受他的领导，不听从他的劝告，甚至连面也不肯见，而这在当时的影响是可想而知的，无论是对党的事业，还是对全民抗日救亡运动都是不利的。我当时主要管救国会的事，救国会的同志没有一个卷入这场论争。大敌当前，国亡无日，为什么要互相对立分散力量，不能无条件地团结起来一致对外呢？

1936年10月19日清晨，鲁迅先生溘然长逝的不幸消息，就是冯雪峰打电话通知我的。我们一起筹备葬仪，一起扶榇下葬。事隔月余，11月22日深夜，发生了震惊中外的救国会"七君子"事件，我陪同宋庆龄先生等一起去苏州高等法院看守所，要求与"七君子"一起坐牢。我们说："七君子要抗日救亡被逮捕拘押，我们也要抗日救亡，把我们也抓起来吧！"发起了广泛的"爱国入狱"运动，营救"七君子"，使反动派无所措手足，最后不得不释放了"七君子"。这时，潘汉年是上海办事处主任，冯雪峰是副主任，我们彼此联系较多，有关党的事情我都找雪峰。但是，"七七"事变前后，有较长一段时间我没有见到雪峰了。有一天晚上，雪峰突然到我家来了，我高兴地问他：

"好久不见了,你到哪里去了?"

他气色很不好,赌气似的说:"我到南京(也可能是杭州)去了,现在不去了。他们要投降,我不投降。我再也不干了,我要回家乡去。"

原来他随中央代表团(雪峰不是代表)同国民党谈判第二次国共合作问题,与博古吵翻了,气得跑回来的。那时为联蒋抗日,共产党要的条件是很低的,如取消苏维埃政权、改编红军等等,这对于这个农民的儿子,血气方刚的雪峰也确实不容易接受。

第二天我找到潘汉年,问究竟怎么回事?潘说:"雪峰这样子不对,谈判还未成功,怎么就说是投降呢?这是中央的事情,他是共产党员,怎能自己说跑就跑掉?组织纪律呢?他说再也不干了,他不干什么?不干共产党吗?"

但是雪峰脾气倔,总是坚持自己认为对的。后来,他真的跑回义乌老家"隐居"去了。回家后,他深居简出,埋头读书,整理资料,准备写一部反映二万五千里长征的回忆录,书名就叫《卢代之死》。可惜书没写完,就发生了"皖南事变",在又一次白色恐怖大搜捕中,雪峰被抓进了上饶集中营,关押了两年。他在集中营里传染上了"回归热",险些送命。因身体极度虚弱,后来又患化脓性肋膜炎,手术后又久不封口,经受了难以想象的痛苦。但是,他在狱中一直坚持斗争,帮助同志越狱,自己一直未暴露身份,敌人连他是不是共产党员都不清楚,只知道他叫冯福春,是个读书人。后来经党组织多方营救,由宦乡出面保释就医,得以脱离这人间地狱。后来他把这段亲身经历写成《上饶集中营》搬上了银幕。出狱后,雪峰经桂林到重庆,在周恩来同志领导下工作,这些都是我后来听说的。自从雪峰1937年离开上海,我和他就失去了联系,因为我在上海沦陷前后也离开上海去了武汉,后又到桂林、重庆,最后经香港去新加坡办报,直到新中国成立前夕,我才从新加坡回到离别了八年多的祖国。

新中国成立以后,我做了出版总署署长。与冯雪峰睽隔多年,也不知道他怎么样了。忽然有一天,周总理打电话给我讲:"叫冯雪峰做人民文学出版社社长,但待遇要比普通社长高点,工资要高一点,要给他一辆私人用小汽车。"

当时文学、人民、美术、教育等都是大出版社,人民文学出版社是最大的,全国的文学书籍都归它出。但我心里想:其他出版社社长都没有专用小车，总理为什么对冯雪峰这么重视呢？

过了两天，雪峰来看我，见面没有寒暄，脾气倒不小。他以无可奈何的口气说："我不想搞文学出版社，更不想当社长，但是总理要我搞，我也没有办法。看看中宣部那几个人，叫我怎么工作？"

因为出版社的上级领导是中宣部，而雪峰对周扬特别不满意。我劝他说："不管怎样，总理已经决定了，你无论如何也要搞，而且要搞好。"

雪峰走马上任了，人民文学出版社搞得很不错。雪峰有眼光，有魄力，出版了许多优秀的文艺书籍，也拒绝了不少"有来头"的不够出版水平的书稿。而他自己则把主要精力放在研究鲁迅著作上，放在整理、出版《鲁迅全集》上。可惜《鲁迅全集》刚出了两卷，就来了"反右"运动，周扬他们说他在《鲁迅全集》里加进了他自己的东西，派性的东西，他搞宗派主义。具体是指鲁迅先生那封著名的公开信——《答徐懋庸并关于抗日统一战线问题》，他们怀疑此信是冯雪峰写的，至少有一部分是他加进去的，他们希望冯雪峰承认错误，或加以删改，或加注说明。但是冯雪峰宁愿戴上"右派"帽子，也不肯违背事实，承认错误。1958年10月，《鲁迅全集》第6卷出版时，冯雪峰已被划为"右派分子"，开除党籍，在人民文学出版社当一名普通编辑。

雪峰1957年被划为"右派"以后，跟我没有中断来往，不过很少走动了。以他那样的脾气，在遭受这样不公正的处分以后，对党没有怨言，也不自轻自贱，表现沉着而冷静，仍然一如既往，热心党的文艺事业，继续研究鲁迅，和我见面的话题都是关于文学研究方面的，我觉得这是很难能可贵的。

1961年11月，雪峰摘掉了"右派"帽子，他马上欢天喜地来告诉我，并着手写一部关于太平天国的历史长卷，连写作提纲都详详细细拟出来了，甚至还要去广西金田村体验生活，进行实地考察。后来又开始同我谈起重新入党的问题，他以为自己既然已摘掉"帽子"，就不是"敌人"，而是同志了，应该可以重新入党。殊不知事情远没有这么简单。1965年雪峰又主动要求下乡搞"四清"。

"文化大革命"中，雪峰被关进了"牛棚"，除了天天"请罪"，挨批斗，就是不停地写"交代材料"。那时，"30年代的文艺黑线"是首当其冲的"火力靶子"，雪峰一下子成了各外调单位的争夺对象，人人都想从他嘴里得到攻击对立面的枪炮子弹。尽管雪峰对"四条汉子"一向不满,但他为人正直,决不肯乘机报复,落井下石。雪峰被"造反派"们"勒令交代",威逼不过,特意把20世纪30年代"左联"那一段历史认真详细地写了一份交代材料,复写多份,谁来外调,就给一份,使人无机可乘。这份材料没有歪曲事实,也决不诬陷任何人,包括那些整过他的人在内。这份材料在《新文学史料》第2期公开发表以后,感动了不少人,我本人就很佩服他的正直的胸怀。但是,雪峰却因此在"摘帽右派"之外,又加上了"叛徒""修正主义分子"的帽子。他戴着这3顶吓死人的帽子,被送到文化部干校劳动,那时他快七十岁了。听干校回来的人说,他能干得很,他会下田插秧,会放鸭子,还能挑百几十斤的担子,他总是豁出命地干。

1972年,雪峰从干校回到北京,马上就跑来看我和兹九。那时我们都"靠边",清闲得很,他就常来夜访长谈,三句话不离本行,谈的还是文学问题,谈得最多的当然还是鲁迅先生和《鲁迅全集》的注释问题。他说,中国现代文坛,自鲁迅先生以后,还没有出过像先生那样有世界影响的作家。那时出版社部分恢复业务,他又开始做一个普通编辑的工作,并且越来越经常提到"希望有重新回到党内的一天"。

1976年1月,周总理逝世不久,雪峰也死于肺癌。我在他死后,就写信给当时的出版局局长石西民,希望考虑恢复冯雪峰的党籍,实现他最挚诚的最后的遗愿。我认为雪峰尽管有这样那样的缺点或不足,如脾气不好,工作方法简单,有点主观,单凭感情用事,但雪峰是个耿直的好同志,他为党工作多年,出生入死从不迟疑,做了许多重要的事。尤其在对鲁迅先生的问题上,是在冯雪峰负责联系鲁迅先生以后,鲁迅和党的关系才越来越好,融洽一致的。新中国成立后,雪峰为《鲁迅全集》的编辑、整理、注释、出版等等做了大量工作,付出了很大精力。他在遭受残酷打击,身处逆境之时,没有抱怨,没有自暴自弃,一心想到的还是繁荣党的文艺事业。在10年浩劫,人性扭曲的非常岁月里,他宁肯自己吃苦头,也要坚持原则,坚持实事求是,决不浑水摸鱼,乘机打击报复,表现了一个共产党人的高贵品质和博大胸襟。而且他至死念念于心的是重新回到党内来……但是身为出版局局长在当时也是爱莫能助。

现在，雪峰早已在 1979 年恢复党籍，予以平反，明年[②] 1 月是他逝世 10 周年纪念，人民文学出版社和作协等将发起纪念和研究冯雪峰的盛会，据说还将出版雪峰纪念文集等，我觉得很高兴。我希望有关冯雪峰的一些尚未解决的问题，通过明年的研究会、纪念会得到彻底解决。我预祝会议成功！并以此文表示对这位与我认识近 60 年的朋友的怀念之情。

（胡愈之口述　周健强整理）

原载《新文学史料》1985 年第 4 期

[②] 编者注：指 1986 年。

附录三

南洋杂忆[①]

本文追述作者在南洋七年余的生活：一九四〇年去南洋参加《南洋商报》工作；日军侵占南洋后，流亡苏门答腊，隐姓埋名；抗战胜利，有国难投，继续在新加坡创办《风下》《南侨日报》，宣传和平民主。过去《选辑》有关南洋生活斗争的回忆录不多，本文弥足珍贵。

——《文史资料选辑》1985年第一辑原编者按

我在《少年航空兵——祖国梦游记》一书里曾说过："永远向着未来，不要怀念过去；一切为了明日，不要迷恋昨日。"我平生除了为追念亡友写过一些纪念文章外，几乎不写回忆文字，即缘于此。现在，我早已步入耄耋之年，许多朋友都希望我写些往事的回忆，帮助年轻人了解过去的生活和斗争。事实上有不少同志已在做这项有意义的工作，但是有关南洋的许多事情的回忆文章却所见不多。我自一九四〇年十二月赴新加坡，至太平洋战争爆发，星马沦亡期间，和一批进步文化人流亡苏（门答腊）岛，凡三年零八月。之后，又重返新加坡，直至一九四八年三月离新经香港返回内地，我总共在南洋生活工作了七年余。那七年，不但是世界局势急剧变化的七年，也是我国人民浴血奋战，摆脱内忧外患，使旧中国蜕变成新中国的关键性的七年，对于我个人，更是难忘的七年……

桂林—香港—新加坡

一九三九年，我从沦陷后的武汉辗转来到桂林，参加范长江同志主持的

[①] 编者注：该文由胡愈之口述，周健强记录整理。

"国际新闻社"工作，同时筹备"文化生活供应社"。

记得是文化生活供应社开张的那天，我正在供应社楼上我的住处与同志们欢聚庆祝。忽然，李克农同志来找我，说飞机票已买好，要我马上飞香港。当时国内正是"皖南事变"前夕，局势十分紧张。蒋介石准备同日本人秘密媾和，日本叫蒋介石将共产党、新四军彻底打垮。我党中央曾有密令：为保存力量，凡是不能秘密隐蔽起来的同志，都必须立刻转移埋伏。而像我这样的人，是无法"秘密"起来的。

飞抵香港后，我即去找中共南方工作委员会（简称"南委"）负责人廖承志同志，原来要我去新加坡办报，当《南洋商报》编辑主任。

《南洋商报》是陈嘉庚先生在一九二三年创办的，这时已换了主人，全部股权归大实业家李光前（陈嘉庚女婿）及其弟李玉荣等所有。陈嘉庚先生在一篇文章中说：

"余自民国光复后，矢志为国家社会服务，冀以尽国民一份子之天职。故自农工商业而及于教育，旋并创办《南洋商报》，故为商业战之先导。迨民国二十三年初，因世界不景气之影响，各业损失额巨大，致有限公司收盘，《南洋商报》遂亦易主，而与余脱离关系矣。"②

尽管股权易主，掌握经营管理和舆论方针大权的董事经理傅无闷，却以一个老报人的政治眼光和政治敏感，从扩大报份销路出发，使报纸成为拥护筹赈爱国运动、拥护南侨总会、拥护陈嘉庚的喉舌，以适应广大爱国华侨的要求，与同业竞争。该报编辑张楚琨一九三九年秋，以《南洋商报》特派员的身份回国采访抗战新闻，同时接受傅无闷的委托，在国内物色一个有名望的新闻界权威人士，担任《南洋商报》编辑主任。张楚琨是一个进步记者，主编该报副刊《狮声》，很受读者欢迎。在重庆访问周恩来同志多次，请周恩来同志推荐编辑主任人选，党组织内定了我，由南委廖承志同志办理具体事宜。张楚琨曾把经过详情告诉我：

"一九三九年秋，国民参政会开会，我以《南洋商报》特派员的身份到重庆采访，偕同《南洋商报》特派记者高云览，多次会见周恩来副主席。我介

---

② 文章原注：见陈嘉庚《告读者》。刊于一九四六年十一月二十一日《南侨日报》。

绍了南洋华侨抗日救国运动，南侨总会、特别是爱国华侨领袖的情况。周副主席对此非常重视和关怀，指示：对于陈嘉庚这么一个为华侨所拥护的爱国华侨领袖，我们应该尽力协助他，爱护他。周副主席高瞻远瞩，认为陈先生只要了解国内抗战真相，了解蒋介石假抗日真反共，他的正义感和爱国心，一定会使他明辨是非，全力支援抗日民族统一战线。周副主席又问需要我们怎么样帮助？我建议加强舆论阵地，并说到《南洋商报》董事经理傅无闷要我物色一个有影响、有声望的编辑主任，以改变商报面貌，扩大销路。如果能找到这样一位众望所孚的新闻权威人士，一定能帮助陈嘉庚先生的抗日筹赈运动。周副主席完全同意我的意见，叫我去香港找'小廖（即廖承志）'商量。

"一九四〇年九月，我参加'南洋华侨回国慰劳视察团'任务完毕，即将离渝返新加坡，周副主席写了一张条子，叫我带给廖承志同志。廖承志同志提出您胡愈之的名字，我认为非常适宜，傅无闷经理一定会同意。因为您胡愈之所写的国际问题的文章在南洋风靡一时，《莫斯科印象记》影响很大，又是《东方杂志》的主编，陈嘉庚先生曾在那杂志上发表过自传……廖承志同志为能这样一拍即合很高兴，事情就算定了。"

我当时不是公开党员，虽然我三十年代就入了党，但是我写的进步文章，南洋的报人和读者都知道，公开去新加坡很不容易。因为这是政治斗争，国民党也想占领舆论阵地，也准备派人去南洋办报，拉拢华侨群众。一般像我这样的人去新加坡都是坐二等舱，坐二等舱需要办护照，而护照要向国民党当局办，他们当然不会放过我。名字可以改，相片却无法改。我只有坐三等舱、统舱去。坐三等舱不用护照，但必须在新加坡附近的一个小岛（旗章山）上扣留一礼拜，名义是检查有没有传染病，实则是专为穷苦百姓而设的一种侮辱性检查。廖公很精明，他事先叫我找一个英国医生看病，让医生开条子证明我没有病，实际是给一百块钱买一张证明。这样，我出示英国医生的证明，就可以免去检查的侮辱，合法上岸。香港的国民党特务也厉害，他们对我的情况也掌握一些，曾电告英殖民当局：胡愈之坐三等舱去新加坡，设法不许他上岸。三等舱条件很差，空气污浊，拥挤不堪，食物特差，没法吃。但是可以去二等舱吃饭，另外花钱。我与王纪元同行，在去二等舱用饭时，极凑巧地碰见了张楚琨的小女儿咏莹。她当时才四五岁，长得很像她父亲，我看着觉得面熟，就逗她讲话，才知道楚琨夫人吴梅丽就在船上。我们一路彼此照应，终于平安抵达新加坡。

在新加坡上岸第二天，即一九四〇年十二月二日，《南洋商报》刊出我和王纪元两人合照的照片，附志新闻介绍如下：

"本报新聘国际问题权威胡愈之先生为编辑主任，聘名记者王纪元先生为编辑，二氏均已开始视事，本报暨《新国民日报》同人昨在大同酒家设宴欢迎。胡氏服务国内出版新闻界十数年，经验极为丰富，对本报有不少革新计划，本月内将作初步改进，迨明年一月本报将以崭新的姿态与读者见面。"

英殖民政府见报吃了一惊，胡愈之怎么来的？怎么没有查到？他们于是通知报馆，叫我去华民政务司（英殖民当局所设专管华侨的机构）谈话。假定说我不是合法上岸，或者叫他们查出一点什么小毛病，就将被控为偷入境，他们是可以叫我原船返回的。报馆懂得他们这一套，马上为我赶印了一批名片，我就带着这名片去华民政务司谈话。他们问我：

"你叫什么名字？从哪里来的？"

我递给他们一张印着"胡学愚字愈之，南洋商报总编辑"的名片。

他们又问：

"你是怎么来的？"

"因报馆要我火速启程，来不及办护照，我只好坐三等舱，但是合法上岸的。"

英国医生要了我一百块钱就不提了，给他们留点面子。他们为什么没有查到我胡愈之呢？因为我一路上都是用胡学愚——这是我的本名，我很少用它，知道的人就更少了。他们也知道中国人的名字很复杂，又是本名，又是字，又是号，一般为了表示尊敬都称字。我用胡学愚既不是化名，也不是假名，至于他们不知道胡学愚就是胡愈之，只能怪他们孤陋寡闻，他们是有苦说不出，只能让我留下。沈兹九是第二年来的，坐的也是三等舱。她从皖南事变中侥幸逃脱出来，没有地方好去，就上南洋来拓荒。周恩来同志想得很周到，叫她来协助我的工作，由于工作关系密切，相互间渐渐产生了感情，我们不久就在新加坡结婚了。此外，还有乔冠华和郑森禹同志，也是第二年坐三等舱来南洋，但是英殖民当局就是不准他们上岸，硬说他二人的名字是假的,而原来的真名都是著名的共产党(因为乔冠华曾用"乔木"做笔名,他们就说他是延安那个著名的中共政论家胡乔木),结果郑、乔二同志只有徒劳往返,又乘原船回去了。

在我就任《南洋商报》编辑主任恰好一个月的时候,陈嘉庚先生从祖国返回新加坡了。他以南侨总会主席名义,率领南洋华侨回国慰劳视察团,到全国各地慰劳视察了九个月。在李铁民、侯西反的陪同下到延安访问了九天,与毛泽东主席、朱德总司令长谈多次,明白了国共摩擦的真相,深为延安军民一致、团结抗战和民主化的新气象所感动,与国民党统治区贪污腐化、"蒋介石狡诈独裁"相比较,断定"国民党蒋政府必败,延安共产党必胜"。他明辨了是非,终于由一个坚决的拥蒋派转变为拥护共产党了。事实完全证明了周副主席的卓见和预言。陈先生经过仰光,沿着槟城和马来亚各大城市南下,宣传团结抗战,说明中国的希望在延安,受到各侨团和侨众极为热烈的欢迎。到达新加坡恰好是一九四〇年岁尾最后一天。陈先生想不到我已来新加坡就任《南洋商报》编辑主任,见到我高兴极了,对怡和轩的同人连声说:"深庆得人,深庆得人!"

我与《南洋商报》

新加坡简称星洲、星岛,又称狮岛,日本占领期间曾一度改名昭南岛。这里不但是南洋华侨最集中的地方,亦是英帝国的军事重镇,并已成为海外一千一百万侨胞反侵略运动的中心。

一九四一年,抗日战争已进入艰苦的相持阶段,日寇在中国的泥足愈陷愈深,面临最后的严重危机。为了应付国内外的危急局势,日本不得不一面向中国的投降派采取诱降办法,捧出汪(精卫)记班,施挑拨离间的毒计,对中国发动"政治攻势";另一方面则准备再来一次对中国的大规模军事进攻。面对敌伪顽固反动势力的威胁利诱,重庆当局显得软弱动摇,心怀叵测。国统区内一片乌烟瘴气,苛捐杂税多如牛毛。社会腐败黑暗,官吏贪污渎职,还不时制造国共摩擦。广大爱国华侨时刻关心祖国的命运,为中华民族的未来、抗战的前途,忧心如焚,对党派之争极为反感。但是,由于国父孙中山先生的关系,国民党在南洋华侨中影响很大,公开的骂或捧都不受欢迎。我们反正是为了抗战,为了建立最广泛的抗日民族统一战线,讲抗日人人都欢迎，我们就专讲一致对外，抗日建国。

当时新加坡的华文报纸，除了《南洋商报》《星洲日报》，还有销路不大的《总汇报》等。福帮——福建人大都看《南洋商报》，广东人多喜读《星洲日报》，而《星洲日报》的老板胡文虎却并不是广东人，而是福建人。这两家报纸都是当地大报，相互竞争很厉害，总是对垒。

《南洋商报》是陈嘉庚先生于一九二三年创办的。"七七"卢沟桥事变后，由陈先生的女婿李光前的弟弟李玉荣任董事长，董事经理是傅无闷。傅是老报人，很懂得迎合时代潮流，迎合广大爱国华侨的心理。而要迎合华侨读者，就要拥护陈嘉庚先生及他领导的南侨总会。这一切，与我来南洋的目的竟是天然巧合，这对于我的工作将极为有利。更有意思的是，这么一家销路较佳、影响不小的大报，长期以来却一直没有总编辑，也无专人负责撰写社论，而是由董事经理傅无闷、副刊编辑张楚琨等轮流主持笔政。一般要两三天才发一篇社论，并不是很有计划、有系统的，也不大讲究前后呼应。虽说那些社论各具特色，却几乎是各自为政。自从我进《南洋商报》担任编辑主任，王纪元接张楚琨编副刊《狮声》，楚琨转而主编该报晚报。由于我曾从事国际问题研究，在"国际新闻社"工作过，又写过不少政论散文，因此，从一九四一年元旦起，这写社论的工作就自然而然落到了我的身上。我每星期要写五六篇千五百字左右的社论，用四号字排在第一版左下角，除了有特稿，须让出社论版位以外，平均是一天一篇。另外，我还要为星期刊写些较长的专论，一篇三几千字到一万字左右，有时也要给晚报写点简短的时评。

那时在海外办报，第一件苦痛的事，是关于中国的消息来源太少，而且太慢。我有一个较好的条件，就是有"国新社"的全力支援，并与香港有较密切的联系。《南洋商报》的"国际新闻""祖国要闻"，主要靠"国新社"提供。另外也依靠各国通讯社如路透社、美联社、合众社等的电讯和特约专电。"本埠新闻""本坡新闻"，则由我组织领导的一个采访委员会供稿，侧重于采访报道当时当地社会的各个方面、各个阶层、各行各业的抗日救亡活动实况，颇受读者欢迎。风云变幻的国际局势，抗日战争的最新消息，国内发生的重要事件，都较及时准确地在《南洋商报》得到反映和披露。每天的社论，尽量做到根据华侨社会的所想所急，对动荡激变的世界形势，对摇摆不定的国内政局，进行周密分析。写读者心中所想，析读者思想所虑。文章态度力求客观公允，不偏不倚。语言文字尽量通达简练，深入浅出，雅俗皆宜。总的目的是呼吁以国家民族为重，以大局为重，要求团结抗战，反对分裂投降，要求民主进步，反对专制倒退。为建立最广泛的抗日民族统一战线，社论常注意引用发表蒋介石关于"领导救国救民的革命大业""做到绝对精诚团结"所唱的种种高调，一方面借以打击汪逆的卖国投降路线，另一方面也使蒋介石言行相悖的嘴脸暴露无遗，并使他在耍两面派手腕时有所顾忌，正是"以子之矛，攻子之盾"。如《团结则存，分裂则亡》《新四军事件所引起的国内外反响》等社论，不但简单扼要地公布了皖南事变这一"千古奇冤"，而且一再引用蒋介石在各种时间和场合发表的那些冠冕堂皇"要始终保持统一，并且要继续巩固团结"的"训示"。并郑重宣布"我海外侨胞，其中最大多数，一向是无党无派的，我们心中只有国家民族，我们决不存党派偏私之见。现值大敌当前，失地未复，我们所要求的是抗战建国，是民主团结，我们所反对的是和平妥协，是内战分裂"。正是在国内外强大的舆论攻势下，在全国人民的愤怒和意志面前，那些妥协投降派才龟缩起来，那位"蒋委员长"才没有冒天下之大不韪同日寇秘密媾和，只好勉为其难地继续扮演"最高抗日领袖"的角色，"团结抗日到底"。

为着孤立日本法西斯强盗，结成国际抗日统一战线，在《日本军事冒险的最近动态》《论英美在远东的合作》《感谢友邦新闻界的关心》《论保卫南洋》等社论里，一再指出，"一个民族，断不能完全倚靠外力以求独立解放，何况英美在日前是不是能用武力制止日寇的侵略也还是一个问题""要制止日寇的侵略，英美在远东的彻底合作，是绝对必要的"。同时一再论述中国抗战对远东和平，以及世界形势的影响。"美国是否必须在两洋同时作战，是要看中国抗战是否能坚持下去""今天中国的团结抗战，已经是和远东和平不可分离了""我们不要忘记，在决定时局动向的各种因素中，中国也是重要的一个""要保卫南洋，首先得加强中国抗战，只要中国把日寇拖得半死半活，南洋根本就不会发生战事""所以我们认为保卫中国第一，保卫南洋第二。这不是我们华人自私的说法，为南洋各属打算，为英美打算，亦是如此"。这些社论的论点得到当时一些有远见卓识的人的赞同和响应，但并未引起足够的重视，英美继续对日本法西斯采取绥靖政策，以至终于演成奇袭珍珠港事件。

支持和帮助陈嘉庚先生及南侨总会的爱国筹赈工作，促进南洋华侨的团结进步，是《南洋商报》的主要责任。自从陈嘉庚先生率南侨慰问团回到南洋，在星岛快乐体育场向侨胞如实报告了他视察国内各地的见闻和观感，把重庆和延安做了对比，把国内抗战的真实情况和国共摩擦的真相公之于众，从而把南洋华侨的爱国救亡运动向前推进了一大步。而蒋介石对这位一向支持他的"财神爷"的"反叛"，当然不能善罢甘休。蒋的特使、国民党政府海外部部长吴铁城，及驻新加坡总领事高凌百之流，就竭力造谣诬蔑陈先生，并利用华侨中的帮派体系反对陈先生及他领导的南侨总会。以此破坏南洋华侨的团结，达到他们浑水摸鱼、坐享渔人之利的险恶用心，因而受到陈先生及广大爱国侨领、侨胞的坚决反击，形成一场尖锐的斗争。《南洋商报》意在揭出吴铁城、高凌百之流的鬼蜮伎俩，全力支持陈先生及南侨总会的爱国筹赈运动。在《国父与华侨》《对敌总反攻的必要条件》《欢迎南侨大会代表》《我们需要陈主席》《公意的胜利》等社论中一再指出："在今天，团结是比金钱和军火更为宝贵的""我海外同胞，不论是国民党员也罢，是无党无派也罢，我们要保持华侨过去光荣的革命传统"。在一九四一年三月南侨总会会员大会召开之际，吴铁城、高凌百之流，阴谋煽动，使陈嘉庚先生不能继任总会主席，以便在华侨中制造分裂。《南洋商报》在会议期间，一天一篇社论，总结和肯定南侨总会成立两年半以来，"领导了全南洋华侨的筹赈救亡工作，发动了一千一百万的侨众，筹募了三万万元的赈款，献给抗战中的祖国""表现了侨胞的坚持抗战，表现了侨胞的坚持团结，表现了侨胞的反对投降妥协"。揭露敌伪"正在用挑拨离间的毒计，向我采取政治攻势，以便于达到'以华制华'的目的。连日东京广播电台，竟至含血喷人，诬蔑我南侨总会和南侨领袖，说是因不满中国政治，而将脱离抗战阵营"。敌人的造谣诬蔑激起了广大侨胞的憎恶和义愤，他们以"不分党派、不分帮派、不分老幼、不分贫富、不分智愚"，全体绝对一致地拥护陈嘉庚主席和他所领导的南侨总会，以华侨的精诚团结，作为对敌伪反动派的回答，社论喊出了广大华侨的心声："我们需要陈主席！""全场一百五十二名出席代表，却有一百五十一名投票重选陈嘉庚先生为主席，只有陈先生本人的一票除外""可见全南洋华侨，不论是国民党员，或非国民党员，都是绝对接受陈嘉庚先生一向所坚持的团结抗战主张与无党无派立场的。这样，那一班专事制造摩擦、制造分裂、破坏团结、破坏南侨总会的分子，已被打得落花流水，华侨的团结是大大加强了"。

这篇社论就以《公意的胜利》为题。而这"公意的胜利"中也包含着《南洋商报》及我们许多同志的操劳和心血。

一种报刊若是能够成为社会的耳目、民众的喉舌，传达人民的公意，社会的真理，成为舆论的先驱，就必定会受到广大读者社会的热情欢迎和支持。继我之后，刘尊棋、张企程、蔡馥生等同志也陆续来到《南洋商报》，真正是编辑班底雄厚，人才济济。由于全体一致地团结努力，《南洋商报》负起了引导海外华侨舆论的重责，触角伸向华侨社会最敏感、最关切的各个角落，成为华侨社会观察错综复杂的社会现实、了解祖国的真实情况的良好渠道，赢得了广大读者，尤其是华侨青年读者的心。因而销路大增，风行新马，一时间跃居为南洋侨报之首，大有"洛阳纸贵"之势。同时，这个时期亦是南洋华侨爱国运动最活跃的时期。《南洋商报》的成功，使其他华文侨报也竞相效尤，纷纷到国内聘请编辑，改造报纸。如应《总汇报》之聘而来的乔冠华和郑森禹，却因英殖民政府的故意刁难未能登岸，使《总汇报》大为遗憾。我的老友俞颂华曾一度入主《星洲日报》，使我们两家一向对立的竞争对手，一度出现团结融洽的气氛。后因国民党派了林蔼民、潘公弼来接管《星洲日报》，颂华才被迫离开星洲，返回香港主持《光明日报》。还有邵宗汉进入槟城《现代日报》，杨骚也由国内来到怡和轩南侨总会，主编《闽潮》，刘思慕拟去《光华日报》，因太平洋战争爆发未能如愿。新华社在星岛建了分社，生活书店也来开了分店，许多在国内的"禁书"，如《论持久战》《新民主主义论》等，在南洋却得以流传。总之，南洋成了我们的同志的一片广阔的活动天地。

除了办报以外，每周我总有一日由张楚琨陪同去怡和轩陈嘉庚先生家里，同他进行长谈。陈先生是一位事业家、实干家，他既要忙南侨总会的筹赈救亡工作，还要经商、办教育，确实忙得不亦乐乎。我们每次见面总是地北天南无所不谈，谈国际形势、国家大事、国内的抗日运动，谈共产党的政策主张、毛主席的言论著作、解放区的新人新事新气象……我尽量为他提供全面情况。

令人遗憾的是我俩语言不通，陈先生满口福建话，我是一口上虞腔，谁也听不懂谁的话，幸亏张楚琨会一口流利的国语，他自然责无旁贷地当了我们的"翻译官"。陈嘉庚先生为正义、为真理斗争的精神，和从善如流、疾恶如仇的作风，还有他不顾个人安危得失，全力抗日救亡的爱国主义行动，我是衷心敬佩的。其时，我也参加领导新加坡文化新闻界的抗日工作，并负有统战任务，要团结一切可以团结的人，而我负责的"民盟"海外支部中的许多成员，都是著名的爱国侨领、华侨巨商，我们有着共同的工作目标，当然会有许多共同的话题。我们虽然语言不通，却因为有一位理想的"翻译"，每次都谈得十分投契和畅快，从而结下了深厚的友情。陈先生与他所主持的南侨总会，一直得到毛主席、周总理及廖公的关怀、帮助和支持。以正义老人陈先生为首的广大海外侨胞，不但在经济上接济祖国，也在政治上推动祖国的民主与进步。当时新加坡的抗日救亡团体没有一个被英殖民政府承认为合法的。就连南侨总会，也只被当作一种筹赈祖国难民的慈善机构才得以存在。其他抗日团体则以体育会、音乐社、话剧社等不同名义得以注册。那时新加坡国民党特务、美国特务不少，陈先生手下一些爱国救亡工作人员，如侯西反、白仰峰等等，都被英殖民政府放逐出境了。有的被押解移交给中国国民党反动当局，有的甚至被直接送入集中营，从此下落不明……英、美和日本虽然互有矛盾，但他们都是帝国主义国家，所谓"惺惺惜惺惺"，他们在镇压民族解放运动上是一致的。虽然英、美、中同属"同盟国"，华侨的抗日救国运动还是使他们心怀忐忑，而华侨在经济上支援祖国抗战，大量筹赈汇款，又直接触犯了他们的经济利益，因此海外侨胞爱国也是"有罪"的，是必须冒着被放逐、监禁的危险的。广大爱国华侨，为抗战的胜利，为中国革命的胜利，所做的牺牲和贡献，是永远不可磨灭的。

我在一九四一年二月中旬发表的《论保卫南洋》等六篇社论中，曾一再论及如何保卫南洋，如何避免战火南延。从对国际形势的观察和分析中，我已预见到日本侵略强盗的猪鼻势将南拱，但若能运用"援助中国抗战，加强英美合作，厉行对日禁运，实现远东民主"四件"法宝"，就可以保卫南洋。因为日本的作战资源及外汇，有百分之七八十是取自英美及南洋各属。要是英美及南洋各属严厉地对日本实行全面禁运，切断日本的作战资源和经济命脉，日寇一定支持不了几天，甚至可不战自败。但是，当时的英美统治者，始终不能抛弃对法西斯妥协的幻想。甚至当欧战发生之后，对日本还采取绥靖政策，一边纵容日本进攻安南（越南），一边封锁滇缅路，保持"中立"，断绝对华物资接济。直等到一九四一年十二月八日，日寇的炸弹轰到头上，侵略的炮火逼到眼前，他们才手忙脚乱地布置军事，动员民众，应付战争。但是已经迟了，太迟了！珍珠港事件与马来亚之战，实在是英美对法西斯绥靖政策的自作自受！他们是搬起石头砸了自己的脚！

从撤离围城到重归星洲

一九四一年十二月八日是永远不能忘记的一日。星期日的半夜，快到天明了。爱逢场作戏的人们，从跳舞场散出来，回到家中，睡下还没多久。"轰""轰"的爆炸声惊醒了新加坡市民的甜梦。打开窗子张望，街灯还是光亮的，没有放警报，没有灯火管制。但是炸弹已从市空落到头上来了，有许多处房屋燃烧起来，战争爆发了！日寇的侵略猪鼻拱到了南洋！纸醉金迷的星岛，从这一刹那，已经面目全非了。

十二月十二日，屡建战功，名闻遐迩的威尔斯太子号和击退号被日本飞机炸沉。南暹北马许多地方遭沦陷，槟城、怡保、吉隆坡等相继被占领！一九四二年一月三十一日，英军从柔佛新山撤退到柔佛海峡南岸的新加坡岛，新加坡成为"四面倭歌"的孤岛了！

在这兵临城下，战火纷飞的时刻，我们文化界的同仁，决心投入抗敌保卫星岛的群众热潮，立即成立星洲华侨文化界战时工作团，参加的有文艺界各方面的代表，以及郁达夫、王叔旸、沈兹九、王纪元、张企程、杨骚等。郁达夫为团长，我为副团长，张楚琨任组织部部长，王叔旸任宣传部部长，庄奎竞任训练部部长。紧接着，新加坡华侨抗敌动员总会也成立了，主席陈嘉庚，我被选为执行委员兼宣传主任，郁达夫为执行委员。我们战时工作团搞得热火朝天，一面在炮火中培训青年干部，准备承担民众武装的政训工作，另外还组织演讲队、戏剧队、歌咏队，到群众密集的地方去进行抗敌宣传。《南洋商报》仍坚持每天按时出版。英殖民当局直到兵临城下，才临时抱佛脚，允许华侨参加抗战。但是又惧怕武装起来的人民将来倒转枪口对谁自己，于是他们又重演"宁赠友邦，不与家奴"的故技，将大批新式武器填海，而发给那些由华侨青年和被释放的政治犯（绝大多数是马共党员）自动组织起来的义勇军、突击队的却是十九世纪的破旧枪弹，忍心送那些优秀的热血青年去做炮灰。更有甚者，丝里打军港被英军自动炸毁，这个军港有世界第三的大船坞，有足以打穿世界最大主力舰甲板的海防大炮，它使新加坡能够自夸为"攻不陷的要塞",而它未放一枪一炮就自动炸毁了!英国侨民开始撤离,投降将军白思华,就要率领十万装备精良的大军向三万日军投降了!而我们抗敌动员总会,和文化界战时工作团,却不顾隔岸频频打来的炮弹,不顾日本飞机的轮番轰炸,仍在加紧进行抗敌工作,准备与新加坡共存亡。而英殖民当局一系列放弃新加坡的迹象,却不能不引起我们的警觉。看来英政府没有保卫殖民地的能力,准备不顾殖民地人民的命运,让他们赤手空拳遭受日本法西斯的屠杀和奴役。陈嘉庚先生于一月三十日往见星洲总督汤姆斯探询情况,从汤姆斯支支吾吾的言辞,不难断定他们已下定投降决心。而重庆政府来电要求安全撤退总领事馆人员及官方代表,却无只字提及抗日侨领及其工作人员的安全问题。陈先生愤慨之极,当机立断召集抗敌动员总会总部工作人员谈话,表示:"新加坡总督准备当俘虏,我们可不能!"并通知大家,为免遭日寇的残酷报复,务必设法迅速撤离这个随时准备举白旗的围城。

陈先生于二月三日凌晨,与刘玉水等乘木材商人陈贵贱的运材小火轮,悄悄地转移到苏门答腊的英德其里港去了。等到陈先生安全离去之后,我也召集文化界战时工作团的负责人员开了二十分钟的紧急会议,大家一致决定迅速撤往苏门答腊丛林,于次日凌晨动身。

一九四二年二月四日,我们一行二十几个人,乘一只由张楚琨和刘武丹费了大力气才接洽到的破旧小电船,沿着新加坡河狭小的河道,驶向布满水雷的海面,离开了围城新加坡。幸喜小电船吃水不深,我们才侥幸得以安全驶过布雷水域。沿途看到熟悉的景物,我不觉感叹道:

"别了,新加坡!何时才能与你再见呢?"

我和兹九母女、郁达夫、邵宗汉、王纪元等,如果能够如愿以偿,转道爪哇返回祖国参加抗战,那就真的不知何年何月才能重见新加坡了。不久(二月十五日),海对面就传来新加坡沦陷的消息,接着就是大检举、大搜捕、大屠杀,法西斯军队对于凡有抗日嫌疑的人都进行残酷的报复,星洲沉沦在腥风血雨之中……等我们一行到达望加丽,找荷兰分州长签证转道回国时,那位分州长早已逃之夭夭,而所有的船只都被扣留,我们是插翅难飞了!从此,我们在当地华侨的掩护与帮助下,在苏岛的原始丛林中,隐姓埋名,为躲避日本特务和汉奸走狗的搜捕,开始了三年零八个月的迁徙流亡。其间的艰难困苦,和当地人民及华侨对我们的深情厚谊,以及我们这群流亡者的团结友爱，足可以写成一厚部动人心弦的书。

那是怎样暗无天日、与世隔绝的漫长的岁月啊！我们与祖国、与党组织完全失去了联系，只是凭着我们的党性在生活和工作。但是，我们并不悲观，始终相信日寇必败，我们必胜。我们一面隐蔽自己，一面养精蓄锐，准备随时投入战斗。据说在重庆还为我开过追悼会，而我那时正在日本宪兵的鼻子底下组织"同仁社"，定时与隐蔽各地的同志们交流消息、学习心得，批判"速胜论"呢！那时，我们一面做酒、做肥皂维持生活，一面看一切能弄到手的书。我还乘机学习印尼话，并写了一本《印尼语言研究》。因为怀念祖国，我还写了一个中篇童话《少年航空兵》，把我对祖国未来的设想和憧憬都写了进去。

由于我们大家同甘苦，共患难，亲如家人，并与当地人民及爱国侨胞建立了友好的交往，我们终于安全地度过了那些恐怖的日子，保存了力量。除了郁达夫被日本宪兵队杀人灭口以外，我们全体又陆续在胜利后的新加坡重逢了，这是我们盼望已久的幸福的日子。我们多么希望立刻飞回光复后的祖国，与浴血抗战了八年的祖国人民一起欢庆胜利，一起医治战争的创伤啊！我们给国内发了多少电报，写了多少信啊，但都如石沉大海，杳无音讯。原来，国民党反动政府已解散中国民主同盟，让盟员重新登记。对我们这些海外盟员、抗日统战分子，弃之犹恐不及，哪会加以理睬呢？而我们却时时翘首北眺，望眼欲穿！后来，还是兹九写了一封信给郁达夫的儿子郁飞，告诉他父亲的噩耗和遗嘱，郁飞把信转给了郭（沫若）老，郭老把这封信发表了，至此我们的下落才为人所知。我们曾为今天的胜利坚持斗争，竭尽全力。万没想到战后的中国已不同于战前的中国，甚至已倒退到十年以前。国内的顽固反动分子，还想重温武力统一的旧梦，正在进行着新的剿共内战！我们盼到了祖国的光复，却又变成有国难投，有家难奔的人了！但是，我们并不气馁，我们相信由战争进入和平时代，心理改造与精神建设的工作，比什么都来得重要。我们手有一支笔，就可以做这工作，就可以办报引导舆论，为人民说话。我回到新加坡涌现的第一个念头就是：我们马上可以办报了！

《风下》与《南侨日报》

战后的世界，正像暴风雨过后的池塘一般，水底的泥土泛了上来，一切都变成混浊了。

第二次世界大战宣告结束，国际的天空刚钻出一线阳光，马上又给满天的阴云遮蔽住了。伦敦五国外长会议搁了浅，远东咨询会议没有得到苏联的参加，连联合国安全机构的准备工作也松弛下来了。接着是美国拒绝由中英美苏共同接管日本本土，英军帮助法国、荷兰镇压越南与印尼的民族独立解放运动。最后是美国以海军和空军运载全套美式装备的中央军，开往华北与东北，以镇压八路军和人民抗日队伍，不加掩饰地干预中国内战，想使中国成为美国在太平洋最前哨的军事根据地……这一切抹去了人们脸上刚刚浮现的胜利的笑容，到处都有人提到"第三次世界大战"这个不祥的名词，到处都有人谈论美国的原子弹。在海外的同胞，最初是狂欢、兴奋，甚至被胜利冲昏了头脑；以后是惶恐、动摇；再以后是沉闷、抑郁，甚至感到绝望，没有出路。我们也受着战后的不景气、失业和饥饿的威胁，为此我们想尽快开辟一个舆论阵地，拥有一个呐喊的窗口。

太平洋战争以前，由我主编的《南洋商报》，在沦陷时期曾一度合并为《昭南报》，成了人人侧目的汉奸报纸。日本投降后，由于股权的变化，编辑班子的更替，《南洋商报》的昭南阴魂不散，又加入了反民主的合唱，已不能为我所用。《星洲日报》历来反对陈嘉庚先生和我们，就不必提了。在战后精神食粮十分缺乏的今天，我们愿意尽拿笔杆的人所应尽的责任，"有一分热，发一分光"。为祖国的和平民主，反对美蒋勾结，为支援南洋一切民族争取独立自由的斗争，提高华侨的地位，我们打算先办一个小刊物。办大报我们办不起，办小刊物要不了多少钱。办起来以后，既可以维持生活，也好做进步文化事业。恰在这时，上海书局老板王叔旸要我们帮助开分店。上海书局一直很进步，反仇货，专卖进步书刊，我们当即欣然应允，这样至少解决了部分经费和社址问题。上海书局新加坡分店很快就在新加坡吉宁街四十二号开张营业了。楼下卖书，楼上作编辑部，成立新南洋出版社，编辑出版《风下》周刊，主编沙平，就是我。一九四五年十二月三日第一期《风下》问世了，《开场白》写道："风下周刊在新加坡出版。新加坡现在是东南亚洲总部所在地,实在也就是西南太平洋军事、政治、经济、文化的重镇。因此本刊的报道、分析、评论,将侧重在这西南太平洋的各项问题上面。本刊愿意作为这一广大地区内的一万万人民的报道机关,以求反映他们的意志情感,传达他们的民族愿望。"这是创办《风下》周刊的初衷。

为什么题名《风下》呢?要解释这名词,得从四五百年前说起。当时用作海洋交通的唯一工具的,就只有装着帆的木船。在大约四百五十年前,葡萄牙人加玛就是驾驶了这种木造帆船,第一次从非洲好望角漂洋来东印度的。从好望角到东印度,有五六千海里,居然能够用帆船渡过大洋,现在想起来都好像是一种奇迹。其实也毫不奇怪,原来在赤道南北,从印度洋到太平洋,有一种季节风,亦称贸易风,每年从五月末到九月中,从西南吹向东北;从十月中到十二月中,从东北吹向西南。其余的时间,风向是不固定的。因此,要是帆船在每年五月以后,从好望角启航,向东北行驶,在三四个月中,都是一帆风顺,要驶抵加尔各答、马六甲或爪哇苏门答腊海岸,并不是难事。反之,要是从南洋去非洲南部,只有在十月以后,才能利用东北风。而这东北风季节只有两个月,往往未到目的地,船就遭逆风折回去。

在蒸汽机未发明时,季节风对人类历史发展的影响是很大的。至少有一部分是因为西南风的季节比东北风的季节长,东印度公司才能独占东方贸易市场,到后来终于使南洋的富饶资源,落入"红毛"掌握中。反之,要是东北风季节来得更长,也许历史发展的过程,会有所不同吧?

当大约四百五十年前,第一批"红毛"帆船来到马六甲与巽地海峡沿岸时,沿海一带操马来语的居民,第一次见到白皮肤蓝眼睛的怪客,只好用手势问他们从哪里来。他们就用手向西方一指,表示他们是被西南季节风吹过来的。因此,马来人以后就把西方称为"风上之国",而把他们自己的土地叫作"风下之国"。从锡兰(斯里兰卡)以东,一直到菲律宾群岛,包括缅甸、马来亚、越南,以及整个印度尼西亚,都被称为"风下之国"。至于"风上之国"则成为欧洲及近东各国的总名。以后是"风下之国"整个地区成为西方强国的殖民地,丧失了政治经济文化的独立地位,这里的数万万人民,数百年来都过着被剥削被奴役的生活。两次大战后的今天,全世界民主自由浪潮高涨,"风下之国"已不愿再受西方的支配奴役。在爪哇、越南、缅甸、加尔各答,到处播送出战斗的呼号。这还不过是开始,在最近的将来,西南太平洋与印度洋会卷起空前猛烈的浪潮。未来的战争与和平决定在"风下之国"。

怎样去理解"风下之国",怎样去倾听"风下之国"的被压迫奴役的人们的呼声,反映出他们的愿望与要求,这是我们《风下》创刊者的希冀。由于此,把我们这个小小刊物,题名为《风下》,以配合"风下之国"如火山般爆发的民族独立解放斗争,维护远东的和平安宁,其中也包括中国内部为民主和平团结而进行的斗争。

《风下》周刊。(资料照片)

重新翻阅《风下》周刊,不难发现《风下》创刊之初,注意力是集中于战后世界局势的探讨。自一九四六年七月始,重点则已转向对国内形势的关注。这是紧扣时代脉搏的必然趋势。第二次世界大战结束以后,美、英等帝国主义、好战分子,故意把美国投在广岛、长崎的两颗原子弹的威力神话化,好像日本的投降全仗了原子弹的威慑力量。他们以此进行核叫嚣、核讹诈,推行"原子外交",好叫全世界屈服于金圆帝国足下。"原子"成了最吃香、最时髦的名词,于是"原子笔""原子酒店""原子跳舞场"便应运而生。而许多缺乏军事科学常识的人,更是"谈原子色变"。马来亚的一些中英文报纸也为虎作伥,几乎每天都登载鼓吹战争的文字。从美国战争宣传家所发出的消息,都用大字标题登在报上。什么"世界大战四个月爆发"啊,什么"美苏战争迫在眉睫"啊,"美英称霸全世界将是一种现实"啊。这类新闻报道只有一个目的,就是制造紧张空气,使人心动摇,斗志涣散,从而瓦解和镇压战后风起云涌的民族独立解放运动。《风下》一问世,就针锋相对,用《原子与外交》一文指出:"战后的外交空气,虽然使人阴郁沉闷,但是从世界的前途看来,悲观主义却毫无理由。""事实将证明,用原子弹作为外交武器,并不能产生所预期的效果。资本主义未必能够依靠这件法宝挽回它垂死的命运。"随后发表了一系列反原子恫吓,反战争叫嚣的支援印尼、印度及东南亚各国的民族独立解放运动的文章。如:《从战争到和平》《环绕于印度尼西亚问题的外交战》《向印度学习》《原子弹已失去效用》《闲话原子》《从牛角尖看世界》《歪风吹来风下之国》等等。

华侨之来南洋,大多数是为经商或图谋生活,对国事一向不大关心。国内抗战,激发了他们的爱国心,在南洋各地展开广泛的筹赈和抗敌工作。但是抗战胜利以后,他们对祖国的关怀,又渐渐冷淡起来。这一方面固然是由于战后的不景气,饥饿、失业与经济危机威胁着广大华侨;另一方面他们对于第三次国内革命战争不理解,认为是国共两党之事,是政治问题,不愿加以过问。而为促进祖国的民主和平,完成中国人民的解放事业,必须团结一切可以团结的力量,更不能没有海外华侨的同情、支持和帮助。《风下》针对华侨中流行的不顾侨居国的"大国民主义",和脱离祖国的"不问国事主义",进行批评引导。告诉那些只图自救、不过问祖国和当地事的"自了汉",将只是自暴自弃,使自己陷入更悲惨的运命。而那种认为只要帮助祖国,就可以对当地的政治不闻不问的态度,也是不对的。因为要帮助祖国强盛,首先必须在海外站住脚。华侨在海外增加一分力量,也就是替祖国增多一分贡献。华侨在海外代表祖国,对当地其他各民族,自然应以兄弟的地位,加以援助合作。还有那种认为华侨是当地民族之一,所以只要过问当地事,而不必尽力祖国的观点,则更是失之偏颇。因为华侨的爱国是天生的,要华侨忘记家乡田园、祖宗庐墓是违背良心的。要使南洋各地实现真正的民族解放与民主自由,必要的条件是各民族、各阶层的团结,而这种意见势必使华侨内部增加分裂。我在《论华侨的二重任务》一文中，条分缕析，态度鲜明地说明了自己的观点。指出："华侨一面要尽力祖国的和平建设，另一面要帮助当地的民族解放。华侨对祖国的和平建设尽力愈多，对当地的民族解放贡献也愈大。同样地，南洋当地的社会政治愈是向着自由解放的途程前进，则华侨的政治经济文化地位愈益提高，而对祖国和平建设的贡献，亦愈益增多。"因为"作为一个中华民族海外儿女的华侨，与作为当地人民之一的华侨，二者不是对立而是统一的"。后来，在关于"马华文艺"的论争中，我先写了《朋友，你钻进牛角尖里去了》和《牛角尖图解》，劝告那些持论偏颇的文艺界朋友，不要无意间破坏了马来亚作家与侨居的我国内作家的团结。嗣后又在《漫谈文化运动》一文中，总结了此次论争的收获："乃是把文艺的地域的特殊性和一般性统一起来。过去在当地的作家，过低估计中国新文艺对马来亚的重要作用，而从国内来的智识份子，则又太过忽略了马来亚的特殊性，这两种偏向，从今以后，应当可以克服过来。"从而结束了这场"马华文艺特殊性问题"的争论，促进了马华文艺界的团结。

一九四六年六月二十六日，蒋介石撕毁停战协定和政协决议，大举围攻中原解放区，内战全面打响以后，《风下》发表了《救国有罪民主该杀》《内战大规模打起来了!》《苛政猛于原子弹》《天下一家·一家天下》《谈谈外交》《从右手还给左手》《向全世界人民控诉》《反饥饿、反内战、反独裁》《人民翻身与换朝代》《准备迎接伟大的新时代》等一系列"卷头言"，揭露蒋介石发动内战的罪行，将美国援助国民党政府、助长中国内战、促使中国分裂的两面政策公之于众，从而激起了华侨新的爱国热潮。陈嘉庚先生不忍见祖国与乡土为内战所毁灭，义愤填膺，大声疾呼，要求美军退出中国，痛斥国民党政府引狼入室，并通电美国："本人代表南洋一千万华侨，特向贵国呼吁，请顾全国际信誉，以日本为前车之鉴，勿再信武力可灭公理。"陈先生不屈不挠、主持正义、维护公理的爱国壮举，得到全南洋华侨的拥护和响应，连美国人民也纷纷起来，要求撤离驻华美军。而新加坡众多的"党报""准党报"，却吠声吠影，骂陈嘉庚是"共产党尾巴"，掀起一片"反陈"浊浪。《风下》第四十二期先以《陈嘉庚与华莱斯》的"卷头言"，把陈先生从新加坡发出的通电，和美国商业部长华莱斯在纽约发表的演说，称作从东西两方面放射出两枚原子弹。"这两枚原子弹，恰巧打中了中美两国反民主阵营，比二年前落在广岛长崎的两枚还来得惊人。不但中美两国反动派大受震动,在全世界各处都发生影响,至于马来亚当地一些耗子,受原子放射线刺激,乱叫乱跳,则更其是小事了。"接着,《风下》第四十三期又以《展开民主运动的大旗》为题,报道新加坡侨团代表大会开会,响应陈嘉庚先生致美国的通电。全南洋各地,也纷纷举行拥陈大会。向正义老人致敬的通电,如雪片飞来。同时在《我们拥护陈嘉庚主张》的通栏标题下,发表了《民主运动的号角》《时代的进步》《真正是代表了华侨的呼声》《这正是人民大众的主张》《读陈嘉庚电后》等一组共八篇文章,表示对这位爱国华侨领袖、南侨总会主席的推崇和拥戴。《风下》是新加坡唯一一家打破大报封锁,报道各地华侨"拥陈"实况,并大声疾呼"拥护陈嘉庚主张"的期刊。

　　《风下》周刊从一问世,就代表了我们的观点和态度,提出明确的政治主张。为引导华侨社会的舆论尽了它应尽的责任。《风下》从内容到形式都较清新可喜,这主要是得力于许多著名作家和知名人士的热情支持。如:郭(沫若)老、茅(盾)公、陶行知、黄炎培、沈钧儒、许广平、楼适夷、何其芳、马凡陀、沈志远等名家,在国内的独裁统治下,找不到发表文章和作品的园地,他们就把稿子惠寄《风下》予以发表。至于杨骚、巴人、汪金丁、卢心远、陈仲达、张企程、吴柳斯、沈兹九等等流亡在南洋的文化界朋友,则既是《风下》的作者和记者,又是《风下》的编委,每期都有他们采访的新闻、通讯和各种文章发表。名家汇集是《风下》的一大特色,另一个特色是注意培养自由撰稿人中的青年作者,发表过许多当地青年的作品。青年人的文章不成熟,我和兹九及前面提到的那些文化界朋友,就耐心地代为修改,只要稍有可取之处,就尽量予以刊载。这样既提掖后学后进,培养鼓励了年轻人,也因此赢得了读者,扩大了影响,增加了销路,真是一举而数得。写到此,不妨摘录当年一封读者宋文的来信:

　　我最爱看《风下》周刊。
　　我觉得《风下》周刊有几种特色:第一,它每周有国内国际的时事专论,分析世界大事;有文艺创作……有人物评介……;有读者信箱解答疑难。第二,大部分文章很通俗,又富于民主精神、教育意义和深刻的分析。第三,有其他刊物所没有的特别编纂的自学辅导读本,如国语、常识等。有时事漫画。缺点：篇幅太小。

《风下》确是一个有特色的综合性周刊，辟有内容丰富的多种栏目。如由我"包办"的首页"卷头言"，也就是宋文所说的"国内国际的时事专论"，由兹九负责的"这一周"时事短讯短评；由金丁和少青主管的"每周一课"；还有"人物介绍""书报介绍""一周一书""新音乐""哲学漫谈""笔谈"、各地"通讯""信箱""画刊"等等，不一而足，称得上"名目繁多""容纳丰富"。这本小小的十六开周刊，被滞留新加坡的文艺"众星"捧月似的捧着，被装点得有声有色，成了青年读者的"宠物"，被读者誉为"不可缺少的精神食粮"。信中提到的"自学辅导读本"确实是《风下》的一个"创举"。我们看到许多当地青年，因忙于生计，没有条件进入正规学校攻读。而且，马来亚的华侨学校，只限于中小学，除英文专科学生之外，没有大学生。而他们又是那么渴望获得较多较高的文化科学知识，尤其渴望提高自己的国文水平。我们决定以《风下》编辑部为基础，创办"青年自学辅导社"，帮助这些失学、渴学的年轻人自学成才。一九四七年四月十五日，我们在《南侨日报》上登出了一则广告：

自学青年的福音

《风下》周刊为协助失学青年起见，定于本年五月开办'青年自学辅导社'。学员每周作文二篇及练习题数次，由本社聘请名家担任改卷。学员成绩优异者可获免费优待，学费、课卷费一律免交。修满一年毕业，成绩最优者可得奖学金。有志自学者，请向新南洋出版社索阅简章及入学志愿书。

此广告见报后，自学青年报名十分踊跃。一时间《风下》编辑部门庭若市，变成了自学青年"活动中心"，社员逾千人。《风下》周刊谨守诺言，担任改卷的都是实实在在的"名家"，如诗人杨骚、小说家高云览、国文"专家"汪金丁（金丁是国文教师堪称"家"）。其他如我、兹九、楚琨、仲达、企程等都是"老报人"，知名度不低，堪称"报刊专家"。我们全体都是青年自学辅导社的改卷"名家"。自学社员只要订一份《风下》周刊，一年交二元学费，每月交二篇作文，我们都认真仔细批改，指出其优缺点。好的文章还推荐到《风下》周刊，或《南侨日报》发表，稿费从优。学习成绩优异者,不但免交学费,还赠阅《风下》和新版书。这样既激励了青年们的学习热情,提高了他们的文化水平,使他们的国文程度有长足的进步,还达到了团结与培养教育广大华侨青年的目的。《风下》周刊因为受到青年们的拥戴,而成为一份历久不衰、始终受欢迎的读物,一直出了一百三十余期,直至一九四八年英殖民政府颁布"紧急法令"后,所有参加编辑和撰稿工作的同志,一个个被迫陆续离新返国为止。

令人欣慰的是,当年许多参加《风下》周刊编务工作和参加青年自学辅导社的默默无闻的青年,现在都成了"过河卒子"。有的回国以后当了国家干部,至今活跃在文化、新闻、教育战线上,有的现在是新加坡政府的部长,有的成了学者、戏剧权威……。可贵的是,他们至今还在怀念《风下》周刊和青年自学辅导社,尤其怀念那些舐犊情深的改卷名师。不少人一直和我们保持着通信联系,他们在归国访问、旅游,或出差来京时,还常来看望我们,与我们一起回首当年,畅谈往事……这说明,大到一个政党,一个团体,小到一个人,一份小小的刊物,只要脚踏实地、全心全意地为青年、为大众做一点有益的工作,是永远不会被人遗忘的。

主编《风下》周刊,只不过是我们的一项工作内容。当年,我们这一群滞留异国的文化界赤子,大都兼做多种工作,尽量做到有一分热,发一分光。当国民党反动政府宣布中国民主同盟为非法组织以后,我们筹备成立了中国民主同盟南方总部,驻新加坡办事处就设在《风下》编辑部楼上,并编辑出版《民主周刊》。为支持印度尼西亚民族独立解放斗争,我们发起组织了"印尼之友社"。邵宗汉等在苏门答腊主持《民主报》,王纪元等在东爪哇吧城出版《生活报》,还有民盟槟城分部机关报《商业日报》。但这些报刊和《风下》一样,篇幅不大,影响有限。而各地大小报刊又多为国民党控制,那些"党报""准党报"的反动宣传甚嚣尘上,蒙蔽了不少华侨。为团结广大华侨反蒋拥共,促进祖国的早日和平民主、自由解放,为协助南侨总会及陈嘉庚主席的工作,我们需要开辟规模较大的舆论阵地,需要自己的宣传喉舌。我们民主派同人和陈先生商量,要办一份大报。陈先生表示赞同以后,与其亲友一起慷慨解囊,张楚琨和高云览也倾囊捐助,各地爱国侨领和民主派侨胞也纷纷入股,我们很快便募集了必要的资金。由我负责组织了一个实力雄厚的、出色的编辑班子。大家齐心协力,忘我工作,仅用了两个月时间,赶在一九四六年十一月二十一日，就将《南侨日报》创刊号送到了读者手中。董事主席陈嘉庚，总理张楚琨，督印李铁民；我任社长，总管编辑事务，个人不受薪。我在《南侨日报》创刊词中开宗明义提出："以前南侨是抗日长城，现在南侨是和平先驱、民主堡垒。"

《南侨日报》汲取《南洋商报》和《风下》周刊的成功经验，以准确无误的消息，说理透彻、深入浅出的社论，活泼清新的版面，丰富多彩的栏目，如"祖国要闻""中外电讯""本坡要闻""马来亚新闻""南洋要闻""经济商情""读者园地""青年周刊""出版周刊""民主""体育"等专栏，以及副刊"南风""小世界"等，赢得了广大侨众的信任和喜爱，被读者称誉为"民主堡垒""公众喉舌"，在南洋报业界自始至终处于不败的地位，拥有广泛的读者。关于《南侨日报》的前前后后，张楚琨在《陈嘉庚与〈南侨日报〉》一文中，已有相当详尽的记述，这里就不再重复了。我忍不住要提一笔的是《南侨日报》编辑部罕见的工作热情和工作效率。编辑部连我算上才二十一人，而每天要编排十来个不同栏目。八版四大张，要翻译、采访、撰写、编选近八万字，还要答复大量读者来信，工作量是相当可观的。我那时虽然年近半百，但精力尚佳，要做的事情是那样多，恨不能一天有四十八小时。白天我要参加各种社会活动，下午三四点钟来到报社，直要忙到第二天凌晨，与编辑主任胡伟夫共同签署完"大版"，才算结束一天的工作。所有编辑部同仁也都像打仗一样工作，新加坡终年酷热，每到下午一至三点的时候，街上连行人都很少，热得吃不下睡不着，只有晚上九十点钟以后才较为凉爽，宜于休息。当整个新加坡乘着夜间的凉爽沉入梦乡之时，却正是我们南侨编辑部工作最紧张的时候。我们常常是通宵达旦地工作，能够在凌晨两三点休息，我们就高兴得很。我们全体这样日复一日、年复一年地苦干，直到英殖民当局实施"紧急法令"，我们的同志陆续被迫离新回国以后，留下的同志仍继续坚持不懈。最后，英殖民当局恼羞成怒，于一九五○年九月二十日晚上，突然封闭了报馆，《南侨日报》才被迫停刊，连招呼都来不及和读者打……

一九四八年三月，因国内工作需要，我离开新加坡，经香港回到了离别七年余的祖国。记得是辽沈战役胜利前后，在西柏坡，我和兹九被邀参加周末舞会。我俩都不会跳舞，只能坐在一边欣赏音乐。周总理特意叫几个女同志来邀请我跳，我告诉她们，我一点都不会跳，请她们原谅。朱总司令邀请兹九，兹九说不会。朱总司令说，你们从南洋回来，怎么不会跳舞？兹九说在南洋人家都叫我们苦力，不能上跳舞场的。总司令尔后又说，那你懂得音乐吗？兹九说懂。总司令说，那我们就听音乐"散步"吧！兹九真的陪朱老总作了三次"音乐散步"。

我和兹九去南洋时是两袖清风，从南洋回来依然是清风两袖。回忆在南洋的七年多，除了与党内外同志共同奋斗、亲如家人的友谊，就是工作。紧张地、夜以继日地工作，日复一日、年复一年地工作……

在今天这个除旧布新、继往开来的历史关键性时刻，为振兴中华，为和平统一祖国，我们这些古稀耄耋之人，是不是也应该拿出当年在南洋拓荒时的工作精神，尽量利用自己所有的"余热"，"有一分热，发一分光"呢？

一九八四年六月
（胡愈之口述　周健强整理）

原载《文史资料选辑》1985年第一辑

附录四

为全民抗战奔走呼号[1]

"九一八"事变后,由于上海各界知名人士的努力,上海成了全国抗日救亡运动的中心。本文作者以一腔爱国之情积极投入了这一运动。

他呼吁蒋介石政府"联苏抗日";先后与鲁迅、邹韬奋等人签名发表《上海文化界告全世界书》和《为抗议日军进攻上海屠杀民众宣言》;加入中国民权保障同盟,与宋庆龄等为争取自由、民主而斗争;《生活周刊》被封后请杜重远利用关系接办《新生周刊》;历经"新生事件",和杜重远在狱中做争取张学良、高崇民的工作;协助办《生活日报》,呼吁"建立最广泛的抗日民族统一战线";和沈钧儒等人发起成立文化界救国会;受潘汉年之托,帮助邹韬奋、陶行知起草《告我国同胞书》;和宋庆龄、何香凝等人为营救"七君子"发起"爱国入狱"运动。

本文追述全面,从中可以了解上海各界及全国奋起抗战的概况。

——《文史资料选辑》1986年第六辑原编者按

我回来了

"九一八"的炮声,把我这个一度沉迷于文学、专心学问的青年,一下子卷入了抗日救亡的行列,那时我刚从巴黎回到上海不久。

我在法国留学时,也正是世界性经济危机严重的时候。一次世界大战后,曾经一度繁荣的法国,此时也是百业凋零,一派萧条,失业大军年年增长,生活费用逐年增高,到了一九三〇年,法郎与白银的兑换比价竟增到四倍!

---

[1] 编者注:该文由胡愈之口述,周健强记录整理。

靠自己菲薄的稿费收入，及二弟仲持的一点接济，已无法维持我在巴黎大学的学习，我不得不中途辍学，于一九三〇年年底动身回国。从巴黎回上海，一般走海路较为安全便当，我来的时候便是搭的海轮。但是，这次我决定走陆路，横穿整个欧亚大陆回国。为什么要这样子走呢？因为我在法国三年，曾利用假期到英国、比利时、瑞士等地进行过实地考察，看到了资本主义世界潜伏的严重社会危机。我在巴黎大学攻读的是国际法，课堂上讲的是各国的经济危机。我参加世界语会的小组活动，接触的大都是觉悟了的工人群众，有的还是法共党员，他们议论的是时刻威胁着他们的经济恐慌，和日益尖锐的阶级矛盾，使我进一步明白了资本主义制度的真相。与此同时，我研读了《资本论》，自己的思想产生了一次飞跃，对资本主义世界已不存什么幻想，资本主义不能救中国。那么，什么主义可以救中国呢？我渴望看一看资本主义世界的对立面，那个新生的社会主义国家——苏联。我与驻法苏联大使馆联系，得到了过境签证，但没有得到在苏联逗留参观的许可。于是我又设法向苏联世界语会求助，从《国际工人世界语团体年鉴》中，找到几个在莫斯科的世界语会同志的地址，写信告诉他们我到莫斯科的日期，希望得到他们的帮助。

一切联系就绪，我踏上了归途。经德国和波兰时，也是通过当地世界语会同志的帮助，作了短暂的停留，进行了参观访问。随后，我到达莫斯科，一下车就看到两位挥舞着我熟悉的绿星旗——世界语会旗——的女同志，她们收到了我从法国写给她们的信，特意跑来接我。由于莫斯科世界语会同志的热情奔走，我获得了在莫斯科停留七天的许可。他们不但帮我安排了食宿，还替我安排了紧凑而丰富的参观日程。我参观了苏联的工厂、国营农场、商店和学校。参加了工人和学生的群众集会，广泛接触了一代社会主义新人。他们的天真活泼、团结友爱和诚挚热情，给我留下了难忘的印象。与资本主义世界一片灰暗凋敝形成强烈对比的是，苏维埃社会主义热气腾腾、欣欣向荣。那时正值苏联开始第一个五年计划，那些做了国家主人的工人、农民，正以饱满的热情投入到宏伟的建设事业之中。我亲眼看到了十月革命产生的奇迹，看到了年轻苏维埃不同凡响的精神面貌，我感到无比欢欣和振奋，未来的世界是属于社会主义的！只有社会主义才能够救中国！我开始暗暗寄希望于年轻的中国共产党。

七天的访问一晃而过，我怀着依依惜别的心情，告别了莫斯科世界语会的同志和新结识的苏联朋友们，经过冰天雪地的西伯利亚和满洲里，到了我向往已久的故都北平，游览了几天，才继续南下。于一九三一年二月底我回到离别了三年的上海。上海商务印书馆知道我回来了，表示欢迎我回去，我又回到商务，继续做编辑工作。当时《东方杂志》的主编钱智修年纪大了，他把《东方杂志》的一应事务都交给了我。我开始在《东方杂志》发表介绍欧洲各国政治经济状况的文章，我的兴趣渐渐从爱好文学转到对国际问题的研究上来了。就在此时，樊仲云来找我，要我给他办的《社会与教育》杂志撰稿。樊原先也在《东方杂志》，与我共过事。这时他依靠国民党搞了个新生命书店，出版《社会与教育》杂志，但是销路不好。他想约我投稿，打开销路。我说没有什么好写的，要写就写一写我这次回来沿途的见闻。他说："好得很，你写多少，我登多少。"这样，我就开始写《莫斯科印象记》，每周写一段，在《社会与教育》上连载，受到读者欢迎。连载完毕，又由新生命书店出了单行本，畅销一时。那时候，国民党政府禁止宣传介绍苏联，《莫斯科印象记》作为游记，开始没有引起当局注意，侥幸得以出版发行。物以稀为贵，在一九三一年八月初版后的一年多时间里，就印到第五版，后来终于被查禁了。《莫斯科印象记》出版后，影响很大，尤其受到青年读者的欢迎。先是上海青年会来请我做报告，介绍苏联第一个五年计划。后来，苏州青年会也来找我介绍苏联的社会情况。我到苏州，问题就来了，警察局长找我谈话，说上面有通知，不准宣传苏联。这样我就不能做报告了，只能说苏州风景好，今天天气也好，我到苏州过星期天来了。但是来听报告的群众不肯离去，他们步行跟着我的马车陪我游山玩水，七嘴八舌地问我关于苏联的情况，第一个五年经济建设计划的实行情况，我就这样坐着马车做了一路报告。从《莫斯科印象记》的畅销，从人们对苏联的关心和向往，我看到了祖国的未来，也看到了自己努力奋斗的方向。

我的抗日主张

一九三一年九月十八日夜，日本侵略军偷袭、占领了沈阳，数日之间，河山变色，打破了我对未来的憧憬。我意识到中日之间的民族矛盾，已经上升为最主要的矛盾。不首先解决这个矛盾，其他一切都是空谈。当时，日本军国主义妄图独吞中国，乃至称霸亚洲和世界的狼子野心，可谓"路人皆知"。"九一八"的炮声，就是日军准备亡我中华的信号。然而，蒋介石政府此时正忙于"剿共"，大打内战，"期以公理与正义促倭寇之觉悟"，竟命令张学良不放一枪撤入关内，将大好江山拱手让敌。这一切激起了全国人民的民族义愤，抗日救亡的浪潮席卷全国，我也提笔参战，在《社会与教育》杂志发表文章，呼吁共赴国难，全民抗日。我根据国际法指出，日本帝国主义已向我不宣而战了！在外交上，我们应该立即与日本绝交，宣战抗日，同时应与支持我们抗日的苏联恢复邦交，联苏抗日。应我的要求，文章一字不改，用"胡愈之"的名字全文发表了。当时还没有这样子宣传抗日的，刊出后影响很大，《社会与教育》也销路大增。《莫斯科印象记》和我宣传抗日的文章发表引起了党对我的关注。有一天，沈雁冰打电话约我去他家，说有人找我。我去见到了睽违已久的张闻天，张原是《东方杂志》的一个作者，早就认识，我在莫斯科停留时还曾找过他，但他不在，我只见到了他的兄弟。这次会面，他着重了解我的简历及思想状况，准备吸收我入党，并要我参加苏联之友会的座谈。我在上海青年会参加了两次座谈，我发表意见说："中苏友好，就是要促成中苏两国建立抗日同盟，实现联苏抗日。如果发表该会成立宣言，务必把这点写进去。这种联盟当然是政府之间的，而当时中国的合法政府是国民党蒋介石政府。我认为联苏抗日可以对日形成有效的威慑，也可以促使蒋政权'改弦更张'，放弃'不抵抗'政策……"

但是，我的意见几乎遭到了与会者的一致反对，大家都认为我的观点是十分错误的。他们说：中华苏维埃政府已经成立，中苏的联合，只能是苏联政府与中华苏维埃政府之间的联合，而且这种联合是必然的，是已经存在的。当务之急是宣传群众，"武装保卫苏联""完成中国革命"，因为日本占领东北的目的是要进攻苏联……当时，党正在王明"左"倾错误的控制之下，他们看不到沈阳的炮火激化了帝国主义之间错综复杂的矛盾，国民党内部也绝不是铁板一块，整个形势已急转直下。他们夸大了日本进攻苏联的可能性，仍旧强调国内的阶级斗争……会议没有结果就散了。随后，又因为上海地下党组织不断遭到破坏，苏联之友会也就没有成立起来。事后我还受到党办的一些公开小报的攻击，说我是想到国民党外交部去当官……但是，一九三二年冬，在全国人民的强烈要求和舆论压力下，蒋政府与苏联恢复了正常外交关系。一九三七年八月二十一日，苏联主动与我国签订《中苏互不侵犯条约》，直至一九四五年八月八日，百万苏联红军出兵东北，一举击溃日本关东军，在我国艰苦抗战的八年中，一直给予财政、军事上的无私援助，发扬了伟大的国际主义精神，这是中国人民永远不会忘记的。这一切也证明了我当初提出的"联苏抗日"主张，并不是错的。

在全国人民反日、抗日、抵制日货、抗议"不抵抗"政策的同时，东北义勇军马占山部，在黑龙江打响了抗日的枪声。一九三一年十一月，在北满嫩江桥战役中，击溃了日军精锐多门师团。义勇军无饷少械，又无严密的组织，却凭着一腔不愿做亡国奴的血气，人自为战，吓破了日军的贼胆，也鼓舞了全国人民的斗志。群众纷纷募捐，支援这些在白山黑水间艰苦抗敌的英雄。随之又爆发了震撼中外的"一•二八"淞沪抗战，驻沪的蔡廷锴十九路军，对日军愈演愈烈的野蛮挑衅忍无可忍，毅然奋起抵抗。在上海人民的支援下，孤军奋战二十余天，打得日军增援不迭、死伤无数。随后，英雄的十九路军又与主动赶来增援的张治中部，协同作战，抵抗陆、海、空并进的日军达三十三天之久！而蒋介石除了在开战之初，发过一个通电，说些"宁为玉碎毋为瓦全""尤愿与诸将士誓同生死，尽我天职"之类冠冕堂皇的话以外，并无实际行动。遗憾的是，在"一•二八"前后，我患了严重的伤寒症，在高烧昏迷中被送回老家疗治，未能为这次人民的抗战奔走呼号，也不能对来自"左"倾错误的指责进行申辩。但我还是与邹韬奋、鲁迅、郁达夫、叶圣陶、冯雪峰、丁玲、周扬、夏衍等四十三人签名发表了《上海文化界告全世界书》，后来又在四十三人基础上，联合一百二十九名爱国人士发表了《为抗议日军进攻上海屠杀民众宣言》。

让"女厨子"都关心政治

我被病魔缠扰了近半年，当我病好返回上海时，屈辱的《淞沪停战协定》已经签订。日军在蹂躏我东北，又在上海大肆烧杀之后，依然被奉为"友邦"！南京、东京依然信使往来，鼎俎交欢！抗日被指责为"妨碍邦交"，英雄的十九路军被匆忙调到福建"剿共"，上海周围竟不准中国军队驻防！蒋介石嘴里喊着"武力收复失地""长期抵抗"，到头来却仍是按兵不动、一味退让、"长期屈服"。蒋介石抱定"反共"的"基本国策"，这次又亲自挂帅，带领五十万兵马，向中央苏区发动了第四次"围剿"。虽然东北的抗日民众，还在舍生忘死地战斗，蒋政府却依然文恬武嬉，积极准备内战。上海的救亡运动被"取缔"、镇压，已趋低潮。日本帝国主义及其同盟者正忙于整理内部，策划新的冒险。严重的时局为沉闷平静的表象所掩盖，但随时都有爆发战争的可能。我就在这危机四伏的时候，回到了伤痕累累的上海。由于强盗飞机的狂轰滥炸，商务在闸北的印刷厂、东方图书馆等已成废墟，商务印书馆宣告停业，我也丢了饭碗。这时候，我与韬奋联系上了。记得是《莫斯科印象记》出版后不久，毕云程带韬奋来看我。韬奋十分喜欢我那本小书，并且不厌其详地询问苏联社会诸方面的情况。听我讲述自己在法国留学时，怎样利用假期，利用世界语会关系，一面实地考察西欧各国的社会、政治、经济，一面认真研读《资本论》的情形。他约我为《生活》杂志写稿，彼此畅抒胸臆，大有相见恨晚之感。这次，他得知我大病初愈，又失了业，便马上跑来看我，而他自己也正在为《生活》面临停刊的事烦恼。原来韬奋主编的《生活》杂志，是黄炎培的职教社办的，因宣传抗日，抨击"不抵抗主义"，引起蒋介石不满，蒋正在逼迫黄炎培停办《生活》，而邹舍不得失去这块苦心经营了多年的宣传园地……于是，我出主意叫《生活》脱离职教社，改为《生活周刊》，同时自己动手，筹办一家生活出版合作社——生活书店。韬奋素来从善如流，马上接受了我的建议。在《生活》杂志社同人的一致努力下，很快筹办了生活书店，由我起草了社章。从此，我与生活书店结下了不解之缘，但我始终没有公开参加过生活书店的活动，只在暗中擘画协助。我和韬奋相约，为发展进步文化出版事业；为宣传爱国主义，呼吁抗日救亡；为唤起民众，促使全民族圣战的早日到来，而竭诚努力。

《生活周刊》独立后，除保持原有特色外，还开辟了评述国际形势和中日问题的专栏，对群众进行形势教育。列宁说过：

"我们要使每个女厨子都能了解政治是怎样处理的。"

这是宣传工作者的愿望，也是我和韬奋的理想。我们曾利用手中的一支笔，利用我们创办的报纸杂志，为实现这个理想而做过各种努力。宣传群众，教育群众，引导群众关心国家和世界大事，明白自身的权利和义务，进而掌握自己的权利和命运，是我们文化工作者义不容辞的责任。诚如韬奋所说："人民能够了解政治是怎样处理的愈多，政治当然就更容易上轨道……""一国政治的出路往往和国际形势脱不了关系，世界大势的了解和本国政治的了

民国版《生活》周刊书影。(资料照片)

解便息息相关……"针对当时一些帝国主义代言人和失败主义者散布的"日本帝国不可战胜""中国民众是一盘散沙"和"中国人无用"的谰言,我恳切地告诉读者:

中国民众并不是全没有用的。假如说中国民众永不能抵抗帝国主义与其同盟者的内外夹攻,则不该有东北义勇军的奋力斗争;不该有上海十九路军的孤军抗日;更不该有一九二五至一九二六年的五卅运动与香港大罢工。何况帝国主义的本身崩溃已不可避免,全世界劳苦民众的反帝国主义运动,已蓬勃而不可遏抑。这四万万余广大群众的大叛变,必有一日到来,推翻了帝国主义世界的现存秩序。不过这必须在中国民众充分明了了自身任务,和环境形势的那个时候。到了民众充分认识了帝国主义的真实面目,用民众的武力来和帝国主义及其同盟者作坚决的斗争时,那不论帝国主义的力量怎样强大,网罗怎样周密,也是无法抗御的。这不但是中国民族的唯一出路,也是一条最后的必胜的路!

为了使"女厨子"都关心政治，关心团结御侮、抗日救亡这个最大的政治，为了使民众充分明了自身的任务和国际环境、国内情势，我利用在哈瓦斯社工作的有利条件，把最新的世界局势、各国动态，认真进行分析研究，写成深入浅出的国际问题评论，尽快地介绍给读者，使《生活》这份时事性周刊，紧跟瞬息万变的形势，受到各界欢迎，销行十几万份。后来，为满足广大读者，特别是青年读者，对国际问题知识、对世界形势与我国政治的关系等，愈来愈强烈的求知欲，我们又创办了《世界知识》杂志。此外，我们还组织时事讲座、读书会，参加抗日救亡团体的活动。这些说起来很轻松，在当时却是要冒被关押、被杀头的危险的。自从"九一八"事变揭开了近代中国史上最黑暗的篇章以来，蒋介石不顾国家民族的存亡，妄图以法西斯专制，维持其独裁统治，做希特勒"第二"。他推行"攘外必先安内"的政策，排除异己，宁可错杀一千，不肯放过一个。他们用《危害民国治罪法》，大批捕杀共产党员和革命青年，用绑架、暗杀，对付爱国知名人士和进步文化工作者。如共产党员罗登贤、廖承志、陈赓的被捕，左翼作家应修人的被害，丁玲、潘梓年的被绑架……隔不了几天，就有谁被捕，有谁失踪的事件发生，到处"流行中国式的白色恐怖"。与此同时，他们进行文化"围剿"，大量查禁抗日书刊，限制言论自由，摧残进步文化事业。他们的法西斯举动愈来愈疯狂，最后竟敢在光天化日之下，在法租界内，公然谋杀了著名的国民党中坚杨杏佛！杨先生参加过辛亥革命，当过第一任总统府秘书，是一位颇孚众望的饱学多才之士。一九三二年冬，杨与宋庆龄、蔡元培发起组织中国民权保障同盟，自任总干事以来，为营救一切在押政治犯，调查宣传，奔走不遗余力。就在他遇刺之前，他还在为营救丁玲、潘梓年等积极奔走呼号。正因为他洞知他们的鬼蜮伎俩，专门揭他们的黑幕，又不惧威胁恫吓，才遭此毒手。我和韬奋经鲁迅先生介绍，于一九三三年初加入中国民权保障同盟，并被选为九人执委之一。记得每周开会，都是由杨总干事用英语宣读调查报告，宋庆龄会长等提抗议、发宣言，由到会的外国记者向世界各国发布，制造国际舆论。杨先生待人的豪爽热诚，他的滔滔雄辩，给我留下深刻印象。杨先生是为争取民权、保障民权而死的，是我亲眼目睹的一个为自由民主而牺牲的真正的国民党人。他的死震动了国内外，上海更是人心惶惶，谣言四起，风传有五十六人的"勾命单"，还说要在杨先生大殓之日动手，我、韬奋和鲁迅先生等也名列其中。大殓那天，许多"单上有名"的人都去了，宋庆龄会长还发表了悲愤激昂的讲话，鲁迅先生连钥匙都不带。我和韬奋没有理睬那些谣言，相约同行，并肩前去万国殡仪馆，向这位因公殉难的爱国志士，献上我们最后的敬意和哀悼。

不久，韬奋出国暂避，游学美国。哈瓦斯的张买办唯恐我也遁去，影响他的业务，特为宽慰我说："人家说你是共产党，我知道你不是。你只是因得不到政府重用，有些牢骚。你不要害怕，你住的法租界我还管得到，晚上用我的车接你上班，工作完了再送你回家。我的车是很保险的……"

其实我根本走不开，上海党组织遭到严重破坏，临时中央已转移去瑞金，我在周总理走以前，已被接纳成为中共党员，有许多工作等着我做。韬奋出国后，生活书店已由我暗中负责，《生活周刊》每星期一篇小评论，也由我代写。但我不到书店去，稿子都由毕云程取送。

做东北军的工作

到了一九三三年底，福建成立了抗日反蒋的"中华共和国人民革命政府"，我写了篇短评表示同情和支持。国民党以此为罪名，通令全国，查禁了《生活周刊》。事隔两月，我们又办起了《新生周刊》，由杜重远出面任主编，我和艾寒松负责具体编辑工作。重远是东北工商界知名人士，"一·二八"前后，他到了上海，一面办企业，一面继续从事抗日救亡运动。由于《生活周刊》募捐支持东北义勇军，杜遂与韬奋相识而成为知交。杜有国民党的上层关系，又和当时的淞沪警备司令蔡劲军是旧友。我出主意叫他出面接办《新生周刊》，很快就得到了批准。除每期文稿要送审检查外，内容尽可以保持《生活》本色。生活书店把《新生》第一期赠给《生活》的原来订户，许多同情《生活》的读者，甚至以为杜重远就是邹韬奋的化名，都纷纷寄款订阅，《新生》的销数比《生活》的还要高。

一九三五年五月四日，《新生周刊》发表了易水的《闲话皇帝》，日本政府认为这篇短文"侮辱了天皇"，提出严重抗议，国民党当局因此吓慌了手脚。他们派要员与重远软磨，要他承认此文未送审，文责自负，与当局无关。法院即可按违犯报刊审查法定罪，处以罚款，罚金由他们出，不过要搞一次假审判搪塞日本人。第一次开审以后，日方得知将以罚款了事，马上又提出抗议。法院迫于压力，在第二审时，竟改判重远十四个月徒刑！假审判变成了真冤狱，重远被送入漕河泾模范监狱，《新生周刊》被封闭，这就是当时中外震惊的"新生事件"。

以支援马占山抗日而闻名的杜重远，遭诬陷入狱，这消息对于崇敬重远的东北军官兵，无异于晴天霹雳。东北军兄弟纷纷借开会、公差之便，或假托名义到上海漕河泾来，慰问他们心目中的抗日英雄。重远代当局"受过"，《闲话皇帝》的送审证明还在他手里攥着，国民党自觉理亏，而主管监狱的又是蔡劲军，杜理所当然会受到特殊优待。他们在监狱后面的荒地上，特为重远新盖了三间平房，重远自己请了厨师做饭，并且设有传达室，来访者必须先用电话通报姓名，得到同意方准入内，这样就避开了特务之流的监视干扰。重远的监房成了宣传抗日救亡、商讨机密大事最安全的地方。每逢星期天、节假日，我总是一清早就去漕河泾，直到晚上才回家。重远除了自己对东北军兄弟宣传"停止内战，一致对外""兄弟阋于墙外御其侮"的道理外，还把他掌握的东北军现状，以及上下官兵的思想动态告诉我，叫我"对症下药"，给他们做点扎扎实实的政治思想工作。重远总是事先约好一些东北军的人来，我们在一起交谈。我同他们分析国际、国内形势，让他们认清形势，辨明方向。我们向他们指出日本帝国主义的侵略野心和蒋介石的不抵抗政策的险恶，以及已迫在眉睫的亡国灭种的危险，宣传共产党反蒋抗日的主张，鼓励东北军站到反蒋抗日的一边来。谈一次不行，就谈两次、三次，在狱中谈，还和他们到外面谈。通过耐心说服，我们争取了来访的一些东北军知名人物，如曾经当过张学良秘书的高崇民。经重远介绍我们在狱中认识交谈以后，我们又在外面饭馆里会面谈话，先后作了三次长谈。高是三民主义的信徒，我告诉他，现在实行三民主义是行不通的，国亡无日，何来民主、民权、民生？只有赶走了日本侵略强盗，中国才有希望……高崇民终于被我说服了，同意联共反蒋抗日的主张。后来张学良把高派到杨虎城那里住下，他很好地完成了说服杨虎城的工作，为东北军、西北军和共产党的联合抗日，起了良好的作用。我们给东北军做工作能够取得较大的成效，与东北军官兵身受国破家亡之苦，又背着"不抵抗主义"的羞耻，要求抗日复土、报仇雪耻的强烈愿望，分不开的。

一九三五年十二月，张学良在南京开完国民党第五次全国代表大会以后，托故来上海，秘密会晤了杜重远。他俩是同乡，又是老友，可以无话不谈。

他这次来是为倾吐心中郁积的苦闷，向他所佩服的重远讨主意的。他坦率地诉说了他曾相信法西斯主义可以救中国，一心不二追随蒋介石"攘外必先安内""统一方能御侮"的政策，由东北退到关内，由华北退到华中，由华中转移西北，奔突转徙，离老家越来越远，力量削弱，士气低落。现在当了西北"剿共"司令，与红军刚刚交了两次锋，就损失了近三个师！蒋介石对东北军的生死存亡无动于衷，马上取消番号，停止供饷。照此下去，要不了多久，他就会变成"光杆司令"。自身不保，还侈谈什么"安内""统一"、抗日？将来又有何面目立于天地之间？杜重远老实不客气地批评张学良过去的一套做法是完全错误的，同时又庆幸他迷途知返，"大彻大悟"。并一针见血地指出，蒋介石借内战之机，消灭异己，实行法西斯独裁的野心。为今之计，除了调转枪口，一致对外，走联合抗日的道路，别无他途。重远又入情入理地分析东北军所处的有利条件：中共发表了《八一宣言》，主张停止内战，一致抗日，组织国防政府，联合一切抗日力量。中央红军现在陕北，可以就近联合，共同抗日；杨虎城有抗日救国之心，西北军与东北军比邻而居，更易合作；新疆盛世才是东北老乡，据有有利的地理条件，与苏联关系很好，不难晓以大义，予以联合。有此三条，可以形成"西北大联合"，走联合抗日的坦荡大道……张学良对于杜重远从国家民族的前途、东北军的前途、他个人的前途出发，提出的建议表示赞同，但他顾虑共产党是否愿意和他这个"剿共"司令、曾经刀枪相见的"敌酋"联合。后来，张学良还会见了宋庆龄、沈钧儒、李杜等，并希望李杜帮助他沟通与苏联和中共的关系。李杜欣然答应相机行事。

重远把上述一切告诉给我，希望我能帮助摸摸情况，疏通关系。我听到后非常高兴，张学良的抗日决心已下，要是"西北大联合"能够实现，势必改变整个国内局势。联合抗日，一致对外将指日可待。我急于与党组织取得联系，向党中央报告这一新的情况。但是，上海白色恐怖严重，由于叛徒出卖，地下党组织几乎破坏殆尽。此时，党中央还在长征途中，上海党与党中央已失去联系。前不久，田汉和阳瀚笙等在开会时被捕，前去开会的宣侠父，得保姆的告警才幸免于难。宣侠父是我的直接联系人和领导人，他在上海已无法待下去，只好跑到香港避风头去了。临行时他嘱咐我，在遇到危险时，可以去香港找他。接着，为我联系生活书店的毕云程也被捕了。他从审讯中得知，他们要抓的不是他，而是我。他们说："我们要抓的是一个矮个子，等抓到了再请你来对证。"毕云程被保释出来后，立刻跑去找邹韬奋，告诉这一情况，要韬奋劝我赶快离开。但是，我那时正忙于和杜重远一起做东北军的工作，没有马上走。当时，接替宣侠父与我联系的严希纯也被捕了，为安全起见，我决定尽快离开上海。

重到莫斯科

一九三五年十二月十日前后，我到香港找到了宣侠父，汇报了我们掌握的张学良和东北军的情况。宣侠父也认为这事情很重要，应该尽快报告党中央。但是，在香港也无法与党中央直接取得联系，只能通过巴黎的《救国时报》和驻莫斯科共产国际的中共代表团联系。不久，就得到了驻共产国际中国代表团的答复，同意我立即前去，同时还转达了苏联政府邀请鲁迅先生前去疗养的消息，并要我一路陪同护送鲁迅先生。为此，我于一九三六年一月又秘密返回上海，向先生转达了苏联对他的诚意邀请，但鲁迅先生婉言谢绝了。我随即回到香港，在金城同志的帮助下，搞到份华侨商人的护照，漂洋过海到了巴黎，见到了《救国时报》的负责人吴玉章同志。吴老很快替我办好了去苏联的手续，我一路顺风，于二月间到达莫斯科。我原来以为这次到莫斯科不会有人接我，谁知一下火车就看到了迎候我的潘汉年。汉年是我的老熟人了，还在一九二七年他在上海办《幻洲》杂志时，我们就认识了，他在遵义会议以后，辗转来到苏联，参加了第七次共产国际大会，之后便留在了莫斯科。另外，我还碰到了《闲话皇帝》的作者、生活书店的同事艾寒松，"新生事件"发生后，他跑到苏联来了。我还见到了瞿秋白同志的爱人杨之华，瞿秋白牺牲以后，是我转告她出国来苏联的。这次异国相逢，大家都很欢喜。

我向当时驻共产国际的中共代表团团长王明详细汇报了张学良将军思想转变的情况，和东北军的内部动态。本来在我穿的衬衫上，曾密写了一份详细的书面报告，不知什么原因，到莫斯科以后却显影不出来，使我不得不花费很多时间重写了一份报告。后来，由潘汉年向我传达了共产国际第七次代表大会的精神。大会除确定建立国际反法西斯统一战线以外，还要求凡遭受法西斯侵略威胁的国家，建立联合各党各派的民族统一战线。具体到中国，也就是要实现国共合作，建立抗日民族统一战线。我听了传达，感到欢欣鼓舞，我愿为建立最广泛的抗日民族统一战线而竭诚努力。也可能就在此时，共产国际与中共中央取得了联系，张学良也与陕北党中央直接来往，并取得默契。国民党蒋介石政府这时已与苏联恢复了外交关系，并通过其驻苏联大使馆与中共代表团有所接触。国共合作，建立抗日民族统一战线，已在酝酿之中。

到了四月间，王明找我谈话："你的任务已经完成，张学良和东北军的事情，党中央已经知道，你可以不管了，你和潘汉年一起回香港吧！以后你的工作就由潘汉年直接领导。"这样，我便与潘汉年一起循来路回香港。到达巴黎时，接到韬奋拍来的电报，叫我赶快回香港，帮助筹办《生活日报》。原来，我离沪到香港时，就爆发了"一二·九"运动，随后又是"一二·一六"大示威，邹韬奋主办的《大众生活》均给予全力支持。上海各界救国会组织的成立，尤其是上海各界救国联合会的成立，都离不开邹韬奋、沈钧儒、陶行知、章乃器等的努力，上海已成为全国抗日救亡运动的中心。国民党反动派对邹韬奋软硬兼施，先是派刘健群、张道藩找他谈话，以死相恫吓。威胁不成，又由杜月笙出面约韬奋和蒋介石面谈，企图以高官厚禄相笼络。韬奋被缠不过，只得又一次出走流亡。香港本是五方杂处之地，英殖民当局其时正忙于应付国内及欧洲事务，无暇顾及亚洲。加上蒋政府一门心思"安内""剿共"，跟日本、德国法西斯眉来眼去，关系较为密切，英殖民当局也有意对共产党和各派反蒋势力在香港的活动睁一只眼、闭一只眼，以保持其"自由港"的面貌。所以香港成了各种人物的避难之地。韬奋于一九三六年三月来到香港，决定在香港办报，继续宣传反蒋抗日。当时，两广的国民党实力派李宗仁、陈济棠等代表，正在策划反蒋，很需要宣传工具，因而对韬奋筹办报纸表示愿意提供经费和支持。而此时，党中央已改变"反蒋抗日"的策略，准备"逼蒋抗日"乃至"联蒋抗日"，建立统一战线。我接到电报后，便与潘汉年商量，汉年叫我立即复电。大意是，等我们抵港后再"择吉开张"。五月初，我们回到香港，向韬奋介绍了共产国际关于建立国际反法西斯统一战线的方针，以及我们今后的宣传策略。为了不受制于人，我们没有接受两广实力派的资助。《生活日报》于六月七日创刊，呼吁"停止内战，团结抗日""建立最广泛的抗日民族统一战线"，只字不提两广的反蒋运动。不久，两广反蒋运动也因蒋介石的分化瓦解、收买贿赂，失败了。

回到香港以后，潘汉年对我说：

"以后你只管救国会的事，别的不要管，有什么问题来找我，没有问题你就自己去干吧！"

在香港或上海，我和汉年都不常见面。他负有同国民党进行谈判的任务，主要忙于和一些国民党上层人物或特务头子之类的人接触，以摸清底细。有时候，他也邀我一起到高级饭馆或咖啡厅去，把我介绍给一些国民党人士，并故意说我是救国会的，对共产党不满等等。这为我后来在上海，公开以救国会身份从事抗日救国运动，提供了方便，起到了很好的掩护作用。潘汉年同志是一个优秀的地下工作者，他勇敢机智，聪敏灵活，与敌人斗智斗勇，巧与周旋，从没有暴露过自己，而且掩护和营救过无数同志。他为国共谈判、联蒋抗日、建立抗日民族统一战线，做出了不可磨灭的贡献。

我与救国会

"新生事件"进一步暴露了国民党当局对日本的侵略行径怕得要死，除了一味退让妥协，别无高策。全国民众为祖国和自己的命运忧心忡忡，文化界爱国人士，对形势更为敏感。他们已逐渐认识到，只有团结抗战，奋起自救，同反动当局的卖国投降政策作顽强的斗争，才能挽救国家和民族的危亡。看到群众极为高涨的抗日救国热情，我觉得应该把大家组织起来，形成有效的力量，推动抗日救国运动的迅猛发展，最后才能实现全民抗战，把强盗驱逐出境。这时，党中央还在艰苦的长征途中，国统区的党组织又遭到了严重破坏，抗日救国失去了坚强的领导核心。我自己是党员，应该自觉地为党的事业积极组织发动群众，为推动抗日救国运动做出应有的贡献。杜重远遭冤狱之后，邹韬奋不顾个人安危，已提前回到了上海，并且在《新生周刊》停刊后，马上办起了《大众生活》杂志，继续为抗日救亡大声疾呼。就在此时，我结识了德高望重的沈大律师沈钧儒先生。沈先生待人接物的诚挚热情，他的忧国忧民之心，和以人民大众的要求为己任，从不顾惜个人的利害得失，从不逃避现实和斗争的精神，使我由衷景仰。韬奋对沈先生也是一见倾心。我们三人从一九三五年下半年开始，便经常邀约一些文化界人士，一起聚餐交换意见，共同讨论当前的局势和抗日救国的具体道路，酝酿在文化界先行发起成立一个抗日救亡团体。一九三五年十二月十二日，上海文化界二百八十三人联名发表了《上海文化界救国运动宣言》，喊出："国难日亟，东北四省沦亡之后，华北五省又在朝不保夕的危机之下了！'以土事敌，土不尽，敌不屡'。在这生死存亡间不容发的关头,负着指导社会使命的文化界,再也不能够苟且偷安,而应当立刻奋起,站在民众的前面而领导救国运动!"还指出"尽量组织民众,一心一德的拿铁和血与敌人作殊死战,是中国民族的唯一出路"。并提出"坚持领土和主权的完整""要求人民结社、集会、言论、出版之自由"等八项主张,文化界已经发动起来了。随之上海妇女界捷足先登,在史良、沈兹九、杜君慧、王孝英、胡子婴、陈波儿等的发起组织下,率先成立了"上海妇女界救国联合会",文化界救国会反而比她们晚成立了一个星期。然后是教育界、职业界等救国会陆续成立。"一·二八"淞沪抗战四周年纪念日的那天,上海各界救国联合会成立了。随后是北平、南京,以及全国各地各界的救国会组织风起云涌,纷纷成立。到一九三六年六月一日,全国各界救国联合会也在上海成立了。我虽参加了救国会组织的酝酿擘画,却未能目睹各界救国会成立的盛况。因为一九三五年十二月初,我已离沪秘密去香港。然后去莫斯科,向党中央报告东北军愿意联合抗日的动向去了。

当我从莫斯科与潘汉年一道返回香港,并在港帮助韬奋创办《生活日报》时,全国各界救国联合会会议已在上海开过,全救会已经正式成立。但是,参加全救会理事工作的有国民党反蒋实力派的代表(如两广、十九路军和冯玉祥等的代表,除主张抗日的爱国基督教徒外,很少民族资产阶级的代表),所以提的口号比较左,对蒋介石和国民党起的作用不大。潘汉年说服在香港的邹韬奋、陶行知,由我帮助起草《告全国同胞书》,调子与《八一宣言》相近,是站在民族资产阶级和中间派的立场写的。主张国民党应停止内战和"剿共",共产党应废除苏维埃和工农红军,团结民族资产阶级,"共赴国难"。这个文件由邹韬奋和陶行知签字后,再由韬奋亲自去上海要沈钧儒和章乃器签名,因为他们四人都不是国、共党员,又都是颇具声望的爱国民主人士。章乃器是银行家,代表民族资产阶级。沈钧儒同意签名后,章乃器却嫌文件过右,坚决主张修改,甚至连题目也改为《团结御侮的几个基本条件与最低要求》,由章签了头名。修改后的文件虽然保留了和《八一宣言》相同的一些论点,可惜因为较"左",对群众影响不大,在国统区没有一家报纸刊出,只是在《生活日报》上刊登了一下。

《生活日报》因经费困难停刊后,我回到上海,全力从事救国会活动。救国会是一个松懈的半公开的群众团体,只要不是汉奸卖国贼,主张抗日,赞成抗日民族统一战线的都可以参加，它本身就是"统一战线"的具体体现。但是，在对国民党的态度上颇有分歧，我当时总是尽自己对党的抗日政策的理解，从全民族团结抗日的立场出发，努力同救国会同人取得一致意见，使救国会"竭力避免一切足以被认为和政府对立的态度，制止一切过高的口号"，以"温和合理"团结更广大的群众，以"仁至义尽"祛除当局的顾虑，促其幡然醒悟，以求"消弭内战，促成抗日"。并一再表明救国会"在战争以前是督促政府抗日，而在战争以后是拥护政府抗日"。但是蒋政府屈于日军的淫威，妄图实现"中日合作防共"，毫无"改弦易辙"之意。最后蒋介石干脆在绥远抗战打响，抗日援绥热潮澎湃，"两广事变"刚刚平息之时，亲临西北，督剿红军。他的爪牙则对救国会这个处处与他们的反共降日政策相对抗，公然以停止内战、联合抗日相号召的全国规模的组织伸出了毒手。十一月二十二日深夜，他们在上海逮捕了沈钧儒、章乃器、邹韬奋、李公朴、沙千里、王造时、史良，制造了有名的"爱国有罪"冤狱——"七君子事件"。消息传出，举世震惊，民情鼎沸。全救会于二十四日、二十七日，发表了《紧急宣言》和《告当局及全国同胞书》，表示"救国会的人士，既以身许国，绝不是逮捕等等足以阻遏其志愿的"。要求政府立即释放被捕爱国领袖，公开保护救国运动，实现抗战。平津文化界李达、许寿裳、许德珩等一〇九人联名电请国民政府，"即日开释沈章邹诸先生""国难严重，不容再事萁豆之争""勿再拘传，以慰群情，共赴国难"。北平大学生救国联合会议决，罢课两日，并派代表赴南京请愿。冯玉祥、于右任在南京发起征集十万人签名营救，"以表示民意所依归，而促南京最高当局之觉悟"。但反动派并不"觉悟"，反而威逼一心要抗日、不愿打"内战"的张学良和杨虎城的军队，开向陕北前线"剿共"，否则就将东北军调福建，十七路军调安徽，将陕甘两省让给中央军"剿共"。然后再"各个击破"，慢慢收拾张、杨。十二月七日，张学良抱着破釜沉舟的决心，向蒋进行"哭谏"，希望以至诚的爱国护主之心，说服蒋停止内战，一致抗日。蒋竟勃然大怒，拍着桌子说："你现在就是拿手枪把我打死了，我的剿共政策也不能改变！"张、杨将军被"逼上梁山"，于一九三六年十二月十二日扣留蒋介石于西安，实行"兵谏"，并提出八项主张，其中之一就是要求立即释放被捕之爱国领袖。蒋被迫同意联共抗日，释放一切政治犯等条件，西安事变由是和平解决，张学良于二十五日亲自送蒋回南京。但是，蒋介石软禁了张学良，又迁怒于"七君子"。因为张、杨的八项主张，几乎与救国会一贯宣传的主张完全相同，而在西安事变二十天前，救国会还有电报给张学良，希望他坚请蒋介石援绥抗日，他们竟以"勾结军人，谋为轨外行动"，诬陷救国会"七君子"。国民党三中全会开过以后，救国会所倡导的团结抗日局面已开始出现，大家以为"七君子"等必将无罪释放，连国民党的司法部部长和江苏高等法院检察官等人都表示，侦查期满后，取消羁押不成问题。谁知羁押侦查两月之后，又延长了两个月，四个月期满，"七君子"等在做出狱准备时，江苏高等法院检察官竟以"危害民国为目的，组织团体，并宣传三民主义不相容之主义……共犯《危害民国紧急治罪法》第六条之罪"为名，罗织成"十大罪状"，对"七君子"提起公诉，并通缉陶行知等人。于是，一场"救国无罪"和"救国有罪"的激烈斗争展开了。

"爱国入狱"运动

"七君子"案自四月提起公诉，至六月审判期间，成为举国民众关切的中心问题。大家心里明白，问题在政治不在法律。争取救国无罪，不仅关系救国运动的前途，而且"要影响整个民族的前途"。全救会会员及其他各界人士，开展比案发时更广泛的营救运动。而沈钧儒等七人，也被叶楚伧出面，杜月笙、钱新之等参与的劝降迫降活动所搅扰。他们先是要"七君子"保证今后不再从事救国运动，即可撤回公诉。后是内定对"七君子"进行公审，按《危害民国紧急治罪法》判刑，如沈等不做任何辩护或上诉，即可押送南京反省院，写具悔过书后，准其交保释放。这些伎俩均遭到沈等的拒绝。他们在给杜月笙等的信中，义正词严地回答："钧儒等自问无罪，天下亦尽知其无罪，为国家前途计，亦终认救国无罪四字应令其永留史册。""对于经过反省院一点，钧等认为于国家前途无益，于个人人格有损，万难接受，不得不誓死力争。唯有尽其在我，依法应诉而已。"六月十一日第一次开庭，"七君子"把法庭当讲坛，侃侃而谈，一面用最明晰简洁的语言宣传救国会的性质和任务，一面把起诉书罗织的"十大罪状"驳得体无完肤，甚至把审判长问得哑口无言。如审判长问沈钧儒："抗日救国不是共产党口号吗？你知道你们被共产党利用了吗？"沈答道："共产党要吃饭，我们也要吃饭，共产党要抗日，我们难道不能抗日？"审判长问章乃器："救国会的目的是什么？"章答：

"说起来很简单，对外求抗日，对内求和平统一。"又问："你们以为抗日是第一件事吗？"章答："当然。否则国亡之后，要爱国也无从爱起。"六月二十五日第二次开庭。"七君子"不愧皆为名律师或名学者，他们精彩绝伦的答辩，连保护法庭的宪兵都拥挤在法庭门口，听得津津有味。审判长问章乃器："你们主张抗日救国，是被共产党所利用，你知道吗？"章答得很妙："我想审判长也是和我一样主张抗日的吧？难道也被共产党所利用吗？"审判长被问得张口结舌，只顾低头看卷宗。法庭把全救会给张学良的电报，当作他们"勾结"张学良、发动西安事变的证据拿给邹韬奋看，邹答道："这个电报内容明明说希望张学良请命中央出兵援绥抗日，并非叫他举行兵谏。且同时打同样性质的电报给国民政府，为什么不说勾结国民政府？请检察官说明电报与西安事变究竟有什么因果关系？""因为你们给张学良的电报引起西安事变，而给国民政府及宋哲元、韩复榘、傅作义的电报未引起事变。"到底不愧是检察官的回答，可惜即刻便被史良巧妙的反诘弄得尴尬难言。史说："比方一爿刀店，买了刀的人也许去切菜，也许去杀人，检察官的意思难道是说杀了人，该刀店负责吗？""七君子"的答辩轰动当时，简直成了家喻户晓的美谈。两次审判都只许家属及记者参加旁听，我的《"爱国无罪"案听审记》，是根据旁听者生动的描述，一面听，一面写，一面就打印出多份向各报刊散发的。那时我们全救会的同志，为了营救"七君子"出狱，真是"挖空心思"。但是眼见他们被押半年多了，虽经多方设法，各界呼吁，仍未能奏效。且不说他们各自的妻儿老小，终日望眼欲穿，我们这些朋友、同人也无不牵肠挂肚，忧心忡忡，因为那些特务走狗是什么都干得出来的呀！实在说来，这不仅仅是一件冤案而已，可能的政治后果是不堪设想的。如果爱国"有罪"，谁还敢爱国？"七君子"因组织参加救国会而被捕判罪，则一切参加救国会的都有罪，而且以后人民组织参加任何爱国团体都有罪了。这就决不只关系到"七君子"等人，而且关系到全中国的爱国者和整个中华民族的前途，所以"救国有罪"这一恶例是万万开不得的。到第二审之前，我们深恐法庭一经判决，而铸成不可挽回的历史大错。同时，为了表示我们寄希望于当局领导救国的最大诚意，并希望我们的行为于情、于理、于法都无可指摘挑剔，到最后才想出一个牺牲自己的"爱国入狱"的办法。由宋庆龄、何香凝先生"领衔"，我、诸青来、彭文应、张定夫、汪馥炎、张宗麟、潘大逵、王统照、张天翼、沈兹九、刘良模、胡子婴、陈波儿、潘白山，共十六人联名向江苏高等法院具呈，表示愿"束身待质"。准备到时"一齐去法院，要求一并羁押，与沈先生等并案办理"。我们声明："爱国无罪则与沈钧儒等同享自由，爱国有罪则与沈钧儒等同受处罚。"我们不仅自己这样做，还希望一切不愿做亡国奴的人们都同样做。我们发起的"爱国入狱"运动，得到全国各地、各界人士的响应，"爱国入狱"运动风起云涌，救国会员和非救国会员纷纷具呈江苏高等法院，弄得那帮空喊"司法独立"，实则俯首帖耳的先生们，手忙脚乱，应接不暇。鉴于二审之后毫无结果，我们十六人自请"同受羁押，并案处理"。江苏高等法院始终未做批复。我们十二人（何香凝、潘白山、刘良模、王统照四人因病因事未能同来）于七月五日，直趋苏州高等法院投案，亲自请求羁押候讯。我们从上午十点抵法院，与检察官谈话至午后一点多，他打了一套官腔，劝我们回上海，就径自走了。下午法院照例不办公，我们午餐各吃了一碗汤面充饥，就忍着炎热，带着失望的心情，无可奈何地在传达室里坐冷板凳。宋先生不气不恼，镇静自若地把自己的打算告诉大家：坐以待旦，再行请求，至少也要有所收获。一直坐等到下午六时许，才来了一位姓夏的检察官出面接谈。他说："首席检察官叫兄弟来同诸位谈谈。诸位来意，究竟何在？"宋庆龄先生说："我们来意很简单，是为沈钧儒等案自愿共同负责，请法院收押。法院如不愿收押，权在法院，我们不愿相强。但上午首席检察官不肯说我们无罪，同时又不收押我们，究竟何意？务请说明。"回答是："因无确实证据。"我们又提四点问题。一、救国会是否有罪？答：救国会以救国为目的，当然无罪，但救国会内有不良分子则属可能。二、检察官对于我们请求侦查是否允许？答：准备开始侦查。三、我们提出证据，法院是否受理？答：当然受理。四、救国会其他会员，倘照我们的办法向法院递状，是否能受同样待遇？答：只要是本院管辖范围之内，当然同样办理。夏的态度和答复总算差强人意，请求收押一层，已有初步着落，我们便于当晚乘快车返沪了。

一致抗日实现了

我们回沪不久，"七七"事变爆发了，从此，中华民族第一个开辟了反法西斯的广阔战场。七月八日，中共中央向全国发出通电，号召全国人民用全力援助这场全民族的圣战，筑成民族统一战线的坚固长城，号召国共两党亲密合作，抵抗日军新的进攻，直至驱逐日军。七月十五日，党中央将《中共中央为公布国共合作宣言》交国民党，宣言郑重声明："孙中山先生的三民主义为中国今日之必需，本党愿为其彻底实现而奋斗。"并重申四项保证，表明了共产党对于国事采取的大公无私和委曲求全的诚意，得到全国人民的赞赏。国民党方面，于七月十七日承认了陕甘宁边区政府，并于八月二十二日宣布西北主力红军改称国民革命军第八路军。九月二十三日，蒋介石发表谈话，承认了共产党的合法地位和团结抗日的必要。至此，我们为之奔走呼号、夜以继日奋斗了多年的目标实现了！"停止内战，一致对外"终于兑现了！国共合作，全民族统一抗日局面的形成，为艰苦抗战八年取得最后胜利奠定了基础。

举世关注、轰动中外的救国会"七君子"，于七月三十一日出狱了！他们七个手挽着手，高唱着《大路歌》，步出看守所，走向欢迎的人群。沈钧儒对记者说："钧儒等今天步出狱门，见抗敌之呼声，已普遍全国，心中万分愉快。"怎么能不感到衷心的愉快呢？"七君子"像凯旋的英雄一样，受到民众自发的盛大欢迎。

民众有一二百人，鹄立在烈阳之下，高呼欢迎及抗日救国口号。一时军乐齐鸣，爆竹声与欢呼声高唱入云，情况颇为热烈，嗣由各方所派之代表及学生等数十人，各持旗帜列队前导，沈等各人后随，家属等亦在后相随。沈等初坐人力车，继即全体步行，一路由欢迎人等高呼口号出金门。

这些摘自当年的新闻报道，向我们描绘的是一幅多么真实感人的欢迎场景啊！对于那些曾为国家和民族的利益不惜牺牲、努力奋斗过的个人和团体，人民大众给予的是多么动人心弦的热爱和敬重啊！我为自己当年有幸跻身于他们的行列，并与他们一起为挽救中华民族的危亡，为建立抗日民族统一战线，为呼吁那场全民族的圣战不遗余力地奔走呼号过，而感到无比的幸福。

（胡愈之口述　周健强整理）

原载《文史资料选辑》1986年第六辑

二、怀三耳伯

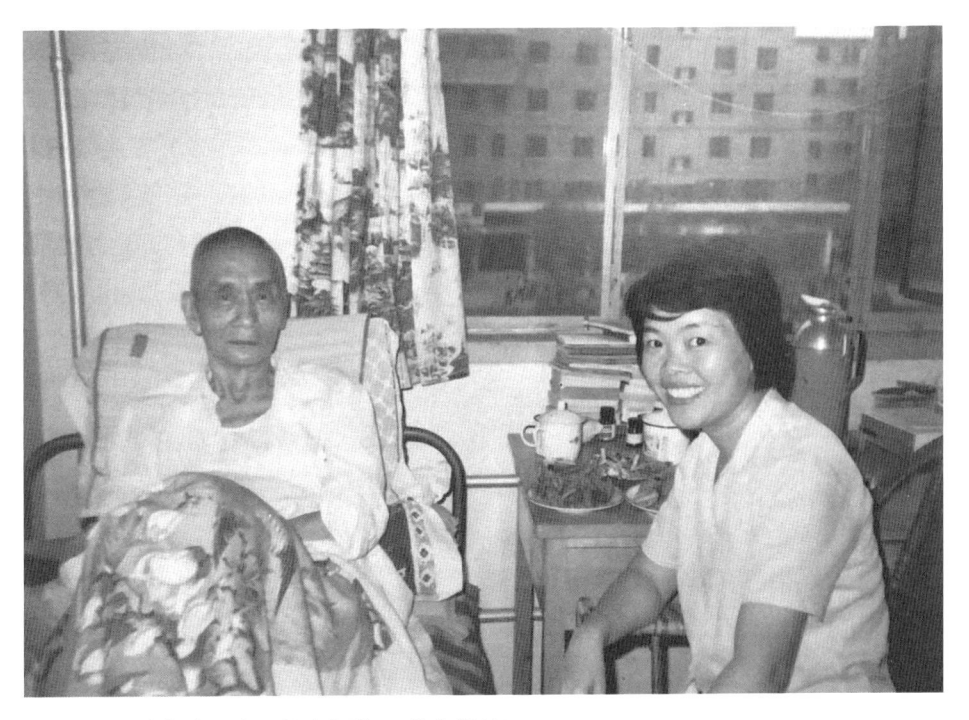

1982年,作者看望聂绀弩并合影。(作者提供)

聂绀弩的幽默与其他

——三耳伯①散记

名字印在报上

记得是去年②秋天四届文代会闭幕不久,我在报上看到聂绀弩当中国作家协会常任理事的消息,那天我去老人的家里,进门就说:"聂伯伯,我在报上看到您的名字了。是官复原职吧?"

1980年11月,作者(右一)前往北京空军招待所看望参加全国政协会议的聂绀弩、周颖夫妇。(作者提供)

---

① 编者注:"聂"字最早从三耳。另据聂绀弩曾对作者言及:"我的笔名差不多都是从聂绀弩这三个字派生出来的。聂字三个耳,于是就有耳耶,耳耶的谐音又生出二鸦……"等等。"三耳"是作者所习用的昵称。参见本书《与聂伯伯谈笔名》一文。

② 编者注:1979年。

"不，他原先不过是作协成员，并不是常任理事。"周婆③向我解释。

"哦——聂伯伯升了！"我笑道。

"是啊，我生了，刚生没几天，还没满月呢！"聂伯伯戏谑地说。我没想到老人这么幽默，愣了一下才哈哈大笑起来："啊，伯伯您真逗！"后来又悟出一层意思来："您说得真好！您确实是刚生、新生呀！"

周婆说："那份报纸呢？给四姑娘④看看！"众人忙乱了一阵，说是不知叫谁拿走了。我忙说："不用找了，我早看过了。哪份报上都有！"

"那你明天给我拿两份来！"周婆嘱咐我。

"干嘛？欣赏名字呀？"我笑着问。

"对呀！名字印在报上，就好看多了……"周婆诙谐地回答。

"那好，等我给你找一堆印刷的名字来，让你尽情地自我欣赏……"聂绀弩笑着打趣。

写作诀窍

我向绀弩老人请教写作技巧，他说：

"我告诉你一点诀窍。你先把你想到的一口气都写下来，想到多少写多少，想写什么写什么，不要三心二意。然后回过头来，尽量地删改，凡是可要可不要的一律删掉，能删多少就删多少，不要舍不得。"

评《聊斋》与《金瓶梅》

聂绀弩说："《聊斋志异》上的男男女女都是美的；除了《画皮》的厉鬼。而《金瓶梅》上的男男女女都是丑的。两本书都写了男女之间那桩事儿，《聊斋》写得那么含蓄，那么优美。而《金瓶梅》写得那么露骨，简直是赤裸裸的，令人作呕。"

我跟他借《金瓶梅》看，他说：

"这样的书实在没意思，你不必浪费时间看它"。

---

③ 编者注：聂绀弩夫人周颖的昵称。罗孚在《聂绀弩传》"序"中有"……周婆（跟着一些晚辈这样叫周颖大姐）"。

④ 编者注：据作者日记，因其在家行四，聂绀弩等一众文坛前辈多昵称她"四姑娘"。

我说:"既然没意思,您干嘛花几十块钱买它?"他说:"我是为了研究用的。"

"那里面到底写了些什么呢?"我更好奇了。

"它撇开了生活中的一切丰富内容,简直是专门写那件事。那里面的人一个个都像衣冠禽兽。"

"那为什么它那么出名呢?"

"也许就因为它独一无二吧,中国从来也没有一本书超过它的色情。"

论《红楼梦》与《水浒》

那天和我谈起《红楼》《水浒》《聊斋》,绀弩说:

1982年春,聂绀弩摄于北京劲松家中卧榻旁。(作者提供)

"曹雪芹真了不起,他写的这本《红楼梦》,真是绝了。世界上还没有哪本书能够超过它。书里面出现那么众多的人物,都各有各的出处、来历,你想换一下是不行的。还有每个人物都有自己独特的性格,使你绝不至于把这个和那个混同。比方说,醉卧花丛的,一定是史湘云,你想换成宝钗或任何其他人都是做不出来的;如果你硬要安到她们身上,就成笑话了。还有,葬花的一定是黛玉,打王善宝的非探春不行;只有尤三姐才会自刎,只有鸳鸯才能拒婚殉身……你仔细琢磨琢磨，这些人做的每一件事，不论大小，都有其必然性。而不同的人做同一件事，表达同一种情感，又绝没有雷同的方式。他把女人的心理、女人的意气都写绝了、写活了，这才是艺术，真正有血有肉的活的艺术！

"《水浒》就不行了，里边有许多大同小异的性格，许多雷同的人物。比方说，武松景阳冈打虎，换了李逵或鲁智深也会打的。还有，宋江题反诗，简直就是做作。至于全书的许许多多细节，那简直无法推敲。而《红楼梦》就经得起细细推敲。越推敲，你越佩服他写得真实，写得高。《水浒》就是越推敲，越是漏洞百出。好多地方神不神、鬼不鬼的，既是人物小说又带着神怪小说味。是传奇吧，又不尽然。那个主要人物宋江，更是杜撰得厉害。他的许多惊险经历都显得突兀、做作。他的被人崇拜爱戴，更是没有什么基础。可以说这个人物写得最糟糕，处处是牵强附会、矫揉造作的痕迹……

"而《聊斋》，作为一部神话小说，主要写的是狐仙、精怪、鬼魂等。但都借物喻人，写出了人民美好爱情、美好生活的向往。描绘了那个社会的真实生活场景，简直是一本风俗人情书。看了它，你可以想见当时的社会风气、社会生活。而且那些狐仙、妖怪都那么可爱，有人的可爱的性格特征和行为，文字的洗练更是登峰造极，几十字，上百字，就是一篇脍炙人口的故事。"

原载（香港）《大公报》1980 年 11 月 14 日

聂绀弩谈《动向》和《海燕》

今年①春节的一天,我去邮电医院探望聂伯伯时,他正与一位姓向的伯伯②在聊天。周颖伯母则在整理摊得满床满被的来往信函,见我进门,她就高兴地说:"四姑娘来得正好,快帮我看看聂伯伯的信件,没有用的就放在一边……"

我一封封检看着,发现好几封都是询问有关《动向》的信。出于好奇,我求聂伯伯谈谈。在座的向(思赓)伯伯恰好也了解《动向》的情况,一下子碰见两个《动向》的"活档案袋",真是天然巧合。伯伯把自己靠躺得舒服点,燃起了一支香烟,就慢悠悠地谈起了往事。他的身体不佳,记忆力却好得惊人。尤其是早年的记忆,就像用凿刀刻在铜版上一样清楚。③

绀弩与《动向》

《动向》是《中华日报》的一个文学副刊,一九三四年三月一日起由我创刊,到当年十月三十一日我离去停刊,历时整八个月。

一九三三年底,我因在东京编反日刊物《文化斗争》,被日本警厅驱逐出境。回到上海后,我与周颖租了一亭子间闲住,靠朋友周济与卖文为生。记得是一个阴冷的冬日,我在路上偶然碰到莫斯科中山大学的同学孟十还。他是浙江省图书馆馆长(暂时无法正式),在杭州编《中华日报》的《十日文学》。孟十还在路上告诉我,林柏生想叫他来编《中华日报》,他不想来,连

---

① 编者注:据作者日记,时为1981年2月。
② 编者注:向思赓,原"左联"成员,和聂绀弩一起办《中华日报》副刊《动向》。
③ 编者注:以下是聂绀弩先生的讲述。

《十日文学》他也不想编了,因为当编辑太费脑筋又没有多大油水,想专门从事翻译。他让我代他编,编辑费是六到七元一期……我怕林柏生不同意,孟说:

"林柏生看过你在日本时写给《十日文学》的文章,说你写得不错,他还想把《中华日报》交给你呐!"(《十日文学》刊载的我的文章,是什么忘了,但是写得很"红"的,连周扬都曾说我的那些文章写得很"红"。)

几天以后,林柏生请我和孟十还上他家吃晚饭。席间和我谈起《中华日报》销路不好,准备明年元旦改版,充实新闻报道等等,以使《中华日报》达到一定水平,好与《时报》《时事新报》《大晚报》等争广告争市场。他又说他想搞一个文学副刊——报尾巴(当时黎烈文已接编《申报》"自由谈")要找一位副刊编辑,问我能不能为他介绍人选。我问:"你要的标准是什么呢?"他说:"像你这样的就行。"孟说:"何必转弯抹角,就说请他好了。"林说:"怕他不干。"孟说:"他反正没事,有什么不干。"我说:"恐怕很难编。照上海的风气看来,编稀松了没人要看;编尖锐了于报纸有妨碍。"林说:"不怕,现在汪先生(汪精卫)当行政院长,稍为左点没关系。《十日文学》虽未太叫座,态度已经不右了,可以作为新副刊的标准。"我回来报告"左联",问可不可以编。"左联"经讨论后,认为可以编,于是我们商量好一天给我六元钱稿费,作为付投稿人的钱,一月计一百八十元版面稿费,每天刊六千字的文章,另外给我一百元编辑费(即月薪)。我想起许多失业的文学青年朋友,于是又要求为我配备一名助手,林柏生答应给四十元助编费,让我自己请一位助理编辑。

绀弩与叶紫

第二天我就去找叶紫商量,叶紫本名俞鹤林,是一位青年作家,擅长写短篇小说,当时只有二十来岁,已经是中共地下党员了。他家累很重,又没有固定收入,全靠卖文章维持一家的生活。我很同情他,早就想帮他的忙,所以有了这个好机会。在许多失业朋友中,我首先想到的是他。他听了这消息,高兴得不得了,直问我,能不能叫林柏生再加点"码"(多加点报酬)?我说要找人打听打听。当时吴清友正在《中华日报》做编辑,林柏生也告诉过我。于是我就去问吴清友多少钱一月?他说他是一百元一月。我说给你那么一点钱,就给他编那么好的报刊,划不来。他说:"钱少一点不要紧,可以从稿费里面揩油。他了不起得很,可以同时撰写各种各样的文章,可以整天整夜不停笔地写。《中华日报》的稿费他至少可赚去一半……"他还告诉我:"林柏生只怕还不会这么大方,给你一百元呐!他只怕还得要买你的文字……"后来,林柏生果然要我每月写二万字,我答应了。又提出给助编六十元一月,他不肯,说太多了。我说,那你不会也要他每月交二万字吗?他才同意了。

叶紫是湖南益阳人,出身很贫苦,他父亲是共产党员,在大革命失败后被反动派杀害了。怕"斩草除根",十四岁的小叶紫就开始四处流浪,独自谋生。他当过叫花子,当过兵,也当过小学老师。记得他在上海时,上有老母下有妻儿,全靠他一人写小说的收入,生活是很艰苦的。但他为人诚恳、乐观,爱交朋友。我时常周济他一点点,我们穿剩的旧衣服,他也不嫌弃,太破旧的他就拿去卖破烂。有一次,他在我给他的旧衣服口袋里,搜出了五元钱,还到处说我,聂绀弩这家伙散漫惯了,口袋里有五块钱都不记得,连旧衣服给了我,幸喜我搜出来了……他对母亲很孝顺,对妻子和小孩很温和,他有很严重的肺病,真正是贫病交加……他一九三九年死在湖南,死的时候才二十七岁……他会写小说,但不是当编辑的材料。说是我的助手,其实他什么事也不管,仍只管写他的小说,等于我每月送他六十块钱,连两万字也常常是我代他写。

《动向》的特色

《动向》请了一名专门的排字工人,我一开头就跟他讲好,自今天起,我每月给你六元钱,报馆给你的工钱在外。我不管从哪里想办法,也要变出六元钱给你……只要求你,无论我什么时候要改版改字,你都不得推托……因此,我主编的《动向》版面在文字方面都比别的版面强……当时向我投稿的除鲁迅先生而外,大多是进步文学青年,比如周而复,当时还是光华大学的学生。

我编《动向》时从不向人约稿,几乎全是从自由投稿的稿件中选取。有一天(大概是《动向》问世一个多月以后),我收到一封用普通白纸(不是带格的稿纸)写成的稿子,字是用毛笔一笔不苟地写成的,从头到尾没有一个字的涂改，活脱是一篇范文，但落款没有作者的姓名和地址。那样的文章和字体不是一般人能写得出来的，我心里猜到一个人，却不敢确定，就去找叶紫辨认（叶紫那时早已认识鲁迅先生，还和鲁迅通过信）。他一看就说："肯定是老头儿的。"（鲁迅比我们年长二十多岁，我们背后私下都亲切地称他为"老头儿"）但他也不敢最后确定，于是我叫他写封信去问问，并顺便问一问他肯不肯接见我们。回信很快就来了，那篇稿子果然是他写的，并约我们在内山书店会面④……自此，鲁迅先生就不时用各种笔名向我投稿，成了《动向》一个主要作者，我曾同林柏生商量，对鲁迅先生的稿酬要从优，他表示同意。于是，凡鲁迅先生的短文章是一篇三元（一般是一千字一元钱）……我曾把这个告诉鲁迅先生，他还和我开玩笑说："那我以后投给你的稿子要越来越短了……"

《中华日报》是谈大众语最早的报纸。光是我自己就在《动向》上发表了二十几篇谈大众语的文章，像《话跟话的分家》《白话文的发展跟成长》《大众语跟土话》等等。鲁迅、欧阳山等也发表了一些这方面的文章。林柏生叫我去找一篇社论，"什么样的，你心里明白就行。"他说，"二千字给十元稿费"。我找胡风写了一篇，得了十元。胡风吃了甜头，就叫我跟林说，他想写一篇署名的文章，林同意了，但不能叫作"社论"，要叫"专论"，又是十元一篇。好，这一下左联的杜国庠也来了，他的文章不及胡风的，但也发表了一篇，得了十元（当时十元钱是很高的稿费，包饭六元一月，可以供两个女的吃饱）。

《动向》每天出半版，六千字，六元稿费，全包给我，微妙之处是可以剪报发表。而且字数的算法学问很大，报头、题目占版面大，也算字数。因此左联的同志投稿，几乎是二元一千字。一般人投稿就斤斤计较，一元钱一千字，决不客气。有些人的稿费是自己来报馆取，熟人的稿费是我去送。还有一些地址不详的作者的稿费，则定期登报通知他们来取，我把钱放在报馆门市部收款处待领，不晓得怎么搞的，总有些人根本不来领，因此总是有节余。

---

④ 编者注：查人民文学出版社 1976 年版《鲁迅书信集》，并无相关信函。查同版次《鲁迅日记》（下卷），有"三月二十八日，得叶紫信。""三十日，上午寄叶紫信。"虽无详述，时间上吻合。因为到了五月，鲁迅先生已经"寄聂绀弩信并还小说稿"了，可为一佐证。

我就从中拿点给排字工人，有时还可剩点我自己得了。叶紫连报馆都不来，我也要分点送去给他。许多知名作家，如，周而复、廖沫沙、欧阳山、田间、宋之的、章泯等都是《动向》的经常撰稿者。《动向》的特色是多杂文，短小精悍，犀利泼辣，没有风花雪月，卿卿我我，千字以内，随作者不同而酌致稿酬，重在揭露与"骂"。只要不明白骂国民党、蒋介石和汪精卫就行。那时的新闻检查常常是三天打鱼两天晒网，心血来潮就查一阵，要不然就不闻不问，反正只要不指名道姓骂当时的权贵，讽刺挖苦，指桑骂槐由你。《动向》主要打入文教界，销路激增。随着"九一八"事变，抗日呼声日高，什么《毛毛雨》没有了，取而代之的是《大路歌》等风行。[此时向伯伯插嘴说："除《萌芽》《文学新辑》等等左联主办的期刊（期刊大都'短命'），《动向》相当于左联的一个机关刊物，而且一直办了八个月，出了二百四十多期，在当时就算是'长命'的了。"]

互相利用

开始的时候，《中华日报》宴请作者，请来的几乎都是左联的成员。但是像周扬、茅盾、胡风等"左联"的大人物均不去，而田间、蒋弼等小头头几乎都去了。（向伯伯又从旁解释说："林柏生是个官僚，他只要他的报纸销路好，能赚钱，不管什么'左'和'右'。他找聂伯伯做副刊编辑，一方面固然是因为他公开的国民党员的合法身份，另一方面正是因为看中了聂伯伯那支嬉笑怒骂皆成文章的利笔，看中他和他的朋友们的文章那点'左倾'色彩，以投合读者，吸引读者，打开销路，招徕生意。而'左联'也就巧妙地利用蒋汪之间的矛盾，把《动向》作阵地，揭露国民党内部的倾轧和当时政局的腐朽黑暗，以唤起民众。"）随着新闻检查越来越严，林柏生就不想办下去了，但又舍不得这点生财之道，仍犹犹豫豫地坚持着。蒋汪矛盾激化以后，蒋介石极力排挤攻击汪精卫，蒋派报纸不好公开骂汪精卫，就拿林柏生做靶子，骂他向共产党"卖屁股"——即卖"报屁股"给共产党。后来，《申报》老板史量才被军统特务暗杀在宁杭公路上，林柏生知道这是杀鸡儆猴，吓得马上停了刊，我也被迫辞职……后来林柏生跟随汪精卫当了汉奸，蒋介石把林柏生枪毙了，这是后话。

《海燕》始末

我离开《动向》时，报馆还欠我一笔稿费（我自己的和应该付给投稿者的）。我去要过好多次，那个管这件事的经理老是说过几天给我，却总也没有给我。最后那次我去要，他仍说过几天给我。我说，你回回都说过几天，到底过了几个几天了？你故意骗我白跑腿呀？我不信了……这一回他见我大有坐等之势，就赌咒发誓说：过几天一定给。我说要是还不给呢？他说你就打我好了。到了那天，我如约去了，果然还是不给我，我就真的打了他一记耳光走了……这以后又过了几天，林柏生把我叫去，把钱给了我，但是不给我欠旁的作者的稿费，我不干。他就答应让报馆承印我的东西不要钱，以作抵，我立刻同意了。因为那时候，在鲁迅先生的倡议和全力支持下。我们编辑了《海燕》。主编者是鲁迅、胡风、吴奚如、萧军、萧红、周文和我。我们连一点经费也没有，正愁无力付印，这一下有了出版印刷的地方了。《海燕》的一应杂务，校对、排版等等都由我承担，对外算是我主编。但我不能做发行

1938年，左起：塞克（略靠前）、田间、聂绀弩、萧红、端木蕻良、丁玲（略靠后）摄于陕西西安。（作者提供）

人，因为发行人要公布地址，鲁迅他们都不愿意把我的住地公开。可是别人又不好找，不是人家害怕受牵连，就是我们不敢轻易相信人家。有天晚上，我路过曹聚仁家附近，忽然想起他的住址本来就是公开的，而他自己也在办刊物，想来请他当一个文艺刊物的发行人不会有什么妨碍，于是我立刻拜访了他，我俩洽谈之下似乎很投机。我就以为他答应了，一面兴高采烈地告诉鲁迅和胡风他们，一面就在刊物上印了"发行人曹聚仁"。谁知《海燕》送到书店之后，却激恼了曹先生，他不但要求书店把他的名字勾掉，还在《申报》上登广告申明窃取了他的大名，又向鲁迅先生写信申诉，搞了个满城风雨，而吴奚如和萧红、萧军也不赞成曹聚仁当发行人，我是两面不讨好……

与在左联时辅助出版的半地下刊物不同，《海燕》像一道长空的闪电，划破了重重的黑暗，使人们眼前为之一亮，在读者中引起了强烈反响。鲁迅先生的历史速写《出关》在《海燕》上一发表，又掀起好一阵轩然大波……在巡捕房等等各种恶势力的挤迫下，《海燕》从一九三五年初创刊，只出了两期就寿终正寝了……胡风在《我的小传》中，提到《海燕》是三六年初创刊的，可能是记忆失误或笔误。因为《动向》是一九三四年十月三十一日停刊（有当时的报纸为证），而《海燕》是利用《中华日报》欠我的稿费，才得以付印的，所以《海燕》应是一九三五年初或一九三五年春初版的。

聂伯伯谈兴正浓，时间却已是晚上九点了，怕影响大病初愈的老人的休息，我和向伯伯一同告辞了出来。

（*作者附记：到家后，随即记下了这次谈话，不知对关心《动向》与《海燕》的同志是否有所助益？此文曾请聂绀弩伯伯核实订正。）

（聂绀弩口述　周健强整理）

原载 1981 年第 4 期《新文学史料》

聂绀弩童年二三事

出口成对

辛亥革命前，两湖一带兴新学，废"蒙童馆"（即私塾），聂绀弩的故乡湖北京山，也办起了一所半私塾性质的小学。所谓小学校，其实是一间大屋子里开着一个班，大小学生都在一起学习，由一位先生执教，根据各人程度，分派读不同程度的书。班上的"大"学生，年龄大到二十几岁，有的结了婚，有的还有了小孩儿。而"小"学生呢，小到只有六七岁，刚够发蒙的年龄。绀弩是班上年纪最小的学生，长得瘦弱，跟人打架又屁（勇敢的反面），极不起眼的。

当他还在读《三字经》的时候，先生已在给大学生讲平仄，对仗了。那天，先生出一个"人口"叫大学生们对，却半天无人答对，叫起几个学生来，又对得牛头不对马嘴。小绀弩表面上在呜呜噜噜地哼读《三字经》，小耳朵却一直在听先生给大学生们讲课，听到几个同学都乱对一气，他灵机一动，脱口而出：

"'人口'对'天门'！"

"什么'天门'？"先生诧异地问道。

"天门县（邻县）的'天门'！"

先生听了暗自喜欢，真是"有心栽花花不发，无意插柳柳成荫"啊。先生不露声色，说：

"我出'中秋节'。"

"我对'上大人'！"小绀弩略加思索又对上了。

先生面有得色，高兴得掉过脸去，手颤巍巍地在黑板上写下了"上大人"

聂绀弩家乡湖北京山文笔峰。(作者提供)

三个字,粉笔捏在手里都忘了放下,就转身跑出教室不见了……

学生们大眼瞪小眼地坐在那儿寻思:

"先生没说下课,自己跑出去干什么去了呢?"

原来先生一口气跑到聂绀弩家去了。他进门就嚷:

"恭喜呀，恭喜贵府家门有幸，出此神童……"

他一五一十向绀弩的父母叙说了对对子的经过，感叹着说：

"并不在乎这对仗的工整不工整，贵在'上大人'三字对得有气派！这孩子将来肯定有出息，是做'上大人'的料……"

过　年

正当袁世凯为复辟帝制和称孤道寡忙得不亦乐乎，而国民党人却为"兴师讨袁"还是"法律倒袁"而争论不休的时候，湖北京山这偏僻闭塞的小镇，却还像盘古开天地时一样，正在过着一年一度的除夕……

已经过了半夜了。母亲烧好了年饭，预备好了团年酒，躺在床上给父亲烧鸦片烟。十一岁的绀弩出出进进地无事忙：一会儿跑到街上，看看道街的红灯笼，热心地欣赏那些"生意兴隆通四海，财源茂盛达三江"的红春联；一会儿又跑进屋里和小丫头讲讲故事，看看各个房里的灯火是不是还亮着。他甚至还敢挨近像一对虾米一样横躺在床上的父母，听听他们对下一年生活的打算之类。父亲是个读书人，却像"孔乙己"一样，连半个秀才也没当上。祖上传下的一点产业，坐吃山空，只剩下这幢房子，和一副读书人的空架子。家景是一天不如一天，母亲和父亲吵架的时候则越来越多。在百无聊赖之时，父亲就盼望着奇迹，盼望着菩萨显灵，无病无灾地戒掉烟瘾，盼望着祖宗荫蔽，有人独具慧眼，请他出去做官……要倚仗着不可知的力量，希望又总在未来，所以父亲虽然是个读书人，那迷信的程度，却与只懂"三从四德"的母亲差不多，尤其是在过年的时候。

"国桭（绀弩小时名）！"母亲叫道："你到各个房里上上油，添点灯草，把灯都点得亮亮的，菩萨保佑明年一年顺顺遂遂。要小心，莫把油泼洒了。"

绀弩一手拿着油壶，一手握着一把灯草，到每间房里小小心心做好了这件事。回来把油壶放回原处，放好了，还回头看了看。

"油都上了吧？"母亲问。

"上了！"

"没泼油吧？"

"没有！"

"还好。"父亲在旁边说，"听声音蛮透彻的。"

但是，到天快亮了，父亲的瘾过足了，起来准备敬神的时候，母亲去拿油壶，油壶却躺在油摊里！不知是小丫头呢，还是老鼠捣的鬼。父母是最讲禁忌的，泼油本来又代表输钱、亏本、损财这些意义。于是，正在别人家"出天方"、满街鞭炮乱响的时候，母亲为首，父亲帮忙，把国椒揿在椅子上，打得杀猪样叫……

又是过年，大概是正月初几的一天夜晚。父亲从别人家里吃了春酒回来，感觉得身上不舒服，他是常常身上不舒服的。母亲说："国椒，到你伯伯灵前烧烧香，磕几个头，叫伯伯保佑爹清吉平安。"

"我不！"绀弩嘟着嘴站在堂屋当中一动不动。

"为什么不呢？"父母都很诧异。

绀弩已经十二三岁，高小快毕业了。这时候，已经知道人死了还有魂灵什么的，都是谎话。伯父的灵位，不过是一张纸上写的几个字，怎么会有力量保佑父亲的病好呢？就算伯父真有魂灵吧，也不过和他生前一样，他活着的时候，尚且不见有什么了不起，怎么一死，就会变得神通广大，能擅施威福了呢？父亲的病，明明是体质和保养的问题，绝不是神鬼所能左右的。如果死生有命，疾病在天，伯父纵然有灵，也未必能逆天回命。若果能逆天回命，伯父是爱父亲的，那就不必烧香磕头，也会保佑父亲好……绀弩低头站在父母面前，脑子里转过这许许多多道理，而"为什么不呢？"问到头上的时候，他却又木木讷讷，说不出个所然来。

"说呀，为什么不呢？"父亲催问道，"不说，就照妈说的做呀！"

绀弩仍旧低着头，噘着嘴，不说也不动。

"你看你多没有良心！"母亲厉声说，"烧香磕头，是你伯伯受了，被保佑病好的是你爹，事情又这样容易，你都不肯，养你有什么用呢？还不赶快点香！要我动手请你吗？！"

受着这样的威胁和冤屈，又明知犟下去的结果是什么，绀弩眼里噙着泪花，却依然像钉住在地上一样一动不动，他是宁可挨一顿痛打，也不愿做自己声明了不做的事情的。结果呢？

结果是：母亲手上折断了一根鸡毛掸，绀弩的背上、屁股上添了许多青的紫的伤痕……

出　走

　　光阴似箭，岁月如流，聂绀弩在母亲的牌九声中，父亲的鸦片烟雾里，不知不觉长成了一个身材修长的青年。家境是一天天艰难，靠承袭伯父"税契团"的菲薄收入，和出租门面的几吊租金，要维持一家三口，和一条咂骨吸髓的烟枪，谈何容易！穷病潦倒的父亲，在家里摆开牌局，靠赚"头钱"贴补开支。聂绀弩极看不惯这种生计，常常和几个朋友在一起发牢骚，幻想着远走高飞，离开这闭塞的城镇，脱离这衰朽的家庭。

　　十七年[①]那年，父亲病死了，孤儿寡母生活更艰难了。聂绀弩想出外闯闯，自谋出路的心思也更急切了。他和两个朋友听说，有个京山人，叫金协成的，在汕头一个讲武堂当堂长，他们三个就想去投奔他。这三个乡下的憨小伙，与金协成一面不相识，却天真地认为，既然是同乡，在外就一定会互相帮助，要是同姓氏呢，就更是一家人了。他们三个的计划是：三人先凑出一个人的盘缠来，让聂绀弩先到离京山六十里的下洋港聂家滩，去向五百年前是一家的姓聂的"本家"筹点路费，然后再到江西一个住着几千户姓聂的地方，去筹措他们三人去汕头的路费，然后他们三人便一起远走高飞。

　　瞒着母亲，在两个好朋友的资助下，聂绀弩偷偷上路了。像出笼的小鸟，绀弩一路玩一路走，一路惊异于故乡的辽阔广大，欣赏故乡的田园风光。刚到下洋港街上，劈面碰见一个熟人，打过招呼之后，那人把他从头到脚打量了一番，就问，"国棪，你……只怕是偷跑出来的吧？"

　　老实的绀弩，涨红着脸，一五一十供出了他们的计划。听着听着，那人笑出声来了：

　　"哈哈哈哈……老弟，天底下从来有这样便宜事么？你们没有钱，人家就有钱么？就是姓聂的个个是阔佬，你和他们无亲无故，哪个会把钱白白地扔给外人啰？快莫做白日梦了，回家去吧，丢了这么大的'聪明'儿子，你妈只怕急得要吊颈了……"

　　提到孤苦的母亲，绀弩的雄心壮志动摇了。在那人苦口婆心的劝说下，

[①] 编者注：原文如此。据作者《聂绀弩传》（四川人民出版社，1987 年 8 月），此处"年"字恐系"岁"字的笔误。

绀弩终于乖乖地被那人半押解、半陪伴地送回家了……

学　诗

有一天，聂绀弩正低头走在西街上，忽然听得不远处有人叫他，回头一看，原来是在三间桥头开小杂货铺的陈海峤先生。陈先生邀他进柜房里坐坐，打讲。坐下递茶之后，陈先生说："听说你读书很聪明，七岁就会对对子做文章……"他举了好多绀弩小时候的故事做例子。随后又拿出他自己在《武汉消闲录》上刊登的一些旧诗给绀弩看。绀弩默默地看，却并不说什么。陈先生似乎有点失望地问：

"你，常作诗吗？"

"没作过。"

"不对！你看我是个做生意的，尚且喜欢作诗，人家说你是我们城里的神童、才子，你未作过诗，这不像话！明天我家吃年饭，请你来一同吃，我跟你谈谈诗！"陈先生叫起来。

"我有热孝在身（绀弩父亲亡故不久），要不是你老叫我，我是不敢进门的。吃年饭，更要图个吉利，哪能穿着孝衣来参加呢？"绀弩婉谢着。

"快莫讲这些禁忌，那都是一般俗人讲的！"

陈先生显然把自己和绀弩都划出了俗人圈外。

"恭敬不如从命"，绀弩第二天下午如约前往。大酒大肉吃了一顿以后，一人一盖碗茶，放在茶几上。一边一把椅子，一把半躺式的，让客人坐。陈先生酒后多话，告诉绀弩如何如何作诗，如何品诗，真是口若悬河，绀弩乘着酒兴搭讪着。

再说京山有个曾五先生，是绀弩祖母的弟弟，是县立高小的国文教员，也是绀弩的老师。曾五先生是举人，同时是残废，两只脚都站不起来。据说本可以中进士，不知什么阔人见他残废太厉害，就把他的名字勾去了。辛亥鼎革前，做过咸宁教官，这时在家除当国文教员外，另教一批回乡来的专学诗文的成年学生。他不喜欢绀弩，以为绀弩常在"水"他的生意（水有诽谤之意）。绀弩也不是没"水"过他的生意，那天他又提起："曾五先生的诗怎么样？"

"那没什么可说的，现在在本县，当然首屈一指。"陈先生说。

"照我看，他的那首《六十自述》，第一句：'行年六十强支撑'，是'写题'。人之所以为人，不在肢体的残全和寿夭。头一句就把残废和六十拿出来，以后还有什么可说的呢？读者诸君也就只好另眼相看，可怜他的残废，而原谅他的一切不到之处了。"绀弩半躺在靠椅上，悠悠地说。

"老弟！"陈先生不满地制止道，"你刚要出世，就这么狂，这不是好事，会妨碍你前进的。现在，你作你的，别人怎样，先不管他。等自己会作了，有成就了，李白、杜甫也可以批评，何况别人！作诗要有诗意，要独辟蹊径……

陈先生先是教训的口吻，见绀弩不住点头称是，便将口气缓和下来，又开始滔滔地说起怎样作诗的话来。

带着几分朦胧的醉意，绀弩光听不言语。起初听得还清楚，听来听去，越听越模糊，不久便腾云驾雾起来，最后竟至大打起呼噜来了。原来绀弩弱不胜酒，先还强撑着听讲，后来就在躺椅上睡着了。而那位陈先生讲来讲去，开始车轱辘转了，最后也醉醺醺地睡着了……

不管怎样，陈先生告诉他怎样作诗的话，他还是听见了几句。后来又补讲了一些，绀弩还真照他的指点作过几首诗，给他看过，改过。他还替绀弩介绍到《武汉消闲录》去发表过。

这样，陈海峤先生，一个小杂货铺的老板，作了绀弩作旧诗的第一个老师，并且介绍第一次正式发表了他一生的处女诗。

（根据聂绀弩口述写成）

原载《艺丛》1982年第3期

绀弩与适夷一唱一和

子曰学而时习之，至今七十几年痴。
南洋群岛波翻笔，北大荒原雪压诗。
犹是太公垂钓日，迥非亚子献章时①。
平生自省无他短，短在庸凡老始知。

这是聂公绀弩七十九岁寿辰时，自作《八十虚度》七律二首之一。他的诗素来是字字有来历，句句寓深情，寥寥五十六个字，几乎概括了他的一生；他年近八旬，正所谓"犹是太公垂钓日"，姜太公垂钓磻溪，八十岁始得遇文王大展宏图。聂公一九七九年方才平反冤狱，改正右派，苦尽甘来；一九四九年柳亚子先生献《感事呈毛主席》之"华章"，年正七十。聂公早已年过七旬，正是"迥非亚子献章时"。而他学无止境，不论坐牢、居家、住院，满床满枕铺满书稿，手不释卷，孜孜以求，正是"学而时习之，至今七十九年痴"。

他年方十九，便已远渡重洋，坐在缅甸仰光《觉民日报》编辑室里，独力承担那每天出四大张的、华侨中文进步报纸的主编，正应了"南洋群岛波翻笔"。一九五八年他被错划为"右派"，到北大荒八五〇农场劳动时，正赶上"一天等于二十年"的"大跃进"时期。当时文化部有人梦想使中国"跃进"出几百个李白、杜甫，几百个鲁迅、郭沫若来，于是号召每人每天至少写一首诗。绀翁作为一个一九三四年入党的老革命战士，自觉没有做过对不起党和人民的事情，泰然戴着那顶荆棘做成的桂冠，身居逆境，并不气馁。

---

① 编者注：据学林出版社1992年版《聂绀弩诗全编》，罗孚先生笺云：此句"迥非"改作"早非"。

面对"三山五岳英雄聚,雪地冰天昼夜忙"的劳动景象,这位年过半百的老"放羊娃",诗兴勃发,不可抑止。虽说是"奉命"作诗,却不期然被"压"出了许多脍炙人口,奇丽清新的"绝唱"。后来这些饮冰沐雪压出来的诗被集成《北荒草》,收在聂绀弩旧诗集《三草》中,这便是"北大荒原雪压诗"。

他一生清白,宁折不弯,问心无愧,称得起"平生自省无他短",至于"短在庸凡老始知",应该说完全是自谦之词。他十八岁方才怀揣一张高小毕业证书,握两只空拳,离开那埋葬了他的祖辈和父辈的希望和肉体的山僻小县,浪迹天涯,四海为家,靠刻苦自学,辛勤笔耕,靠对真理和人生大胆执着地追求,几十年如一日,终于蜚声文坛,他的一生不正好是"庸凡"二字的反注释吗?

1985年,聂绀弩同来访的人民文学出版社老同事老朋友楼适夷正在切磋。(作者提供)

难怪楼适夷先生得聂公亲笔手录《八十虚度》二诗之后,早些时候驰简来说:"绀弩大兄:新诗拜读,好像你的检讨还没写完,骆宾基读了摇头,我看虚哟短的,有些违心之论。抡戒刀,恋狗肉,大概胃口不错,是可喜的。二首和不好,和了一首谨奉:

> 岁月悠悠且听之，忤心慨世徒然痴。
> 美君手有一枝笔，愧我囊无半句诗。
> 拍马媚人学不会，吹牛哗众已非时。
> 无端赢得共长寿，虚实甘辛亦自知。

假此致候，见笑见笑……"

聂公捧读这首绝妙和诗，真正是"见笑见笑"，见了就眉开眼笑，笑得合不拢嘴……说：

"和得好！和得实在好！亏他还说'愧我囊无半句诗'……"

这一唱一和，真是抛金引玉，珠联璧合之作，看来满目清新，诵来满口醇香。笔者不敢自专，特借《新晚报》一角，与读者诸君共赏。

楼先生信中提到的"戒刀、狗肉"那首，可惜暂无和诗，不然又可饱赏一回眼福。现抄录如下，望知聂公的哪位先生飞鸿相和，博绀翁一个眉开眼笑，而令笔者后生三月不知肉味，不胜感激！

诗云：

> 窗外青天两线交，文章拱手世人豪。
> 寒厨自寿一杯酒，天下惊闻三月韶。
> 壮不如人空老大，死能得所定燃烧。
> 五台师范花和尚，狗肉喷香诱戒刀。

原载（香港）《新晚报》1982 年 11 月 21 日

在莫斯科中山大学

——聂绀弩自述之一

考取留苏

从海丰回到黄埔军校不久,我就快毕业分配了。军校的毕业生还能做什么呢?除了当军官就是带兵打仗吧,这对一般有为的革命青年来说,应该是一条理想的出路吧。烈士柔石写的《二月》里的肖涧秋,由苦闷彷徨而最后走向革命,不就是去投考黄埔军校么?而对我这个被人称为"吊儿郎当"的角色而言,当军官无疑是一桩苦差。当军官,不管官大官小,首先就得遵守军纪,而且还要强迫别人遵守军纪,受制于人不算,还要去辖制别人,这是多么令人苦恼啊!我并不知道自己能够做什么,但就是不愿意做那个被人压迫,也压迫别人的军官。可是,不当军官,又做什么呢?

正在这个时候,莫斯科中山大学来广州招收学生来了,上学,读书,这是我最喜欢的事,真是求之不得!我立即报名投考,真是无巧不成书呀,作文题目又是"试述中国之乱因"!这当然是轻车熟路,一蹴而就的事情,我考取第三名。我以一个小县城出来的小学生,考黄埔,考留苏,均一举得中,不了解内情的人,还以为我有什么了不起的本事,哪个会想到是瞎猫碰死耗子给碰上了呢?

一九二五年冬天,我们几十个留苏同学乘坐一艘从香港到海参崴的船,从广州出发,北上至上海,泊岸补充给养。大家便一齐上岸,走亲访友,逛十里洋场。我们约定12月31日那天看《申报》的广告栏,见登有"刘哦(留俄)先生大鉴"字样,则表明平安无事,可以回来上船,继续北去。当时上海由北洋军阀孙传芳统治,对于共产党、国民党或稍稍有点进步思想的青年，抓住是要杀头的，更何况我们这群"赤化分子"！所以我们必须处处小心谨慎。

上岸后，我径奔孙铁人先生家，在他家住了几天，趁机逛了逛上海滩。12月31日《申报》果然载有"刘哦先生大鉴"，我们如约登船，驶至海参崴。然后换乘火车到达了冰天雪地的莫斯科，来到了十月革命的故乡。

当年的莫斯科，红光烛天，赤潮澎湃，满目新气象。高级首长，部长级干部像普通老百姓一样，在大街上和人们摩肩擦背，排队理发，上普通馆子吃饭，对老百姓亲切和蔼，互相以同志相称。我学会的第一个俄文名词便是товарищ——同志！我感到精神振奋，感到这是一个全新的社会，一个合理的平等的社会……

1981年春节，聂绀弩同来访的原莫斯科中山大学同学、老友胡建文教授摄于北京劲松聂宅。（作者提供）

专攻文学

那时的莫斯科中山大学，有点像我国解放初期的军政大学，革命大学之类。号称大学，却并不像那些正规大学一样分系，分专业，而是按照学生所会的语言分班。我只会讲湖北话，自然分在中文班。

学校里，有一批以黄埔军校学生为中心的真正老牌国民党，经常和"跨党分子"做斗争,我能够记起他们的名字来:谷正纲、谷正鼎、王陆一、邓文仪、肖赞育、张镇、刘泳尧、李秉中、郑介民、吴淡人、骆德荣等等。康泽是其中的领袖人物。

认识蒋经国也是在这儿,我们只是普通同学关系。他大概十八九岁的样子,很活跃,什么好玩的事,他似乎都喜欢参加。他随便,不修边幅。在我的记忆里,他的上衣永远是搭在肩上的。

学校里有一个壁报,名曰《红墙》,登些关于生活方面的文章。有时候也出一种副刊,专门讨论革命理论。一天,我看见副刊上出现了蒋经国的名字,文章很长,说不定有一万字。我们知道,苏联和中国的共产党内部曾经有一种派别:"托派",托派的理论是一国不能单独建设社会主义,无产阶级革命用不着与农民联合。一方面说中国是资本主义社会(实质上是半殖民主义社会),一方面又说中国革命要等资本主义发展了才能进行;若发展不了就不能搞社会主义革命,这正是"以子之矛攻子之盾"的理论。蒋经国的文章就是阐明这些大道理的。

我没有留心他的理论对不对,也没有力量辨别,吃了一惊的是,蒋经国,一个那么年轻的人,一个大人物的少爷,竟会写文章。那文章显然是作者的原稿,他那涂涂抹抹,潦潦草草,洋洋洒洒,信笔而挥的神态,简直可以从纸上看出来,字也写得很熟练。他的文章是和人辩论的,恐怕不止一次,但究竟几次,和谁论战,谁胜谁负,却忘干净了。

那时我自己却不参加这派那派的活动或论战,我想抓紧时机学点东西。首先,我想突破语言关,把俄文学好。我整天抱着本日俄字典(当时好像找不到俄华字典),翻来覆去地记生字,背词组。但因为我不知道"文法"为何物,尤其是这种最复杂烦琐的俄文文法:那些数格、时态、人称的变化,更是使我如堕五里雾中。咬牙学了半年,学到形动词的时候,就到底糊涂了,我干脆放弃不学了。

从此,只要有时间,我就泡在学校图书馆里专门看那些中国留学生捐赠的中文书籍,再也不摸俄文了。那时看的大都是鲁迅、胡适之、周作人、郭沫若、冰心、徐志摩等所著的文学或文艺理论的书。我读得又快又多,连那个图书馆管理员都感到诧异,我等于在那儿自修了文科大学的课程,被同学戏称为"托尔斯泰",以专心文艺,不问政治出名。

那时，和我较要好的同学有胡建文（胡冰）、张师等，尤其与胡要好，几十年来，我们始终保持着友情。我们都看不起那些党派之争，属于不入流的人，是那个无政府主义的祖师克鲁泡特金的信徒。初到莫斯科时，我和建文还去看过他的坟墓，我还写了《在克鲁泡特金墓上》一诗，对他表示称颂……

有一天，莫斯科的报纸上发出了一条惊人的消息：国民党反共了。反共首领是那位当初比谁都革命的北伐总司令，蒋经国的爸爸蒋介石！学校里顿时慌乱而忙碌起来，开会，讨论，激昂慷慨地骂老蒋。平常反共的那些人自然满心欢喜，可是不动声色，好像一下子消失了。而最忙的是蒋经国，不但在学校的会场上骂，还要到校外的会场去骂，还要到街头去讲演。在外头骂了一些什么，我没有听见过，只看见他天天黄昏时候，和几个同学一路回校，满头是汗，很忙很累的样子。在学校骂的话却听过一回：蒋介石从来就不革命，没有革命思想；他是封建余孽，是新军阀，打倒新军阀蒋介石！过了几天，《红墙》副刊又贴在壁上了，又有一篇蒋经国的文章，又很长，又是那样的字迹，不过多了许多红墨水的圈点，红彤彤的像血一样，使文章特别吸引人。那文章里引用了他爸爸写给他的许多信，证明他爸爸是新军阀，早就不革命了。他常常写信和爸爸讨论，鼓励爸爸革命。最后，是爸爸写信来不承认他是儿子，和他断绝父子关系。结论：他既不承认我是他的儿子，我为什么要承认他是爸爸呢？既然彼此都不承认了，和他还有什么关系呢？既然没有关系，而他又反革命了，为什么不可以反对他呢？打倒新军阀蒋介石！打倒爸爸……！啊，他对于家庭的反叛，对于父亲的反叛，是多么使人倾倒啊！可惜这一切他只表现在口头上，后来的行为却与此大相径庭。

初履文苑

到中山大学不知过了多久，接到钟敬文从广州寄来的信，说他在编一家报纸的文艺副刊《倾盖》，叫我投点稿。我至少投过两三首诗，一首《撒旦的颂歌》，意思说：撒旦宁可负隅地狱，不肯同上帝上天堂。一望可知，在那革命的高潮中，这种思想是不对的，但当时我却自以为是革命的呢！不知敬文怎么想，他把它放在《倾盖》的头一篇发表出来了。那时大家的思想水准都有限，发表后也未惹出什么乱子。另一首是《列宁的机器》，是看了先到中山大学的同学，在一次晚会上表演的节目后写的。这节目是许多人像叠罗汉似的堆成一架机器模样，唱着歌。我的诗里面就有："为了列宁主义，我们要做列宁的机器！"这思想现在看来也不是很正确，但这是五六十年前的事。还投过一首《城下后》，写打下淡水后，进城一时紊乱的情况，敬文似乎最喜欢这一首，说是很像布洛克的《十二个》。我也真是受了《十二个》一点影响，否则不会那么自由。我现在回忆起来，那大概是我写得最好的一首新诗。还有一篇《龙津溪畔》，不是诗而是散文，写的海丰农军中的一些生活片段。还有一篇散文叫《东西南北的年关》，具体内容记不起了。这些投稿，都得到敬文来信的称赞鼓励。我后来决心搞写作，而又真能混进文坛，与敬文在这时给我的奖掖是有很大关系的。

1991年作者同聂绀弩好友、中国著名民间文艺学、民俗学家钟敬文教授合影。（作者提供）

这之后，中国因"四·一二"大事变而"天下大乱"。敬文的《倾盖》和他原在什么学校的教席没有了；连他怎么离开广东的事也不清楚了。但还记得两点：在《倾盖》时期，他出版过一本《南海滨》，也是在故乡写的，属于《三朵花》之类；另一事是编印了《鲁迅在广东》，是记鲁迅的讲话和别人写鲁迅的文章……

我不讳言我是落后分子。当初我投考莫斯科中山大学，完全是为寻找出路，以为留苏也跟留英留美一样，留完学，可以得个什么学位，找只铁饭碗。不像邓小平、伍修权他们一样，是为闹革命，学习革命理论去留苏的……

所以我在中山大学混了两年，共产党未吸收我，我也没申请。我之相信马列主义并参加共产党，那是三十年代在上海的事，这里就不谈了。

原载《艺丛》1983 年第 1 期

《聂绀弩自述》，团结出版社 1998 年 1 月。（资料照片）

老作家聂绀弩自学成才散记

一

子曰学而时习之，至今七十几年痴。
南洋群岛波翻笔，北大荒原雪压诗。
犹是太公垂钓日，迥非亚子献章时。
平生自省无他短，短在庸凡老始知。

聂绀弩八十寿辰作诗题赠作者周健强。
（作者提供）

这是老作家聂绀弩同志作的《八十虚度》七律一首。短短五十六个字，几乎概括了他的一生。他年届八旬，"犹是太公垂钓日，"姜太公八十遇文王，始得大展宏图，聂老七十六岁平反冤狱，改正右派，始得苦尽甘来。"迥非亚子献章时"，一九四九年柳亚子先生献《感事呈毛主席》的"华章"，正好七十岁，现在聂老已是八十老翁。而他活到老，学到老，几十年如一日，手不释卷，笔不停挥，古稀之年，仍不断有佳作产生。那本被胡乔木同志誉为"以热血和微笑留给我们的一株奇花——它的特色也许是过去、现在、将来的诗史上独一无二的"的《散宜生诗》，其中的多数篇章，均是聂老近年的力作。他的《略谈〈红楼梦〉的几个人物》《侠女、十三妹、水冰心》《我爱金圣叹》《评诗刊九月号》以及《回忆我和萧红的一次谈话》《钟敬文、〈三朵花〉〈倾盖〉及其他》等等，都是充满热情和活力的、脍炙人口的优秀篇章，赢得了他的同代人的赞叹，和当代青年读者的崇敬。有的写信来，向他表示仰慕。有的利用出差之便，登门求教、拜访。出现在人们面前的聂老是一个既"不良于行"，又"不良于呼吸"的瘦骨嶙峋的老人。这位又高又瘦，步履艰难，仿佛一阵风就能吹倒的老头儿，怎么能写出那样犀利泼辣、那样生气勃勃的诗文来呢？笔者曾以此相问，聂老的回答是：

"人家都说我唯一没有老化的就是我的脑子。"他用瘦长的手，指了指自己花白的头。"我也承认，比起其他器官来，我的脑子是最不老化的。"

"为什么会这样呢？"

"哈哈，为什么？大概是用进废退吧！我一生用得最勤，用得最苦的就是脑力，所以最经久不衰的也是它。我从小体质弱，跑呀，跳呀，打架呀，都不如同年龄的孩子，我就总是扎在大人堆里，听他们说东道西，翻古讲笑话。后来我上学了，就迷上了书本。什么《红楼》《水浒》《聊斋》《三国》，只要弄得到手，都弄来看。开头看不懂，就连蒙带猜，横看竖看，问大人，查字典。一遍不懂，就看两遍、三遍，甚至七遍八遍，十几遍，看来看去，不仅懂了，还记熟了，能背了，想忘都忘不掉了。"

怪不得聂老写《中国古典小说论集》引经据典，得心应手，对《红楼》《水浒》等熟得如数家珍，议论褒贬格外精辟。我不觉赞道：

"怪不得您这么有学问，原来读书这么下苦功。您是什么大学毕业的呢？"

"哈哈，我是社会大学毕业的！我只有小学程度，是一个小学生。"

"我不信！小学生十九岁就能当《觉民日报》的主编？！"

"这不稀奇。要是生活把你放到那个位置上，只要你不退缩，肯干，肯学习，什么事情不能做呢？何况是当个报纸编辑！要是你不肯刻苦学习，碰到困难就投降，必将一事无成。我一生自觉认真地学习过四次，才有了今天。如果说我有什么成功的秘诀，那就是知难而进，永远勉力担起超出自己能力的工作，不服输，不气馁，就自有成功的那天。"

二

聂老从一个小学生，成为一位令人景仰的杂文家、古典小说研究家、诗人、小说家，走的是一条怎样的道路？他是怎样自学成材的呢？让我们来听听聂老讲的故事吧！

"六十年前的这个时候，我正坐在缅甸仰光《觉民日报》的编辑室里发愁。这报纸的主编（也是唯一的编辑），著名的中共党员董锄平[1]先生，就要被英国殖民当局驱逐出境了。这每天出四大张的华侨中文报纸的编辑工作，就要落到我的肩上。我对怎么办报一无所知，而董先生被限期在一个月内离境。但是董先生信得过我，他看过我写的文章，特意写信把我从吉隆坡叫来，接他的班，我不能辜负他的一片好意和信任。趁他要走还没走的时间，我拼命地学，董先生也拼命地教，我们忘记了白天和黑夜，忘记了休息和睡眠。我很快就学会了选择新闻、设计版面、编排栏目，这用四号大字印刷的《觉民日报》，就这样每天四张四张地，顺顺利利地出下去了。董先生临行嘱咐我：这编辑室里的书，就留给你看吧！你还年轻，要好好学习。看不看共产党的书没有什么关系，要注意的是共产党所由来的思想，尤其是我国早期的启蒙思想。你先从看《新青年》合订本入手吧！这个好懂。开始不懂也不要紧，多看多想就会懂的……

"他放心地走了。我如饥似渴地读完了那套五四时期陈独秀主编的《新青年》合订本。印象较深的是刘半农的《答王敬轩先生》，吴虞的《吃人与礼教》和鲁迅的《狂人日记》。吴虞和鲁迅的文章，像突然拨开了我眼前的云翳，使我看清了那窒息人的黑暗，想冲破那黑暗。

---

[1] 编者注：董锄平是中共一大党员，也是湖北京山人，与聂绀弩同乡。

董锄平夫人高朗遗著《中共一大党员董锄平》。中央文献出版社，2006年12月。（资料照片）

"另外我还看了一些关于社会主义、自然科学乃至哲学的小册子。而且由于工作需要，我每天必须阅读大量中文报纸：本埠的、国内的、国外的、进步的、反动的，我都要看。这开阔了我的眼界，丰富了我的知识。我靠自觉学习，完成了民主革命思想的启蒙，懂得了什么叫作新文化和旧文化，新思想和旧思想，白话文和文言文。并且自觉自愿地站到提倡新思想、新文化、白话文这边来了。并且言行一致，几十年如一日，终于从一个离开家乡京山时，还满脑子封建思想的小糊涂虫，逐渐成长为一名先锋战士。这是我第一次发奋学习的收获。"

讲到这儿，聂老点燃了一支香烟，抽起来。

三

"您从此就开始文学生涯了吧？"我问道。

"还早呢。提起搞文学，我就想起我所受过的一次大窘来。"

"什么大窘？"我好奇地追问。

"你听我慢慢讲嘛。那是我参加国共合作的第一次东征，进到海丰工作时的事。经朋友介绍，我到海丰县公平镇，去拜识钟敬文。敬文和我同年，那时也只二十一二岁，但已常在名报刊发表文章了。我当时也在海丰的《陆安日报》发表些小诗。到了钟家，敬文已约好本镇几个文学青年来会我。大家互相介绍，客套一番以后，就有人给我下马威，问：'聂同志，你在何地何时看见我们县里有个妇人骑着驴儿？'这一问可把我问住了！我发表的诗中有说眺望时，看见一个肥胖的妇人骑在一匹瘦小的驴儿上的话。我支支吾吾地答：'看见过，但说不准确时间地点了。'这一答，引起一场哄堂大笑。我正想问：这有什么可笑？有一个人又问我：'你读过柳宗元的《黔无驴》吗？'我说读过。另一个说：'读过就好。驴是北方的牲畜，我们南方根本没有。'当时窘得我只恨地无缝，无处可逃。还是敬文出来打圆场：'艺术的真实，原不必真有的。'这是我平生受过的第一次，甚至是唯一的一次大窘，也是一次大教训。从此作文，就不敢冒险，凭空想象了……"

怪不得《聂绀弩杂文集》的一百几十篇文章，涉及古今中外、天文、地理、政治、历史、文学、艺术等各个知识领域，而材料之翔实，逻辑之严密，理论之精深，实在令人叹服。原来有此"吃一堑，长一智"的经历。

四

"您的第二次自觉学习呢？"我又问。

"第二次是我留苏学中文。奇怪吧？留苏应该学俄文呀，怎么学中文呢？我刚到莫斯科中山大学时，也想突破语言关。但我被那烦琐的俄语文法吓住了，知难而退了，结果留苏学习了两年，还是个俄文盲！而我到莫斯科不久，就接到敬文从广州的来信，说他在编一个文艺副刊，叫我投稿。我投过几首诗，都被刊登出来了，并得到敬文的称赞和鼓励，更使我暗下决心要搞写作。我感到自己知识的贫乏，开始发奋涉猎群书，读了一切能弄到手的名家著作和文艺理论。像鲁迅、胡适之、郭沫若、周作人、谢冰心、徐志摩等名家的著作，我读得又快又多，简直到了废寝忘餐的地步。我等于在留苏期间，自修了大学文科的全部课程，被同学戏称为'托尔斯泰'。这为我后来从事创作，步入文坛，打下了一定的基础。"

细细玩味聂老留苏学中文的故事，是颇有启迪的。不是常说"兴趣就是动力"吗？但若只有兴趣，而没有朋友的鼓励和鞭策，没有发奋刻苦的学习精神，那动力也会逐渐枯竭的。

五

"四八年春，我到了香港。解放军势如破竹的节节胜利，使我欢欣鼓舞。想到新中国成立后，百废待举，要建设一个强大的祖国，还需要几代人的艰巨劳动。我感到自己的担子沉重，也更感到自己的不足。自己连辩证法、政治经济学都不懂，怎么能胜任将来的工作呢？我下决心认认真真学点理论。

20世纪50年代，聂绀弩从香港回到北京时摄。（作者提供）

"我先看斯大林的《列宁主义问题》，那里边讲辩证法的文章很好懂，我懂了一点，信心就来了，我开始埋头啃起列宁和斯大林的著作来。而他们的著作卷帙浩繁，我就捡自己最感兴趣、最需要的学。理论著作，初读时觉得枯燥，要是读懂了一点，钻进去了，就是另一番天地。就好像一下子站高了，目光也变得锐敏犀利了,这次学习的直接效果是,我写出了像《山呼》《国庆朗诵》《一九四九年在中国》等充满激情和自豪的长诗,歌颂祖国的新生和人民的解放。另外还写了大量思想性、战斗性极强的杂文,与美蒋记者和无耻文人、形形色色的敌人制造的各式各样污蔑新中国的谣言,进行了针锋相对的斗争……"

是的,聂老在香港的几年,是他思想、创作双丰收的几年。这期间结集出版的杂文就有《血书》《海外奇谈》《二鸦杂文》《寸磔纸老虎》及散文《巨象》、诗集《元旦》等。这位《文汇报》总主笔,当时真是名闻遐迩,曾被誉为"香港最红的作家"。

六

聂老以逾花甲之年,无辜罹十年铁窗之难,应该是很惨痛的事吧?而这位外表羸弱,内涵刚韧的老人却说:"监狱是学习的圣地。十年动乱,我坐了十年牢,我最大的收获是精读了马克思的《资本论》。"

聂老向他认识的每个年轻人推荐《资本论》,他对我说:"《资本论》是世界上最好、最伟大的著作。你不是爱看书么?为什么不看看这本最好的书?"我说:"我看不懂呀!而且看了也记不住。"

"只要舍得下功夫,没有看不懂的书。一遍不懂,你就看两遍、三遍,甚至十几遍,每次懂一点,慢慢就全懂了。像《反杜林论》和《唯物主义和经验批判主义》我就各看了二十几遍。我每看一遍就在书后做一个记号,把懂的句段划上红杠杠,最后全书都是红杠杠了。我的记性也不好,学它的时候快七十岁了,又没参考书,好像是随看随忘,看一百遍也记不住。但是,和个别句段不懂,不碍全局一样,记不住,也能改变思想。思想这东西很怪,不一定要记住,但要理解,你甚至可以不记得它的任何具体词句,它却无形融化到你的脑子里去了,潜移默化了。我只后悔早先没有这样下功夫读《资本论》,要不我的一生可能就不是现在这样子……四川自流井有人来说,他最欣赏我的《略谈红楼梦的几个人物》。他说:'要不是曹雪芹的鬼魂附到了你身上,你绝写不出那样入木三分的文论来。'还说:'你通篇没有一句马列大道理,却处处闪烁着辩证唯物主义文艺理论的光辉。'这固然是溢美过誉之辞,但也证明了我的《资本论》没有白读。一分努力自有一分成绩,正是世上无难事，只怕有心人。"

1980年，聂绀弩、周颖夫妇双双"改正平反"后合影。
（作者提供）

多么令人崇敬的老人啊！他历经了多少坎坷磨难，都坚持永不懈怠的学习，在八十高龄仍保有赤子般的热情。他相信自己，相信生活，也相信革命的前途。他总是勉力挑起生活的重担，一面学习，一面前进。人活着就得学习，我们为祖国，为人民，为生活，为工作，也为自己，而刻苦努力地学习吧！

原载《语文园地》1983 年第 4 期

关心妇女问题的老作家

——访聂绀弩[1]

聂绀弩是我们敬佩的一位老作家,一个入党近五十年的老党员。除了众所周知的那些年月,他没有停过笔,出版的杂文、诗歌、小说、散文集子和语文、文字方面的著作有二十多种。如今他八十岁了,身体不好,但我们仍然能常在报刊上看到他的文笔犀利、匠心独运的新作。去年[2]他的《散宜生

聂绀弩诗集《散宜生诗》,胡乔木作序,聂的好友钟敬文(又"静闻")题签书名。人民文学出版社1982年8月。(资料照片)

---

① 编者注:该文与《北京晚报》韩记者合作。
② 编者注:指1982年。

诗》出版时，胡乔木同志为诗集写了序，称他是"当代不可多得的杂文家"，称赞他的诗是以"热血和微笑留给我们的一株奇花——它的特色也许是过去、现在、将来的诗史上独一无二的"。

我们早想介绍这位老作家的近况，请他就文学创作谈谈自己的见解。但见面后他却说："要谈就谈妇女问题。"他一向关心妇女的解放，作品中以妇女为题材的是很多的。他说："起初也不知什么叫妇女问题。是'五四'运动和鲁迅的作品，使我意识到讲民族觉醒，讲人的解放，必然涉及妇女问题。还有就是那时年轻，二三十岁，脑子里自然地关心女性，这可以叫条件反射。当时写的小说，多是谈妇女问题。"

二十世纪三十年代初，聂绀弩在日本东京参加了左翼作家联盟，一九三四年认识了鲁迅。鲁迅当时是十分关注中国妇女的命运的，深受鲁迅影响的聂绀弩，则在鲁迅没怎么涉及的丫头、娼妓问题上，给予了更多的注意。他那时写的小说、杂文，有相当一部分是以丫头、娼妓为对象的。我们请聂老谈谈他当时的想法，他说："就说《红楼梦》吧，贾宝玉、林黛玉反了封建，可他们是孱弱的，自己本身也是封建的。另一些勇敢存在的人，像晴雯、鸳鸯、金钏、紫鹃这些丫头，比千金小姐、公子哥儿反封建要坚强得多。用现在的眼光看，丫头出身的人，老爷太太让干什么不去干，要搜箱子不让搜，似乎很平常。可在当时，这就是英雄豪杰。《红楼梦》里晴雯、鸳鸯这些英雄豪杰登了舞台，成了人物。《红楼梦》若是把丫头抽掉，就不成为《红楼梦》了。"

一九八一年出版的《聂绀弩杂文集》中，收有他早年写的一篇杂文《论娼妓》。文章一开头就以悲愤之声写道："娼妓是恶之花。生长于恶的土壤上，吸收的阳光、水分、空气，无一而非恶，人类的恶，制度使人变成恶的恶呀！"对于不真正了解旧社会的青年人来说，至今对产生娼妓的看法未见得正确。聂老是旧中国的见证人。他告诉我们："那个年月，最触目的是娼妓，各个城市都有。她们最容易被看作是下流人物、低级人物、买卖人物，被认为是对人最没有感情的人。这都是表面的。我写《论娼妓》就为了说明她们才是真正的不幸者。娼妓、丫头问题已经是过去的事了，但对它要有正确的看法。"

聂老对妇女问题的见解是深刻的。有一段时间，他虽生活在难以想象的困境之中，但正像乔木同志所说的那样，他"从未表现颓唐悲观""对革命前

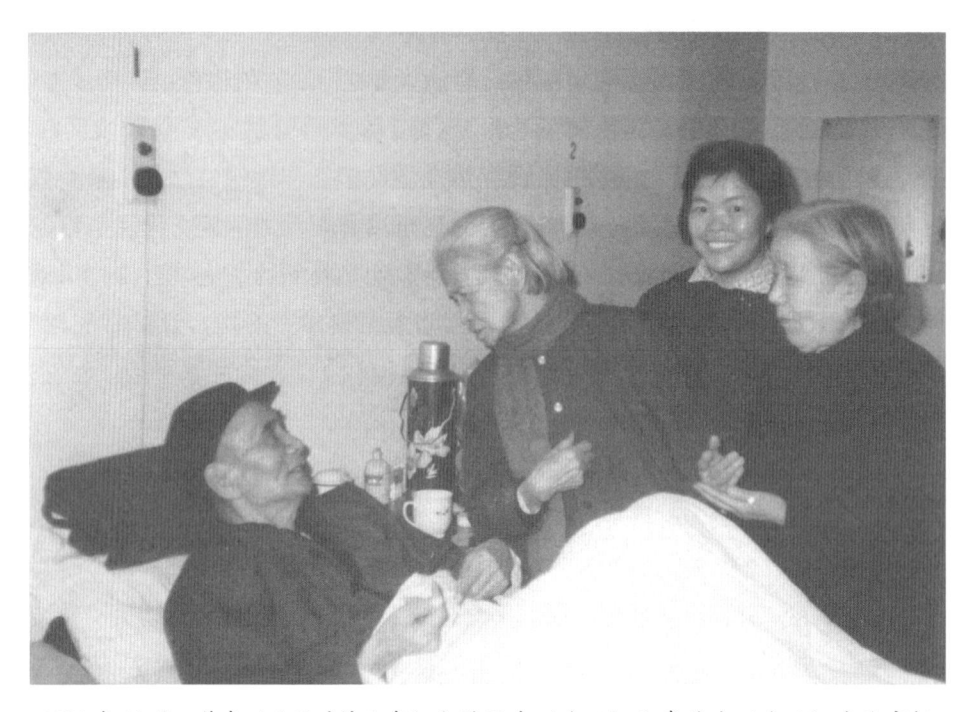

1981年11月，作者（后面对镜头者）与陈凤兮（左二）和李健生（左三）去北京邮电医院看望聂绀弩。（作者提供）

途始终抱有信心"③。因此，他也始终关注着中国妇女的问题。我们请他谈谈对当前妇女问题的看法时，他说，当前妇女问题上，仍有封建思想的残余作祟。然后，他列举了大量的事例来说明。例如，有些女同志生了女孩公婆丈夫就看不起；有的女同志仍然是逆来顺受，由男人摆布；男女之间出了问题，责任都推给女方；女的总想找一个比自己强的男人结婚；娘家势力大，女的处境就好一些，等等。聂老说："这些现象，显然都是封建思想在作祟。建设社会主义的物质文明和精神文明，必须不断地清除封建思想残余，特别是表现在妇女问题上的封建思想残余。"

原载《北京晚报》1983年7月24日

---

③ 编者注：指的是聂绀弩《敬宜生诗》中胡乔木序。

"知尔乾坤第几头"

——聂绀弩诗祭冯雪峰

人称聂绀弩是"躺着著述的作家"。夫人周颖原先总是不以为然地说他是"赖在床上,不肯活动活动"。现在却逢人就爱怜地夸他:"老聂真了不起,病成这样,还这么用功,总在写,真刻苦。"聂老自己却常感叹:"年轻的时候,写作欲望那么大,却不会写,不成熟。后来成熟了,也想写,又不让写。现在老了倒'红了',到处来索稿,也想大写特写,却是力不从心了……"中国知识分子队伍里的"老黄忠",几个没有这样的遗憾和感叹呢?但是,绀弩没

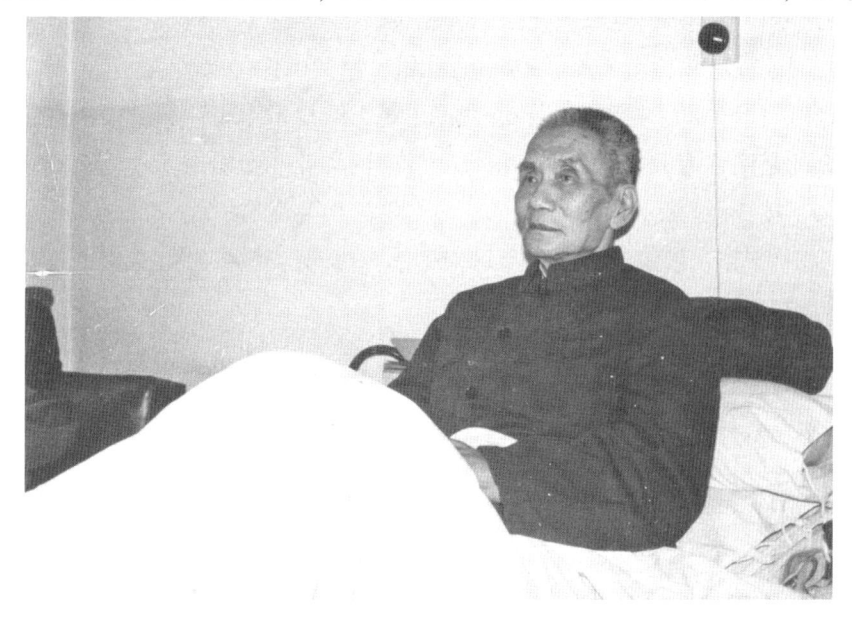

1981年,聂绀弩晚年久病常住北京邮电医院。(作者提供)

有时间感叹，人生几何？更何况转眼就是"百年"！来日无多，只有加紧干，才能和死神赛跑。

近几年来，绀弩一次次地住院、出院，也一次次地把死神甩得老远老远。"肃反"隔离，"反右"劳改，"文化大革命"铁窗，都未能将他"撂倒"，临老临老，时来运转，好日子还没过够，他岂肯轻易"躺倒"？他的祖辈和父辈，都是"年轻寿夭"，唯独他愈经磨难愈坚强，首创聂氏家族的长寿"记录"。他瘦骨嶙峋，仿佛除了筋骨，已不剩肌肉。自从今年被"判"诊断为"废退性肌腱萎缩"，他连气喘咻咻"步履维艰"也不行了。他终日蜷着那双不能伸直舒展的柴棒腿，倚靠着被子枕头坐着、半躺着，手里却总是捧着书和纸笔，在读呀写呀忙个不停。他虽已是风前残烛，却仍在拼命发出最炽烈的光和热……

不知是为了节省精力，还是因为专注于自己的思想，聂老现在已不再高谈阔论，也极少与人交谈，朋友们来了，他话也甘贵，常常是相对无言，由周婆陪着谈笑风生。笔者是晚辈，又是常客，他除了微笑招呼，点头示意，更多的时候是静静地睡着，或默默地听着。周婆掩不住心疼地诉说："聂伯伯近来总是这样昏昏地睡……"这次我去，又见他在睡着，周婆却迎出来笑道：

"刚刚还等你来，这么会儿又睡着了……"

板凳还没坐热，就听侄姑娘叫："四姐，姑父叫你过来。"

走过对面房里，见聂老半躺着，正往一个绿皮本上写什么。很快写完了，递过来的是两首诗，字体歪歪扭扭像要散架的样儿。我笑道："这是天书吧？"老人却不笑，说：

"这是天诗！手不听话，尽写尽歪尽扭，快不行了……"

"能写天诗，还不行吗？！"

"快誊清吧！"他不耐烦开玩笑。我誊抄在一张大纸上，连题目共九行：

雪峰十年忌

月白风清身酒店，
山遥路远手仇头。
识知这个雪峰后，
人不言愁我自愁。

干校曾使天地秋，

脱离干校鬼神愁。

相逢地下章夫子，

知尔乾坤第几头。

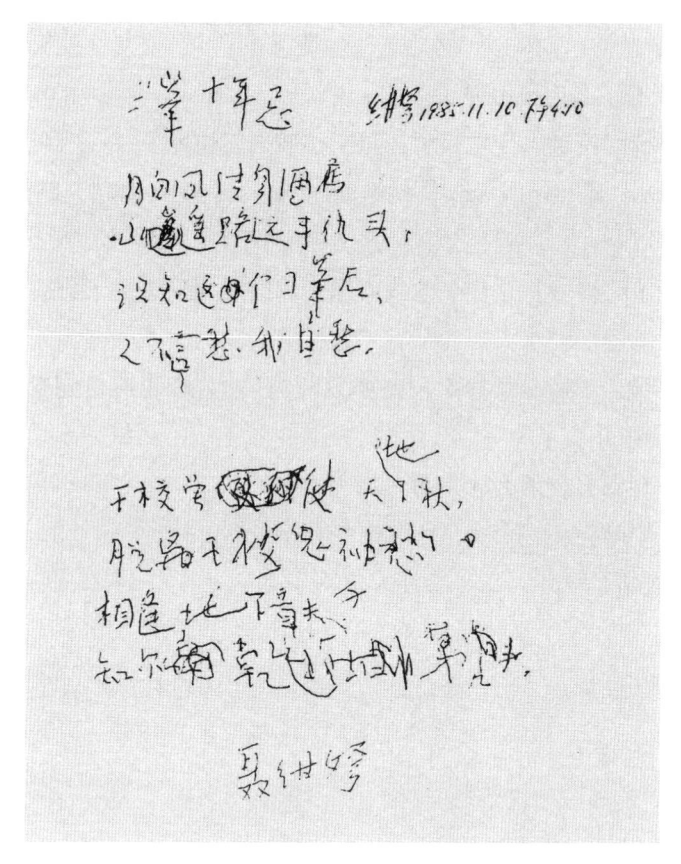

《雪峰十年忌》是聂绀弩绝笔，从此再无诗作。（作者提供）

聂老接诗在手，目不转睛地反复看，没有挑出错字来。我说："十年忌？冯雪峰死了十年了吗？"

"十年，明年一月十年……"老人家神色黯然。

"聂伯伯，您真好！"见他向我翻了一下眼珠，我接着说："我说您对朋友真好，胡风死了，是您第一个发表悼诗祭奠他。冯雪峰十年忌日，只怕又是您第一个写诗纪念……"他的眼睛盯在诗上，像是没有听见我讲话，那张骨像分明的脸上没有悲哀，有的是凝重的专注，仿佛参禅入定一般，令人敬畏。为搅扰这凝重的空气，我把他叫回到现实世界来：

"聂伯伯，这首诗我只懂前半首，给我讲讲后半首好吗？"

他抬眼望着我，却不言声儿。我继续独白：

"我觉得头两句话画出他的生性为人，三四句是说您知道像他这样的人，是很难见容于世的，对吗？"见他点头，我又问："干校怎么使天地秋了？后面这几句我不懂，您给讲讲呀！"

"他在干校就接近人生之秋了，从干校回来就快死了……"他忽然停下来找圆珠笔，说："这两句要改。"他改成"干校曾经天地秋，归从干校病添愁"。

"这个经字改得好！这样一改我就懂了。最后两句您用了典故吧？"

"你晓得邹容吧？章太炎和邹容一起被捕坐牢时，章夫子写了一首诗给邹容，其中有两句：'临命须搀手，乾坤只两头'，雪峰死后见到章太炎，就可以知道自己是第几头了……"

"哈哈，有意思！那么您是第几头呢？"

"我就一个脑壳，一个头。"

说完，他阖上眼睛，又"参禅入定"了……

原载（香港）《新晚报》1985 年 12 月 29 日

活着的聂绀弩

我永远怀念一九七九年六月廿四日那个夏雨初霁的下午，因为我第一次见到了聂（绀弩）伯伯①。那是他因病住院的第三天。在人民医院一间简朴的"高干"病房里，我看到了那个——

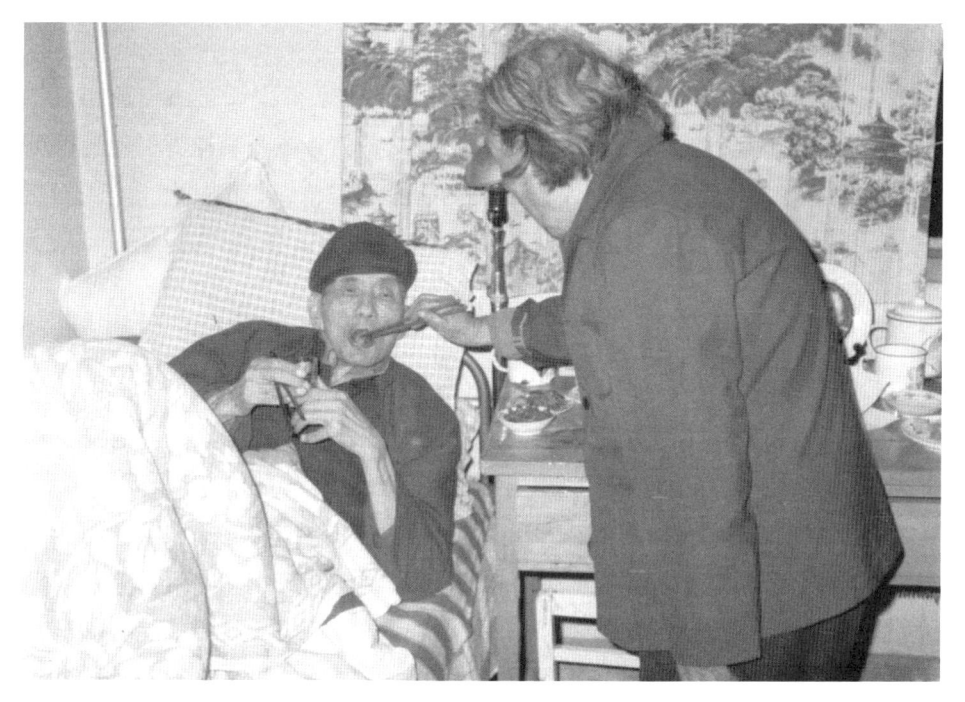

周颖正在给聂绀弩喂食。1985年摄于北京劲松家中。（作者提供）

---

① 编者注：据作者1979年6月24日日记，她曾于6月21日登门访聂，"他竟头一次离开了自己的蜗居，上白塔寺人民医院住院去了"，"6月24日，冒雨去人民医院探望了聂老"。从此开始了作者和聂老长达近七年的私淑弟子关系，直至聂绀弩于1986年3月26日离世。

一见难忘的老人

他隐身在一条薄薄的单被下。他的身子是那么单薄,单薄得仿佛床上没有身子。花白的刺猬似的头,枕在一方发灰的枕头上。面容十分和善,用湖南话形容是一副"阿弥陀佛"的样子。没牙的嘴瘪瘪着,两腮塌陷,灰黄的面皮没有多少皱纹,七十余年的酷暑严寒,似乎不忍认真为他刻上坎坷的标记。他很虚弱,表情淡漠而凝滞,除了目光地缓缓流转,看不到更多的生气。对于环立在他床边的几个冒昧的探访者,他只投过静静的、恍若隔世的颔首一瞥,就疲倦地合上了眼睛。但是,当我噙着莹莹泪花,俯身向他道别时顺便提道:

"我读到了您发表在《诗刊》上的诗……"

那合着的眼睛一下子睁开来,闪出了亮光,冷漠凝滞的脸上浮现出动人的微笑。

从此,这个"驼背猫腰短短衣,鬓边毛发雪争飞。身长丈三吉诃德,骨瘦瘪三南郭綦"的"湖海白头翁"(绀弩诗句),就像磁石一样吸引着我。接近他,了解他,帮他做点什么,成了我新的生活需要。我们的"忘年之交"得着了长足的发展。在这年秋日的一个傍晚,他和我谈起了——

编辑的乐趣

聂伯伯托我替他校正三份《论〈水浒〉的繁本和简本》底稿,这是从"改正"后发还的一堆"破烂"中找出来的,三份全都残缺不全。他要我从中挑出一份较清楚完整的来,并找出修补增订的线索。因出版社催要甚急,必须在日内完成。临别时,他又千叮咛万嘱咐,不能遗失哪怕是片纸只字,还限时限刻叫送回来,又一定要留下家庭住址,好像怕我卷稿潜逃……

整个休息日我连楼都没下,花了十一个小时,看了近十一万字的残稿。认可了其中的一份,并找到了增补修订的线索和办法。我于黄昏时准点赶到他家,老人果然在"倚床"翘盼。见我准时赴约,高兴得满面生辉。他要我讲述三份残稿的短长,选定某一份的缘由和修订增补的具体做法。我讲完了,他说:

"如果你把刚才讲的写成文字,就是审稿意见,这是编辑基本功的一种。

你喜欢这工作吗？"

"还喜欢。我原先以为翻看这些破稿纸，一定乏味透了，结果我很快就被您的文章迷住了，觉得很有意思，很长知识。而且在比较、选取的过程中还颇费了一点心思。尤其在发现了修订增补的线索和办法时，更有一种说不出来的快乐……"

"是呀，是呀，这就是编辑工作的乐趣！读一篇好文章，一本好书，就像发现一片新大陆，交到一群新朋友。想到自己喜欢的文章，将通过自己的手变成一本本漂亮的书，送到万千读者的手中，真是一件大快事！我这篇《论〈水浒〉的繁本和简本》，就是当年整理出版《水浒》时发现的'新大陆'。记得《水浒》初版时，《人民日报》还发表社论祝贺，我也成了风云人物，到处请我去做关于《水浒》的报告。这是新中国成立后由国家出版社整理出版的第一部中国古典小说，而且是由我具体负责整理的。"

"这是你们专家、学者才能做的工作，而我的最高学历是高中毕业！"

"你知道我的最高学历是什么？"

"您不是留过洋吗？留学生呗！"

"什么留学生哟，县立高小毕业生！"

"别开玩笑了！"

"不是开玩笑，真是小学生。当年我在缅甸仰光主编华文报纸《觉民日报》时，还不到二十岁，身上只有一张高小毕业文凭。但是，我从小喜欢作文，会写文章。我的同县老乡，最早的共产党员董锄平先生，看中了我的文章，要我去接他的手主编《觉民日报》，因为他当时已被英殖民政府限期驱逐出境，一个月之内就要离开仰光。我当时也跟你一样，以为董先生同我开玩笑。我一个穷乡僻壤出来的小学生，一只丑小鸭，当一家不大不小的报纸的主编？简直是天方夜谭！是董先生鼓励我，让我相信事在人为。又手把手地教我怎样约稿、审稿、改稿，怎样计算字数，设计版面，编排栏目；怎样浏览群报，借助剪刀糨糊当报纸'裁缝'，将这里那里的新闻、好文章，剪剪贴贴，删删改改；又怎样写'社论''短评''编辑余谈'等等。他利用要走没走的那一段时间拼命地教，毫无保留地将他的编辑经验教给我。我也拼命地、废寝忘食地学和练，终于，在董先生走之前，那用老四号字排印、每天出四版的《觉民日报》，就在我的手里编出来了。董先生临走的时候，带着满意的神情跟我说：'怎么样，只要肯学、肯干、肯拼命，没有什么学不会干不了的吧？'只要……"

就这样，我开始向往编辑工作。聂伯伯也开始有计划地要我读一些书，并常常和我谈论——

学问之道

他别出心裁，叫我读《三十六子集》，并让我先学《孙子》《吴子》等。

他说："这就是辩证法！你不是说自己缺乏哲学头脑么？读完三十六子，学点辩证法，你就可能提高一大步。"

又问："你学过'两论'吗？"

我说："学过。"

"那你再学学《论持久战》。"

"这些我都学过，还是'雷打不动'时学的。"

"雷打不动时学的不算，那不是学习，那是压迫。顶多学点皮毛，学点实用主义，毫无用处。你应该再平心静气认真地学学，会有好处的。"

停了一停，他又问："你以前看过兵法吗？"

"只看过孙子兵法。"

"懂不懂呢？"

"懂。至少字面意思是都懂的，更深一层的理解就谈不上了。可是，要命的是我记不住，除了'知己知彼，百战不殆'什么的……"

"一本书，你想看一遍就记住是不可能的。有的记得住，却不见得理解，有的理解可又记不住。有的是既不理解，也记不住。"

"我就是不理解就记不住，有的理解了也记不住，这脑瓜子真够呛！"

"记不住不要紧，要紧的是多看多学，养成经常看书学习的习惯，只要能记住一点就可以了，这里记住一点点，那里记住一点点，今天记一点，明天再记一点，日积月累就记得多了，就有学问了。不过，学问学问，不但要勤学，还要勤问，不懂就问。既要不耻下问，还要敢于'上问'。"

"敢于上问？"头一回听说，我不觉反问。

"敢于上问就是要向那些名气很大、不可一世的权威人物发问哪！敢于上问才能有所突破，有所建树，才能更上一层楼。"

他还一再鼓励我看《资本论》。他承认他是《资本论》迷。

聂伯伯曾不止一次地问我："你为什么不看《资本论》呢？"

"搬那样的大部头太可怕了！那要赔进多少时间？还干别的不干了？况且，我怕看不懂。"

"不懂可以问我，我们可以讨论嘛！"

见我仍然笑着摇头，他皱起眉头看着我说：

"真奇怪，你那么爱读书，却不肯读世界上最好最伟大的书！"

他自己对这部卷帙浩繁的"最伟大的书"则称得上是情深意笃，奉为逆境中的诤友和亲人。在作为"肃反对象"被隔离反省期间，他通读了《资本论》；"文化浩劫"时，他无辜罹十年铁窗之难，在刚刚被宣判无期徒刑的当天，他悄悄地递给他的小难友、学《资本论》的"小同学"一张二指宽的纸条，上面写的竟是三个学习这本"最好的书"的思考题！他说监狱是"学习的圣地"，他在那块"圣地"里通读、精读，一读再读并且边读边批注，做记号，夹小条，圈圈点点划划，使他那本《资本论》变得更加丰富多彩，五色缤纷。那书里的思想精髓，被他镌刻在脑子里，使得在劫后余生老迈多病之年，仍能写出那么清新活泼、热情灼人的高水平高意境的雄奇诗文。

我笑他是《资本论》迷。他说："我承认，我确实迷上了《资本论》，只可惜迷得太晚了！如果早几十年迷上它，那我的生活，我的道路，我的文章，就可能完全是另外的样子。"

对自己，永不满足，不懈追求，永远向往更高更完美的人生境界，虽老不衰。这就是聂伯伯！对青年后生，他总是循循善诱，指点着向上进取的途径，不断鞭策鼓励他们——

向前看！向前嘛！

当我被一次次退稿弄得心灰意冷时，他说：

"退稿算什么？小事一桩！你能想象没有退稿，所有的文章都印成书报杂志的世界吗？千万不要斤斤计较于发表不发表，你想写什么就写什么，写好了没人要就留着，有好多东西都不是当代所需要的……

"你看司汤达的《红与黑》，整整被冷落了一百年以后才风靡世界！巴尔扎克是大文豪吧？世界闻名的罕见的文学天才！他平均每年要写六七十万字，上百万字的书，而且写得那么好，那么深刻，他是怎样写出来的呢？只能承认他是天才。可是，他年轻的时候，也是事事不遂心，谁都不把他放在眼里。也是一次次退稿，没有人要他的文章，这有什么稀奇呢？读读这些巨人的传记吧！看看他们怎样对待生活和写作、失败和成功。

"中国的知识层本来就薄弱，想想十亿大国才有多少知识分子？而且各方面都比较落后，一个人只要咬紧牙关努几年力，要突破某一点并不是很难的。因为起点低呀！现在咬咬牙，努努力，有什么为难呢？无非是少睡点，少玩少悠闲一点而已。又不要你挨饿受冻，更不要你迁徙流亡，生活有保障，根本不需要你吃什么苦。况且家庭、学校和整个社会都是鼓励上进的，为什么不争取有所建树呢？向前看，向前嘛！不进则退，只有向前一条路！"

后来，我的文章"有人要"了，并且开始有人向我约稿了。他又语重心长地对我说："现在你已经突破了一点：就是学到了把一切要写的都写出来的本事。你还未学到把不应该写出来的不写出来，连一个字，一个段落，甚至整章整节，或者小至一个标点，该删的都要删掉，不要舍不得。我就常常是删掉的比保留的还多。你要是把删的本事掌握了，你就成熟了。你现在刚刚达到成熟的境界，即所谓初臻成熟，这也很不容易。但离真正成熟、完全成熟还有一段不小的距离。不过，我相信你会很快缩短，甚至消灭这段距离的。"

在你气馁彷徨时，他向你大声疾呼："向前！向前！不进则退！"当你面有得色时，他指出你的缺欠不足。他总是以灼热的情怀、灼热的言辞，点燃你向上的热情，催促你前进的脚步。他也时时以他赤子般的率真狷介和诙谐幽默，向四周发出他——

性格的魅力

第一次读他的短篇小说，就仿佛遇到了一群久别重逢的朋友，那里头的个个人物，都带着他们各自的性格命运和音容笑貌，在历经坎坷曲折之后来和我相聚谈心，使我感到那么亲切那么快乐。我羡慕那支朴实无华的妙笔，带着浓郁的乡土气息，把些凡人小事写得那么活灵活现又耐人寻味……

在读完一九四八年出版的《沉吟》以后，我怀着激动而崇敬的心情去看聂伯伯。一进门我就滔滔不绝地说开了我的读后感。老头儿听得乐呵呵的。

他说:"你这么会说话,又这么会看书会品评文章……"

他笑嘻嘻地说:"人家说我是个喜欢奉承拍马的人,看来并不冤枉。你看,你一说我的文章写得好,我就高兴得很,得意得很呐!从来没有人夸过我的小说,也从来没有人讲我的小说讲得这么好。要是早认识你几十年,我一生的命运都会不一样……

20世纪80年代,聂绀弩、周颖夫妇(左一、二)、好友秦似(中坐藤椅者)、彭燕郊(右二)等前去看望摄于北京劲松聂宅。(作者提供)

"人家都说我的杂文写得好,好得像鲁迅的一样,甚至还有人说比鲁迅的还好,可就是没有人说我的小说写得好,使我不得不高兴。要是早有你这么一位读者,我也许就成为小说家了。但是,我自认我的虚构能力是很差的,我写的几乎都是真人真事。我只能写自己,写许多年前的自己,写自己的亲历亲见亲闻……记得有篇文章谈到大仲马也是这样,比方说他写的故事发生在×街×号×人身上,他就一定要写成×街×号×人,连门牌差一号都不行。为隐去真情,只好等写成之后再把地点人名通通换过。但写的时候必定要真实到丝毫不差,否则就写不出来。我比他更迂,连地点人名差不多都是真的……"

他讨厌阿谀奉承,却喜欢人评夸他的作品,但是要夸得在行在理、真心实意才会高兴。否则,他就会说你"拍马屁"。

他容不得半点虚伪，从来不肯遵从"喜怒不形于色"的古训。对于那些"无端空耗别人的时间和生命"的客人，他决不敷衍。有次我碰见这样一位客人刚进门，他劈面就问：

"你怎么又来啦？"

"怎么，我不能来吗？"

"当然，谁都有自由……"

那位不识时务的不请自坐在桌旁，为掩饰尴尬，顺手翻看着摊得到处都是的信件。他盯着她慢悠悠地发问：

"谁给你来信啦？"

"不是我的信，是你的……"

"哦，原来你对别人的信还蛮感兴趣……"

事后我埋怨他：

"您哪能这么不开面呢？人家来看您也不容易啊！"

"她浪费别人的时间就容易！"

"您可以婉转一点嘛。"

"我婉转不来！这种人终日无所事事，就会东家走西家串，我就是要让她知道她不受欢迎。"

他常常出人意料，令人惊奇，以——

他的幽默

那天我刚进门叫了声"聂伯伯"，就见他满脸堆笑，滑稽地高举起如柴的双臂，鼓掌欢呼："欢迎、欢迎、热烈欢迎！"

我被这个老儿童的恶作剧弄得丈二金刚摸不着头脑，忍不住笑道：

"您干嘛这样呀？"

"我怕你挑礼呀！上次来，你不是说我见人爱答不理，连个笑脸都没有吗？我这是改正错误，将功补过。"

"那好吧，幽默大师，前账一笔勾销，咱们握手言欢吧！您好！"

我握住他瘦长软滑的手说。他则用空着的手一指椅子，说："贵客请坐！"

我见他既未看书也未写东西地枯坐着，不觉奇怪地问：

"您今天怎么偷懒了？既不读也不写，不想用功了？"

"今天是礼拜,连上帝也要休息的,何况我?"

四届文代会刚结束,我在报上看到聂伯伯作为作协常务理事的名字,我进门就说:"聂伯伯,我在报上看到您的名字了,是官复原职吧?"

"不,他原先是作协成员,并不是常务理事。"聂伯母告诉我。

"哦,聂伯伯升了!"

"是啊,也生(升)了!刚生没几天,还没满月呐!"他一字一板笑微微地接口。

大家愣了一会儿,才哈哈大笑起来。

有一次,又在聂伯伯家碰见义阿姨,她问我:

"你天天来吗?"

"不,我没有那么多时间,我的业余时间是很宝贵的呀!"我回答。

"贵?可惜没人出钱买!"聂伯伯取笑道。

"所以我就免费提供给您了呀!连春节还替您抄稿子哩!要知道节日加班工厂发三倍工资哩!"

"对,跟他要钱!他多的是!"义阿姨凑趣说。

"唉!我就是不稀罕钱,我要的是钱以外的东西……"

"是什么呢?"他笑眯眯地问我。

我指了指他的肚子说:

"我要这里面的学问……"

"学问?学问在这里!"

他指着自己花白的头笑着说。

"不对!咱们的成语都是说满腹锦绣、满肚子学问,从来没有说'满脑袋文章'的!倒是说'一脑袋糨糊''脑满肠肥'……"

"是啊,是啊!说是这么说,可是学问到底在哪里呢?这里?还是这里?"

他用手指指头,又指指肚子说。

"我说是在这里!因为它大,装得多。而您的脑袋才这么点儿,装不下那么多的学问。"

我笑着比比画画地说完,他哈哈大笑地嚷:

"你错了!大错特错!装得多的是大便,装得少的是学问!"

他笑得像孩子一样。

和他谈话是一种享受，他总是谐趣横生妙语连珠，他还能——

"未卜先知"

那天我抱怨他搞"实用主义"，除了要我办这办那，好久都不跟我聊天了。他说："那你要我怎么办呢？"

"跟我聊天！"

"好，聊吧！"他一面说着，一面坐起来，叼上一支大中华，深深地吸了一口烟说："你要我聊什么？"

我指着他看了一大半的《第三次浪潮》说：

"就聊您看第三次浪潮的感想吧！"

"我看不懂，没什么感想。"

"您看不懂？怎么又看了这么多了？"

"正因为我不懂，这里面的知识、新名词术语我都不懂，所以我才看、才学嘛！"

"您可真是活到老，学到老。"

"人本来就应该活到老学到老嘛！不死就应该学习，不然活着做什么呢？人之有别于动物，就在于不断地学习，不断地更新知识，更新自己。"

"是啊！活到老，学到老。学到老，学不了啊！这本书是讲未来学的，而且是乐观的未来学。我们现在已进入信息时代，而您却连电视都不看！"

"看不看电视有什么要紧？现在我不是正在看未来学吗？这书里有许多东西我都不懂，科技知识对于我等于零。但是我看了这书以后，对我国的未来，对四化更充满信心。电脑、计算机，这些奇妙的东西一打进社会，进入你的生活，社会和人就不得不变。落后不要紧，有了这些先进的科学技术，就会改变落后的面貌和生活。整个世界都在变，全人类都在变。中国能独独不变吗？你看我们这几年的变化不就很大么？四化实现绝不是遥遥无期的事情。虽然我是看不到了，但你一定能看见，到时候你会想起聂伯伯说过的这些话吗？"

"会想起来的，老预言家，未卜先知！您所说过的、做过的一切，我都不会忘记……"

"这么说，伯伯不会死了。"

"您怎么会死呢?"

"我怎么不会死呢?我八十多岁了,比'古来稀'还'稀',哪能不死呢?你说你不会忘记,那我可以活在你的记忆里。"

"是的,您会永远活在我和许许多多朋友和读者的心里。"

"嗬,像悼词一样!能够活着听到这样的悼词,倒是令人快慰的……"

泪水阻断了我的回答,他也沉默了。

这是一九八四年五月二十八日下午的谈话记录,离今天整整是两年零两个月,而他离开我们也四个月零两天了。有多少人为他写过感人肺腑的纪念诗文啊!我却连一个字也不愿意写!因为他明明跟我说过"伯伯不会死"啊!

聂伯伯不会死,也不能死啊!因为他的《水浒》"六论""七论"还没有写,他的"《红楼梦》的丫头们"和"贾宝玉论"还没有完工,他的"《聊斋志异》现实主义举隅",他的"神仙也封建",他的"《金瓶梅》研究"和他的"谈话录"都不能胎死腹中啊!他带着他的如椽妙笔,带着他的满腹锦绣,躲到哪里去了呢?我翻开我的日记,那个疾恶如仇、历尽坎坷、奋斗不息的"堂·吉诃德",那个乐天幽默的"南郭綦",不是还带着他的连珠妙语和特殊魅力在谈笑风生么?让我撷取这些忠实的记录,送到怀念他的人们面前吧!

一九八六年七月二十八日于北京

原载 1987 年第 1 期《编辑之友》

这个绀弩，红色的劲弩……

聂绀弩是杂文大家、古典小说研究家、诗人，又是黄埔军校二期学员和莫斯科中山大学学生、共产党员、新四军战士。关于这位被誉为"过去、现在、将来的诗史上独一无二""论武略可以为将，论文才可以为相，弃高官厚禄如敝屣"的中国知识分子，传说很多。他有时被描绘成闯龙潭、探虎穴、色不变、心不跳的"孤胆英雄"，有时又被说成是结交"三教九流"、左中右不分的"糊涂大爷"。他早年以犀利奇诡的杂文震烁一时，晚年又以脍炙人口的诗歌令人叹服。他是1934年入党的老革命，又是"文化大革命"中被判无期徒刑，获"特赦"的"囚犯"。他的为人处世像他的杂文一样疾恶如仇，容不得半点虚伪苟且，又像他的吟唱一样含而不露，耐人寻味。正是

悲真喜真怒更真，常于无意以真克不真。
文奇诗奇遇亦奇，能凭本色处奇为不奇。

犟得出奇

1903年农历除夕，绀弩落生在湖北京山一个破落的旧式家庭。他是聂氏家族几房共有的一根"独苗"，刚满周岁母亲就死了，父亲未再娶，由叔叔婶婶抱养做儿子，叫叔婶作爹妈，称父亲为伯伯。他在两位父亲的烟（鸦片）盘子旁学会了"平仄""对仗"，发蒙不久，就以"人口"对"天门"，"中秋节"对"上大人"，博得了启蒙老师孙镜（孙铁人）先生的称许，并预言"这伢儿将来肯定有出息"。

绀弩的童年是寂寞的，除了在爹开的烟馆里，和几个熟识的烟客撩撩逗逗外，就只有躲在自己屋里看闲书。八九岁就看完了《水浒传》《红楼梦》

《聊斋》。他从小被两位望子成龙的父亲,及脾气暴躁的养母管得严严的,胆子小,很听话,但是犟起来也犟得出奇……

12岁那年,伯伯病故了。有一天,爹感到身上很不舒服,妈对绀弩说:"到你伯伯灵前烧炷香,磕几个头,求伯伯保佑你爹清吉平安。"

"我不!"绀弩嘟起嘴站着,一动也不动。

他高小快毕业了,已经知道人死了还有魂灵什么的都是假话。伯伯的灵位,不过是一张纸上写着几个字,怎么会有力量保佑爹的病好呢?绀弩低头站在父母面前,脑子里转过这许多道理。他的沉默被认为是有意忤逆。妈发火了,她厉声说:"你看你多没有良心!还不赶快烧香,要我动手请你吗?"

妈在"请"字上特别提高声调加重语气,绀弩清楚这意味着什么,但他仍低着头,不说也不做。结果是妈盛怒之下,打折了手上的一根鸡毛掸子……

时隔半个多世纪,绀弩已年近古稀,还是犟得可以。"文化大革命"伊始,绀弩作为"现行反革命"被捕,押在北京半步桥看守所。一天学习"红宝书"时,他习惯地靠坐在床上读书,同监一个"马屁精"添枝加叶打了小报告,看守跑来质问他:

"你怎么躺着学毛选?"

"我没有躺着,是靠坐着。"

"有人检举还不老实!快承认错误吧!"

"我明明是坐着,没有躺着,承认什么错误?"

"你不老实!站起来想一想!什么时候想好了,认错了,什么时候再坐下。"

绀弩被罚站。他一直站到天黑。看守没办法,只好吼了一句:

"怎么还不上床睡觉!"

绀弩就是这样犟!

从出走到下南洋

绀弩17岁时,爹也死了。两位父亲都只活到40来岁。他们潦倒无为的一生,使绀弩不寒而栗。他与两个同窗好友一起伸长耳朵探听外界的消息,准备为自己寻找出路,终于打听到有个姓金的京山人,在汕头一个讲武堂当堂长，就想去投奔他。绀弩偷偷上路了。第一次脱出牢笼单独自由行动，一切都新鲜极了，惬意极了。他边走边玩，60里路走了一个多星期。到得下洋港，劈面碰见一个熟人，想躲已来不及。那人盯着绀弩单刀直入地问："你是偷跑出来的吧？"

绀弩涨红了脸，在一再盘查之下，老老实实供出了他的打算。那人还没听完，便哈哈连声笑道："天底下有这样便宜事么？你们穷，别个就阔吗？无亲无故，哪个舍得把血汗钱往水里丢？快莫做梦了，回家去吧！你妈只怕急得要上吊了！"

提到孤苦的母亲，提到家，绀弩的凌云壮志动摇了，在那人担保了种种条件以后，他乖乖地做了"俘虏"，让那人押送回了京山。然而事情并未了结。妈请来了娘家人和聂氏的族人长辈，她一把眼泪一把鼻涕地痛哭，哭她新故的丈夫，哭她命苦无儿无女无依靠……一直哭到绀弩跪在她面前，保证以后不再逃跑为止。

不久，孙铁人先生从上海来信，打听他教过的学生的近况，让乡亲们推荐几个可造就的人才。孙先生早年加入同盟会，辛亥革命后曾在武昌军政府监察处工作，后在刘铁军部当秘书。1923年1月，孙中山先生再次着手改组国民党，孙铁人为党务部副部长，后又代理部长，颇得孙中山先生倚重。乡亲们推荐了三个年轻人，绀弩也在其中，把他们的作文都寄了去。孙先生看后很高兴，回信说，他们这么会做文章，有机会可来上海读书。在乡亲们的资助下，绀弩终于说服母亲，离开了溾水河畔那座小城，挣脱了那不知沿袭了多少世代的贫穷落后的生活，勇敢执着地走到外面来了。

不久，孙先生送他进了上海高等英文学校，他在那里学习了三个月，却连一张五英镑钞票上的英文都认不全，闹了不少笑话。幸喜孙先生懂得因材施教，不久又介绍他到泉州国民党东路讨贼军前敌指挥部何成濬手下去当录事（文书），并介绍他加入了国民党。他的工作是整日抄抄写写，待遇是管吃、管穿、管住，没有工资。

枯燥乏味、日无寸进的旧军队生活渐渐使绀弩感到不满足，他渴望游历天下，过有声有色、丰富多彩的生活。后来他虽然已从一个无薪录事"升值"为每月20块大洋的有薪录事，还是打算另谋出路。正好，由孙铁人先生介绍他认识的同县前辈鲍慧僧先生从吉隆坡来信，说绀弩若不愿意在军队里混，可以去吉隆坡找工作。绀弩喜之不尽，马上办起盘缠动身了。

"自我告发"和革命启蒙

绀弩和一位同窗学友漂洋过海到达新加坡时，已身无分文，只好写信向鲍先生求援。鲍先生把他们接到吉隆坡，给他们找好了工作。

绀弩到吉隆坡一所华侨小学当教员。一次，华民政务司（英殖民政府管理中国人的机构）找他谈话。那位洋大人坐在高高的柜台里面，居高临下，傲慢地盘诘了他半天，绀弩感到一种无法忍受的屈辱。回到学校，他对校长发牢骚："这是什么谈话，这是审问！华民政务司高高在上，像坐在天上，我低低在下站在外面，像跪在地底层……"

"这是你年轻，未见过什么世面，不知道在外面挣饭吃的艰苦。这里是外国，是英国殖民地，不是你本乡本土，到这儿找生活，就得受他一点管辖，人人都得如此……"校长开导他说。

但是绀弩相信天下之大，必有较好的去处，他已蓄有离意。正好鲍先生从仰光来信，说已替他接洽好，可以到《觉民日报》去当编辑。以前曾往故乡为他寄过《劳动周刊》和《共产党宣言》的董锄平（方城）先生，是这报馆的总编辑。绀弩大喜过望，立刻找到校长辞职。校长不肯放他走，绀弩急了，生出一个绝招儿来。他写信给华民政务司，承认自己是共产党。这下捅了马蜂窝。华民政务司把校长找去，拍桌子大骂："你们学校竟敢隐藏共产党，真是胆大包天！"校长说："我们学校没有共产党呀！"对方把绀弩的信往桌上一拍说："你看你看，人家自己都承认了！"校长一看是绀弩的笔迹，不由得笑了："原来是他呀！他是个小学生，无知无识的人，不知死活轻重。他想辞职，我不放，他就想出这么个蠢主意……"华民政务司见校长说得在理，才和缓些说："不管他是不是共产党，这样人不能留，叫他走吧！"校长回来点着绀弩说："你呀，你呀，你不怕死，不知道轻重利害！这回我留不住你了，你的目的达到了。"

1923年秋冬之际，绀弩到达仰光，当天就听到董锄平和鲍慧僧被英殖民当局限期驱逐出境的消息。董先生趁要走没走的时间，教绀弩办报。绀弩拼命地学，很快掌握了设计版面、编排栏目等本领。不久，《觉民日报》就在这样一个"速成编辑"的"独裁"下，顺顺利利地出下去了。绀弩也从此以报馆为家，与书报为伴。白天在那间蒸笼似的编辑室里一个人忙得汗流浃背。夜晚便钻在董先生留给他的一屋子书里，如饥似渴地读陈独秀主编的《新青年》合订本，读关于社会主义、自然科学以及哲学的小册子。他从那些书刊里懂得了什么叫新文化和旧文化，新思想和旧思想，白话文和文言文，新诗和旧诗。他已经自觉不自觉地完成了革命思想的启蒙。

投考黄埔军校

国共第一次合作期间，绀弩从仰光回到了广州。当务之急是找一个"饭碗"，但鲍慧僧先生和廖乾五先生劝他：找工作有什么意思呢？拿几十块钱，一月月地混。你还这么年轻，应该多为自己的前途着想。去考黄埔军校吧！革命需要军事干部，将来带兵打仗，消灭北洋军阀……

在去黄埔的小火轮上，绀弩买了一本《向导》来读，马上被第一篇文章《试述中国之乱源》吸引住了。文中说中国连年战乱，军阀打仗争地盘，主要是因为帝国主义英、美、法、日等在幕后操纵，他们出钱出枪唆使中国人自相残杀，等打得几败俱伤，他们就可以瓜分中国，坐收渔人之利……这篇文章很对绀弩的脾胃，虽谈不上过目不忘，却印象深刻。

到黄埔第二天，校方给绀弩发来两张试卷，说："教务长（何应钦）说了，数学卷子可做可不做，作文题目是他亲自出的，要注意答好。"

因为谎报学历，绀弩本来心怀忐忑，等打开语文卷子一看，他就笑了，原来题目正是《试述中国之乱源》！照《向导》上那篇文章的意思一引申发挥，果然一矢中的，轻轻巧巧就考取了这所声名颇著的国民党中央陆军军官学校，成了黄埔第二期学员。才学习了几个月，发生了陈炯明叛变事件，绀弩和二期全体同学，作为校长蒋介石的学生卫队，在政治部主任周恩来的率领下，为扫清广东全境，为北伐剪除后顾之忧，参加了第一次东征。学生军旗开得胜，除了在淡水有一次不很大的接触外，很容易地进了海丰城。绀弩留下协助地方工作，被彭湃请去，当了农运讲习所教官兼政治部科员。为庆祝农民自卫军成立，请了一班艺人来唱戏，开幕以前，彭湃同志一定要请绀弩讲演。绀弩离乡背井三年多，还是原封不动一口湖北腔，农友们都是本地人，只听得懂潮汕话，要能听又能讲这两种话的，当时除了彭湃还寻不出第二个人来。于是绀弩面对热情的农友，大讲了一通新三民主义，彭湃替他逐句翻译成潮汕话，赢得了阵阵热烈的掌声。绀弩晚年回忆这段往事，每每目光闪闪，谐趣横生："假如我曾有过什么值得夸耀的事，那就是农运大王彭湃同志给我当过翻译……"

1928年冬，聂绀弩（右）与好友鲍事天摄于南京。（作者提供）

东征胜利，回到黄埔不久就是毕业分配。恰在此时莫斯科中山大学来广州招生，绀弩又碰上《试述中国之乱源》这个试题，当然是轻车熟路一蹴而就，他以第三名被录取。在莫斯科中山大学两年，绀弩始终没能突破俄文关，却自修了几乎全部文科大学的课程，被同学们戏称为"托尔斯泰"，以"专心文艺，不问政治"出名。

学校里有一批以黄埔学生为中心的真正老牌国民党员，如谷正纲、谷正鼎、王陆一、张镇、李秉中、郑介民等，康泽似乎是其中的领袖人物。就是这个康泽，几乎与绀弩结下了"不解之缘"。在这里绀弩还认识了年轻激进的蒋经国。

1927年5、6月间，蒋介石的"清党"大屠杀开始不久，绀弩和许多留苏学生被遣送回国。

姑娘的青睐和奇怪的友情

绀弩同康泽、谷正纲他们那一船国民党员，被国民党政府接到了南京。那些"骨干"分子，几乎一上岸就分配了工作。唯有连党证都没有的绀弩无人问津，只好住在党务学校宿舍等待分配。

当年的国民党中央党务学校，是以培养政府各级各部门的骨干为目标的，基本上仿莫斯科中山大学建制。第一学期开学后，由于训育员不够，临时请绀弩去辅导学生小组晚间的学习讨论会，那小组长便是未来的绀弩夫人周之芹（周颖）。当这位又热情又好学的姑娘第一次看到穿一身西装的绀弩时，先是眼睛一亮，随后那颗少女的心就加快了跳动的节奏。不知是那身西装在一片灰军服中显得格外醒目呢，还是那文质彬彬的风度使人倾心，之芹只觉得这位临时训育员实在与众不同。她那一双眼睛情不自禁地随着这个出众的身影转动。讨论会结束，绀弩如释重负地匆匆走了，组长小姐却十分慷慨地给他写了最好的评语，并希望下次仍由他来辅导。训育处尊重小组长的意见，又请绀弩辅导了两三次，最后终于正式聘为训育员。

之芹在一次早操过后，碰见已做军官装束的绀弩，不觉怀着狂喜的心情迎上去打招呼，而他只例行公事地回了一个招呼。之芹并不介意，她是以热情奔放、大胆泼辣，颇有"丈夫气"而著称的。她学习成绩好，是公认的高才生，是为数不多的女同学的中心和骄傲，也是许多男同学仰慕、追求的对象。她是学校的活跃分子，爱说爱笑，谁都认识，谁都喜欢与她攀谈。唯有这位聂训育员对她总是淡淡的，甚至视而不见。他越是这样，她就越觉得他与众不同，吸引力也越大。她一有机会就往训育处跑，也并不去接近他，只管跟旁人有说有笑。看着他低头看自己的书报，做自己的事情，她也就满足了。绀弩连做梦也没想到自己这只"丑小鸭"，已得到这位全校注目的女学生的青睐。

另一个意外是，他居然和康泽成了朋友。绀弩和康泽，可以说在任何一点上都是相反的。康泽认为绀弩除了会写文章外一无可取；绀弩反唇相讥，

1928年，聂绀弩和周颖在南京结褵合影。（作者提供）

说康泽是矫情镇物的伪君子，一旦得志，将是刚愎自用的军阀。在莫斯科中大同学时，他俩几乎没有私人交往，直到在回国的船上，两人才做了一次舌剑唇枪的交谈。回到南京，同住一间宿舍，相处时间一长，两人却很谈得来，而且旗鼓相当，坦率异常，痛快淋漓。绀弩甚至觉得自己再没有在别的人面前能够这样畅所欲言了。康泽也有同感，而且公然将绀弩引为"知己"。每天晚上，康泽只要回到宿舍，就会把绀弩手里的书抢下来，提议谈话。他的谈话常常这样开头："这个时候，人心思乱极了。无论谁，只要插一面旗子，不愁没有人来响应。"

"那你为什么不插呢？"绀弩问。

"迟早要插的，不过不是现在。"

"为什么?"

"羽翼未丰,不可以高飞。"

"你不是戴季陶的崇拜者么?戴的思想就是儒家思想,就是'君君、臣臣、父父、子子''乱臣贼子,人人得而诛之',你怎么敢插旗子造反呢?并且你对'毋不敬,俨若思'和《论语·乡党篇》特别有研究,能运用。那些东西都是教人怎样适应社会,而不是改造社会的!另外,你是黄埔系,离开这系统,你就会如蛟龙失水。今天的黄埔系,除了勤王保驾,还能做什么呢?而且,什么叫羽翼不丰呢?如果'丰'是指地位高,势力大,那么越'丰',个人欲望越满足,拖泥带水的东西越多,就越不想插旗子了!"

1929年,年轻时的聂绀弩摄于南京。
(作者提供)

"你还不了解,旗子总是要插的!"

"插旗子,以什么为理论基础呢?三民主义总是不行的了。'不入于杨,则入于墨'……"

"也许是。将来恐怕是要实行共产主义的。但主义是一回事,党又是一回事。即使将来实行共产主义，主导人也不能是现在的共产党。现在这帮杀人放火的'共匪'，总是非剿灭不可的！"

"对！先把现在的'共匪'剿光了，然后由你或者戴先生重新来号召，组织一批决不杀人、也不放火的真正共产党，专门请愿、演说、做文章……"

"你真是个怪物！要说你不懂什么是不行的，可是话经你一说，就特别难听。如果你真正是共产党的苏秦，光凭你的说法，脑袋早就掉了！"

"幸喜我也没有想游说你，如果想，只好甘愿失败。你的脑子，像一句赞耍刀枪的成语：水都泼不进！我的话，简直是对牛弹琴！"

"老鸹笑猪黑，自己不觉得！你自己就从来没有相信过别人的话！不过，总算我们有点共同之点：顽固！"康泽笑了。"如果我有一天做到蒋介石的地位，你就是我的吴稚晖！我欣赏你的笔，也欣赏你的顽固和怪。答应我，无论何时何地何种情况之下，我们都要做朋友，而决不成为敌人。"

绀弩不置可否地微笑着，对康泽的话将信将疑，并不当真。后来康泽虽未"做到蒋介石的地位"，却也做到与戴笠、徐恩曾并称蒋家王朝的"三鼎甲"。他果然没有加害过绀弩，也从没向绀弩要求过什么。这一切确实令人难以置信，但却是真实的存在。绀弩一生因为这层关系，曾受到种种误解和诘难，精神上遭受莫大痛苦和折磨。直到近几年才真相大白。

弃职潜逃到东京

一下子到了"九一八"！南京各报大声疾呼：抗日、反帝，收复失地，把日本侵略军赶下海去……绀弩此时已离开了中央党务学校，在中央通讯社当副主任，带编《新京日报》副刊《雨花》。他经常在南京各报发表文章和新诗，已颇有一点影响。这时他利用和金满成组织"甚么诗社"的办法，组织成立了"文艺青年反日会"，由他起草一个提出政治要求的请愿书，印好后分发到全体会员手里，再拿到全国学生请愿示威大会现场去散发。当局对这份传单特别注意，派人打听"文艺青年反日会"的底细。又有形迹可疑的人到处跟踪绀弩，康泽也突然约他见面，劝他适可而止。绀弩怕遭毒手，于是弃职潜逃了。他到上海找党未遂，便束装东渡，去日本找已在早稻田大学政法学院留学的之芹。

只身漂泊流浪多年的绀弩，在东京靠之芹的留学官费，第一次过起了安定的小家庭生活。经之芹介绍，他认识了湖北同乡方翰（何定华）和胡风。胡风介绍他加入了"左联"。又与胡风、方翰、之芹、王达夫、杨玉清、陈建晨等组织了新兴文化研究会，并开始出油印刊物《文化斗争》（后改名《文化之光》），寄赠给中国流亡日本的人士及留学生，在日本帝国主义的心脏宣传反日、抗日。不久遭日刑厅捕禁，在早稻田留置场吃了三个月的囚粮，最后被日本政府驱逐出境。

绀弩夫妇及胡风、汪孝达、漆宪章等回到上海，便以"留日归国华侨代表团"的名义，发了一篇《反日宣言》，并举行了记者招待会。之芹发表了慷慨激昂的讲话，抗议日本当局对爱国留学生的迫害和驱逐，她是这次被逐的唯一女性，被争相采访的报刊记者誉为"万绿丛中一点红"。他们又很快与上海反帝大同盟接上了头，积极参加各项爱国救亡活动。一次绀弩路遇留苏同学孟十还，经孟推荐，被林柏生（也是留苏同学）聘为《中华日报》副刊编辑，旋于1934年3月1日创办《动向》。

绀弩主编的《动向》，特色是多杂文，重在揭露，很快便团结了一批"左联"作家和进步文学青年，如廖沫沙、欧阳山、田间、宋之的、章泯、周而复等，都是《动向》的经常撰稿者。鲁迅先生更自始至终支持《动向》，先后投寄过数十篇杂文，对绀弩产生了很大影响。

绀弩编《动向》的表现，引起了党的关注，经同乡吴奚如介绍，绀弩于1934年加入了中国共产党。入党后接受的第一个任务，便是到四川康泽处去搞军事情报。但是绀弩一到重庆康泽就派人接送，到成都又有专人陪同游览，回上海又一路有人护送，赠川资、买车船票等。康泽这一手玩得很漂亮，既顾全了够朋友讲义气的面子，又使绀弩一无所获，徒劳往返。绀弩接到第二个任务是护送刚从南京逃脱虎口的丁玲去西安，这是冯雪峰当面交代他的。他与初次会面的丁玲一路上假称夫妻，顺利到达西安，等到与专程来接她去西安的潘汉年见了面，绀弩才只身返回上海。

翌年，"八·一三"抗战打响，绀弩参加上海救亡演剧一队，和宋之的、马彦祥、贺绿汀、赛克一起到了武汉。后来，他和艾青、田间、萧红、萧军、李又然等，被薄一波同志主持的山西民族革命大学聘为文艺系教授，一路风尘到临汾。正准备开课，日本侵略者从晋北南下，娘子关失守，临汾告急，"民大"搬家，绀弩这几位尚未上过一课的教授就随西北战地服务团，经风凌渡过黄河，到达西安，住在一个女子中学里。在十八集团军办事处，绀弩和丁玲遇见阔别了十几年的周恩来同志。绀弩还是在黄埔军校当学生时认识这位军校首脑人物的，除了一起打过牌，并没有私人的接触，周恩来却一眼就认出了绀弩，并直呼出他的姓名来。恩来同志还很高兴地提议："你还没去过延安吧？想不想去看看？"

"当然想去。"

"交通工具我帮你想办法，有方便车就通知你。"

果然不久绀弩就接到通知，和丁玲一起到了延安。

可怕的人

到延安的第二天，在陕北公学开学式上，绀弩第一次见到了毛主席。会后，丁玲介绍他和毛主席认识，两人很快就语文问题谈得很投契，像老朋友一样。

有一天，毛主席、丁玲、李又然、绀弩，还有康生和另外几个人，同桌吃饭。饭菜摆好了，绀弩笑着提议："请毛主席讲话！"大家立即鼓掌。毛主席在掌声中慢慢悠悠站起来，含笑环顾众人，等都安静下来，才说："请同志们吃饭吧！没有什么好招待。"他一字一板慢条斯理地说完就坐下了，引来满桌满堂笑声。丁玲坐在毛主席身旁，指指点点笑着跟毛主席说：

"聂绀弩也很会讲演，别看他不会讲那一套马克思主义大道理，却有一条三寸不烂之舌，很会讲一气子的……"

毛主席听了，就笑着带头鼓掌说："欢迎聂先生讲话！"大家也跟着鼓掌。绀弩无可奈何地看了丁玲一眼，只好站了起来。

绀弩初到延安，只觉耳目一新。这里不分军队百姓，不分首长士兵，都一律住窑洞，吃小米，穿粗衣布鞋，生活相当艰苦，而终日歌声、读书声不绝于耳。这是一个充满革命乐观主义的平等的社会，没有国统区触目皆是的烟馆、赌场和妓院，却有许多书店，而且最拥挤的也是书店。这里缠足的女孩子已不多见，脑后拖小辫子的男人几近绝迹。这里的学生、战士、男女老幼，人人都懂团结抗日、一致对外、统一战线等大道理。中国的希望就在这里！怪不得多少热血青年，抛弃舒适的生活，离别亲人，不远万里纷纷赶来这里……绀弩讲自己的所见、所闻、所感，讲国民党统治的腐败黑暗，讲那些达官贵人、贪官污吏，只顾个人升官发财，不管人民死活，国家危亡……

一阵热烈的掌声过后，绀弩心满意足地坐下来。多少天沸腾在胸中的激情得以尽兴倾吐挥洒，是多么痛快啊！突然对面响起一个山东口音，不知什么时候康生已站起来讲话了，而且是对绀弩的讲话逐句反驳。他说：聂先生刚才讲到升官发财，言下之意是以为升官发财极是一件坏事。其实不然，国民党讲究升官发财，共产党也要提倡升官发财！聂先生看到许多青年涌到延安来，但没有看到延安也有许许多多青年涌到全国各地去。我们延安的青年就是要涌到各地去升官发财，去把日本人、国民党占有的官和财夺回来！我们就是要升官！就是要发财！……

绀弩怔怔傻傻地坐在那里，饭忘了吃，菜也忘了夹。这洋洋洒洒、振振有词的辩驳，令他茫然不知所措。他在紧张的思索中忽然觉得懂了许多东西：同一件事或同一句话，是可以有截然不同的解释的，无论是怎样的诚心善意，都可以被解释成完全相反的意思。绀弩作为一个从国民党营垒中自动反叛出来，在白色恐怖最严重的时候毅然加入共产党的青年，虽说没有为党做出什么大的贡献，但自信耿耿忠心可昭日月。特别是这次来延安，大有游子来归的欣悦，也更坚定了为党的事业竭尽忠诚的决心。他逐字逐句回忆推敲自己的讲话，觉得实在没有什么足以引起非难的地方。他觉得这样的曲解太令人寒心了，这样的人太可怕了。他是一个心口如一的人，心里想什么，口里就说什么，不晓得察言观色，转弯抹角，如果连这样一席发自内心的赞美之辞，尚且被曲解得面目全非，别的还敢往下想吗？

自那以后，绀弩对康生就起了一种生理的恐惧，怕和他同桌吃饭，怕那双在镜片后缩得很小的眼睛，怕待在他的视线所能达到的任何地方……他想到抗日前线去。1938年春夏之际，绀弩离开延安，从西安千辛万苦到达武汉。

"妹夫"和"红娘"

在武汉八路军办事处，周恩来同志见到风尘仆仆的绀弩，笑道："看，我妹夫来了呀！我支持他带笔从戎！"

原来，邓大姐是之芹的姐姐周之濂在天津女师的同学，又同是"五四"时觉悟社的成员，情同手足。之芹12岁和姐姐在女师附小读书时，就得到邓大姐和邓妈妈无微不至的关怀照顾，邓大姐亲切地呼之芹为"阿妹"，于是绀弩也顺理成了"妹夫"。绀弩被介绍去皖南云岭新四军叶挺、项英部报到。

1938年8月，绀弩到达皖南新四军军部。先作政治部宣教科科员，后调服务团创作委员，最后是军部文化委员会委员兼秘书，并负责编军部刊物《抗敌》的文艺部分。但他渴望上前线。后来，丘东平拉他去陈毅的第一支队，他俩和徐平羽结伴同行，兴致勃勃向茅山地区进发。

1938年，聂绀弩（右）和黄源（左）、彭柏山（中）摄于皖南新四军政治部驻地汤村。（作者提供）

到了一支队，和陈毅同志一起住在司令部。东平和平羽很快分配了工作，留下绀弩每晚与陈司令谈诗。陈毅有"诗人将军"之称，一部陆放翁诗集总是宝贝似的随身带着，对杜工部诗、辛稼轩词也爱不释手，他几乎挖空了绀弩能背诵的所有诗词，还要绀弩给他讲平仄、对仗、格律等等。经常是陈司令信笔挥洒出几首诗，马上拿来让绀弩品评，还一定要他指出哪里对，哪里错，哪里不合辙押韵。绀弩总是老实不客气地直抒胸臆。他们一谈就是半夜，谈到中肯、得意处，陈司令高兴地连声说："对头！对头！"和陈司令在一起，无疑是一桩乐事。但是绀弩摸不清为什么老不正式分派他工作。

过了些天，陈毅看出绀弩的不安，就很爽快又诚恳地说："我看你是一位才人，如果我们打下一个县城，或者一所大学，你去当个县长或校长什么的，你行！但是现在是战争时期，又是神出鬼没的游击战，行军打仗，一天走百几十里，你不行！你在这儿，我看发挥不了应有的作用，你要是想走就可以走，不要不好意思。"

绀弩要求回军部。陈司令赍发了20元钱，又派了马和马伕相送。不久就是过年，部队文工团来军部慰问演出，陈毅钟情于文工团里年轻美丽的张茜，然而戎马倥偬，他还要赶回驻防地，只得匆匆草就一封情书，请绀弩和东平权作红娘，自己则快马加鞭地回茅山了。绀弩亲手把那封情书交给了张茜，促成了"吹吹打打娶小乔"……

从"红色作家"到"特赦战犯"

1947年，绀弩从"六一"大搜捕中"漏网"出来，辗转到了香港，恢复了久已未过的组织生活，与以群、天翼、力扬、孟超、适夷、天佐等同在一个党小组。开始为《文汇报》写社论，后又为《大公报》写短评，最后进《文汇报》任总主笔。这一时期，他除了写文章，就是和朋友们聚会。他和高朗、黄永玉是上咖啡馆的伙伴；和胡希明是把盏高论的酒友；和邵慎之、骆宾基、董秋水、王琦等是下棋、逛书摊的搭档。至于去荃麟、葛琴家做客，为楼适夷的《小说月刊》和秦似的《野草》投稿等更不待说。他有感于自己理论知识的"贫困"，利用这一段难得的安定时光，读了斯大林的《列宁主义问题》《联共（布）党史简明教程》《列宁文选》等。他除了写作大量的杂文、散文、诗歌、小说外，还写了许多政治性强、可读性颇高的社论、短评、专栏等，被称为香港最"红"的作家。

1951年，绀弩不顾《文汇报》一再挽留，从香港回到北京，被分配在人民文学出版社任副总编及古典部主任。他不但领导了精校细注的《水浒传》

1949 年，聂绀弩（右一）与周而复（左一）、洪道在香港。（作者提供）

七十回本和一百二十回本的及时出版，考证了《红楼梦》的使用版本，整理、校正了《西游记》，在短时期内把几部古典名著送到了读者面前，还写了数十万字的古典小说研究文章，并不惜"血本"，搜集了长短篇小说近千种，写了上万条札记。原准备好好"吃遗产"，可惜"遗产"未吃成，就来了肃反运动。由于和康泽、胡风等的关系，他被隔离反省近两年。但他无心虚耗光阴，在等待内查外调期间，抓紧通读了《资本论》和俄文版的《联共（布）党史》，几乎同时突破了他曾视为畏途的理论关和俄语关。

接着在整风运动中，这位还在留党察看期间的绀弩，又成了右派分子被派到冰天雪地的北大荒。

1961 年春，他从北大荒回到北京。承张执一同志照顾，在全国政协文史资料委员会挂名当了个"文史专员"。绀弩利用这段被遗忘、遗弃、与世无争的时光，钻进故纸堆潜心研究了起来。一面大量阅读、分析，积累《中国小说史》的资料，一面也写了不少关于《红楼梦》《聊斋志异》和《金瓶梅》的研究文章或提纲，现在幸存部分都收在《中国古典小说论集》一书中。

"文化大革命"开始不久，1967 年 1 月 25 日深夜，绀弩在家中被捕，在北京关押两年。后于 1970 年在山西稷山看守所被判处无期徒刑。罪名是恶毒攻击伟大"旗手"，被解往临汾监狱服刑。他分在"老残队"，与一班国民党县团级战犯共同改造。他是那里年纪最大、刑期最长、身份最特殊的"犯人"。他跟那些曾经针锋相对斗了几十年的敌人成了"监友",被他们推崇备至,称为"活字典"。他给他们读《人民日报》和"批林批孔"的学习材料;他们则帮他干较重的劳务。最后他和他们一起获得"特赦"。一个老共产党员竟然和战犯一起特赦!但他毫不在乎。他说:"我不是英雄豪杰,不在乎被当作什么,我就是我!只要放我回家就知足。"

老友楼适夷赶去慰问,见到他,不禁老泪纵横。他却反过来笑慰:"比你们在外边好多了。没有'高帽子',没有'喷气式',没有大批判和红卫兵,可以安安静静地读书……""坐了 10 年牢,最大的收获是精读了《资本论》,凭记忆写了几十万字的《论〈金瓶梅〉》,可惜被没收了,至今下落不明……"

"卧佛"聂绀弩

劫后余生,百疴缠身,最后 10 年,他总是被禁锢在病床上。但是他读、他写、他不歇地工作,连病床也成了工场。他素以"事有千头皆卧治"著称,被人尊为"聂卧佛"。他的《散宜生诗》《中国古典小说论集》《绀弩小说集》《高山仰止》《脚印》《蛇与塔》等书,以及许多感人泪下的诗文《怀孟超》《我与伍禾》《忆奚如》《吊胡风》《雪峰十年忌》等,还有不少脍炙人口的文学评论如《我爱金圣叹》《且说〈三国演义〉》《礼与〈红楼梦〉》《谈〈金瓶梅〉》等等,都是他最后几年"卧治"的业绩。他庆幸自己赶上了"平反""改正"恢复党籍,珍惜这安定团结一心搞"四化"的大好时光。他把拉下 20 几年的工作,都压缩到屈指可数的岁月里来完成。他赶着编书,赶写诗文,催找资料,催誊清发稿。"七十(做事)不隔月,八十不隔天"是他的口头禅。发起狠来,他一天能写四五千字,常常是文章未终篇,人已累得发起烧来。老伴常常又像埋怨、又像夸耀似的向人诉说:"老聂太用功了,一分钟也不闲着,不是读就是写,不累病了不罢休……"

绀弩则浩叹:"可惜太晚了呀!年轻时不晓得用功,浪费了许多时间。几十年下来也没写出多少文章来。后来晓得用功,写作欲望那么大,又不让用功不让写。现在老运亨通,到处来要稿,也很想多写快写,可惜又不能写了……"

20世纪50年代，聂绀弩与爱女聂海燕摄于北京。（作者提供）

总是事与愿违，总是横生枝节，"梅开二度美人迟"呀！这是绀弩的遗憾。遗憾归遗憾，绀弩可没有时间怨天尤人，他必须抓紧分分秒秒拼命赶！他的床头、枕畔，身前身后，无处不是书、纸和笔。朋友去他家，总看见他在读或写。逢到这种时候，最好不要打扰他，要不然你就听吧："这阵子您老怎么又瘦了？"

"我从来没胖过。"

"您老要多注意营养和休息呀，都瘦成啥样儿啦？"

"不过跟非洲饥民差不多，值不得大惊小怪，你来有事吗？"

"没事儿，就来看看您……"

"不是已经看见了吗？"

这种慰问要是多几次，他甚至会在你刚一进门就问："你怎么又来啦？！"

但事后他又会"自省"：

"人老了，脾气大，性子急，哪个晓得还有多少时间留给我？要做想做的事情太多了，白白糟蹋了多少时光……做文章嘛，最好是一气呵成……思路一打断就难得找回来，最容易事倍功半。就算找得回来，也不是原来的思路了。"

"是啊，有时您的火气真大。"

"唉，用不了多少日子，就一点气儿也没罗！"

他患有严重的肺心病，多少人都劝他戒烟，但他戒不了两天，一写文章又抽开了。老伴埋怨他："人家都能戒烟，说不抽就不抽了。连胡风都戒了，唯独你戒不了！"

"哦，这么说，世界上就剩我一个人抽烟了。"他一边吐着烟圈儿，一边慢悠悠地说。

这个"文字国"执着的耕夫，这个"衔名自署拥书侯"的绀弩，在和死神赛跑的最后的日子里，梦萦魂绕的仍然是对祖国古典文学的研究。他想写《水浒》"六论""七论"；想补一篇《〈聊斋〉的现实主义举隅》；还想重起炉灶完成《论〈金瓶梅〉》。在他病情加剧的最终时刻，仍心心念念要完成《贾宝玉论》。他拒绝住院，坚持要在家里把文章写完。他说：

"只要让我写完《贾宝玉论》，你们让我去哪里都可以，对我怎么处置都行……"

这个聂绀弩，这支红色的劲弩，即使在临近"强弩之末"的时候，仍一如既往地执着于自己所热爱的工作，这种将生老病死置之度外的事业心，贯穿了他的一生，也贯穿了千千万万如绀弩的中国知识分子的一生。正是他们和千百万群众一起，铺平了通向共产主义美好理想的道路……

1987 年 6 月

原载《人物》1987 年 9 月第 5 期

从传主和"庸人自传"说起[1]

——写在后面

笔者曾跟本传传主说过:

"要是有人对您说:只要您活着,她就不会成为孤儿。您怎么想?"。

"这是很好的文学语言。"

"如果这是一个人的心声呢?"

"那我大喜过望……"

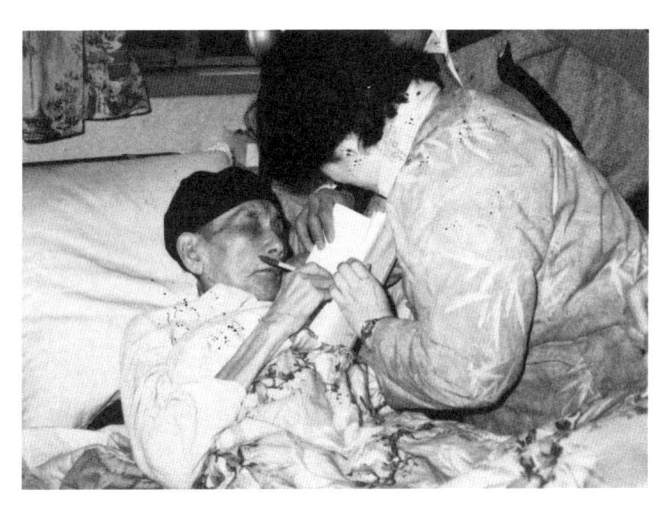

1986年2月8日,聂绀弩83岁生日当天摄于北京劲松聂宅。他正在为赠史復(罗孚笔名)的《散宜生诗》签名。这是他生前最后留影。(作者提供)

---

[1] 编者注:此系作者所著《聂绀弩传》"后记",四川人民出版社,1987年8月初版。

一九八六年三月二十六日下午四时二十五分,这个"只缘迎春到人间"的执着的耕夫,从容地离开了这个世界,辍笔罢耕了。从那一刻起,我也真正变成了孤儿。当天晚上,我彻夜未眠,往事历历,涌上心头,如织如绘……

难忘的印象

第一次见到传主,我的恩师,我心灵的慈父,三耳伯聂绀弩,是一九七九年六月一个夏雨初霁的午后,在人民医院[②]一间简陋的"高干"病房里。

他隐身在一条薄薄的单被下,花白的头枕在一方发灰的白枕头上,面容清癯。没牙的嘴瘪瘪着,两腮塌陷,黄灰的面皮倒没有多少皱纹。他很虚弱,表情淡漠而滞凝,除了目光缓缓流动,看不到更多的生气。对于环立在他病榻边的几个冒昧的探访者,他只微微颔首,投过恍若隔世的一瞥,就疲倦地阖上了眼睛。但是,当我噙着滢滢的泪花,俯身向他轻轻道别时,顺口提道:

"我读到了您发表在《诗刊》上的诗……"

那眼睛忽然奇迹般迅疾地睁开来,闪出了亮光,脸上浮起一个动人的微笑,扫尽了满室的愁云。这是一个多么敏感、美丽的微笑啊!那在他面前发威晃荡的死神算得了什么?!即使它能阻断生命的进程,也无法阻断那种对事业和生活至死不渝的执着和热爱……

从此,这个"驼背猫腰短短衣,鬓边毛发雪争飞。身长丈二吉诃德,骨瘦嶙三南郭綦"[③]的"湖海白头翁",就像磁石一样吸引着我这个少年失怙的孤儿。接近他,了解他,帮他做点什么,成了我新的生活需要。到这年年底,我们这一老一小已经无话不谈,情同父女了。

那天他送我一本《中国现代作家传略》,当我翻到《聂绀弩(自传)》,看见"一九三四年加入中国共产党"时,不觉惊讶道:"您的党龄比我还大呀!"

他笑道:"你这话可以做两种解释,一是我的党龄比你的党龄大;二是我

---

② 编者注:即北京白塔寺人民医院。
③ 编者注:原诗名《丁聪画〈老头上工图〉》,是聂绀弩 1958—1960 年以"右派分子"身份被遣送到北大荒劳改生活的写照。见罗孚编《聂绀弩诗全编》第 21 页,学林出版社 1992 年 12 月版。

1986年，漫画家丁聪凭记忆重画聂绀弩"老头上工图"。原作画于聂绀弩流放北大荒时期。（作者提供）

的党龄比你大。"

"是说得不严密。应该说您的党龄比我的年龄还大。跟您这样的老学究说话要时时小心，谨防抓辫子。"

"可惜你没有辫子呀！"他打趣说。

"这算什么自传？您不是填履历表吗？"

"本来就是填表嘛！写那么多做什么用？"

"做什么用？您的历史就是一部中国革命史呀！这样丰富的经历，可以写一部百万字的大部头。"

"你想写吗？"

"当然想写，就是怕……"

"怕力不从心！"他接口说笑。

"就是！您不是知道我那点可怜的学历吗？"

"知道！你是个中学生，没有上过正规大学。"他用揶揄的口吻重复我曾说过的话。"那又怎么样呢？当初我出来闯江湖，还是个小学生哪！"顿了一顿，他语重心长地说："学历，学历，只能说明过去的学习历史。重要的是随时随地坚持不懈地学习，争取做自己力所难及的工作，强迫自己学习提高，强挣硬巴向上攀登。只有这样，才能有所成就，有所出息。在到伯伯家里来的年轻人中，我对你抱有信心，你认真，能干，又刻苦……"

"可是，我已是人到中年万事休！"我打断他。

"是哪个把这样陈腐的观念灌到你脑壳里去的？！伯伯的年龄比你大一倍，都从没想到过什么万事休！"他光火了。"当着一个七老八十的老人的面，说出这种话，不怕人笑掉牙么？当然，伯伯已无牙可掉了。"

这"绀弩式"的幽默使我想笑，又不敢笑，因为我感到羞惭。他语气和缓了些，接着往下谈："你要晓得，每个年龄阶段都有黄金。中年是成熟的年龄，丰收的阶段……"

"那是指那些青年时期已经打开局面的人！像我，到现在刚起步，起点还是零……"

我忍不住嘟嘟囔囔。

"从零开始有什么不好？只要决计做一件事，就马上动手，什么时候也不算晚！你不晓得大器晚成的话吗？"

"可惜我不是'大器'。"

"是'小器'也无妨，只要成器！中国智识层本就薄弱，各方面都比较落后，一个人只要肯努力，突破一点并不很困难。就说文学吧！薄弱点和空白就不少。你不是对人的遭际命运特别感兴趣么？你就可以向纪实文学和传记文学方面努力嘛！如果你真想写我，我可以把自己的一生提供给你。无论你虚构也罢，夸张也罢，你有绝对自由。可以用我的真名姓，也可以用某个假名字。"

"哦，那太好了！可惜我不是罗曼·罗兰……"

"我也不是贝多芬呀！"

"您看我能行吗?"

"为什么不行?"

"您要赶鸭子上架吗?"

"伯伯就是要赶你这鸭子上架!"

写作的诀窍

此后,我开始细读凡是能到手的绀弩的作品,重学《中国通史》《中国革命史》《中国文学史》,以及阅读各种回忆文字、传记、传略等等。与此同时,三耳伯也开始向我讲述他的一生经历,无论是居家、住院、开会,在读与写及生病的空隙里,他总是不厌其烦地回答我无休无止的询问。我从他那里学到了多少书本上都学不到的东西啊!他说:

"我告诉你一点写作的诀窍,你先把想到的一口气都写下来,想到什么写什么,想写多少写多少。然后再回过头来,尽量地删改,凡是可要可不要的,一律删掉,能删多少就删多少,千万不要舍不得……"

他告诉我:"构思一篇文章的时候,千万不要把你想到的说出来,要憋住!因为一说出来,肚里就空了,写作欲望就不强烈了。用文怀沙的话说是:一说话就泄了元气了……"

这些朴朴实实的经验之谈,比任何"写作入门"之类都更切实可行。他要我多写,多练习,每天要有意识地写几页稿纸。并且要我多投稿,不要因为怕退稿就不敢投,或者因为几次退稿就不再投。要争取编辑的关注,争取社会的承认……

我开始经常写稿投稿,即使四处碰壁也不气馁,因为有三耳伯那股百折不挠的精神为我作后盾。我终于闯过了"退稿关",我的大小"豆腐干",开始登上报纸杂志的版面。我这时的最大心愿,就是希望尽快把一本印刷精美的、我写的书,送到三耳伯手上。我抓紧一切时间查阅资料,编写《聂绀弩年谱》,继《聂绀弩传略》发表之后,加紧"大传"的准备工作。但是书名还没有想好。那天,我一走进他的房间,他就迫不及待地告诉我:"我给那本书取了个名字,就叫——庸人自传!"

"庸人自传？"我正一面重复着，一面琢磨其中的含义时，周婆（之芹④）在一旁大声抗议道：

"聂绀弩传就是聂绀弩传！什么庸人自传！取这些莫明其妙的怪名字！好好的'聂绀弩诗'不叫，偏要叫什么《散宜生诗》！别人还以为是哪个姓散的写的什么歪诗呐！四姑娘，别听聂伯伯的。"

我笑笑不言声儿，拿眼瞄着三耳伯。只见他不紧不慢不气不恼地说：

"现在的中国妇女，已经不只半边天喽！简直是一手遮天！看来应该提倡'男人解放'了。"

周婆忍俊不禁，对我说道：

"什么话到了他嘴里，总是奇里古怪，与众不同！"

"当初您不就是看中了伯伯的与众不同吗？"

"承认自己是庸人，怎么也是与众不同呢？"

"你们组成了统一战线，我不跟你们扯了，我还忙着哩！"

话音刚落，周婆已经走出门了。

三耳伯笑道：

"咱们不理她。我说，你写，抓紧时间完成，总算是一件工作。"

一开始进行得很顺利，三耳伯似乎很愿意回忆他那并不幸福的童年，对儿时那些十分遥远的往事，他的记忆似乎最为清晰。他深沉内向，平时是听的时候多，讲的时候少。但是当他自愿打开话匣子，那流利的口才，有条不紊的叙述，真是出口成诵，笔录下来就是现成的文章。我给他整理的第一篇文章是《回忆七十年前的开笔》。他说，我记，配合默契。只是当讲到他爹看了他写得歪歪斜斜的"开笔"，向屋内喊他妈妈："喂，你出来哟，你儿子会做文章了！"三耳伯的声音忽然哽塞了。只见他泪水盈眶，嘴角颤动，讲不下去了。我笑道：

"哟！快一百岁的老头儿，还想爹想得哭！"

他也想笑，却笑得嘴撇着，泪水顺着两腮直流。我的眼睛也濡湿了。我起身从暖气片上拿了条干净手绢，替他拭泪。他任我左揩右抹，那透视的目光和深不可测的神往告诉我，他仍沉浸在悠远伤情的回忆里。幸喜开饭了，

---

④ 编者注：周颖原名周之芹。

我们装作若无其事地走向饭桌，我用手在脸上刮着羞他，他才破涕为笑。

饭后继续工作，他要我将记录念给他听。念完了却不见他的动静，原来他又在默默地擦眼泪。我有些着急了，笑着埋怨道：

"真是越老越小了！看来只有'且听下回分解'了！可我没有那么多时间呀！伯伯您行行好，今天弄完了吧！"

话刚出口，我就后悔了。或许泪水能够冲淡郁积已久的辛酸和委屈吧？我太不近人情了！沉默了许久，才响起了三耳伯的声音：

"好，今天弄完它……"

暴风雨已经过去，他脸上是一片宁静。很快就竣稿了。我整理誊清后，他只做了些小修改，就发表了。这是写得最顺利的一篇。

嗣后就没有这样顺利了。因为回忆，他常常失眠，有时竟累得发起烧来。老人的记忆，似乎愈远愈清晰，愈近愈模糊，他很少再像讲他的童年那样大套大套地一气呵成了。他记忆的触角涉及越来越广泛复杂的人和事，其中还牵扯不少仍健在的名流和大人物。既要为贤者讳，又要避攀附之嫌，难哪！他很少讲自己与他们的交往和关系，实在无法就一带而过，比轻描淡写还要轻淡，弄得我一头雾水。我开始"广采博纳"，走访他的同人朋友，从别人的回忆文字里找线索，凑材料，然后去同他印证。就是这样，他的答案也是简洁到悭吝的地步。要是我刨根问底，发问过多，他还会甩出一句："你审问我吗？"问到他做过的工作和贡献，那回答就更冲："除了办报写文章，我能做什么工作？贡献？什么贡献？做自己分内的工作也能叫贡献吗？那贡献就太容易了！"

"您就这样提供您的一生呀？看来您对庸人自传已经失去兴趣，不想赶我这鸭子上架了。"

"我原想让你拿我练练笔，真正写起传记来，我看不大得体。"

"可我已经费了九牛二虎之力了。"

"那就尽量写少一点、短一点吧！"

一九八二年年底，我捧出了二十万字的初稿。他看到厚厚的一沓稿纸，眉心打结，不满地说：

"怎么写了这么多？我又不是什么大人物！"

见我满脸失望，又缓和了：

"先放这儿，慢慢看。"

这一慢就是近一年！原来他请行家过目去了。最后宣判为：不行！我虽早有思想准备，还是惊呆了。他歉意地说：

"伯伯对不起你，没有亲自为你好好看稿子。看过的人基本持肯定意见，但以我自述的口吻不合适。你改用第三人称写，发表当不成问题，因为材料是好的，文笔也可以。至于旁人想写也不要紧，他写他的，你写你的嘛！"

我满腹委屈，尤其不满什么"他写他的，你写你的"。冲动之下，我给三耳伯写了一封抱屈衔冤的信，并赌气不做约定的拜访。在"清污"喊得震天响时，他的《评〈金瓶梅〉》在《读书》上发表了。文章开篇就在"洁"与"不洁"上做功夫，他的睿智、胆识令人叹服，使我想起他的杂文名篇《韩康的药店》。我忍不住想见到他，听他妙语连珠。

像什么事也没发生过一样，他见了我最关心的是对《评〈金瓶梅〉》的反应，我告诉他："人人都说：这老头儿写的文章，越来越生龙活虎了！都佩服您的胆识。我也是。不过，我觉得您跟我谈过的《金瓶梅》，比这篇文章精彩详尽得多，所以我感到遗憾。尤其是文章开头那么好，结尾却突然煞住，活像看了一个长篇小说的开头，却忽然以短篇结束，不过瘾。"

"这有可能。我本来写过一篇比这长得多的文章，自认也比这篇好，可惜死也找不到了！我准备还要写一本书，这样一篇文章不可能把话都说明白的。"他点燃一支香烟连吸了两口，直直地盯着我，像要看到我心里去，然后缓缓地低沉地说："你跟我提了一个意见，我也跟你提一点。你已经学到了把一切要写的都写出来的本事，但还没有学到把不该写的不写出来。从一个字，一个标点，直至整章整节，该删的都删掉。我就常常删的比保留的多。要是把删的本事掌握了，你就成熟了。当然你现在也成熟，但是刚刚达到成熟的境界，即所谓初臻成熟，这也很不容易。但离真正成熟，完全成熟，还有一段不小的距离，不过我相信你会很快缩短甚至消灭这段距离。"我心悦诚服，连连点头。他又说："还有，我们谈文章就谈文章，不应该谈关系，文章和关系是两件完全不同的事，就像公与私不容混淆一样。你写的那封信，使我难过了好些日子，因为你把文章和关系混为一谈了。我对你写的《庸人自传》有意见，希望压缩重写；而对四姑娘，我一如既往。你是我的私人女生，好学生，好读者，小朋友，你看，我这样说像不像在拍你的马屁？"

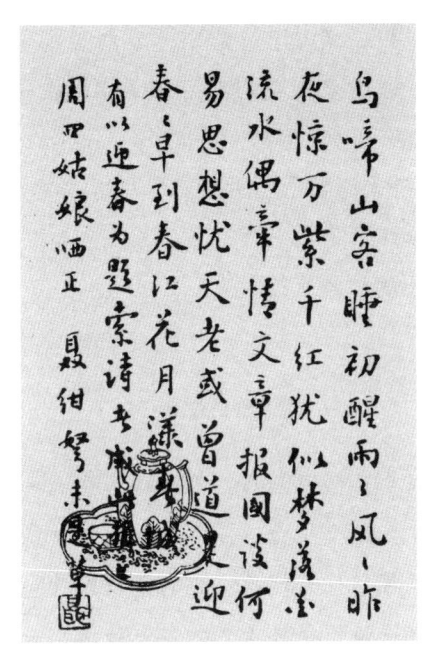

聂绀弩题赠作者周健强书法作品。
(作者提供)

我感动得热泪盈眶，万千话语哽在心头，我恨不能砍掉我那只写信的手！我转身跑进厨房，洗去夺眶而出的泪水，暗暗下定决心：哪怕还要重写一百次，也要尽心尽力刻画好这个——

大写的人！

在三耳伯极度衰弱、不能起坐、睡多醒少的日子里，他念念于心的仍然是文艺界朋友们的近况：某某某是否仍有新作发表？他不会真的退出文坛吧？某某某好久没来了，是不是受到的压力更大了？某某某出院没有？你要不要代我去看看他？香港《文汇报》安没安排某某的工作？出版发行工作是否已有较大起色？《散宜生诗》⑤增订注释本有人买不？《蛇与塔》⑥印数多少？赔不赔本？使我难忘的是一九八五年十一月十日，他约我前去，周婆开门迎住我说："刚刚还等你来，这会儿又睡着了。聂伯伯近来总是这样昏昏地睡……"

---

⑤ 编者注：《散宜生诗》是人民文学出版社初版于1982年8月，增订注释本是1985年7月。
⑥ 编者注：《蛇与塔》收录聂绀弩31篇杂文，三联书店1986年1月初版，是作者生前所出最后一本文集。

不一会儿就听见叫我。老人已经醒来，半倚半躺着，正往一个绿皮本上写什么。很快写完了，递过来的是两首诗，字体歪歪扭扭像要散架似的。我笑道："这是天书吧？"

他不笑，说："这是天诗！手不听话，尽写尽歪尽扭，快不行了。"

"能写天诗，还不行吗？"

"快誊清吧！"他不耐烦开玩笑。

我誊抄在一张大纸上：

雪峰十年忌[7]

月白风清身酒店，山遥路远手仇头。

识知这个雪峰后，人不言愁我自愁。

干校曾使天地秋，脱离干校鬼神愁。

相逢地下章夫子，知尔乾坤第几头。

他接诗在手，目不转睛地反复看，仿佛在默吟推敲。我问：

"十年忌？冯雪峰死了十年了吗？"

"十年，明年一月十年……"

老人神色黯然。为使气氛轻松点，我开始饶舌："聂伯伯，您真好！"

他翻了我一眼。我故意不理会他的白眼，自顾自往下说：

"我是说您对朋友真好。胡风死了，是您第一个发表悼亡诗祭奠。冯雪峰十年忌日，只怕又是您第一个写诗纪念……"

他的眼睛仍盯在诗上，像是没有听见我说话。那张骨相分明的脸上没有悲哀，只有凝重的专注，仿佛参禅入定一般。为搅扰这凝重的空气，我把他叫回到现实世界来：

"聂伯伯，这首诗我只懂前面半首，给我讲讲后半首好吗？"

他抬眼望着我，仍不言声儿。我继续独白：

"您头两句画出他的性格为人，三四句是说像这样的人，很难见容于世，您为这样的人和这样的人世忧心忡忡对吗？"

---

[7] 编者注：参见本书《知尔乾坤第几头》一文。

见他点头,我又问:

"干校怎么使天地秋了?后面一首我不懂了,您给讲讲呀!"

"他在干校就接近人生之秋了,从干校回来就快死了……"他忽然顿住,四处找圆珠笔。说:"这两句要改。"他改成,"干校曾经天地秋,归从干校病添愁。"我赞道:

"这个经字改得好!这样一改就好懂多了。最后两句您用了典故吧?"

"你晓得邹容吧?就是那个'革命军中马前卒'。章太炎知道吧?那个思想家、学者、民主革命家?他为邹容的《革命军》写序,同他一起被捕坐牢时,写了一首诗给邹容。其中有两句:'临命须搀手,乾坤就两头'。雪峰在地下见到章夫子,就可以知道自己是乾坤第几头了。"

"哈哈,这典用得有意思!那么,您是第几头呢?

"我就一个脑壳,一个头。"

说完,他阖上双眼,又参禅入定了……

这是三耳伯最后一次作诗,《雪峰十年忌》是他的绝笔,多么珍贵感人的绝笔啊!

此后,他失去了提笔的精力,总是昏昏地睡,静静地等着。仿佛总在聆听着、思索着、回忆着什么。他的神志始终清朗,他用衰弱的笑容,柔和的目光,默默地向每个前去探望他的朋友告别,心平气和地等待着生命的最好的终结。哲人梭伦说:生命的最好的终结是趁一个人头脑清醒、感觉健全的时候,由自然来拆散它所组合的东西。

他从容远去了,带着他的满腹锦绣,带着朋友和读者们的热爱和眷恋,留下他未竟的事业,留下一笔不算巨大却很珍贵的文学遗产,留下一颗狷介率真不死不灭的灵魂,化作冲天大火,走向了永恒。使我终生遗憾的是,以往他每次住院,我都急如星火赶去探望,唯独这一次晚了一步,他竟自不辞而别,永远离去了……

不幸中万幸的是,我总算部分实现了自己的愿望,让他在生前看到了《现代人》选载的《聂绀弩传》[8],他的评价是:"印出来看好像还不错……"

---

[8] 编者注:《现代人》1985 年第 3 期,第 158~184 页,文末附注:〔题字 黄苗子 题图 丁聪〕。该文开篇有丁聪风格的聂绀弩头像,旁注:"再画老聂 小丁 1985.5."。文章刊发时用黄苗子所题其中一款"聂绀弩传",后四川人民出版社 1987 年 8 月出书时用的是另一款。

"哦，还不错？"这难得的称许使我喜形于色，我莽撞地抓过老人的手握着，说："谢谢您，谢谢您的金言！"

除了感谢这位慈父般的传主，我还要感谢苑兴华和陈子伶同志为书稿精心加工、润色和积极热情推荐。感谢四川人民出版社，让传主听到了全书即将出版的消息。

《聂绀弩传》，四川人民出版社，1987年8月。（资料照片）

在我完成初稿的过程中，尤其在我决心推倒重来以后，我曾得到许多聂绀弩的同事、朋友和崇拜者的关怀支持与帮助。陈凤兮阿姨不顾眼疾为我看稿指点。朱正同志以湖南人的热情爽快向我大进忠言。与我只有一面之交的马良春同志在百忙中为我审读，并写下密密麻麻几页宝贵中肯的修改意见。我记得，最初是牛汀（汉）⑨同志，还有李智敏同志鼓励我：

"这个老头儿值得写！只要他肯说，你就抓紧写，有什么困难来找我！"

那时我还在工厂工作，是他们爽快地为我提供了方便和可能。

其后更得到范用同志、三联书店诸领导，胡建文老伯，罗孚叔婶，彭燕郊老师、徐放同志、秦似老师、方管叔、费万龙、唐天然、姚锡佩等许多师

---

⑨ 编者注：作者在调三联书店之前曾与牛汉作为同事一起供职于人民文学出版社。

长和朋友的关怀、帮助和指点。最后是刘再复同志在关键时刻助我一臂之力。至于曾为我慷慨提供过口头和书面材料的三耳伯的同仁老友,如钟敬文、谌小岑、胡风、萧军、朱希、孙希曙等老先生,更是举不胜举。应该说,没有这众多的朋友、老师和前辈的热心帮助和指教,就没有《聂绀弩传》。任何辞藻也难以表达我至诚至深的谢意。使我愧赧的是,自己才疏学浅,力不从心,虽做了努力,不足与谬误之处仍在所难免,万望得到各界读者及朋友、师长的批评、教正。

黄苗子为周健强著《聂绀弩传》题签书名。(作者提供)

笔者的最大愿望是把"论武略可以为将,论文才可以为相,弃高官厚禄如敝屣"(朱希语)的中国知识分子的"这一个"奉献给尊贵的读者。如果笔者没有把传主的像画歪的话,本书里将永远活着一个真正的人,大写的人!如果这个人能引起大家学习、向上的热情,如果这本书能够给研究者提供一些有用的资料,笔者就获得最大的快乐和最好的奖誉了。

一九八六年八月八日于北京

原载《聂绀弩传》,四川人民出版社 1987 年 8 月

编撰不息，老而弥坚

——介绍老作家、老编辑聂绀弩

聂绀弩自称是"百无一能"的"文字国公民"，实则是文字国中一个辛勤执着的耕夫。读书、写作、编辑，是他的职业、事业，也是他一生情之所钟。他在仰光主编《觉民日报》时年方二十，至八十四岁高龄仍编撰不息直至最后，他走过的是一条传奇式的漫长而坎坷的编创之路。

一九〇三年农历除夕，聂绀弩生于湖北京山县一个小商贩家庭。小时名聂国棪，字翰如。又名聂畸、聂踦。笔名：耳耶、肖今度、迈斯、淡台灭暗[①]等。是一位杂文家、诗人、古典小说研究家、文字改革工作者、老报人、老编辑。有《蛇与塔》《血书》《春日》《元旦》《海外奇谈》《聂绀弩杂文集》《中国古典小说论集》《绀弩小说集》《散宜生诗》《高山仰止》等数十种著作。

他十八岁怀揣一张高小毕业文凭，只身出来"闯江湖"，他赖以为生的便是一支笔。经孙铁人介绍，他一九二一年在上海加入国民党。随即到福建泉州"东路讨贼军"（讨北洋军阀）前敌指挥部当文书，抄抄写写近半年。后漂泊去南洋找出路，在新加坡上岸，恰遇孙中山主办的《新国民日报》与陈炯明的《南铎报》对垒，他第一次提笔当枪，与《南铎报》笔战。他发表在《新国民日报》的文章成了求职自荐书，被吉隆坡运怀义学聘为国文教员，也得到长辈同乡董锄平和鲍慧僧的赏识。一九二三年，应董、鲍二位之约到达缅甸仰光，当天就听到他们被英殖民政府限期驱逐出境的消息。董锄平趁走

---

① 编者注：据作者《与聂伯伯谈笔名》一文，此处应为"澹台灭暗"，恐系笔误。

前的一个多月时间，手把手教会了他怎么计算字数，设计版面，编排栏目；怎样浏览群报捕捉新闻；怎样写社论、短评、编辑余谈等等。那份用老四号字排印的华文《觉民日报》，很快就在这个"速成编辑"的"独裁"下，每天四张四张地顺顺利利地出下去了。

一九二四年，聂绀弩考入国民党中央陆军军官学校，成为黄埔二期学生。不久参加国共合作的第一次东征，途中留海丰县农运讲习所任教官，兼县立第一高等小学校长，为当地的《陆安日报》投稿，并结识了文友钟敬文。东征胜利后回广州，考入莫斯科中山大学。两年留学期间，自修了中文文科大学全部课程，一面在钟敬文主编的《倾盖》上发表了《列宁的机器》《撒旦的颂歌》《城下后》《东西南北的年关》等诗文。"四·一二"事变后回国，在南京中央党务学校做训育员。一九二八年，任南京国民党中央通讯社副主任，附带编《新京日报》副刊《雨花》。"九一八"事变发生，他因在报上发表反日文章，组织"文艺青年反日会"，印发"反日宣言"，被特务盯梢，弃职潜逃到日本，从此脱离国民党。

一九三二年，在东京结识胡风、何定华等，组织"新兴文化研究会"，出版油印刊物《文化斗争》（后改名《文化之光》），宣传反日抗日，被拘禁驱逐。同年在东京加入"左联"。

一九三四年三月，聂绀弩应《中华日报》之聘，创办副刊《动向》。他巧妙利用蒋、汪矛盾，无情揭露了反动当局的内部倾轧、腐败和黑暗，利用《动向》团结了一大批进步作家，并得以认识鲁迅、茅盾、丁玲等知名作家。《动向》在夹缝中生存达八个月，共出了二百四十多期，成为当时影响颇大的一个"长命"副刊，受到文教界，尤其是青年读者的欢迎。同年在上海加入中国共产党。一九三六年一月，在鲁迅的倡议和支持下，绀弩与胡风、吴奚如、萧军、萧红等创办《海燕》月刊，以史青文、耳耶的笔名担任实际主编。《海燕》旗帜鲜明，内容充实，创刊号一千部"即日售罄"，第二期一出版就被抢购一空，引起反动当局恐慌而被封禁。

"八·一三"抗日战争全面爆发，聂绀弩带笔从戎，在皖南新四军任文化委员会委员兼秘书，编辑军部刊物《抗敌》的文艺部分。一九三九年到金华，任浙江省委刊物《文化战士》主编。同时为《浙江妇女》《刀与笔》《改进》和《现代文艺》等撰稿。一九四〇年四、五月间到达桂林，应聘主编《力报》副刊《新垦地》。《新垦地》创刊伊始,聂绀弩就发动了一场女权运动论辩。短短两个月内发表了数十位作者撰写的几十万字的杂文。次年,他将这些杂文收编整理成厚厚的一册《女权论辩》,并写了著名的《女权论辩题记》。他同时又是《野草》的倡办人和编撰人之一,每期都登有他的两三篇文章,轰动一时的《韩康的药店》最初就发表在《野草》上。另外还发表了许多针对性极强、影响颇大的杂文。他那支颇具"鲁迅风"的利笔,奠定了他在杂文领域的地位,亦遭到反动当局的忌惮与迫害,他被迫离开了《力报》。

一九四五年一月,聂绀弩与朱希合办《艺文志》,首战告捷,可惜因经费不支,只出了两期。不久,他应聘去《真报》编《桥》。抗战胜利后,到《客观》主编《副页》八期。又转到《商务日报》编《茶座》。最后到《新民报》主编副刊《呼吸》,安定了两年。旋又因他发表《论拍马》《童匪、女儿国、裸体的人们》等等专揭反动黑幕,歌颂解放区光明的文章而招祸,《新民报》几乎为兵痞砸毁,他只好辞职,远走香港。

一九四八年五月,聂绀弩到达香港,恢复过组织生活,心情舒畅。他开始为《文汇报》写社论,为《大公报》每日写一篇短文,还为复刊的《野草》投稿,一九五〇年任《文汇报》总主笔。前后在香港三年,是聂绀弩的创作全盛期。为迎接新中国成立,他写了大量热情洋溢的诗歌散文,为抗美援朝,更写了许多大义凛然的政论、杂文,收编成集的就有《天亮了》《三鸦杂文》《海外奇谈》《寸磔纸老虎》《元旦》《关于知识分子》等,新中国成立初,参加第一次文代会后,历任中南区文教委员会委员、中国作家协会理事兼古典文学研究部副部长、中国文字改革委员会委员等职。

1947年聂绀弩摄于香港。(作者提供)

一九五一年,任人民文学出版社副总编辑兼古典部主任。为研究整理我国古典小说名著,做出了不可磨灭的贡献,尤其在对《水浒》的研究整理及出版七十回本和百回本的工作中，付出了巨大的心力。即便在"肃反运动"中被隔离反省时，他仍执着于对明清小说的研究整理，并潜心学习俄语，钻研马列经典著作，表现了一个共产党员的坦荡胸怀。一九五八年，被错划"右派"，发配到北大荒，"虽然生活在难以想象的苦境中，却从未表现颓唐悲观"，写出了已成绝响的《北荒草》。一九六〇年回京后，在全国政协文史资料委员会工作期间，为批判继承我国古典小说方面的巨大遗产，写了关于《红楼梦》《水浒》《聊斋志异》的学术论文约三十五万字，散见于《人民文学》《文艺报》《光明日报》等报刊上。"文化大革命"中被判无期徒刑，无辜罹十年冤狱，却仍在狱中坚持读书学习，几遍几十遍地精研细读他称为"世界上最伟大的书"——《资本论》。还凭记忆拟写了研究《金瓶梅》的提纲。

一九七六年九月二十五日，聂绀弩被释放。一九七九年三月十日，由北京高级人民法院撤销原判，宣告无罪。四月七日人民文学出版社改正错划"右派"，恢复党籍，聘为顾问。是年冬，出席第四次文代会，被选为作协理事。翌年冬，被补选为全国政协委员。这个"文字国"的老耕夫，不顾年迈多病，躺在床上整理编辑，亲自作序出版了百余万字的新老著作。同时笔不停挥，写下了许多感人泪下的怀人念旧之作。如《我与伍禾》《怀孟超》《忆吴奚如》《吊胡风》《雪峰十年忌》等等。还发表了许多脍炙人口影响深远的学术文章，如《我爱金圣叹》《且说〈三国演义〉》《礼与〈红楼梦〉》《谈〈金瓶梅〉》等。最后病重无力捉笔，还念念不忘完成《贾宝玉论》，直至耗尽最后一滴心血，留下一笔宝贵的文学遗产和精神财富。一九八六年三月二十六日辍笔归去，享年八十四岁。

原载《编辑家列传》（二），中国展望出版社 1988 年 11 月

与聂伯伯谈笔名

我为聂绀弩伯伯整理传记资料时,有一天曾和伯伯谈起他曾作过的新诗。他说:

"我随黄埔军校二期学生军参加第一次东征,打下海丰县后,曾写过一首《城下后》,那是我写得较好的一首新诗。就是现在回想起来,也觉得那是我写得最好的一首新诗,可惜现在找不到了……"

"您告诉我,您当时用的笔名和发表在什么报刊上面,我替您找找看。"

"记得是收在汪馥泉编的《椰子集》里,笔名是聂畸。"

"王字旁的琦吗?"

"不是,是田字旁的畸。"

"畸形的畸?您干嘛取这么个怪字?"

"就因为怪才取呀!你还不晓得我的怪脾气?我取名字没有什么别的讲究,只求不重名就好。我的名字和所用的笔名,都是选取那些旁人不会拿来做名字的字。比方后来我发现有人用畸字做名字,我马上就又改做足字旁的踦了。我叫聂绀弩,这绀弩二字就是从干如的谐音而来的。干如太普遍了,重名的一定多,而绀弩这两个字就古怪些,没有人拿来做名字。反正到目前为止,我还没有碰到一个跟我同名字的人。"

我常在《新文学史料》上看到一些有关作家的笔名考,许多研究聂伯伯或爱读他作品的人,也常来问他有哪些笔名。而聂伯伯在对名字的态度上,确实有些古怪。他跟你回忆、交谈、讲故事,有声有色,出口成章,但却总是能够不提名道姓就不提名道姓。偶一提及,也是随便带过。仿佛他重视的只是人物本身或其命运,对那作为"符号"的名字看得很轻。他同我回忆他的童年，讲到他的亲生父母与养父养母时，感情真挚而深沉，常常是泪光滢滢，声音颤颤，讲到动情处还哽咽不能语，但我至今不知道他们的名字。当我询问时，他总是说：

"先不管这些。"

要是再追问下去，他就光火道：

"你老打听人家的名字做什么？管他叫张三，还是叫李四，与你什么相干?!"

有时我也发脾气：

"还不是为写您的传记要用！"

"你是写我的传记，还是写他们的传记？你就说是我的父亲母亲好了。"

《聂绀弩还活着》，人民文学出版社1990年12月。

（资料照片）

后来，因为要搜集他发表在新中国成立前各报刊上的文章，问起他的笔名时，他告诉我：

"我的笔名差不多都是从聂绀弩这三个字派生出来的。聂字三个耳，于是就有耳耶，耳耶的谐音又生出二鸦，《二鸦杂文》就是这样出来的。我在桂林与夏衍、秦似编《野草》时，每期都有我两三篇文章，以至钟敬文曾说，《野草》的耳朵真多！现在你又叫我三耳……从绀弩又派生出甘奴、绀奴、甘弩、绀羽、迈斯……"

"迈斯和绀弩可不相干！"

"相干，相干得很呐！我是烟鬼，那时抽的外国香烟都叫迈斯干，干与绀同音，于是又叫迈斯。"

"那么澹台灭暗呢？"

"那就与聂绀弩不相干了。是顺手拈来的，旨在不与人同名。不过这名字还有点讲头，孔夫子有个弟子叫澹台灭明，我觉得这名字不好，很反动。为什么要消灭光明呢？而我就是要消灭黑暗，所以就叫澹台灭暗了。还有悍膂、萧今度、臧其人、聂衣葛、聂有才等等，都是随手拈来的。那时为了躲过新闻检查，又要讲出自己的心里话，只好用笔名、化名。写文章是麻烦事，取笔名也是麻烦事哩！要不然哪个耐烦去取这些奇奇怪怪的笔名……"

上面是我一九八二年十一月某日与聂伯伯谈笔名时的记录，系首次披露，供聂绀弩的研究者及读者参考。

据京山县政协提供的资料，聂伯伯的乳名聂兆年，别号咄堂，笔名盍蜉，笔者未听聂伯伯讲过，亦未查考，谨录此以供参考。

1982 年 11 月

原载《聂绀弩还活着》，人民文学出版社 1990 年 12 月

聂绀弩谈《三草》

三耳盼《三草》的出版，竟比小孩子望过年，足月的孕妇望临产，久别的亲人望团聚，还要专诚急切得多……当《三草》终于自香港"飞"来时①，我当即冒着酷暑骄阳送到医院。三耳见我进门，就放下手中的书，笑盈盈地问：

"给我带什么好东西了？"

我打开手提包，取出那本小巧精致的《三草》说：

"看！您的宝贝儿来了！"

三耳欠身，伸出瘦长的手，像抢一般地夺走了它。他翻看着，端详着，却不吱声儿。

"怎么样，满意吗？"我忍不住问。

"好、好、好！这是四本里（指新近出版的《绀弩小说集》《聂绀弩杂文集》《古典小说论集》和《三草》）最漂亮的。封面是谁？"

"哟！连这个也认不出来呀？！是'吾将上下而求索'呀！"

"哦，是屈原！黄永玉画的？"

"不是他是谁？人家把您比屈原呐！"

"那就不好了……"

"把您比屈子还不好？！"我惊讶了。

"那我就要淹死了……"他一本正经的样子，惹得我们哄声大笑。

---

① 编者注：作者1981年7月4日日记对此有记录。另据作者《聂绀弩传》中史复（罗孚先生别名）序：之前罗孚原拟将聂绀弩旧体诗油印本拿回香港复印，后改念自费正式印刷出版，为此专门成立香港野草出版社于1981年6月出第一版。另据罗孚1981年6月21日分别致作者以及托作者转聂绀弩的信中均提及："《三草》将面世并不日送京。"

等我笑完了，他却已沉到书里去了。我笑着夺过他手中的《三草》说：
"别自我欣赏起没完了！您都能背了，还看什么？"
"看看错字。"
"昨晚我开夜车给您校了一遍，错字不算很多，我都划出来了。"
可气的是《对镜三首》之三：

> 孤山与我偶相知，我赠孤山几句诗。
> 雪满三冬高士饿，梅开二度美人迟。
> 吾今丧我形全槁，君果为谁忆费思？
> 纳履随君天下往，无非山在缺柴时。

八句错了三字。（错处有：偶相"携"、高士"绰"、纳"屐"随。）
"聂伯伯，您给我讲讲这首诗吧！"
"自己讲自己的诗就没诗意了。"
"有'干意'就行！"我笑道。

香港版《聂绀弩旧诗集：三草》，1981年6月。（资料照片）

"这是我刚从临汾监狱放出来时写的。第一句是说几十年前我曾到杭州孤山游玩。雪满三冬应该是瑞雪兆丰年，收成好，而高士还在忍饥挨饿……第四句，有个唱本叫《二度梅》，你晓得吗？梅开二度固然好，可惜过了时令。把我放出来当然好，就是太晚了……五六句，十年囹圄，面目全非，偶然对镜，吓了一跳，不识镜中瘦鬼是谁？第七句，提起鞋子和你去天下闯荡一番。末句，留得青山在，不怕缺柴烧也……"

"还有《桥上二首之二》，'倚栏心事无沉苦'，一句合平仄吗？这是什么意思？"

"无沉苦就是既不沉重也不痛苦，也就是很轻松很坦然。我作为一个'右派'心境是很坦然的，并不羡慕那些在高空翻飞的轻轻松松的雁鹅……

"但是，好多诗句的意思，在当初写它们时，不过是为了合平仄押韵，顶多只想到它的一两层意思。及至写成以后，却又悟出许多新意乃至深意来了。比方说赠你的那首《迎春》诗吧！'道是迎春春早到，春江花月漾春城'，当初本没有水中花月之意，别人向我提起，我才恍然大悟。再如前不久写的《尘中望且介亭》一首的后四句：

　　遭逢春雨身滋润，想象天风影动摇。
　　且介亭高空自耸，尘昏眼瞀望徒劳。

"本是信手拈来，谁知写成之后，竟有意无意回答了鲁迅先生若活到今天会怎么样这个问题……"

"又如：'贝加湖想邻青冢，怀古情多事又非'；还有：'一夕尊前婪尾酒，千年局外烂柯山'……要不诗歌怎么要反复吟咏呢！就像您说：'文章信口雌黄易，思想锥心坦白难'到'文章报国谈何易，思想忧天老或曾'。谁能悟尽这其中深奥的哲理和难言的辛酸呢？……"

一时间都沉默了，我后悔不该打断老人的思路，只好另起话头：

"您喜欢《三草》吗？"

"无所谓。"

"那您比较喜欢哪一草呢？北荒？南山？赠答？"

"我无所谓，你呢？"

"开始我只看到《赠答草》，我就只喜欢《赠答草》，现在我又看到了

《北荒草》和《南山草》,就搞不清喜欢哪一辑了。反正我看了您的《三草》以后,就觉得世界上没有什么题材是不能入诗的,也没有一样工作是没有诗意的。问题是你爱不爱这个世界,会不会写,会不会发掘……"

"又开始拍我的马屁了……说具体点我听听……"

"谁稀罕拍你这个无权无势病病歪歪的老头儿!我不过是喜欢您的诗罢咧!您看您把个搓草绳写得多有意思:

一双两好缠绵久,万转千回缱绻多。

缚得苍龙归北面,绾教红日莫西矬。

真是又形象又有意境,还把根草绳子人格化了。还有那最单调的推磨,不但写得诗趣盎然,还能联系到思想改造上头去,好个'把坏心思磨粉碎,到新天地作环游!'舀大粪总是世上最恶心的工作吧?您却像个英雄一样义不容辞地宣称:'澄清天下吾曹事,污秽成坑便肯饶?'《拾穗》那首更绝,像说大实话一样:'一丘田有几遗穗,五合米需千折腰。'写出了'谁知盘中餐,粒粒皆辛苦'的深意。而'才因拾得抬身起,忽见身边又一条。'活画出你这个慵懒成性的老头儿,从事力所难及的艰苦劳动时,那种无可奈何,勉力强支的样子……啊,聂伯伯,每读到这儿,我真是又想笑又心酸……还有《球鞋》一首最后两句:'得意还愁人未觉,频来故往在田边。'十六字画出一个可爱的'老儿童',那知足心常乐得天真……我原来以为你们那群'老右'发配充军到那滴水成冰的北国,一定是满肚子怨气,一脸的冰霜,像苦役犯一样凄惨绝望。读了《北荒草》才知道满不是那么一回事。您怎么会在那种境况之下写出那么多好诗来呢?"

"那还得感谢当时的文化部副部长钱俊瑞呢!这位'人有多大胆,地有多大产'的部长就说,中国要出几百个李白、几百个杜甫,他规定每人每天至少写一首诗。这可苦了那些没文化的人了,他们都来求我们替他们写,好完成'任务'……那时,白天劳动是很辛苦的,我年纪又大,晚上还要熬夜写诗,应该说是挤诗,不然就完不成任务……"

"您的《南山草》是什么时候写的呢?为什么叫这么个名儿呢?"

"唐朝京城的对面有一座终南山,得意者上京城做官,失意落魄的就上终南山隐居……南山有仕宦之绝境的意思。杜甫诗云:'蓬莱宫阙对南山'……南山也有郊外之意……这些诗大多是一九六二年冬天,自北大荒回来后写的。"

"《赠答草》呢?"

"什么时候写的都有。许多与人唱和的诗,都在'文化大革命'时散失了,这是剩下的一些……"

"您觉得您的诗写得怎么样?"

"比上不足,比下有余吧。"

"嗬,真谦虚!我跟您说过我那次去舒芜家,碰见两个小老头儿的事吗?那两个小老头儿加上舒芜,三个人一起谈您的诗,都快把您的诗夸成一朵花儿了!他们三个还摇头晃脑,津津有味地拖着长腔吟您的诗呢!"

"那两个老头都是谁?"

"我没记住他们的姓名,只知道有一个姓虞。他说,一九七六年、一九七七年间,很多人都学'聂绀弩体',但大都失之油滑,未成正果,都学成了打油诗。唯有绀弩的诗,火候分寸恰到好处,巧妙地掌握了打油与诗的临界点,能在刚到临界点时,一下子拉回来,送上诗轨,而成为极富诗味的诗……舒芜说您以杂文入诗,深刻、泼辣、隽永,诗趣横呈……程千帆说您的诗充满拗怒之气……对了,前两天我去舒芜家时,他还凭记忆抄给我三首人家为您写的诗评呢!"

我从笔记本里找出那三首诗递给三耳,他默默地看看,不置一词……就让我用这三首名家的"诗评"结束我的短文吧!

南京大学教授程千帆:

赠绀弩

绀弩霜下杰,几为刀下鬼。
头皮或断送,作诗不后悔。
艰心出涩语,滑稽亦自伟。
因忆倪文贞,翁殆继其轨。

北师大教授启功:

次绀弩《赠答草·序诗》韵

汤火惊魂竟不飞,万方有罪四人肥。
二毛无恙移干土,上座依然摄布衣。

后日自知消后悔，先生初计已先非。
学诗曾读群贤集，似此心声古所稀。

中国佛学院教授虞愚：

次绀弩《赠答草·序诗》韵

豁目晴霄接隼飞，网罗冲决道能肥，
已成铅椠千秋业，依旧乾坤一布衣。
毁室夜鸮终自陨，掠空海燕辨谁非。
新诗中有经天泪，狂侠温文并世稀。

一九八一年

原载 1981 年 8 月 4 日（香港）《新晚报》
后收入《聂绀弩诗全编》学林出版社，1992 年 12 月

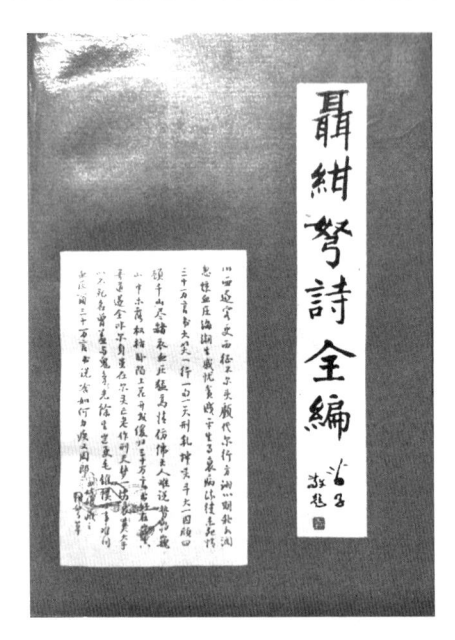

《聂绀弩诗全编》，学林出版社 1992 年 12 月。（资料照片）

与三耳伯最后一次高谈阔论[1]

我曾用三年时间完成《庸人自传》，"干巴巴"的二十万字，称不上是"传记文学"，只能说是"传记资料""绀弩史料的堆积"，若放开手写，用这些资料写他四五十万字也不成问题。但是，这已经引起聂老的不满，他说他不是什么大人物，根本不值得立传，非要写的话，十万字薄薄的一册足矣！一九八一年年底完成的《庸人自传》就此被传主打入冷宫，冰冻了近四年，最后达成协议："改用第三人称，我就不管了。"于是改成《聂绀弩传》，先选载于《现代人》四万字，反映还可以，不久四川人民出版社就将印出全书[2]，先将变成铅字的四万字送到聂老床头，看了看丁聪画他的漫画相，问："这是谁？"

"不就是您自己吗？"

"是我？我怎么不认得，一点都不像！"

"画像像不像不要紧，快看看文字内容像不像吧！"

看了几眼，点点头说："放这儿，我慢慢看"。

作者著《聂绀弩传》，选择前几章率先刊登在《现代人》1985年5月号，首页是丁聪画聂绀弩头像。（作者提供）

---

[1] 编者注：此文系作者未刊手稿。
[2] 编者注：《聂绀弩传》由四川人民出版社于1987年8月出版。

那天正值周婆初次发现心脏病③，住进了邮电医院，而骗他说是因胃病住院。他根本不信，但知道问也问不出真情，就干脆装作"上当受骗"，一言不发，只是问我说："昨天来了许多人，进进出出，慌慌张张，我还以为是我死了呢！"

我大笑一场之后，轻描淡写地说："周伯伯很少生病，突然生病，难怪人之紧张，就是今天我听见说是她住院，也吓了一跳！好在是胃肠病，养几天就好，周伯伯还说我不要去看她，她很快就回家来。"他拿眼睛盯着我，似乎想从我嘴巴的蠕动上，看出这些话有多少可信的成分。见我始终高门大嗓，谈笑风生，就叹了一声说："其实呢，人总是要死的，更不要说七老八十的老年人。以前我怕死，因为我还想写点文章，现在我不在乎，活了快一个世纪了，还活不够？不过你周伯伯比我小好几岁，她不应该先走而已……"

"哎呀，周伯伯一次住院，你就说这么些丧气话！快别胡思乱想了，倒是想想有什么事要我做吧！"

"有！有！《散宜生诗》注释本出来了，你替我买二百本送人，就是不知道人家要不要？"

"白送还没人要？更何况是您的诗！只怕印数少，晚了买不着倒是真的。"

"你真会说话！什么时候帮我去买书？"

"星期二上班我就去买，两百本要三百多块钱呐！"

"周伯不在家，让他们从工资里扣。"结果人家不同意扣工资，非要现款，没买成。

不久就是春节放假，要过了年才能从书库拉书。我第二个星期告诉了三耳，他只有叹气，挥手，精神似不如上次。第二次又提起买书，要巧顺拿钱，巧顺说已经买了六十本，已经花了那么多钱！还买那么多往哪儿搁？我只有笑：老人老了，花自己的钱也受限制了。达成买六十本的协议，书我分送人：罗叔、朱正、方管④等等，一人二十本、十本、五本和一本的均有。见面就问对诗的反应如何，我说"老少咸宜，皆大欢喜"，他说我"拍马屁"！我就说

---

③ 编者注：据作者日记，聂绀弩夫人周颖住院是 1985 年 12 月。
④ 编者注：罗叔即香港著名报人罗孚，方管是著名作家"舒芜"的本名。

"送人给人都没人要",他又说我"耍贫嘴",我说"我不会折中公允,既像狗又像猫",他说"你本来就应该像人嘛"!我说"真好,这本收的诗最多最全,好多人都说读您的诗特过瘾,又想笑又想哭,被胡乔木说着了,是'以热血和微笑留给我们的一株奇花'⑤,我说是以热泪和微笑浇出的奇花,有小品文的幽默,有杂文的辛辣,又有唐诗三百首的优美,朗朗上口,字字称心,酸甜苦辣五味俱全"。

"原来我的诗成了佐料!你说酸甜苦辣只有四味,还少一味——咸!"

"你就会鸡蛋里挑骨头,专门找我的碴,这回我尽说好听的,您怎么不说我拍马屁了?"

"拍马屁谁不喜欢?但要拍得恰当、舒服,不然就成了打屁股了。"

"看来现在您很舒服,对吗?"

"因为你拍得高明,拿大人物压我,不敢不舒服……"

"哈哈哈,聂伯伯还怕大人物?真是新闻!"

"是旧闻,不是新闻,聂伯伯最胆小最怕惹是非。"

"幸喜您怕惹是非,要不您写的杂文就会把你埋起来了。"

"我迟早会埋掉的,呵,不是火化。"

我笑吟:"死能得所定燃烧!别说您八十多了,我比您小一半可能还先燃烧呐!您没看报上的讣告,死的都是六十多岁的。像蒋筑英、罗杰夫什么的都是四五十岁就死了,现在老的比中年的结实。"

"说说你对《散宜生诗》注释本的看法。"

"没好好看,没看法。"

"你翻都不翻?我要晓得何必先送你一本!"

"翻了,只能说翻了。说老实话,那些注释我看不懂,只说明典故的出处,并不加解释,对于像我这样古文根基不好的人,还是不知所云。好在我看得懂您的诗,就是不知典故的出处和意思,也能意会,只是不能一个字一个字跟人讲解罢了。但读诗,主要是懂它的整体意境,个别字词、用典并不妨碍我懂得并喜欢您的诗。我听几位老先生说,如果能够读懂并喜欢您的诗

---

⑤ 编者注:人民文学出版社 1982 年 8 月出版《散宜生诗》,胡乔木为之作序,评价很高。

的人，一般也不会去注意和需要这些注释，大家需要的、感兴趣的是您的这些诗的本事。罗叔说，他想写一本《散宜生诗本事记》，他说那将会受欢迎，谁都会感兴趣。"

"这想法有点道理，但我现在的'本事'越来越不行了……"

"您曾经跟我讲过不少，可惜我没全记下来，周伯伯也知道一些，您再补充回忆一下就齐了。"

"说说容易。"

"做也不难"我接口顿一顿，哎了一声，说："您该说说对传记的意见了吧？您也是翻都不翻吗？"

"印出来看好像还不错……"

"还不错！谢谢您的金言！"

他叫小兰进来，我便告辞出来了。这是周伯伯住院第二个星期的一个晚上与聂伯伯的一次谈话，也是我印象中，长久（至少半年）以来第一次也是最后一次与我高谈阔论。从这以后，我每次去，看见他都是睡多醒少。有时也只是点点头，问一两句话而已。

最后一次是1986年3月16日，星期天晚上，我与周伯伯谈她与剧社的事以后，好不容易等聂伯醒了，我过去向他问好，并代李易、牛汉、徐放⑥，以及人民文学出版社和三联书店很多人向他问好，他点头示谢，用沙哑的嗓子问我："买到书没有？有人要我的书吗？"

我告诉他，好多人都想要他的书，在这之前我已经替自己和别人买了好几本《散》送人了，比方罗叔就托我买了好几本寄到广州去了。他听了点头，嘱我买好书就替他分送好。我说我自己至少要留十本，他点头答应了，然后就叫我："你到别的房间去吧！"我瞪大眼表示惊异，他才沙声说："叫巧顺来，我要大便。"我走出来叫巧顺，没与他道别就回家去了。

谁想这就是永诀！从1979年3月认识到1986年3月26日聂伯仙逝，我们情同父女、师生，度过了七年难忘的时光。从我失去生身父母之后，我又

---

⑥ 编者注：李易、牛汉是作者原来在人民文学出版社的同事，也是最绀弩的同事。徐放是著名诗人、《人民日报》文艺组高级编辑。

1980年聂绀弩夫妇与友人徐光霄（左）、骆宾基（右）合影。（作者提供）

一次成了孤儿！真正的孤儿！

> 慈父心怀，七载恩情伤逝水；
> 严师风范，一篇传记拜高山。

1986 年 3 月 31 日

三、念罗孚叔

1983年夏,作者陪罗孚在北京游大钟寺。(作者提供)

散记罗孚与京中友人

几乎在我认识三耳伯（聂绀弩）与周伯（聂夫人周颖）的同时，我便知道了罗承勋①这个名字。三耳伯与周伯时不时叫我去某处取"老罗带来的药"，或让我写信给"老罗"嘱买书、刊或药。记得二老要得最多的是一种玻璃管装的轻泻药，三耳伯似乎离不开那药，总是会有一二管备用，一旦"库存"告急就紧张不已。后来三耳伯又让我把自己写的东西寄去给"老罗"，说他"爱才"，简直"爱才如命"。他自己"自学成才"，所以特别欣赏优待

1980年11月，罗孚去北京空军招待所看望聂绀弩、周颖夫妇并合影。（作者提供）

---

① 编者注：罗承勋为本名，另有其他别名，尤以"罗孚"最著名。

"自学成才"的人。周伯说："老罗，人是最好的，赶明儿你见了他就知道了。"说这话时是一九七九年冬天。我真正见到"老罗"已是第二年秋天。

那天，在雅宝路空军招待所探望正在参加全国政协会议的三耳伯和周伯，见到了这个"最好的人"。为避免记忆的误差，我将当天的日记摘抄如下：

一九八〇年九月十二日　周五

罗承勋是一位身材矮小却气度不凡的大眼镜先生。白皙的皮肤，入时的穿戴。一双黑亮黑亮的牛皮鞋紧绷绷地勾勒出一双秀美的脚，深灰尼龙短袖衫下一条咖啡色的可体裤子。微微腆着的肚腩让人联想到生意兴隆的大亨，那一副遮住半个脸孔的大眼镜，让人想起一位饱学先生的形象，而那满头银丝透露出他的真实年龄——一个饱经沧桑的年龄——五十岁左右。此人操广西口音的京话，但咬字清晰，声音洪亮谈笑风生。三耳伯把我介绍给他。他起身握手，礼仪周全，颇带交际风度。他们天南地北地谈着。谈到梁漱溟："那次开政协会，见邻座一个老头儿精神矍铄，仪表堂堂，每天准时到会坐好，然后准时离开，从不差分秒，但却自始至终一言不发，令人莫测高深。一打听，才知道他就是梁漱溟……"

又说起胡风。三耳伯："那次（'文化大革命'后）文代会，吴奚如本拟在大会上提出胡风问题，周扬忽然把我和吴找了去，又是茶点又是水果地招待了一番。他请我是叫我当个居间证人。"他说："中国国内真正懂得文学和文艺理论的除胡风一个再没有第二个人。我是自愧不如……他的问题一定会得到解决……"

"现在呢？"

"现在他②当了文学艺术院的顾问。"

就这样，我认识了罗（孚）叔。告辞时，罗嘱我将三耳伯的两首诗抄给他，还有萧、胡、聂的合影照。由此开始了至今已三十余年的"忘年交"。他待我如子侄，我敬他如父执。

一展眼③到了翌年冬天，又是开什么全国性会议，三耳伯与罗叔都住在友

---

② 编者注：指胡风。
③ 指一眨眼。

谊宾馆。还是摘抄当时的日记吧！

一九八一年十二月十日

我将《三耳伯〈三草〉与罗孚》一文给罗叔。他很快地从头至尾看了一遍，很高兴的样子。但说："写得不错，但不能发表。人家该骂我了，把自己抬得那么高……"

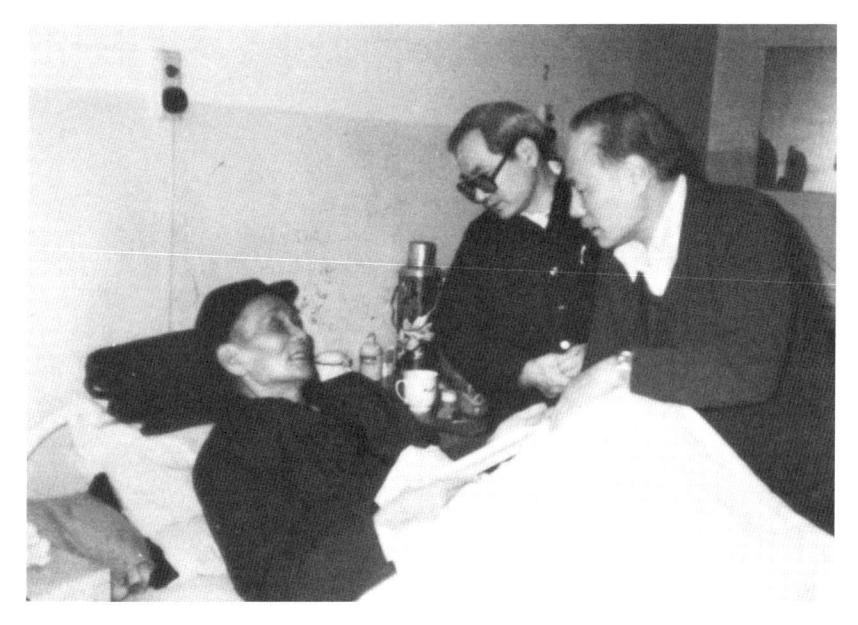

1981年11月，罗孚（中）、曾敏之（右）前往北京邮电医院探望因病住院的聂绀弩。（作者提供）

"哟！怎么抬您呐？又不是您要我写的。而且那是三耳伯给我讲诗（赠罗孚的那一首诗④）！他那么讲，我就那么记下来，连三耳伯都同意的。"

"哦，他看过了？"

"我给他讲过了。这回该发表了吧？"

"不，我可以给你稿费，但不能发表。"

---

④ 编者注：据作者日记，聂绀弩诗题为《赠罗孚》，其中名句："惜墨如金金如水，我行我素我罗孚。"后收入学林出版社1992年12月版罗孚编的《聂绀弩诗全编》时改为"戏赠史复"，"史复"是罗孚另一别名；"金如水"改为"金似水"。

"我不要稿费，就要发表。你退给我吧！我给别的报纸。"

"给别的报纸也不行，我把它买下来了。"

说着他就折叠好（稿纸）收起来了。

"我不卖文章，我只要发表文章！"我不满地说。

他缓和了："到时候说吧！"……

下午去沈从文处找罗叔。一进门罗叔就站起来介绍："这是你的老乡，一个湖南人。"

一个胖胖的小老头儿站起来跟我握手，手小而柔滑。问："你是湖南哪儿人？"

"湖南长沙。"

"哦，好地方，大地方。我们那儿是小穷地方……"

"小穷地方？我读过您的书，您把你们那儿的风光写得那么美，美得让我直想去坐船游一次……"

"你看过我的书？许多中文系教现代文学的人都不知道沈从文是谁呢！"

"那我比他们稍微强一点……可惜我读的书还是香港出的，罗先生送我的。据说有人提名您得诺贝尔奖？"

"哪里，哪里，这是应该由茅盾、巴金这样的大作家得的。我们这种小地方的小作家不行。"

"看你们那儿准是山灵水秀、人才辈出，出了您这个大文学家，还有黄永玉这样的大画家。"

"黄永玉是我的侄儿呢！你晓得不？"

"哦……您还有些什么书呢？"

"没有了，没有了，一本也没有了。那都是过时的东西。十年（'文化大革命'）那会儿，七分五一公斤，我都卖了……"黄苗子在旁搭腔："他做的卡片撒了满院子，清洁工用铲子一铲铲铲走，扔垃圾车上了……"罗叔说："你那时候为什么不打电报给我呢？我坐飞机来收购，七块五一公斤多好哩！那我就发财了。"黄苗子问："你真的敢收吗？"

"有什么不敢呢？！"吴祖光说："他才敢收哩！要不怎么是'我行我素我罗孚'呢？！"罗叔惊讶："哦，你也知道这首诗？"

"聂公要我替你写条幅，我也知道呢！"黄苗子说。

我忍不住投诉："昨天我让三耳伯给我讲那首诗，晚上我就写了一篇小文，刚才给罗叔，他说不能发表。"

"那就不给他，给《文汇报》或者《明报》。"吴祖光说。

罗叔笑微微："要是我不同意，'左派'报纸没有人敢发表。"

黄苗子说："那就找'右派'报纸。"

"那更不会发表了。他们骂我还来不及呐！"

"哎哟，我的小文要哭了，白写了……"

"我买下来还不行吗？"

"我不是卖文吃！我还有口饭吃哩！我要发表！我告诉三耳伯去！"全体在笑。

罗孚与沈老小声谈着。我听沈老的话有些困难，许多听不懂，就与黄苗子小声聊天。在这之前，我曾问："黄先生，您是黄苗子呢，还是黄苗子的哥哥？我简直分不清了。"

罗叔笑道："他是黄苗子的哥哥的弟弟。"

黄苗子也笑道："哎，我是黄苗子的哥哥的弟弟。你说我是谁？"

"您不是与罗叔同房间住过的那位黄先生吧？"

黄苗子更笑不可抑："我说我是黄苗子哥哥的弟弟，你说我是谁？哈哈哈哈……"

我也笑了："哦——我知道了，你们兄弟长得太像了，简直真假难分了。您也是少数民族吗？"

沈老笑着指了指黄苗子和自己，说："他是假'苗子'（族），我是真'苗子'。他叫苗子而不是'苗子'，我是'苗子'而不叫苗子。哈哈……"

沈老屋里那天真正是文星荟萃，除了我这个小白丁，都是文艺泰斗或重量级人物[5]。个个纵横捭阖，妙语连珠，谈得风生水起。只惜我笔力有限，当天的日记又较马虎，无法再现那满堂生辉的盛况。

在我的印象中，罗叔总是忙碌而快乐的。他的住处常常是冠盖如云，高朋满座。他的人脉极广，人缘绝佳。仿佛没有他不认识的名家名宿，也没有

---

[5] 编者注：据作者日记，那天有罗孚、沈从文、黄苗子、吴祖光及作者等，曾谈及：夏衍、文怀沙、陈凤兮等"重量级人物"。

不欢喜他的精英雅士。我见过他一掷几千接济朋友，也见过他请我带针线为他缝补一件半旧的蓝布衫；我见过他同时阅读好几份报刊杂志之后放言高论，令人称奇，也见过他一边打盹一边接话茬儿，不误交流……他对朋友甚至朋友的朋友，都是热情诚信有加。比如对我这个无亲无故的"小白丁"便极提携关怀。当我在北京左冲右突四面碰壁退稿如蝗时，是他在（香港）《新晚报》一九八〇年十一月三日头版头条发表了我的《胡风在哪里？》。从此，借他点石成金的福手我走出了困境，有幸在国内外报刊发表大大小小的"豆腐块"，最终跳出"工门"，从事了我久已向往的职业⑥。

有一天，我在劲松三耳伯家巧遇来向周伯哭诉的溥仪的遗孀李淑贤。周伯时任民革中央组织部副部长，李系民革外联成员。周伯素以好打抱不平的"周青天"闻名，李请求周副部长主持公道。原来沈醉前不久（一九八一年前后⑦）在香港《新晚报》连载了一篇回忆他与溥仪的长文⑧，文中提到溥仪与李淑贤。其中有些内容让李淑贤觉得十分委屈，她听说周部长有"青天"之誉，便来请她主持公道……周伯沉吟良久说：我们都是女人，这种事闹起来，即使对簿公堂也解决不了问题，有时还会适得其反。我看还是哪儿来哪儿去，解铃还须系铃人。沈醉的文章是《新晚报》发表的，那我们也写一篇文章让《新晚报》发表，他写他和溥仪，你写你和溥仪……最终约定由我协助李淑贤写一篇文章通过《新晚报》发表。

很快就征得了罗叔的同意，那时与罗叔通信都是寄到深圳某信箱，由罗叔派人去取。虽然颇费周章却没有出过纰漏，书来信往还是方便的，总能如时收到罗叔公文似的短笺和样报、剪报等。万没料到此次长稿照片等寄出后却如石沉大海，杳无音讯！这是一九八二年四五月间的事。我们急得像热锅上的蚂蚁。李大姐唯恐丢了那些宝贝照片，我担心丢失文稿，那是三万多字哩！周伯生怕失了信诺。唯有三耳伯较冷静。说：肯定出了情况！我已多方托人打听去了。消息陆续传来，果然出了"情况"！但是谁也说不清究竟是何"情况"。先是说失踪了，后又说召回北京了。再又说当了"特务"了，并且是"美国特务"！

---

⑥ 编者注：作者先抽调去人民文学出版社，后调三联书店专责传记、回忆录等文史选题。
⑦ 编者注：三月份。
⑧ 编者注：沈醉文章名为《皇帝特赦以后——回忆与溥仪在一起的时候》。

周伯听了，指着三耳伯道："这儿还有个特务呐！是'中统''军统'特务呐！"我也说："美国特务的水准也太差了，连个傻瓜相机都不会使！给我们照的相片不是没有额头就是没有腿……"，我们都替他捏着一把汗，天天盼望水落石出，盼望对"被臭到海外"的李大姐有个交代。遗憾的是"城门失火，殃及池鱼"，那份稿子和那些照片从此下落不明。记得在我们盼得麻木的时候，忽然收到了罗叔的信，那已是一九八三年夏天了⑨。

1983 年，作者（右二）与罗孚（右一）及其亲友在北京相见。（作者提供）

为写此文，我翻箱倒柜找寻当年的日记，奇怪的是这一段日记竟付阙如！我的日记根本不是严格意义上的每日所记，只是随兴之所至或一日或几日，甚或一周几周，一个月几个月，随手记下一些想记或应该记的事情。虽说极不规范，但所记绝对是真情实感。漏记的这一段，正是我忙得昏天黑地恨不能长出三头六臂来的时候。我只找到一九八六年清明后的日记本中一个开篇。标题为：

---

⑨ 编者注：参见本书《罗孚致周健强信》和《回忆与溥仪相亲相爱的时光——访"小皇上"遗孀李淑贤女士》两文。

"一个自由的囚徒——罗孚在北京"

一封信从不可知处飞来。

三耳伯说:"我交给你一个任务,去把罗孚给我带来!"

还是心宽体胖笑眯眯的他!

他笑眯眯地说:"假释的条件是,只字不提及本案。我答应了。"

永远微笑着听别人谈论自己,不置可否。

他请求提前几天出来,只为看张大千展览。

我第一个告诉我的老板范用。老板说:"我正想打听他究竟'关'在哪儿,想去'探监'呐!快告诉我,他住在哪儿?我要送几本书给他。"

之后几年我有机会陪同他[10]访周而复、罗念生、沈从文、钟敬文、夏衍等等文化名人并记在日记,为避烦琐不做摘引[11]。但是有一篇记给罗叔做七十大寿的日记却不肯私密,因为那是又一次"文星荟萃"的准记录:

一九九一年一月三十一日,周四

一直在想怎么给罗叔庆七十大寿。他一再拒绝我和丹丹(三耳伯养女)[12]去筹备搞,理由是要赶稿子。我忽然想到一个好主意,干脆由我做东,请他的朋友作陪,大家聚一聚,热闹热闹。这或许是他在此间过最后一个生日了,明年就该回香港过了——但愿如此。

我先打电话给范用,说明心意后,他马上赞同。随后给吴祖光等电话。最终确定在吴祖光任董事的利康吃烤鸭……

都安排好后我再打电话告诉罗叔。他一听就说:"聚一聚当然好。但绝不能说出我过生日的事,如果说了,我就不去。让他们为我过生日,我不敢当。"又一再问"你到底怎么说?""我说要过年了,大家聚聚热闹。"他说"好!"又一再叮嘱不许说是为什么。于是我又一个个打电话嘱咐了罗的要求。他们都说:"我们是偶然碰上的,什么也不知道。"……真有面子!看来罗叔

---

[10] 编者注:指罗孚。
[11] 编者注:本书另作摘录,参见本书《罗孚在京访友及其他——作者日记七则》一文。
[12] 编者注:即吴丹丹,抗战时期周恩来政治秘书吴奚如的女儿。聂氏夫妇受吴所托认吴丹丹作养女。

和我的人缘不错。几个电话便请动各界名流。

到了约定的日子，堂堂"书林七贤"如时驾临利康。计有：漫书家丁聪、剧作家吴祖光、翻译家杨宪益、出版家范用、文史家冒舒湮、诗人及作家邵燕祥、寿星公作家罗孚。另有除我之外的三位年轻人作陪。那一天，烤鸭香，饭菜好，茶酽酒醇，一堂古稀名士，满席悄语谐谑，却无一字涉及祝寿庆生，人人默契于心，只为尊重和取悦当天的寿星……

二十年"弹指一挥间"，"七贤"已殒五贤，所幸邵、罗二贤仍健在。请问九秩罗叔：曾记否？到利康吃烤鸭，讳言生日事？

二○一一年一月一日　北京

原载《我的父亲罗孚》2011 年 7 月

罗孚在京访友及其他

——作者日记七则①（1980—1991年）

罗孚访聂绀弩

1980 年 9 月 14 日

依约将相片与聂②诗给罗（孚）送去，未曾进门即听到房内的谈话声。原来房内已有一老一少两位男客，罗首先迎过来握手，接着把年老的一位介绍给我："新华社的杜运燮③"，又将年轻的一位介绍："美联社刘香成④"。我只有含笑点头，并不知道要自报姓名。还是罗替我报了姓名："周健强，跟聂绀弩很熟的，爱好文学，是一位作者……杜是一位诗人，你可以向他请教。"我只会说"谢谢！""请这儿坐！"他们见我在一靠墙的座椅上坐下，全体忙不迭地让我在中心位置上，恭敬不如从命，我坐在三点作弧的圆心位置。

杜问："发表过什么作品？"

"很遗憾，没人要我的东西……"

刘问："是职业作家？"

"不，是业余爱好。"

刘："你在哪儿工作？"

---

① 编者注：选自作者日记，标题为编者加。
② 编者注：即聂绀弩。
③ 编者注：杜运燮，马来西亚归侨，归国北上途经香港时应邀任《大公报》文艺副刊编辑及罗孚任总编辑的《新晚报》电讯翻译。
④ 编者注：刘香成，生于香港，世界级著名纪实摄影大师。其父刘季伯是著名翻译、香港《大公报》国际新闻编辑。

"工厂。"⑤

罗鼓励说:"练吧,不要灰心。"

杜:"都有这个过程……"

我说:"聂伯伯常给我打气儿:你会碰到一位叶圣陶的,他说丁玲就是叶老发现的……"

罗:"你寄给我的是什么稿子?"

"是一个真实的故事,我的第一篇习作。我请聂伯给我看,他没有精力,把我介绍给舒芜,舒芜认为还可以,给我介绍到《安徽文学》……"

"《安徽文学》登了吗?"

"没有,退稿了。"

"提意见了吗?"

"提了,又否定又肯定,反正是认为写得不好……"

"具体是……"

"他们说题材新颖,性格刻画不深刻,没有几处撼人心灵的地方……"

奇怪的是全体都听成了"有撼人心灵的几处地方……",三人几乎异口同声地说:"那不简单呀!撼人心灵不是轻易能做到的……"我没有勇气纠正,将错就错了。

罗说:"我回去一定好好看看……"

"请您多提意见,我自己现在也不满意,又想改……"

杜:"你没改过吗?文章要多改……"

"改过四五次,聂伯说文不厌改……"

罗:"你最近还有什么新作?"

"我老在瞎写……"

"以后你有稿子就寄给我吧!"罗说。

我问:"你们欢迎什么样的稿件?"

"看了再说吧……"

---

⑤ 编者注:当时作者还在工厂,没有抽调到人民文学出版社。

（期间，罗向我索要照片，我将聂伯伯要我给他的合影⑥和两首诗给了他，并一再嘱他不能发表。他答应翻拍后寄还，保证不发表。）

劫后欢聚三家人：前左起：萧军、胡风、聂绀弩；后左起：萧女萧耘、胡妻梅志、胡子张晓谷、聂妻周颖、胡子张晓山、萧婿王建中合影。（作者提供）

我看看十点多了，就起身告辞。

1981 年 12 月 9 日

今天一进三耳的门，就见他戴着花镜在那儿专心致志地写什么，走过去一看，原来在写给罗孚的诗⑦，写完了叫我送去，并告他：诗条幅，黄苗子已答应写，他自己要回去后才能写；画儿，已找了新凤霞、朝羽、钟灵画。

我答他："还是钱能通神，这个你始终相对无诗的人，一发四千元求诗，诗就来了，这不做成了八句吗？"其实这是开玩笑，不是钱能通神，而是三耳感动之极，动了真情，动了真情还愁无诗么？

---

⑥ 编者注：据作者日记，指聂绀弩和萧军、胡风 1980 年 8 月摄于北京邮电医院的合影。后由萧军女儿女婿带去给聂绀弩。

⑦ 编者注：据作者日记，指内含经典名句"惜墨如金金如水，我行我素我罗孚"的《赠罗孚》。后收入学林出版社 1992 年 12 月的《聂绀弩诗全篇》时，诗名改为《戏赠史复》，"金如水"改为"金似水"。又，"史复"是罗孚滞京十年期间化名之一。

这几次我去罗叔叔处，只要坐得稍久一点，他就会打电话来催我回家，说是"三耳伯要她回来，准备回家，太晚了……"今天我又在罗叔屋待了半个多小时，借录音机，翻看书报，而罗与其他外甥在说家长里短，我守在电话旁，准备等三耳来催再走，结果出乎意料，他没来电话，而我怕太晚了，告辞下楼了。

进屋一看，三耳守在电话机旁睡着了。醒来后，见我问："你每次去罗孚那儿一坐半天，都和他谈些什么？"

我笑了："其实什么也谈不成，他那里宾客如云，两三分钟一个电话，能谈什么？我不过坐那儿听听新闻，或看看他那里的书报……"

三耳瞪眼盯着我，我也直视看他，因为我说的全是实打实的话，不怕他那透视脏腑的目光。看来是我胜利了，他收回那洞烛探询的眼光，柔和地说："天晚了，你早点回去吧！太远了，在路上要花那么多时间，真划不来……"

罗孚访胡风

1981 年 12 月 10 日

为罗孚与胡风家联系，十六日下午 3 时去胡家⑧。

罗孚访周而复

1981 年 12 月 14 日　晚　友谊宾馆

罗（孚）叔叔说：等一下周而复要来，我说："哦，我早就想见见这位部长大人了……"

不一会儿，一个身材魁梧、满脸笑容、气宇轩昂的人出现在门口，我看到这个多次出现于电视屏幕的陌生的"熟人"，看到他比屏幕的形象要年轻得多、气派得多，也平易近人得多，我不免笑着脱口而出："哦，大部长驾到！"

罗叔叔说："你们已经认识了是吗？她是聂绀弩的秘书，周健强……那篇文章就是她写的（指《胡风在哪里？》一文，发表于《新晚报》1980 年 11 月 3 日）。"

---

⑧ 编者注：查作者日记，只有题目而没有关于这次访问的文字记录。

他握着我的手说："让我想想……哦，周大姐⑨的信上说过你……"

"对了，我早就想看望您，本来我想借送《三草》为名去见您。那次到郑绍文同志家，他说您就住在他们部长楼，就是不知道您的房号。所以我那次去国务院宿舍给徐迈进、谭惕吾送书时，就没去找您；而等我到部长楼一打听，又说没这个人，给您打电话又不通，直到今天……"

"你找我有什么事吗？"他大刺刺地仰靠在双人沙发上，很和气地问我。

"没什么事，我不过是您的一个热情读者，我读过《上海的早晨》，本想买一套书去请您签名。"

"没买着吧？这书在国内早已脱销，连我自己手上也只有第四本，其余三本都没有……"

"现在真怪，有的书处理都没人要，有的书又买不着，为什么不该多印点，满足需要呢？"

"你知道决定印数的是谁吗"

"我知道，是新华书店，出版社对这个意见可大啦！"

"是新华书店还不错呐！是售货员！比方一张书单发下去，售货员随便一看书名，或梗概，就在上面划开了：《七侠五义》来几万本，爱情故事来几万本，侦探小说要，其余什么谁的小说集、文集，要几本，或者干脆不要。然后新华书店一汇总，就是印数！你说这还得了啊！有的售货员什么也不懂，连鲁迅、茅盾、郭沫若都不知道，全以他当时的好恶划道道。其实最了解这本书的价值得是编辑，是出版社，应该由他们决定印数才对，或许还能多赚点钱。你们那儿呢？你们的杂志、书报赔本吗？"他问罗叔叔。

罗叔叔慢悠悠地笑着答："怎么不赔本呢？书报、杂志都赔，不过为了占领阵地，赔点也不要紧……"

"那儿能赚钱的是什么书呢？功夫片、打斗片、武侠小说？"

"也不，像《七侠五义》，卖不了许多；受欢迎的是新武侠小说，现在读者主要是年轻人嘛，而好多青年人根本就不看书，什么都不看。"

"报纸期刊呢？哪个比较受欢迎？"

"我们现在除了几份报纸，期刊都停办了。"

---

⑨ 编者注：指聂绀弩夫人周颖。

"为什么?"

"因为老赔钱,办不下去了,什么《开卷》《七十年代》《海洋文艺》,都完了,想重起炉灶,无论如何办一份,我又实在没精力和工夫。"

"我在香港时,办××、××,都销到几万份,十几万份……"

"那时你可以向东南亚、中国台湾、马来西亚等地销,现在不行了,好多地方如中国台湾、马来西亚、印尼等,根本不让我们的东西进去……"

"为什么不办中间一点呢?别带政治色彩嘛!我今天来,主要是与你[10]谈谈,这批作家去港澳访问的事。他们有好多人都是第一次出去,什么也不懂,你要指点他们,让他们说话什么的都注意一点,不能□□[11]用国内语言,不要气势汹汹,强加于人,把关系搞紧张了。尤其是那些中青年作家,你要特别注意,像李准,他的儿子写了一个《女贼》,在内地不能发表,有问题嘛!他说他要拿到香港出书,那怎么行呢?内地不能出书就拿到香港出,还得了!那就没原则了!当然,要是人家主动约稿,那又是另外一回事了。人家并没向你约稿,你送上门去,就不好了。记得二十世纪五十年代,我们出去时,到欧洲,你谈为工农兵服务,他们就受不了,因为他们不是工农兵。于是我就提为人民服务,他们没意见了。他们也是人民中的嘛。其实呢,人民中绝大多数的还是工农兵嘛,我们并没丢掉原则。他们说我们的文艺,都是宣传,都是政治,没有艺术,没有内容。我也不驳他,如跟他们谈文艺复兴、谈达·芬奇、谈米开朗琪罗,谈《最后的晚餐》《最后的审判》、摩西,谈他们的思想、内容和宣传作用。我说,文学艺术不可能没有思想、没有内容、没有宣传,就拿这些世界名画、艺术瑰宝来说,他们就在宣传耶稣、宣传宗教,不光是共产党人,其他的任何人也在搞宣传,不过宣传是不同的内容和思想罢了,而且没有思想本身就是一种思想,没有内容正说明他有内容……"

1987 年 2 月 28 日　六　晴风

一晃五六年过去了,我第二次见到了周而复,这个"无官一身轻"的周依然神采奕奕,器宇轩昂,除了新添几根白发,时间好像在他身上凝固了。

---

[10] 编者注:指罗孚。
[11] 编者注:原文辨认不清。

有意思的是，第一次在友谊宾馆罗叔的房间见他时，他和罗均是举足轻重、炙手可热的大人物，一个是堂堂大部长，一个是权倾港府的"左头"，我则是承罗叔错爱的一个小得不能再小的小小老百姓、晚辈、崇拜者，像仰观天象一样，朝见他们。曾几何时，风云突变，一个筋斗翻下来，成了阶下囚，一个则因桃色丑闻[12]被免除要职，成了小小百姓，本人则由一个工厂的小干部混进了出版部门，成了一名小编，这两位都成了我的作者。天渊之别已无形间消失。奇妙的生活之神，为我们拉平了距离。同去的还有姚锡佩[13]。原是为《千古聂绀弩》中周的一篇纪念文章中的几个问题而去的。

敲响了四组22号的房门，应门的是一年轻女孩，转身叫"爸爸，有人找！"周出现在逼仄的走廊里，满面堆笑，握手如仪，各人自报姓名，然后进入客厅，里面已有两位男客，正在卷开卷轴，原来是拿来一些明清字画让周老鉴赏，于是听他发表了一篇有关书法的阅见，说有人用与人齐高的巨笔站着写字，纸铺在地上，从左往右运力时用双臂，回笔或捺笔时则用脚帮忙。又说日本有人写出的字，一笔下来，粗细均有，其奥妙则在把从小楷至大字笔的各种大大小小的笔捆扎成一支笔来写。日本一亿人，号称有三千万书画人口，他们生活富庶，闲来无事以练书法为乐。又问锡佩：

"你写字吗？"

"当然写啰，不过不用毛笔，哈哈……"

又问我："你写字吗？"

我说写的字能把人吓跑。他说："那可是大功力！"大家一齐打哈哈。

又与其中的一位中学教师谈书法教育，我说："日本那样的弹丸小国还有书法学校，我们是书法祖宗倒没有专门学校……"那个长得圆圆毫无书卷气的中学教员说："我们已从初一开书法课和棋艺课，教练想做试验，看学棋艺是否能提高智力和学习能力。"于是周老又对教育发表了一通高见。

我说："我原先只知道您是一位作家，前天去书协，才知道你还是一位书

---

[12] 编者注：有关1985年10月20日至11月12日周而复率团访日期间为写抗日战争长篇小说《长城万里图》搜集材料而实地参观靖国神社因此先被开除后又恢复党籍以及由此衍生的"桃色丑闻"等，见1986年3月4日《人民日报》、1999年11月《山西青年》，以及周而复《往事回首录》之三，中国工人出版社2004年10月，第440至442页。

[13] 编者注：姚锡佩，时任北京鲁迅博物馆研究馆员。

法家，您的字一定很不错。"

他说："哪里，哪里！写作是我的业余，书法是我业余的业余……"

在谈话过程中，不断有电话铃响，他负责传呼家人，也不知他家有多少人，可能光孩子就有三个之多。

送走客人之后，我们问起他现在都忙什么，他说："写作、书法、鉴赏、接待来访者、出访朋友，现在主要是在赶写抗日战争史诗（我取名），现已完成《南京的陷落》（他拿出1985年第4、5两期《当代》连载的《南京的陷落》）。文艺上有两大空白，一是抗日战争，一为解放战争，我早就想写抗日，因我亲历、亲见了许多可歌可泣的事迹，又掌握许多史料，在中央表态要客观地写历史，不能将国民党抗日的功绩一笔勾销。当然，从宣传，动员民众，提出持久战的战略方针，建立抗日民族统一战线，这都是共产党的功劳。我查阅大量史料，从斯大林、毛泽东、周恩来等大人物，最高决策写起，包括林彪的平型关大捷、台儿庄大战、八百壮士等等，尽量客观真实地写出这些真人真事，早在中央表态前，我就完成了部分初稿……"

我说："记得那次在友谊宾馆您就发了宏愿，我84年在楼适夷楼老处就曾看到您的成本初稿……"

"是啊，是啊，我早就动手了，现在条件更好了，我可以全力以赴地写。"

罗问："准备写多少字？"

"计划三百万字，每一部20至30万都能独立成册，完成一册出版一册。基于《上海的早晨》从第一册出版到最末一册出齐，前后花了廿年。这一次我就一本本来独立完成，愿意看一本或几本也行，愿意一直看下去也行。困难的是像周恩来这样的大人物，人人熟悉，最难写。这人物太正面了，言论、著述，一个动作、手势、表情要处处正确，太难了。我掌握的细节太少，又不能加以想象，很棘手。"

问到他的生活规律，他说："我天不亮，凌晨四五点就起床开始写，直写到中午，午后睡觉，然后会客、散步、出访，不看电视电影，不干什么事情，就是休息。"

罗孚访罗念生

1987 年 3 月 11 日　三

罗叔叔早就敬仰罗念生[14]先生，希望能够拜访他，并求他写一张字，不拘写什么。上次去罗老家，我已同他打好招呼，今天约好去罗老家，也约罗叔一路去，约定三点在北京站 1、4 路车站会齐。基于与罗叔约，几次都是他等我，这次特意早点离家，没想到 5 分钟就到了北京站，离三点还差 25 分，半天不见来的 1、4 路，好不容易来了两三辆都很挤，也没有看看已到三点，还不见踪影，心想只怕他要迟到了。只见一辆"TAXI"缓缓沿 4、1 路站牌滑动，一眼望见车内一个带法国小帽的小老头儿，我笑了，站在很显眼的地方等他下车。车停在路旁，半天不见人出来，我奇怪了，横过马路去看仔细，果然是罗叔，正在忙着找零钱呐！原来司机找不开拾元票，我资助了一元，凑成六元八角才下车。在路上我问：

"怎么坐小车不坐大车？"

"他们来了，走得太晚，我怕迟到，就上友谊叫出租。"

"呀！从友谊来怎么才六块多钱？太便宜了！"

"什么太便宜了？！太贵了！一共拾陆块八！"

"哟，怎么要这么多？晚间加价也要不了这许多。"

"这司机不好，我告诉他要赶时间，他答应为我抄近路，结果他从前门往这儿绕，我说，你这是抄近路还是抄远路？他才解释，怕东西长安街红灯多，没想到前门这条路更慢，这么一绕，钱就多了。我真不明白，为了多赚这么点钱，为什么要这样干？"

"那您要收据了没有？"

"我要了，本来可以不要，他这样子当然得要。"

"对，就应该要。"

我们从车站走着去罗老家，一路上，他对地名很注意，"原来外交部街在这儿？旧外交部是在这里吗？"

---

[14] 编者注：罗念生，世界著名的中国古希腊罗马文学学者。1987 年 12 月，获希腊雅典科学院授予的"最高文学艺术奖"。

"想必是吧？"

"应该是赵家楼吧？陆宗祥不是在赵家楼挨火烧吗？"

"那是公馆吧？要不为什么这里叫外交部街？"

走了廿分钟，到了东罗圈，我告诉他这楼里还住着卞之琳和戈宝权，问他想不想拜访，他说："戈宝权不在家，上法国领什么奖去了，卞之琳不熟，太冒昧。"

临按电铃时，他又问："你告诉罗老，我今天来吗？"

"早打过招呼，具体没说，昨天在电话里怕讲不明白。"只按了一下电铃，门应声开了，开门的正是笑容可掬的罗老，老人正等着呢！宽衣互相介绍，我说："这是您的一位崇拜者，也是您的本家。"

罗叔说："您是威化（？）[15]罗，我是桂林罗，几十年前我就读过您写的新诗。"

罗老笑逐颜开，坐定之后，罗老就问："先说正事，您找我有什么事？"我拿出《希腊神话》的封面设计方案：一张爱神肩上驮着小爱神丘比特与羊神的希腊雕塑。罗叔一看就说："这是范老板跟我要去的《明报月刊》封面剪贴的。"罗老仔细看了看说："说明呢？我要看看此雕像说明。从这尊雕塑看，不是古希腊雕塑，是较近的，最好的雕塑都是古代的，我书里谈到的也是古代的，所以我觉得这个做封面不太合适。不过，等你把说明寄给我看看再商量吧！还有什么事？"

我拿出带来的那套丛书，让他注意都是作者手写的题名及签字，要他也手写题字。他说："我的字难看得很，可不可以叫别人写？"

"不可以，这不是书法比赛，不在字好坏，而在意义；况且您的字也不算难看，至少跟费孝通的差不多吧！"

他说："那好，写就写吧！不过今天不能给你，等我慢慢地、好好地写，多写几张，让你挑选。"

我说好。

他忽然想起，说："给你们弄点什么喝的吧？喝点咖啡怎样？就喝咖啡吧！"说着就出出进进，洗杯子，拿杯子（蜂蜜瓶子当杯）、勺子、糖、奶粉，

---

[15] 编者注：作者日记原文如此。罗念生是四川威远县人，作者可能没听清楚，疑作"威化"。

就是没有咖啡，听得他在问夫人，夫人说："不就在那里吗？快没有了！"于是拿来了就要见底的麦氏咖啡瓶、暖壶，我说："让我来吧！"他教我："放两勺差不多了，我只要一勺半。"我照办了，放奶粉时，见我放满满一大勺，就说："太多了，你这是喝牛奶，我只要一点点。"

"糖少数，我喜欢苦的。"

我说："我喜欢甜，给你们少放些。"

他又说："别放多了水，不然就不浓了。"等我冲好了，又拿来葱味饼干，说："吃点饼干，这饼干味道很怪，很好吃。"

罗叔笑道："是，正经的下午茶格局。"

罗老没听见。大家喝着，我想给二罗照相，罗老说："不行，我没准备，穿得太不像样了，下次照吧！"

我指着罗叔说："他难得来一次，还是照吧！"

"好，那我要换顶帽子。"

我笑："换顶'右派'帽子。"

罗叔问："他戴过'右派'帽子吗？"

我说："不清楚。"

老人换了一顶酱色的无沿法国小帽，罗叔说："那我也戴上帽子。"他也戴上了蓝色的法国小帽。

我问："罗老，您戴过'右派'帽子吗！"

"没有，他们没把我揪出来。"

"'文化大革命'受冲击了吗？"

"也没有，因为没人想起我。"

我准备照相，他则跟罗叔谈香港："你是《大公报》的，那你认识我的学生陈××吗？"

罗说："认识，我们还很要好呐！"

"我们一家跟他们一家也很要好。"

罗老又问我："还记得编译局那夫妇俩吗？他们把你写的介绍列宁著作的典故的文章剪报寄给了我。"

"哦，那是应周秀凤要求写的，登在香港《文汇报》。"

"你经常在香港发表文章吧？"

"发表一些小不点儿文章。"

"是不是你介绍的?"他问罗叔,罗叔笑笑,我说"是。"

"那我写点文章,你替我介绍可以吗?"

"当然可以。"罗叔说。

"要哪方面的文章呢?"

"文学艺术的都行。"

"稿费比这边高吧?有20元一千字吗?"

"不止,像您的,可拿80~100元一千字。"

"港币还是人民币?"

"当然是港币。"

"你的文章多少钱?"

"我的小短文一篇50~60港币。"

"也不少哇!什么样的文章容易登呢?"

"短的,万字以内的。"

"报纸还是杂志?"

"报纸只要短的,杂志可以长一点。"

"写人物的、忆事的好登吧?"

"好登。"

"为某书作的序呢?"

"也可以。"

"以后我有文章就请你介绍了。"

"可以,最近恢复了几个文艺刊物,会欢迎的。"

罗老又转向我:"还有件事,有个罗皑岚的学生写了封信给我,说《二罗一柳忆朱湘》如何如何好,又写了些罗皑岚的事,这封信给你要吗?"

"要!"

"还有陈敬容那篇文章寄来了,你给我复印两份,一份你留下,一份寄给我。"

"好!"

"还有孙大雨译的莎士比亚悲剧在三联出版的事,据说是与管译著的头头联系的,确有此事,你说没打听清楚,是不是没问头?"

"我懒得问头头,只问了问小喽啰。"

"不便问是吗?"

"也不是,就是懒得问头头。"

"孙大雨译莎氏是译得最好的,他的新诗也是中国写得最好的,徐志摩读了他写的新诗,曾拍案叫绝,说,我看到了中国新诗的希望。大雨从美国回来后,没工作,徐志摩就把他的诗论教席让给他,结果被他教得一塌糊涂,他不会教书。"

罗叔插言:"孙大雨的工作解决了是吗?"

"去年才解决,是胡耀邦亲自批示才解决的。"

罗叔又告诉我,孙是保留的几个大"右派"中的一个。又问罗老:"孙大雨到底因为什么言论?"

"他在反右前,1956年吧,就出问题了,他诬告了二十个人。"

"真的吗?"

"是真的。所以他一直倒霉,现在他在埋头译作,说要把唐诗宋词等等都翻译。不过他的英文是老式英文,他的译笔也很老。"

我说:"少苏给我寄了梁宗岱[16]译的《浮士德》,我读了一下,觉得比郭沫若译得好多了,以前我读过郭的,什么味道也没有,这次才读出些味儿来。"

"梁宗岱的当然比郭沫若的好。朱湘二十几岁时曾译过《茵梦湖》,当时就指出郭沫若译错了许多地方,梁宗岱的也有不妥处,主要是太匆忙,没来得及修改,又没全译完。你带梁与甘来了吗?"

"带来了。"

"你准备怎么帮她整理?"

"暂时还没细想,粗读了一下,又请他(指罗叔)看了一下,再请您看看,然后综合你们的意见,拟一个提纲,然后有重点地帮助整理充实。"

罗叔又说:"现在这样子,根本无法出版。"

罗老说:"你准备花一个月帮她整理吗?六月去广州?"

"我计划是利用休假去,尽量帮她整理到够出版水平。"

---

[16] 编者注:"少苏"即粤剧演员甘少苏。梁宗岱,著名翻译家、教授。梁、甘二人各自身世及其结合堪称传奇。参见甘少苏《宗岱和我》,重庆出版社1991年2月;黄见华等《梁宗岱传》,广东出版社2013年11月。

"去帮她一下吧！路费由她出，她有钱。"

"她来信说过她寄路费来。"

"路上要几天？"

"来回四五天吧！"

"你坐飞机去吧！"

"坐飞机当然好，但是太贵了。"

"跟软席差不多，坐飞机快，让她买飞机票。"

"到时再说吧！"又问我她家房子宽不宽，有几间？有保姆没有？原来他想偕夫人去广州一行，想住她家。我说："我陪你一起去吧！"他说"还早呢，到时候看情形。"他和梁宗岱很熟，梁在北大教书时，罗在（？）⑰ 住处离得近，经常在一块吃饭、讨论，有时争论不休，互相不让，竟会打成一团，真正打架，滚在地下捶，捶完了，出了气，还一样要好。

又告诉我钱光培的《朱湘研究》，就要出版了，但征订数只有 1000 册，钱将稿费等全都放进去，才印到 5000 册。又说各地出版社，现在湖南也不行了，四川还可以，漓江最会推销，叶君健的一本什么散文，并不好，湖南没要，漓江要了，竟印了 1 万 7！又担心三联长久不了（指赔钱）。我告诉他三联的头头很有头脑，会赚钱的，不必担心。

我准备走，他说："让我再想想，有什么事没有？"我说："有事，你写信告诉我，打电话也行。"又叫我留下电话，住址。

说到《朱湘研究》，我说冲这书名就没人要，知道朱湘的人就不多，再加"研究"二字，把读者都吓跑了，叫《朱湘译传》就好多了。他说："那我马上就给钱写信，让他争取把书名改过来，你怎么不早告诉我？"

"我早也不知道要出此书呀！"

"对了，我告诉过你，朱湘的孙子成了万元户了吗？"

"没有。"

"朱湘的孙子、孙女搞了一辆什么车，一个孙女会开车，他们平均一个月能赚一千块！阔了，所以还有一千几百元朱湘的稿费压在我这儿，也不急着要了。"

我告诉罗叔："交朋友就要交罗老这样的，至死不渝！朱湘死了几十年

---

⑰ 编者注：日记原文如此。

了，罗老一直关怀帮助他的家属乃至孙儿孙女，光给朱湘出书就出了十本，所有编辑费、稿费都给家属，罗老是义务劳动。"

罗老笑眯眯地听着，像小孩一高兴，他说："朋友嘛就应该这样子，现在我又在整理罗皑岚的小说集子，人民文学答应出，但是里面有许多描写两性关系的，只怕不行，我想都删去。"

"是怎么描写的？是自然主义的露骨的还是含蓄的？"

"相当露骨，不含蓄，这是他的早期作品。他学莫泊桑，又学得太糟糕，我看删去算了，你说呢？现在的风气，不删肯定不行。"

"风气是一段，变过来就行了。"罗叔笑。

"我的意见是保持原貌，让出版社去删。"我说。

罗老叹了一声："唉，也不知他怎么搞的，写些这样乱七八糟的事。"

"他应该悔其少作啰！"我笑。

"他无法悔了呀，他人不在了！"罗叔笑道。

我准备告辞："您要的说明和复印件，我给您寄来，您写好题签，还有诗笺，就写信给我；《甘少苏回忆录》读完，请随手批上意见，然后您找我来面谈，好吗？有什么了您写信给我。"

"好好好。"

我们告辞出来。罗叔叔又告我："《香港，香港……》[18]，《明报》登了一版吹捧文章，登了封面，书影，说是17000册一抢而光，是本年度的畅销书，香港即将重版，我就怕他们这样是帮倒忙。"

"啊，要是畅销书，我还可以获奖呢！昨天市委宣传部的一个人在电话里把这本书夸了个够，说是他读了，就像去了香港，什么都熟悉了，将来去香港时，就不会当土老帽了；还说文笔如何如何生动，又深入浅出。我说，你别光在电话里哇哇叫，写篇文章吹捧一下，我好沾点光嘛！最有意思的是，我们社一个人，也向我夸这本书真有意思，说'走鬼'真好玩，还连学带表演的装走鬼，把我笑死了。"

罗叔说："走鬼确实紧张，有买热食的，慌忙撞翻滚油、开水锅造成烫伤

---

[18] 编者注：罗孚羁京十年，某日去三联书店找作者，巧遇范用。叙旧时范请罗为三联写稿，本书作者提议写香港。于是罗1984年夏动笔，1985年秋写成，1986年12月，《香港，香港……》初版面世，责编是作者，封面装帧"叶雨"，也就是范用。夏衍1986年12月16日致函范谢其赠书并嘱"罗孚回京后，可请他来舍一谈"。见《春秋逝去的贤者 夏衍书信》第185页。

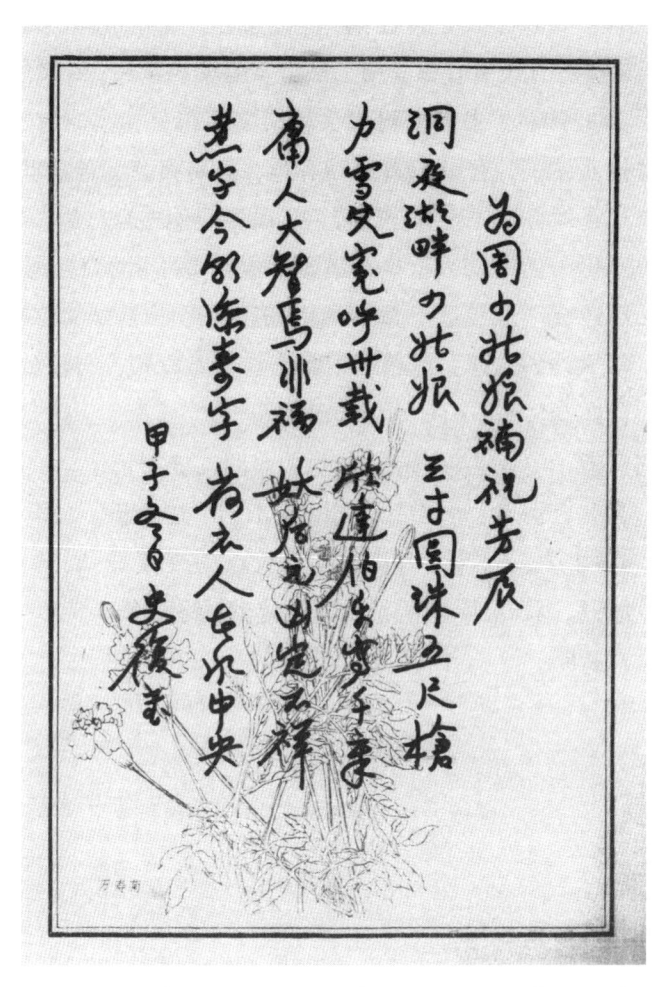

1984年,罗孚先生用笔名"史复"书赠周健强诗函。(作者提供)

的,都有,我还没写呐!"

罗孚访夏衍

1991年3月5日

与罗(孚)叔一起访夏老,请其为《聂绀弩还活着》[19] 一书作序,夏老

---

[19] 编者注:《聂绀弩还活着》,人民文学出版社1990年12月,夏衍作序"绀弩还活着"。

深情地谈起三耳,说这个人是位狂狷之士,狷介,他的人可以用两字概括,一个是奇,有奇才,他没有什么学历,从穷乡僻壤跑出来,十几岁就下南洋,主编报纸,后又进黄埔,去莫斯科中大,杂文写得好,当时写杂文的很多,写得好而得鲁迅真髓的,公认只有唐弢和他,几可乱真,但唐是像鲁迅,模仿鲁迅,而三耳是像鲁迅,而有自己特色、风格。他在自己的杂文集序中说,中国杂文除鲁迅以外无第二人,这是谦虚,他就是那第二人。晚年又以旧体诗震惊文坛……还有一个字是"真",他毫不做假,'吕端大事不糊涂',但又不拘小节,喜欢谁的东西,他就要了拿走,请客吃饭,自己钱不够了,可以扬长而去,让朋友付账……

　　夏老思路清晰,声音洪亮,谈笑风生,对朋友极重情谊,一点官气没有。又说到自己一直右,就是大跃进左了一回等等,并提出想写一篇《〈"左联"六十年祭〉答客问》[20],但自己因病目,写长点的文章费劲,罗叔当即推荐我,我也表示愿意,我送了一本《聂绀弩传》[21] 给夏公,又照了几张相片、录了音,后上罗叔家。

(本文选自作者私人日记)

---

[20] 编者注:参见本书《夏衍谈"左联"后期》一文。
[21] 编者注:《聂绀弩传》,周健强著,四川人民出版社1987年8月出版。

罗孚致周健强信

——作者信札一通

(1983年7月8日)

健强：

　　没想到会收到我这封信吧？没想到我已经基本上恢复自由了吧？没想到我会搞出这样的事情吧？……事情是确实的，性质是十分严重的，我受到的待遇是非常宽大的。我已经在"七一"前夕获得假释，目前住在<u>海淀区双榆树南里二区三号楼五门四〇二号</u>①，一个人一个单元，每天有人来替我做饭，生活费每月八十元。我可以自由活动，别人也可以随时来我这里。这几天，我去看过画展，到过亲戚家，也有亲戚来看过我。由于天热，人事上今昔有异，我不想多走动，只是闭门思过，闭户读书，准备写作——此是后话。慢慢地也会安排我一点工作，有关的人说这不必急。

　　一年多来，我也是受到优待的，住在招待所，吃得好，睡得好，身体也好，还比以前胖些了。

　　考虑了几天，要不要写信给你和聂伯伯，终于还是决定写这封信（聂伯伯的住处只记得是劲松区，你的但望没有记错），想到有些欠你的事，总要慢慢清理，就还是写了。也希望你告诉聂伯伯我近况如此。

　　我的住处离友谊宾馆很近（见附图）②，离你的住处就远了。如果有兴

---

① 编者注：下划线是寄信人（即罗孚先生）所划。下同。
② 编者注：此信札两页，罗孚先生在第二页左下角以1/3页面画其住址及附近道路示意图，标注明晰，一目了然。

趣，你可以在任何晚上来坐。除了星期天到亲戚家，基本上我不去哪里，除了上午十点钟以前出外散步，白天我都在家，晚上就更是了。如果先写信通知何时来，那就更可以万无一失。不过，十四到十八九，我家里的人将由港来看我，我在城里的时候就多了，你能把电话寄来，我就可以在她们的旅馆打电话给你。

我的户口名字是<u>史林安</u>，写信写这个，找人找老史，记得不要弄错。

如果能向聂伯伯要一本《散宜生诗》更好。那天看张大千画展，去了朝内大街，人民文学出版社点货不开门，没有买到。

祝全家大小都好！

罗伯伯
（1983 年）7 月 8 日
（选自作者私人信札）

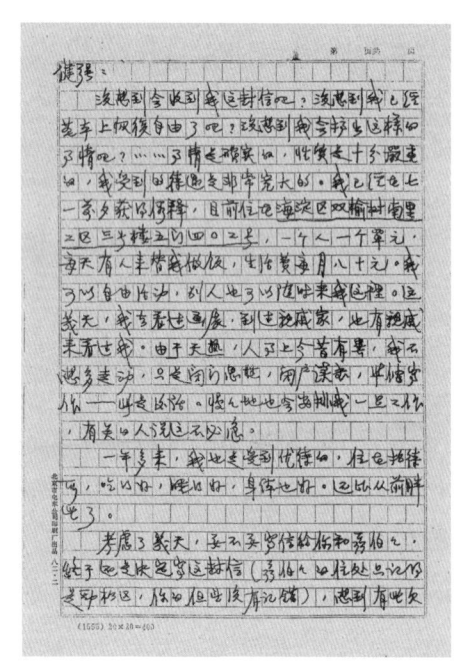

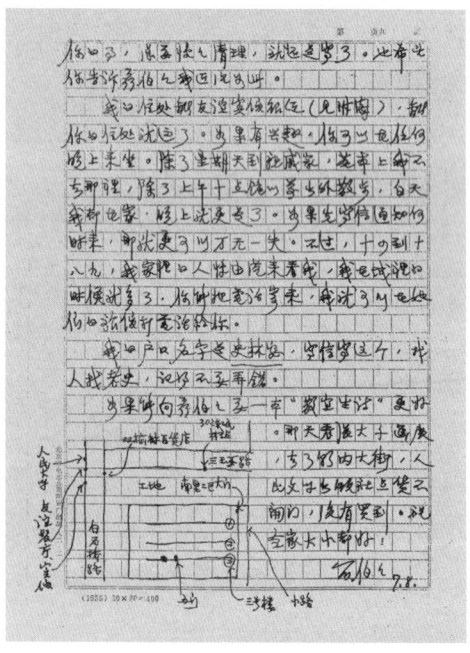

1983 年 7 月 8 日，罗孚先生写给作者周健强一通信札。（作者提供）

四、记诸师长

1981年作者（左二）同沈从文（右二）、黄苗子（右一）等人合影。（作者提供）

四十年代战斗的声音

——访牛汉谈《白色花》

黑土沃野，几抹鲜红，一枝白色的花儿挺立。小花植根于血与火的深厚的大地，通体洁白，像出水芙蓉一样，纤尘不染。啊，《白色花》！多么平凡、素净、别致，又是多么大胆的名字啊！在那将自然色彩也强加以阶级的、政治的含义的时代，光是这书名和这封面，就有被打入十八层地狱的危险呢！

翻开目次，阿垅、鲁藜、孙钿、彭燕郊、方然、冀汸、郑思、曾卓、绿原……一个个似曾相识的名字跃入眼帘。呀，这二十个人，不都是所谓的"胡风分子"吗？他们曾像星河一样，横在二十世纪四十年代那黑暗沉沉的夜空，用他们年轻的粗犷的喉咙，为抗日救亡奔走呼号。到了二十世纪五十年代，却突然一齐沉默了，消失了。二十多年过去了，我还以为他们已像流星一样地陨落，化作了无知无感的石头或粉末了呢……而今，他们之中的幸存者，又出现在诗坛上，并且编选了这本二十人诗集——《白色花》。这本不同寻常的诗选集是由人民文学出版社出版的，编者：绿原、牛汉。牛汉？那个像穆铁柱兄弟似的牛一样的大汉，我认识！我这就去访问他！一方面表示祝贺，一方面我还有好多问题要问他。

很快就见到了牛汉。他说应当和绿原一起谈，但是绿原去上海出差去了，

《白色花》封面书影。（资料照片）

我等不及了……

要开作一枝白花

"这本二十人集为什么要叫作《白色花》?"

"这个集名,借自阿垅的一节诗句。阿垅像个预言家,他早在一九四四年,就写下了这样寓意深隽的诗句:

要开作一枝白色花——
因为我要这样宣告,我们无罪,然后我们凋谢。"

牛汉深厚的声音有些颤抖。

"啊,不,不要凋谢!"我说,"应该是:我们无罪,然后我们重放!为祖国,为未来而重放!"

"你们这二十人……是怎么凑到一起的?是不是形成了一个所谓'小集团'呢?你们又是怎么写起诗来的呢?"

"可以说,我们这二十个人,还从来没有凑到一起过。二十世纪四十年代,我们有的在解放区,有的在国统区,四散在祖国的各个角落、各自的战斗岗位上。我们当时大都陌不相识,但却为着一个共同的信仰和理想,在各条战线上,为抗日救国奔走呼号,与民族敌人及一切黑暗腐朽势力进行着针锋相对的斗争。我们之中,除去少数几位,如阿垅、鲁藜、孙钿等人外,在诗歌创作上,大都是初来者。在有些人看来,我们毫无技巧可言,压根儿不懂得尊严而神圣的诗艺。但我们却被民族的深重灾难,与生活战斗的欲求所激动鼓舞,不揣浅陋,唱出了自己简朴的、诚实的、发自肺腑的歌声。我们的诗,有些只能算作习作,但却都是努力地紧随着斗争的步伐和时代的脉搏,没有顾影自怜或无病呻吟,我们从内心深处摒弃这些东西。"

充满战斗激情的诗

"《白色花》中不少的诗,都是利用战斗的空隙匆忙写就的,是战斗生活的记录。拿孙钿来说,当时,他在国统区做着最机密的工作,经常往返于国统区和解放区之间。他的诗,大都是在小旅店里,在车船上偷偷写成寄出去,由胡风替他整理定稿的。曾卓、绿原、杜谷、冀汸等,在当时的学生运动中,都是敢于冲锋陷阵的战士。我当时在西北,也搞学生运动,被反动派抓起来过,我的有些诗,就是蹲监狱时写的。阿垅出身贫苦,在二十人中,年龄最长,是一九〇七年生的。在创作方面,也是成就最高、影响最大的。他进过'中央军校',抗战初去过'抗大',后来因牙疾回国统区治疗,考入国民党的'陆军大学',毕业后留校当教官。他始终与反动派势不两立,坚持在国统区为党为人民做着有益的工作,积极地提供了许多重要的军事情报,同时创作了大量战斗性艺术性很高的诗文。这二十人当中,当时大多是二十来岁血气方刚的青年。由于我们总是在奔跑,在风风雨雨中呼号,从人的情感和诗的意象上来看,都比较质朴、粗犷,显得不细腻,但却充满战斗的激情。我们都是拼着性命,提着嗓子,为苦难深重的祖国和人民呐喊,与敌人进行着面对面的斗争。我们的作品有血有泪,但不论是创痛的血,还是悲哀的泪,都是洒在战斗的征程上,而不是滴在花前月下。正因为我们总是奔跑,不论从生活还是从创作的角度来说,就容易摔跟斗。但是,即使摔跟斗,也是向前摔,并不是就地徘徊,我们是摔着跟斗向前进的。我们的诗的路子,是自觉地接受以鲁迅先生为首的、'五四'以来的新诗歌的优良传统,在创作上受艾青、田间等的影响最大。艾青的深沉与博大,田间的爽朗与跳跃,都使我们从中汲取到真正的诗的养分。我们力求在诗的创作中,具有真正的特色,没有特色,也就谈不上形成一个诗的流派了。我们虽然风格不尽相同,但由于年龄、气质、生活、境遇的相同相近,所以创作态度及创作方法有着基本的一致性。加上我们之中的这个和那个,或几个同时在一些期刊杂志上相逢,彼此都觉得亲切,不免有些文字的往还,相互的吸引、激励和探讨,难道就是所谓小集团么?……"

"七月派"诗风

"刚才你说形成了一个诗的流派,到底是什么派呢?"

"一般称之为'七月派',这是由于这些诗人多半在胡风主编的《七月》《希望》《七月诗丛》发表或出版诗作的缘故。当然主要还是这些诗有着共同的特色,有着与众不同的风格。当时,许多诗确实是被广泛传诵的,尤其是在大中学生当中流传甚广,影响较大。绿原的不少诗,如《终点,又是起点》《噫,美国》等在学生运动中,常常是在群众集会上朗诵,起过切实的战斗作用。还有他的《伽利略在真理面前》和《给天真的乐观主义者》影响都比较大，尤其是《给天真的乐观主义者》气魄大，针对性强，几乎触及了当时国统区社会的各个黑暗面。"

鲁藜的小诗《泥土》：

老是把自己当作珍珠
就时时怕被埋没的痛苦
把自己当作泥土吧
让众人把你踩成一条道路

"在当时被当作格言传诵，新中国成立后还有许多青年抄到自己的小本子上，或者作为座右铭贴在墙上。他的《延河散歌》也是比较有名的，曾经广为流传。我上中学的时候，就背诵过这些诗，并把它们当作为诗的范本。"

再如彭燕郊的《冬日》：

萧瑟的
风雪的冬日呵
使大地沉默
使雷雨停歇
使草木复归到泥土里去了
——然而，末月的花朵
带着蜡色的容颜
终于
在行将呜咽的池边
绽放了
一年间最后的花瓣
从山上
传布过来
伐木的丁丁斧声
悠扬而清脆地
使行人驻足
观望那

伸长在雪野里的壕堑
用黄色的泥土和新伐的木椿
夸耀着
反抗侵略的
战斗的坚强

"写得多么美啊！这是一幅有声有色的图画。在冬日的萧瑟中，孕育着末月的花朵，在无边的冷寂里，夸耀着战斗的坚强，那就是'八一三'全国抗战爆发后的祖国的诗意的写照呵！他写劫后的家园，饱含血泪的控诉。他写凹眼愁眉的'皇军'们，是满腔怒火的讽刺。我们都曾亲身经历过那个时代，深知这一切描绘是多么真实感人……"

冀汸《今天的宣言》《死》，写出了革命战士的坚贞与豪情：

鞭子不能属于你
锁链不能属于我
我可以流血地倒下
决不会流泪地跪下

"还有郑思的《秩序》，也是当时有名的诗。作者用满含血泪的谐谑，尖刻锋利的笔触，描画了一个个触目惊心的真实场景，入骨三分地揭示出反动当局的那个'环绕着法律的秩序'，建筑在怎样该诅咒的悲惨与残酷之上。又如芦甸的《大海中的一滴水》……"

"《大海中的一滴水》是芦甸写的？我早就会背哩！"我忍不住打断牛汉的话头，"可是，我一直不知道作者是谁。我念小学的时候，参加诗歌朗诵比赛，辅导员教我背的就是这首诗：

我多么渺小，
我是大海中的一滴水；
然而，我骄傲，
我为大海所包容。
海，推动我，
我也推动海……

"那次比赛，我还得了奖哩！啊！芦甸！他现在在哪儿？我真想见见他……"我感情激动地说。

"他……已经去世了，一九七三年死于脑出血……"

牛汉神色黯然。

"死啦?!"我怔了一怔，像和谁争辩似的大声说"不，不！真正的诗人是不死的！我已经把这首诗教给了我的儿子，他也会背了……"

"真的吗?"牛汉欣慰地笑了。

"真的！这回我可以告诉孩子，这首诗是一个叫芦甸的叔叔做的……啊，我刚才打断了你，这个'七月派'，就只有你们二十人吗?"

"当然不止，像刚才说到的艾青、田间，还有邹荻帆、天蓝等，得从文学史的角度来看，应当说，是这个流派能以形成的、早期的、很有影响的几个诗人。前几天，艾青请我和绿原吃饭，他原来不认识绿原，很想见见面。在座的还有邹荻帆、蔡其矫、周良沛等，席间谈到最近出版的《九叶集》和《白色花》。大家认为，这两种不同风格的诗选集的出版，是十分有意义的事，艾青曾写过一篇《谈中国新诗六十年》的文章，对《九叶集》的作者，做了较详细的评价。对《白色花》的作者没有提。艾青说，因为那时还没为我们平反，不好提。他对《白色花》显然是较赞赏的，这次请我们吃饭，我觉得也有祝贺的意思。确实，《九叶集》和《白色花》的出版，不仅弥补了新文学史上，四十年代的新诗的所谓空白，也说明自三中全会以来，文艺政策的落实是见成效的。艾青读我们的诗，觉得很亲切，这里有个创作的延续，甚至是血缘的关系，可以说是一脉相承的，当然，我是指四十年代的诗说的……"

那些逝去的朋友

"告诉我，这二十九年，你们都是怎么过来的？谁死了？谁活着？现在在做什么?"

"是啊，往事历历在目，想忘也忘不掉，像用刀斧凿刻在石头上一样。有些如烟云过眼，想记也记不住，像手心捏不住一块火炭一样。可是，从哪儿说起呢？先说故去的诗人吧！阿垅在服刑期间病故了，方然是一九六六年八月，死时才四十几岁……郑思死得更早，也是自尽的。芦甸一九七三年死于脑出血。化铁，自从一九五五年以后，听说在南京靠拉平板车度日，至今不知所终。最近有确信说，他早已死了。

一束风雨后仍然开放的白色花

"我被隔离了两年。从一九五六年就开始写我酝酿已久的、反映西北大学生运动的小说《分水岭》。那时生活简单，没有任何社会活动，鬼都不找我。我精力充沛，白天黑夜地写，一直写到大炼钢铁才停手，一共写了七十来万字。可惜在"文化大革命"时，被北京铁道学院的"革命群众"抄家抄走了，找不回来了，这是我一生中，在创作上的最大损失……

"绿原在秦城关了五六年，他在那种与世隔绝的安静环境中，拼命学德文，从字母学起，一直学得精通了。他本来懂英文、法文，还学过俄文，现在，他除了努力写诗以外，正在翻译外国现代诗歌作品。他和我一起在咸宁干校待了五年，后两年，每天干一个小时活就没事了。我们就安安静静地读书，也不断地写作诗歌。他的《重读圣经》，我的《蚯蚓的血》《巨大的根块》等，都是干校的产物。

"徐放比我们惨，一九六五年才出狱。接着就是'史无前例'，不久就被赶回辽阳老家的东山，一直当了十年农民，靠挣工分吃饭。可以想象，那个时候，他那种身份，在农村的处境……他一九七八年才回到北京，现在在《人民日报》群工部工作。他为人很正直，做这种工作最热心，最合适不过了。

"上星期，我去天津看到了鲁藜，他这个人的精神真了不起。我去的时候，他出去打电话去了，留了张条子，叫我在他屋里等，房门也不锁，房里四壁空空，两条长凳，架着块木板，就是床。木板上垫着书报、杂志，还有一件皮背心，就算是褥子了。这二十几年，他一直在劳动，前年才回到天津。不一会儿，他回来了，穿一件黄棉军大衣，满头白发苍苍。但是，那热情爽朗劲儿一如既往，充满革命的乐观主义。他的精神状态，一点也没有变，还跟二十几年前一样，就像什么也不曾发生过……他请我上'狗不理'吃天津包子，一面吃，一面啧啧称赞：'二十几年没吃过这东西了，真好吃呀！'

"这个历尽艰辛，一九三二年就参加了革命的老诗人，对个人生活没有任何要求，只要有工作做就欢天喜地，真了不起啊！他从来也没放弃过写作，写了不少东西。

"还有彭燕郊,在长沙街道上待了多年,他一面研究民间文学,一面继续写诗……冀汸、曾卓的精神,与鲁藜十分相似,都是生气勃勃的,一点也不显得老气横秋,他们也写了不少诗文。罗洛是我们当中最年轻的一个,他懂外文,也懂古诗词,创作路子广,写得又快又多。目前他还在青海工作,不久可能调回上海了。还有鲁煤、胡征、朱健、在谷……这二十几年都没有停笔,不发表也写……总之,我们这一群,不但精神没有崩溃,而且都还想认真勤恳地工作与写作多少年。这些年来,差不多一直都在写,倒不是因为无聊而消遣,而是感到一个革命战士应有的责任,我们不能虚度年华。再就是,我们有坚定的理想和信念;历史的误会总有一天会消除,党迟早会给我们平反,我们的作品迟早有见天日的时候……你看,这一天不是已经来了么?这次胡风当选为全国政协常委,不就是最好的证明么?《白色花》问世,不也证明了这一点么?我不想再谈什么了,绿原说得好:

什么都用不着去回忆了,

让它们一齐沉入遗忘的深潭;

回忆不过是远了、暗了的暮霭,

希望才是近了、亮了的晨光……。"

1986年1月,胡风追悼会后,"胡风分子"们在梅志家聚会。(左起)罗飞、周健强、曾卓、绿原、牛汉、徐放。(作者提供)

像听完一个令人慨叹的，久远的故事，突然回到现实世界一样，我发现窗外的冬日格外的晴和，温暖如春的室内飘着阵阵幽香，啊，原来是窗台上那盆素馨花开放了……几行优美的诗句不觉涌上心头：

我们大家都像才醒来的孩子

用甜蜜的眼光注视这个亲切的世界

世界是变得更加可爱更加可留恋了

啊！活着，劳动着，战斗着，爱着而且被人所爱

是多么幸福啊

1981 年 12 月 23 日　于北京

原载 1982 年 2 月 21 日（香港）《新晚报》

周震鳞和他的座右铭

题记：周震鳞（号道腴）先生是同盟会最早会员和华兴会创始人之一。不久前，我访问了先生的长女周世贤女士，她老人家已年逾古稀，但精神矍铄，她向我介绍了她父亲的许多故事。周震鳞先生生前，曾以"仰不愧于天，俯不怍于人"作为自己的座右铭，他确实是始终以此自励的。兹将周世贤女士的谈话择要整理于下：

一

我父亲和黄克强先生算得是总角之交。他们的父亲是朋友，他们俩也从小就要好。1897 年，父亲考进了张之洞办的两湖书院，第二年黄先生也来到那里，二人朝夕相处了五年。他们学的都是地理科，除攻读地理外，父亲喜欢研究兵法。黄先生喜欢兵操。1902 年，张之洞本来要送父亲去日本进士官学校，刚好黄先生也被选送去东京弘文学院速成师范科学习。不记得什么缘故了，他们两个只能去一个。两个人你谦我让，后来是黄先生去了。

黄先生在日本学了八个月回国后，应聘在长沙市主持明德学堂速成师范班，父亲也被聘在明德学堂教地理，同时与黄先生一起积极从事民主革命活动。就在这一年（1903 年）11 月 4 日，黄先生三十岁生日那天，我父亲、刘揆一、陈天华、章士钊、宋教仁等二十多人，以吃寿酒为名，举行秘密会议，发起组织了"华兴会"，公推黄先生为会长，对外公开称"华兴公司"，实际是一个反清革命团体。后来又组织了"同仇会""黄汉会"两个小组织，负责联络哥老会和运动清政府军队，策动起义。他们的活动经费都是由会员志愿捐助，黄先生曾为此变卖祖产。他们为了推翻腐败的清政府，毁家纾难。我父亲也是为了革命不顾家。有一年除夕，好不容易他也在家，祖母高兴得嘴巴都合不拢。哪晓得团年饭菜刚搬上桌子，就有人来找他，他筷子一放，转身就跟来人走了……

对于他们宣传的主张，如男女平权、男女教育平等，父亲也总是身体力行。朱剑凡在长沙创办湖南第一所女塾（辛亥革命前后改名周南女校），父亲硬是动员我祖母去上了学，黄兴先生的母亲也去了，那些小脚老太太还操练咧！

华兴会成立周年那天，本来要在长沙搞起义，因风声走漏，没搞成。这之前，黄先生与我父亲约定，不让他出头露面，只在暗中襄助，以保存实力，掩护和营救遇险同志，他一直遵守这个约定。长沙起义流产后，清政府到处缉拿黄先生，幸喜得圣公会黄吉亭牧师保护，才保无虞，最后由我父亲亲自送他东渡，逃亡日本。

1905年8月20日，孙中山先生与黄先生在日本以兴中会和华兴会为基础，联合光复会，正式成立了中国同盟会。父亲虽不在日本，也由孙、黄二位先生介绍入会，成为第一批正式会员。

第二年，同盟会派法国人欧极乐来和我父亲接头，被清政府密探发觉，要捉他，他只好跑到日本去躲避。在东京，他第一次会见了孙中山先生，并且一见如故，从此追随孙先生左右。

这年（1906年）冬天，湖南灾荒严重，米贵工贱，爆发了萍浏醴起义。黄先生在日本获悉后，立刻派我父亲和谭人凤、洪春岩等多人回湘帮助，嘱我父亲和洪春岩任驻省内应。可惜等他们赶回湖南时，起义已经被残酷地镇压下去了。

父亲与黄先生志同道合，参加和发动过多次起义。黄先生多次被反动政府悬赏通缉，长年流亡国外，但他不计个人得失与恩怨，忍辱负重，为了国家和民族的利益，在海外四处奔走呼号；父亲立足国内，遥相呼应，一直与黄先生书信往还，保持着始终不渝的友情。后来黄先生病故，父亲对于他的盛年弃世，一直伤感不已。

父亲是孙中山先生的忠实信徒，他为人正直，又懂军事，从不随身携带武器，总是空身去敌营做说客，运动军队，化敌为友，为孙先生打前锋。孙先生对他很倚重，这从孙先生给他的两封亲笔签名的信中可以看出。这两封信至今妥善保存在中国革命历史博物馆。

那是"民国"十二年（1923年）春天，滇军和桂军联合打败叛将陈炯明部以后，孙先生再次回到广州，任大元帅，并全力准备北伐。但是收编的各部军队，矛盾重重，摩擦不断，加上坏人离间，破坏原江西都督、湖口首义的李烈钧（协和）所率滇军与大本营的关系。李烈钧本是很拥护孙（中山）黄（兴）的，他和我父亲很要好，肯听父亲的话。孙中山先生一到广州，就派我父亲作"大总统代表"到厦门去做滇军的工作，传达孙中山先生对李烈钧"倚畀殷重"之诚意，以"国难方殷，吾辈前途之责至为艰巨"相勉励，以求和衷共济，齐心北伐。并竭力为滇军筹措军费，解决李的实际困难。我父亲很好地完成了这个任务，因此，孙先生在信上写道："执事贤劳，钦迟无已。"对父亲表示慰勉和感激。

二

袁世凯就任总统不久，曾下手札要我父亲当教育总长，但他老人家毅然拂袖而去。袁世凯恨得咬牙切齿，说湖南有一个最坏的人，就是我父亲……袁刚刚在北京称帝，就下诏点名要杀他。袁毙命后，段祺瑞上台，我父亲又到全国各处串联，动员国会会员南下护法。

父亲做人的九字诀是：不做官、不要钱、多做事。他从未做过什么官，只在孙中山先生上海环龙路四十四号办事处当过秘书长。父亲七十岁那年（1945年），蒋介石准备当大总统时，很多蒋的嫡系来劝他当国大代表，他气得直骂："老子不干！再回过头三十年，老子就革你们的命！"

蒋介石为笼络他老人家，总是尊称他"先生"。而他一直跟蒋不对付，动不动就骂蒋"攘外必先安内"是狗屁不通，骂他不抗日是反动。说："反共是不行的，因为共产党后面有穷苦百姓……"

孙中山先生去世后，我们一直住在上海。蒋介石躲到峨眉山时，要接他去重庆，他就是不肯，宁愿在湖南一带逃难。家乡沦陷后，还是执意不住重庆，住成都附近青城山，一直到日本投降。

三

新中国成立后，毛主席把我们接到北京。父亲看见帝国主义被赶跑了非常高兴，看到我们的国际地位一天天提高，总是说共产党好。要讲他对共产党有好感，那时间就早了。记得抗日初期，在长沙，我们姊妹有一次正看《良友》画报，那一期有报道"抗大"生活的文章和谢觉哉、徐特立、林伯渠、吴玉章四位老人的照片，他们穿着羊皮大衣，身体健壮，精神饱满。爸爸看见了，就从我们手里拿过去，仔细看了一阵，感叹地说："这四老都是学富五车的正人君子，他们加入共产党，绝不是随便的、盲从的，是有道理的……看起来，复兴中华，赶走日本鬼子，全要靠共产党了。"

他最喜欢共产党提倡"为人民服务"，他说这是五个金光闪闪的大字……

讲起来我父亲还是徐特（立）老的老师咧！爸爸从年轻时就热心教育，他从两湖书院毕业以后，被派到湖南高等学堂（现湖南大学）当监督，但学监每逢朔望要朝北叩拜皇上，他不干，宁愿做教务长（不要叩头）。他在各县中（学）择优录取学生。他领着学生打菩萨，将寺庙、试馆等改成学堂，首先把宁乡试馆改为宁乡师范。徐特老本是教蒙童馆（私塾）的，取缔私塾后，徐特老考入宁乡师范，做过他的学生……

说起我父亲和毛主席的关系也很有趣。父亲和黄克强先生最初想利用旧军队搞革命，后来觉得不行，就在湖南组织学生军。毛主席听过他的课，对他很敬重。新中国建立后到北京，政府每月发给他的生活费很优厚，有什么他爱吃的东西毛主席常派人送来。记得有一次毛主席送他一套毛哔叽制服，父亲嘱咐我好生收着，说是留他死后做装殓。有时毛主席请他吃饭，就先打电话关照："老人家来得不？不要特意换衣服，莫受凉……"

父亲总是讲："我没为社会主义出过力，却过的是共产主义生活咧！"他是到死都念共产党、毛主席的好处。他跟我讲过："搞革命那阵，脑壳提在手里，活个三十来岁捐躯就不冤枉了。后来推翻清政府，建立民国，我又想活一个花甲子，如今我硬是要活到九十岁才过瘾。"他满过八十五岁，就自称九十老翁，他舍不得新社会的好日子哩！他老人家殁于1964年，正好进九十。

他老人家一生都遵循自己的座右铭："仰不愧于天，俯不怍于人"。如今我就把这两句话赠给你和那些怀念辛亥革命先烈的年轻人吧！要是每个人心里都有这条座右铭，振兴中华，实现四化还有什么困难呢?!

原载《人物》1983年第6期

一个站着写作的女作家

——记《爱与仇》的作者珠珊同志

一九八二年四月二十五日《人民日报》发表了萧三同志的《给〈爱与仇〉作者的一封信》。

珠珊同志：

首先应该大大地感谢您。您填补了一个大空白——关于延安这个革命圣地，多少老中青作家竟无一本文艺著作写它，就是我近来才动笔写的《窑洞城》，也是报告文学式的东西。难得您用艺术的手段写出这么一本好书，我十分敬佩您——引起所有名作家们的注意。

……

同年六月四日，香港《文汇报》刊出《从〈江青野史〉谈到〈爱与仇〉》一文。

……

她是一位在革命营垒中成长，长期在中共领导机关服务，和众多领导人物过从甚密的老干部，又是一位颇有知识根底，掌握专门医务技能的人才。如此丰富多彩的生活阅历，是文学创作的无尽泉源。而她正依此极为有利的条件，在进入晚年之时，拖着病躯，以超凡的毅力，拿起笔杆，写出一部又一部别具一格的长篇来，她以江青"知情人"的资格，在三个月之内完成了《江青野史》。

……

韦君宜同志在《〈爱与仇〉及其作者印象记》里写道：

她拿出稿纸，是用笔记本纸密密麻麻写成，可以想见作者不是在很从容的情况下修改润色出来的。因为患坐骨方面的病，无法继续行医，也不能坐下写作，就以家里的衣柜代桌子，自己天天站在衣柜前写，这七十五万字的长稿就全是站着写出来的。中间经过一个夏天，汗透重衣，她还是不肯躺下……

我觉得进一步了解了一位在一般作品中会是挨骂对象的高干夫人——不论什么地位的人，总还是各有各的性格抱负啊！她是"这一个"！

读者看了上面这一段段摘录的引文，一定想知道这个被萧三同志"大大感谢"的"珠珊同志"，这个被韦君宜同志称为"高干夫人"的"这一个"，这个曾以《爱与仇》"应时""填补空白"的作者是谁呢？她，就是已逾花甲之年，方在文坛崭露头角的王稼祥夫人朱仲丽同志，珠珊是她的笔名。

朱仲丽原名朱慧，奔赴延安参加革命后才改名朱仲丽。她一九一五年三月出生于湖南省宁乡县，兄弟姊妹共八人，她是满女，何叔衡等老伯伯，都亲切地叫她"八妹子"。父亲朱剑凡先生是著名的革命教育家，爱国民主革命志士。朱先生祖上在明末举家避祸于湖南宁乡，与世交周震鳞（号道腴，辛亥革命老人，华兴会的组织者之一）先生祖上认作本家，改为"周"姓，因此朱剑凡先生曾名周剑凡，直至辛亥革命推翻了清政府，才恢复原姓。一九〇四年，朱剑凡先生从日本留学归来，决心以"启迪民智""解放女禁"为目的，不顾慈禧太后严禁女学的禁令，与黄兴、谭祖庵、胡子靖、周震鳞等人创办女子学堂。一九〇五年暮春，朱先生腾出自己住宅西隅的几间房子，在长沙太安里创办了"周氏私塾"，开办二年制简易师范专科学校，附设小学，专门招收女生，这就是当时湖南乃至全中国的第一所女子学校。等到一九〇八年清政府学部奏准民间设立女学，才改名为"周南女学堂"，辛亥革命后改办普通中学，校名定为"周南女中"。周南女中为我国妇女解放运动培养了许多德才兼备的人才，如向警予、蔡畅等同志都曾就读于这个学校。不少与朱剑凡先生志同道合的进步人士，如黄兴、秋瑾、徐特立等都曾在周南女中任过教。

朱仲丽的母亲魏湘若，始终萦心于妇女教育和女子解放，是朱剑凡先生志同道合的贤内助。她对朱先生变卖祖产，捐房捐地兴办女学的崇高志向极为赞赏，并时时关心帮助朱先生办好学校。当学校经费困难时，她曾毫不犹豫地卖掉自己嫁妆、首饰，予以资助，并尽量节衣缩食，减少家用，支援学校，不使朱先生为家务及八个子女的教育分心。

朱慧是满妹子，父母极宠爱，被昵称为"慧珠"但却不娇惯，从小就培养她从事力所能及的劳动。母亲思想开明，不让自己的女儿裹脚，穿耳孔，也不给她们灌输"三从四德"等等封建旧礼教思想。为了培养朱慧的独立生活能力，她四岁就被送进了周南幼稚园，五岁即随哥哥进周南附小读书，十一岁高小毕业。小慧珠自信要强，当有人问她："你将来要当一个什么样的人呐？"

她会声音清亮亮地回答："我要当一个不求人的人！"

"什么是不求人的人呢？"

"就是什么事都自己动手做，不求人家做，还帮别人做好多好事……"

朱慧的父母亲都是读书迷，藏书丰富，母亲喜欢文学，尤其爱读小说。朱慧从小也是个读书迷。

一九二七年"马日事变"以后，周南女中被反动派查封，她父亲被通缉。为免遭毒手，朱先生先带着儿子逃难到上海。不久母亲也带领朱慧逃到了上海。这时朱剑凡先生已接受共产党组织的委托，很快在上海租了两楼两底的房屋，开了一家酒店，楼上住家，楼下营业。这家小酒店就成了我党的地下工作联络站，掩护过不少革命同志，传递过党的文件和重要情报。何叔衡、徐特立、谢觉哉、董惟健、张唯一、蔡畅、李富春、聂荣臻、李维汉等同志都曾到过这里接过头、开过会。才十二岁的朱慧被常来的伯伯叔叔们所喜爱。何叔衡同志每次来，都要给她带点小礼物，常常"八妹子""八妹子"叫个不停。朱慧经过了长沙的白色恐怖，又加上一路逃亡的生活磨炼，学到了不少对付敌人（特务、"包打听"之流）的办法，她机警聪敏，终日忽闪着一双明亮的大眼睛，在酒店里跑上跑下，只要发现形迹可疑的人，她就会悄悄地告诉爸爸妈妈，提醒那些伯伯叔叔们注意安全。她不但学会了仔细观察人的方法，初步能够辨别好人坏人；她还养成了守口如瓶的习惯，从不多嘴多舌。她无形中成了父亲工作中的一个小帮手。

酒店开得有点起色了，家庭的经济状况也稍稍有所好转，朱慧父母不愿让小女儿在家荒废学业，她也渴望能上学读书。这样她就考入了上海务本女子中学读高中。朱慧读书很用功，几乎只用了三年时间，就连升级带跳级地完成了中学六年的课程。朱慧十五岁高中毕业后，考取了上海同德医学院。

朱慧是当时同德医学院年纪最小的大学生。到第二学期巨大的不幸降临了：她的父亲，在长期受胃肠病折磨之后，被确诊为胃癌。因为经济拮据付不起昂贵的住院费和手术费，朱先生的病得不到应有的治疗和护理，只能靠注射吗啡减轻痛苦。她除了一下课就往医院跑，去陪伴父亲，听他痛苦的呻吟，看他虚弱的昏睡，她还能做什么呢？她痛苦极了。她恨那无情的不治之症折磨自己的父亲，更恨那不让她父亲得到应有的最好治疗的旧社会，她暗自下定决心，一定要好好学习，尽快掌握医疗技术，毕业后当一个好医生，当一个为缺医少药的人们热心服务的好医生，她要把最高明的医术，最好的护理送到那些最需要精心治疗护理的病人身边，做一个为国家、为大众献身的人……

一九三二年，朱先生死于胃癌，享年五十岁。朱慧压下悲痛，发愤用功，在医学院埋头学习了六年。期满，又以优秀成绩，考入当时颇具名望的南京中央医院实习两年。一九三七年夏天，朱慧已决心带着自己学得的一技之长，奔赴革命圣地延安。她先回到长沙，在私立仁续医院工作了几个月，就动身经武汉、西安，到延安去找毛泽东同志。毛泽东也是她父亲青年时代的好朋友，他们曾一起参加过反帝爱国民主运动。途经郑州，险被炸死。经过艰苦跋涉，一九三八年年初，朱慧终于安抵延安。那时延安不光物质生活极其艰苦，医药缺乏，而且极其需要医务工作者。像朱仲丽这样"科班"出身，名牌医学院的毕业生，学的又是战时最需要的外科，当然成了"宝贝"，她马上被分配到边区医院当外科大夫。

当时的边区医院比较简陋，只分内外两科，外科实际上还要兼看皮肤科、耳鼻喉科、眼科、牙科等。医生少，病人多，朱仲丽一个人要管五十张病床，每天还要看一百多人的门诊，并且几乎天天有手术，有时候还要出诊。延安到处是崎岖不平的土路，下起雨来，延河水涨，道路泥泞，朱大夫挎着医药箱，泥一脚水一脚艰难地跋涉，送医送药到那些急症病人家里去。她对患者细心周到，亲切热情，得到大家的好评。她永远铭记父亲的教诲：做工作就不能怕吃苦，一个人吃苦能解除别人的痛苦是最值得的、是幸福的。她愿意像她的哥哥姐姐一样，成为一名光荣的共产党员。她递交了入党申请书，由边区医院协理员汪东兴和徐复静同志介绍，加入了中国共产党。

一九三八年三、四月间，伟大的国际主义战士诺尔曼·白求恩大夫到延安，在边区医院工作了四十天。朱仲丽大夫自愿充当助手。朱大夫与白求恩大夫合作做的第一例手术，就是给边区医院院长傅连暲割外痔。朱仲丽从这位伟大的国际主义战士身上，学到了许多宝贵的东西。白求恩大夫妙手回春的医术，一丝不苟的工作作风，全心全意为伤病员服务的献身精神，使朱仲丽深受感动，她愿意终身以白求恩为自己的学习楷模。

同年六月，王稼祥同志从苏联回到延安。她和王稼祥的相识是萧劲光同志介绍的。他们于一九三九年结婚。

1941年，王稼祥和夫人朱仲丽摄于延安枣园。（资料照片）

延安大轰炸过后，朱仲丽去中央党校学习，结业后就任王家坪医务所所长，负责给中央军委的同志看病。不久又担任大边沟门诊部主任，为枣园和西北公署的同志看病。

一九四六年年初，军事调处执行部成立后朱仲丽作为中共代表的随行保健医师，到北平参加军事执行小组工作。出席会议的代表有叶剑英、李克农、张汉夫等，王稼祥是顾问。在谈判期间，稼祥同志抽空入医院检查因负伤而造成的肠胃病，不幸因医疗事故腹背部被 X 光灼伤，不得不由张家口转苏联治疗，朱仲丽亦陪同前往。他们到达莫斯科时，已是一九四六年初夏了。

在莫斯科治病期间，王稼祥与朱仲丽同志一起想方设法，终于把当时住在伊凡诺夫精神病院的贺子珍母女，接到了莫斯科。经过朱仲丽大夫的细心观察诊断，确认贺子珍只患有轻度精神抑郁症，之所以被误诊为精神分裂症住进精神病院数年，完全是因为语言隔阂等因素造成的误会。随着解放大军的节节胜利，大城市陆续回到人民手里，国内的医疗条件大大好转，贺子珍的病，完全可以在国内得到合理治疗。朱仲丽夫妇向苏联方面陈述了上述意见，又拍电报回国征得了毛泽东及党中央的同意，一九四七年王稼祥 X 射线灼伤治愈，朱仲丽与稼祥同志回国时便携贺子珍母女同行，回到了新中国成立后的哈尔滨。东北局党组织负责妥善安排了贺氏母女的生活。王稼祥留在哈尔滨担任中共中央东北局委员兼城市工作部部长。朱仲丽被任命为哈尔滨市立第一医院院长。市立第一医院是我党从日寇手中接收的第一所规模最大的医院，也是解放区内设备最齐全的医院，朱仲丽是新中国成立后的首任院长，当时她才三十二岁。

一九四八年十一月，沈阳市解放，整个东北地区已全部解放了。朱仲丽作为随行保健医师，陪同王稼祥从沈阳南下，去当时中共中央所在地，河北平山县西柏坡，出席中国共产党七届二中全会。会议期间，中央希望稼祥同志任中央宣传部部长，或者出任第一任新中国驻苏联大使，并赶在开国大典之前到达莫斯科。王稼祥同志同意出任大使。驻苏期间，朱仲丽考入了莫斯科医科大学进修班，这位年轻的大使夫人，除了应邀参加必要的宴会和晚会外，她非常珍惜时间，在学校里她刻苦深造，孜孜以求的学习精神，获得了老师和同学的赞赏。在毛主席赴苏与斯大林进行会谈的二十多天时间里，朱仲丽又承担了毛主席及与会中国代表的保健医师的重担。尽管工作十分烦琐忙碌，时间非常紧张，但她仍未中断学业。医科大学的教师为她的刻苦勤学精神所感动，常常不计时间，为她单独开课补课，使她能够与其他同学并肩前进。

一九五一年，张闻天同志接任驻苏联大使，王稼祥同志离任回国。朱仲丽被分配担任中央卫生部妇幼保健处处长。不久，担任苏联援建的红十字医院第一任中方院长。她同苏联专家一起，参加了医院的总体设计和基建筹备工作。该院建成后，她以饱满的热情投身医疗工作。

在反右派斗争严重扩大化后，朱仲丽作为一院之长，曾尽力反对混淆两类不同性质的矛盾，反对扩大化，反对和抵制乱扣帽子，竭力保护医院的知识分子，但是，因为当时"左"的思想言论盛行，她不但未能保护别人，自己反被指斥为思想"右倾""敌我不分"……一九六一年，苏联单方面撕毁援建合同，撤走全部苏联专家，朱仲丽被调离红十字医院，改而担任中华医学会副秘书长，专管对外事务。长年紧张劳累的工作，损坏了朱仲丽的健康，此时她已心力交瘁，多病缠身，很难坚持日常工作，她不得不在家休养。"文化大革命"开始，中华医学会名存实亡，她这位副秘书长，已无对外工作可做，便正式担负起了中共中央办公厅秘书局的秘书工作。

揪党内"走资本主义道路"的当权派时，王稼祥同志和许多老同志一样未能幸免，他被扣上"反革命修正主义分子"，隔离批斗。朱仲丽了解自己的丈夫，她与他共同生活的数十年中，看到他怎样勤勤恳恳兢兢业业地为党为人民夜以继日地工作，那些别有用心的人，强加给他的一切罪名都是诬陷、不实之词，她为他感到揪心的痛苦。她把痛苦和忧虑藏在心中，亲手精心烹调可口的饭菜，利用每一次探视机会给他送去，真正是患难与共，相濡以沫。一九六八年，她自己也突然被捕，被关达七八个月之久，熬到一九七○年，他们又被双双"下放"到信阳。

精神的痛苦，使王稼祥的病情日趋恶化，而又得不到应有的治疗，一九七四年去世。朱仲丽这时已是家被人亡，举目无亲了。他们的儿子（养子），中国人民大学讲师王命先，在王稼祥同志被揪斗后，受株连迫害，投河自尽了，连尸骨都无人打捞。王稼祥大姐的儿子，在中直机关工作的外甥吴极华，也被株连逼迫，含冤跳海。外甥女翟新华，稼祥二姐的孩子，原在阜外医院内科当护士长，一贯积极上进，被扣以莫须有的罪名批斗后，愤而服毒自杀。稼祥的姐姐姐夫被轰赶出北京，讨饭回安徽老家，因无处安身，住在破庙里，最后在饥寒交迫中死去。亲人们的悲惨遭遇，丈夫的含冤去世，使这位一向活泼乐观的同志，变得郁郁寡欢了。

但她的胸中燃着一团对"四人帮"仇恨的烈火，一团对党和人民的希望之火。她细细咀嚼着那些逝去的岁月，满腹话语，满腔热忱无处倾泻，她想起了"工作就是斗争""工作着是幸福的"，她要把自己一生丰富多彩的阅历告诉人们，把自己由一个少不更事的"八妹子"，成长为一个有技术专长的"三八"式老干部的故事留给后辈。"快乐的女人讲话，痛苦的女人写作"，她拿起了笔，在笔记本上写下一些回忆片段。一九七六年，周总理、朱总司令、毛主席等国家领导人相继去世，她沉浸在悲痛之中，开始写了一些纪念性的回忆文字：《紧握周总理的手》《万斛深情怀念导师毛泽东》《我心中的刘少奇》《风云变幻忆董（必武）老》《关键一票的由来》《稼祥！党在慰你英灵》等等。她深情地怀念这些在她前进的道路上，曾关怀、鼓励、帮助、指点过她的老一辈革命家，她以质朴的文字寄托了她的哀思。开始她缺乏写作经验：未提笔时，思潮汹涌；落笔成文，却感到力不从心。但是既经写开了头，那些革命前辈或友人的生平事迹，那些逝去的斗争岁月，在她的记忆中纷至沓来，使她欲罢不能，只恨笔头跟不上思想的速度了。她愈写愈快，终于写起长篇小说来。她坐骨神经疼，坐不住，躺不下，她就倚着小衣柜站着写，她像负有使命，被人催促着似的，不顾自己的健康，不停地写。她用半年时间写了七十五万字，这便是以她自己和王稼祥为模特儿的长篇小说——《爱与仇》。

　　她选择了较为广阔的社会背景。从"马日事变"、上海地下斗争，从江西苏区到二万五千里长征，从遵义会议、延安整风到中共七大，这些中国革命途程中的重大事件，小说都触及了。也许因为匆忙了些，少数篇章写得就比较平铺直叙，但其中的情节和素材显然都是作者亲历亲见。最可贵的是，这位初履文苑的业余作家，没有任何框框套套。她循着自己的思路，凭着自己丰富的阅历，不矫揉不造作，不夸张不缩小。她写毛主席、写周总理、写王明、写张国焘，对这些在中国革命史上曾发生过重大影响的人物，她无心神化，亦无意丑化，更不愿因历史风云变幻而擅加褒贬。她歌颂毛主席的高瞻远瞩，也描写了他的生活环境，作风谈吐。她对王明夫妇在延安整风运动中的拙劣表演，有淋漓尽致的描绘，对张国焘的自私凶残，有入木三分的刻画。她大胆地把这一个个人物，放在广阔深远的历史背景上，使他们有血有肉，栩栩如生。这在当代中国文学作品中，较为罕见，因而《爱与仇》由人民文学出版社出版后，两版就发行了数十万册。

粉碎"四人帮"后，朱仲丽查阅资料，走访知情人，用三个月时间完成了二十余万字的《江青野史》，恰好赶在公审"四人帮"前后完稿了。在香港《新晚报》连载了一百余天，后又印成单行本（上、下两册）发行，使港澳台地区及海外读者认清了江青的真面目。刚刚步入文坛的朱仲丽，第一次利用文艺作武器，取得了成绩。写作《江青野史》时，正是她腰椎病变加剧的时候，腰腿火烧火燎地酸痛，但她仍以每天八千字的速度，站在小衣柜旁，倒换着双腿，及时写完全书。她知道自己身体不好，她想利用可以计数的晚年岁月，多做点有益于人民的事情，多写点作品，对年轻人也可以进行革命传统教育。不是教科书似的干巴巴的说教，也不是"主题先行"的"穿鞋戴帽"似的"样板作品"，只想以她自己的亲历亲见，所感所得，让年轻人从中得到启发和营养……

她笔不停挥，继续勤奋写作，《皎洁的月亮》正在修改中。最近她又应约在写一部近百万字的自传体小说。她为了写作，几乎停止了一切社交活动，除了接待来采访的记者、约稿的编辑，连朋友都少联系。她整天都在写，实在累了，就弹弹钢琴，散散步。朱仲丽是一个有理想有追求的人，她虽已入古稀之年，又有优裕的生活条件，但她不愿做一个养尊处优的人。她仍勤奋写作，不知疲倦。让我祝愿这位花甲"从文"、至今笔耕不辍的"文坛新秀"，有更多的佳作问世吧！

1985 年 10 月修订稿

作者原注：本稿根据朱仲丽（珠珊）同志口述，及所提供的资料，经笔者核对史实后写成，并经朱仲丽同志核实订正。

原载宁夏《女作家》1986 年 1 月

"教育英才图济世　书研颜法欲传人"

——记女书法家周昭怡

在中国书法家协会各省分会中，唯一的一位女主席，是湖南分会主席周昭怡同志。

周昭怡同志是湖南长沙人，一九一二年出生于长沙一个书香门第，父亲周介褆是省内著名的老书法家，精研颜体楷行。早在她七岁进周南女中附小一年级读书时，父亲就从上海带回了好多本《颜真卿麻姑仙坛记》字帖，分发给她和兄弟姐妹，她习字就是从这时开始的。她每天放学回家，书包一放，第一件事就是打水磨墨，练习楷书大字。十岁时，她给级任老师写了一纸条幅，居然得到了老师和同学们的一致赞赏。从此，她练字更加来了劲，一天不写字就像生活中缺乏了什么似的。

一九三二年秋，她因品学兼优直升入湖南大学，攻读中文系。在读大学期间，每年寒暑假她都要回家侍奉父亲读书写字。因此，在书法方面得到了父亲的进一步指点。她跟从父亲，楷法宗颜真卿，兼学钱南园，隶书则深研《张迁》《礼器》《石门颂》，北碑则研习过《张黑女》《张猛龙》等。她于颜真卿"变法出新意"这方面尤受启发，因此她以颜真卿书为根底，融合诸碑之长，并以篆隶入行楷，这样就逐渐形成了自己的一种风格，写得既雄强而又有秀逸的韵致，令人击节。在大学学习这段时间，可算是她书法开始成熟的时期。以后，她不管在什么情况下，临池总是她日常的功课。至今，虽年逾古稀，仍能运笔自如，力扫千军，还能写出如桌面般大的擘窠大字，这和她早年所下的深厚的基本功夫分不开的。

人们常说"书如其人"，周昭怡的字确实很能体现她这个人。她学颜真卿的字，不仅仅是因为颜字气势大，好看，她更敬佩这位唐代名臣，抗安史之乱的十七郡盟主，被后人称颂为"精忠贯日月，书法冠唐贤"的颜真卿的品德。所以她学颜真卿，也不仅仅是学他的字，更学其品德。周昭怡的字挺拔刚强，她的为人和性格，也是很有这种气息。有两件事，可见一斑。一九三六年，她大学毕业以后，先在湖南省政府秘书处工作，一九三九年冬，当时的湖南省主席薛岳歧视妇女，密令各厅处调训女职员，永不录用。涉及的六十余名女职员对这种歧视迫害十分气愤，集会并推选周昭怡写呈文申诉，她起草了一个控诉薛岳摧残女子职业，压制妇女解放，实行军阀统治等十条罪状的呈诉，薛恼羞成怒，下令让她"调训"，她不甘示弱，抗拒调令，愤而回家。从此她也看穿这个政权的腐败顽固和专横。

一九四一年以后，她辗转在各校担任教师，一九四八年春，她的母校周南女中提出校友治校，她应董事会之聘，任周南女中校长。该校是一所历史悠久、人才济济的著名私立女子中学，在周昭怡的主持下，学校面目更是焕然一新。新中国成立前夕，长沙的报纸上忽然登出了一条新闻，说湖南成立了一个"反共委员会"，里面竟有周昭怡及他校的二位校长。她立即与这二位校长联合登报声明否认。否认声明发出以后，长沙警备司令部竟派了武装警察，气势汹汹地把这位周校长押去"谈话"。对方威胁她说："你们登报否认是反共委员，白（崇禧）长官知道后，十分震怒，说你们不反共就送武汉解放区！"周昭怡心想：要真送解放区才好呢，但不知他们葫芦里卖的什么药。她冷冷地说："我就是不反共，要送哪里就送吧，随你的便！"僵持到最后，当时的程潜省主席出来解纷，说："她们既不同意，就不要强加于人了……"

从二十世纪四十年代投身于教育事业开始，她几十年如一日，独身谨严，认真治学，乐育英才，忠诚于教育事业。但她从来没有忘记父亲的教诲，"人生有一艺之传，便不虚生"，在教学工作之余，仍坚持钻研书法艺术，并蔚然成家，闻名于省内外。为此，她在"文化大革命"中，被打成"反动学术权威"，折磨成疾，病退去职。并一度中断了她的翰墨生涯。

党的十一届三中全会的东风吹绿了神州大地，古老的书法艺术事业也日趋兴旺发达。她欣喜之余，又重操起了违别多年的毛笔，又像她七岁时习字那样，日日临池练笔。现在她的字迹，除了挺拔刚劲以外，又添上了苍劲老辣，更受人们的喜爱。不少地方名胜古迹的管理单位，都纷纷前来，要求她

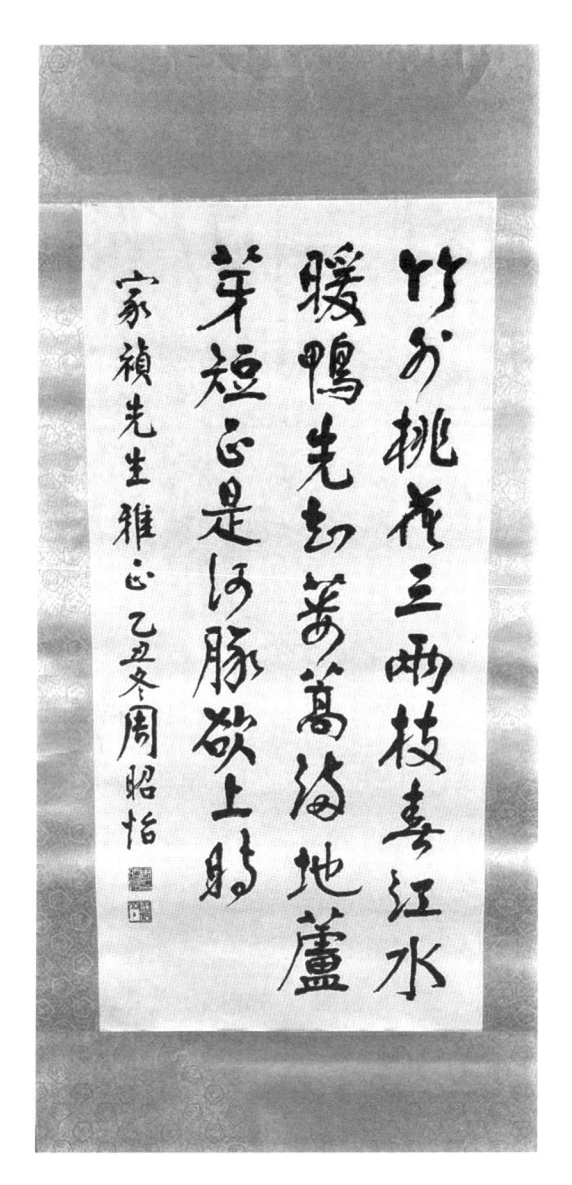

周昭怡书法条幅。（资料照片）

题字写碑，像桃源县"桃花源"公园的碑亭、岳麓书院的碑记、"黄河碑林"以及岳阳楼、天心阁等十多处的楹联或匾额，还有许多刊物的封面等处，都有她的书迹。

她现在是中国书法家协会理事，书协湖南分会主席，湖南省政协和省妇联的常委。

书法家周昭怡及其书法一瞥。（资料照片）

她在七十岁时，曾写过一首七律《七十自况》，诗中回顾了过去，也抒发了她的抱负，现移录于此，作为本文的结语：

岁月峥嵘七十春，耕耘笔砚鬓如银。
自惭冰玉才情淡，喜树芝兰品德纯。
教育英才图济世，书研颜法欲传人。
中华正是腾飞日，许国长怀赤子心。

原载《书法·妇女作品专辑》1986年第2期

柳无忌以文会友

为出版《二罗一柳忆朱湘》这本小书，我一下子拥有了三位学贯中西的"我的作者"。罗皑岚、罗念生与柳亚子先生的长子柳无忌都是朱湘在清华学校和留美时的同窗好友。他们自称："我们三人都是在朱湘的指引与鼓励下走上文学道路的。"朱湘为人善良孤傲，容不得半点虚伪苟且，富有强烈的民族自尊心。在留学美国劳伦斯大学时，因不甘受"异族人的闲气"，愤而退学，放弃了只差半年就可到手的学位。他热爱祖国，但生不逢辰，不能见容于那个"见鬼作揖，见人磨牙"的社会。1933年冬的一个清早，年仅29岁的朱湘"沉江抗议"之后，"二罗一柳"及赵景深、闻一多等生前好友悲愤万分，四处呐喊，发起募捐，出版诗人遗著，救助遗孤，恪尽为友之道。

最使人感动的是驰名海内外的古希腊文学专家、翻译家、研究家罗念生老先生，为使"朱湘的名字不至湮没无闻"，他不遗余力地搜集、整理、编辑出版老友的遗著。当我第一次拜会这位儒雅可风的慈祥老人时，我

《二罗一柳忆朱湘》。三联书店，1985年4月。（资料照片）

庆幸自己见到了一位真正的"友谊的化身"。他高兴地说："1983年是朱湘逝世50周年，也是我个人的'朱湘年'。我放下手头的《古希汉字典》，介绍推荐朱湘的遗著，居然到处开绿灯！看来真正的文学家、诗人，真正优秀的诗

歌、作品，是不会被时间淘汰的。你看，人民文学出版社、香港三联，还有上海、湖南等地分别要出朱湘的诗文集、译诗集、书信集再加上这本《二罗一柳忆朱湘》，我看朱湘也可以含笑九泉，他的儿孙也可略得小补，我也了却了一桩心愿，可以向无忌报功了！可惜皑岚性急先走了，等不到与我和无忌见面了……"

"罗老，柳先生常回来吗？"

"远隔重洋，谈何容易！他1973年回来过一次，到北大找我，当然找不着喽！1981年回来，我们才见着面，真是百感交集。他比我小不了几岁，却风度翩翩不减当年。"

"罗老，下次柳先生来时，我可以拜会他吗？"

"当然可以。到时候我帮你联系。"

"我是不是太冒昧？他可是大学者、名教授啊！"

"他也是你的作者嘛！编辑访作者，顺理成章。他为人和善，还很喜欢年轻人。"

这是1984年年初的谈话，转眼间到了1987年5月25日，罗老约我一起去拜会柳先生。在小车上，罗老告诉我：

"无忌正在写英文本《中国戏剧史》，很想听听国内学者的意见，我替他约了中央戏剧学院的祝肇年教授。还有《朱湘研究》的作者钱光培。"

围绕着朱湘，罗老又团结了一批朱湘爱好者，为钱光培提供了多年搜集的资料。接着谈起柳先生，罗老推崇地说："无忌是我们4个里面最有学问的，他是耶鲁大学的文学博士。皑岚后来也去读了硕士学位。我和朱湘什么学位也没有，两个白丁儿！无忌学风严谨，不像我随便写文章，他的文章都是高质量的。"

车到大都饭店，第一次见到仰慕已久的柳无忌先生。果然如罗老介绍，柳先生简直不像是年届八旬的老人。他操一口略带苏杭口音的普通话，欢声连着笑语，亲切风趣，使人一见如故。握手就座之后，柳先生便捧出了自己的写作提纲。趁祝肇年翻阅的功夫，罗柳二老亲亲热热地讲悄悄话儿。祝教授一面看一面赞叹，并就元明杂剧一段提出了自己的见解。柳先生虚怀若谷，表示要把杂剧的衰落和为什么衰落的情由加进去。然后又逐章逐节详细探讨，完全是朋友间的学术交流，使我目睹了如何"以文会友"。

餐桌上谈起了各人近年的工作。柳先生说:"我除了完成这部英文著作,还翻译了一些英国浪漫派的诗,是和几个南开大学的教授合作的,每人译一个诗人,将由江苏教育出版社出版。"

"孙大雨要出一本诗集。皑岚的小说整理出来了,先压着,等'出版低潮'过后再出。"

"好好好!"柳先生望着罗老连连点头。又转向钱光培说:"你那本《朱湘研究》什么时候出?"

"大概这一两个月就出来了,到时给您寄去。"

"我的书赚钱的只有《伊索寓言》和亚里士多德的《诗学》。"罗老说。

"那你要阔了!"柳先生打趣道。

1991年作者和柳无忌(中)、柳无非(左)兄妹在北京饭店合影。(作者提供)

"重印了两万册，只给了我 25 块钱，4 个人分！他们赚钱，与我无缘！哈哈……"

饭后谈起南戏、南音和泉州，祝教授说：

"我建议柳先生下次回来一定要去泉州。那里的南戏、南音好听极了。主要是琵琶、洞箫，都是古乐，保留唐宋一部分大曲，如《阳关三叠》完全保留着古音，先生考察戏剧，不可不去泉州。"

"我不懂为什么出在泉州？"

"北宋皇帝从汴梁往南方跑时，一部分艺人留在杭州，一部分流落到泉州去了。南音的曲调优美极了，尤其是洞箫，就是尺八……"

"尺八箫！我在苏曼殊的诗里看到过，日本现在还有这种尺八箫。我从来没想到泉州这么重要，有这么多唐代宝物……"

"柳先生一定要去泉州看看。我们学院的留学生毕业的时候，都要去一趟，可以学到许多知识。"

谈起有关郭沫若、徐志摩、闻一多的一些轶事，罗老说："好多故事可惜没有机会说，真是有趣极了。无忌，我们都要学百岁高龄的马约翰，还要会面好多次。下次来，不许你这么匆忙，要多住些日子啊！"

"一定，一定！"柳先生点头答应。

"我和先生神交已久，曾在香港《秋水》刊物上看到过您的文章，不是谈戏曲的，是谈西洋文学的。"祝教授说道。

"可惜我连这杂志也没印象了。"

"噢，他除了研究戏曲、西洋文学，还搞现代文艺评论呐！"罗老又说："无忌，你那本谈外国文学的书，我替你送给北图、北大、文学所和我们外文所，到处都送！我要把你这些学术著作传扬出去。"

"谢谢！谢谢！"

"柳先生写的研究《西厢记》的文章，从董西厢怎么变成王西厢谈起，还谈及董西厢等各种不同版本，写得很好。"

"这表明，在外国也可以做中国学问。我买了好多书呢！只要是关于《西厢记》的，我都买了。"

柳先生还说："国内文学界在版本学方面工作做得很不错，成绩很大，但是我感觉文艺评论方面疏忽了。而外国学者，从亚里士多德一直下来，都很注重文艺批评这一环。"

我一直在听着他们交谈，看看时间不多了，才忍不住问道：

"柳先生，您能给我们三联写点什么吗？我想请您写一本《美国，美国……》。"

"美国，美国，我写不来，我不行。"

"那么，您有学记之类的文章吗？"

"你的旧文章也可以嘛！你有没有旧稿子？"罗老帮我问。

"我给你一个新稿子要不要，是我和妹妹写我们父亲的，曾在《新民晚报》连载。"

"那太好了！"

柳先生拿出一沓《新民晚报》翻给我看。

"你看看喜不喜欢？想不想要？"

"当然想要。我怎么跟您联系？"

"我会写信给你。"

"那就一言为定！"我又问："您明天就走吗？"

"明天飞南京，参加完父亲的百年诞辰纪念就回去。"

"您这次来，感觉到有什么变化吗？"

"我第一次回来是1973年，第二次是1981年。那几年变化确实很大。我从南京坐火车到杭州，又从杭州到吴江，沿路看见许许多多新房子，人们一个个喜气洋洋，农民确实富裕了。这次没有看出什么，只是建筑物增加了一些。"

"您对国内出版界印象如何？有什么希望吗？"

"出版界嘛，总的印象是学术性刊物和著作太少了。"

"因为生意经太多了。"

"讲到生意经，全世界都一样，学术性著作要赔本，但是美国有一个好处，就是各大学都有自己的出版社，专门出版一些专业性强、学术理论价值较高的著作。这当然要赔钱，但是可以由学校津贴。而国内，有出版社的大学太少了，除北大、清华这些名牌大学以外大都没有。我希望国内大学也向这方面努力，这对提高大学本身的声誉、水平都有好处。"

"这个建议我一定带回去请我们学院考虑。"祝教授认真地说。

"其实呢，学术性著作就是赔本也应该出，因为，这反映一个国家的文化水平，是一种重要的知识积累和社会财富。出版成书利于保存和流传，要不就可能湮没或散失了。像我们社，就是抓几本赚钱的书，来补贴赔本的书。"

"高明的出版社都应该这样。"钱光培说。

"台湾也是这样，他们推出几本销路广的书赚钱，但还是愿意出一些学术价值高的要赔本的书，这样可以提高出版社的声誉。"柳先生侃侃而谈。

1991年，作者（前中蹲者）与柳无忌（前坐右四）以及南社后裔、南社研究者合影。（作者提供）

"现在最可怜的是那些名气还不太大的学府、教授，他们要出书困难极了。一个选题报上去，'能订几本？'一问就驳回来了。"

"北京市还好，有个社会科学规划领导小组，每年有经费专门用来资助出版和研究用。要是没有这笔钱，我的《朱湘研究》就根本出不来。"

"这笔钱谁给？"

"北京市政府。"

"北京市政府有这笔经费，真是一个喜讯。我刚才还说没有看到什么变化，这就是一个变化!"

"喂，摄影师！给我和无忌照张相吧!"罗老笑呵呵地叫我。

"一罗一柳"亲热地搂着，照了一张喜笑颜开的合影。随后，大家又三三两两自由组合，照了许多张相。最后依依握别，互相感叹着过了愉快而充实的一天。

大洋两岸的学者能够这样无拘无束地叙旧，进行学术交流，是多么好啊！但愿这样亲切而充实的欢会更多一些。

原载《瞭望》周刊第 33 期 1987 年 8 月 17 日

记沈老给我信的前后

我自小爱好文学,曾梦想过成为诗人、文学家。但我不是文学场中人,对文坛上的是是非非,文人间的打情骂俏,毫无兴趣,也一窍不通。机缘巧合,我有幸做了三耳伯(聂绀弩)的助手,为他整理回忆录、文稿等等,才开始注意文坛轶事、文学回忆、纪念文章之类。而我注重的是史料,并不在意行间字里的弦外之音。

但是,对于丁玲在一些文章中,明里暗里捎带着对沈从文这儿刺一笔,那儿戳一枪的,极不理解,也颇感不平。因为我在一九八一年年末,曾有幸两会沈先生[①],并同他做过一个下午的推心置腹的长谈,我被这个善良宽厚的小老头儿折服了。

丁玲,这位文坛老将,这只经历过千灾百难,从烈焰中飞出的凤凰,曾经与沈从文有过非同寻常的友情。临老临老,为什么又攻击起老朋友来了呢?沈老始终报以沉默。我却沉不住气,按捺不住好奇心,给沈老写了一封信,打破砂锅问到底。不久就收到沈老一封墨笔小字长信。

信中的圈点为沈老所加,括号中为行间小字。通篇涂改添加处不少,可以想见沈老写这封信时,是十分认真慎重的。即便在负屈含冤的情况下,沈老依然严己宽人,给人以客观的说明和评价,那溢于字里行间的宽厚诚笃令人感动。他对个人和国家、自己与工作的态度,他关于"公民""合格公民"的议论,他发自衷心的质朴的爱国之情,更令人敬佩。他三言两语解开了他在新中国成立后的封笔之谜,那么坦诚,直言不讳。他自甘淡泊,对工作

[①] 编者按:据作者日记,分别是在1981年12月10日和12日。另参见本书《散记罗孚与京中友人》一文。

"一心只记着'为人民服务'五个字,认为极有意思,极有道理"。对国家,他总是"尽理解的去爱"。

……

当年我从此信中所得到的启发、教育,以及从中吸取的养分和力量,是难以言表的。只为种种不言自明的缘故,未敢及时披露此信,一直珍藏着。而今为了却这一段文坛"公案",为文学爱好者、研究者及专家提供一点一手资料,借此纪念沈从文先生逝世周年之际,全文发表此信,并将我接此信后,两次访问沈府的日记摘抄如次:

一九八二年一月二十二日

接沈老元月九日的长信,今天才抽出时间登门拜望。……来应门的是一个中年男子,他边打量我边问:

"找谁?"

"找沈老,沈从文先生。"

"他不在家,出去了。"

"您是?……"

"我是他的老大。请坐,喝茶……"

"老大"坐在我对面的沙发上,默默地喝茶。苦于找不到共同的话题,我随手翻看小几上的一本《中国陶瓷史话》(?)是江西景德镇陶瓷研究所编纂的,沈老曾提供过资料,并帮助校订。书的前言(后记?)中写了许多感谢沈老的话。

不知什么时候"老大"走了,只剩下我自己,我这才无拘束地打量起这间名家书房来。东西两面墙都被书架挤满了,西墙书架上是《四库全书》之类,一包封一包封的线装书。贴书架摆一只双人沙发,铺着湘西苗乡土产深蓝印花土布。靠凉台窗边角落里,塞着一张旧硬木写字台,台面上铺满了笔墨纸砚及一卷卷、一张张宣纸字联,一本本摊开着的书和笔记簿。书案后面的书架上,沾满了各种一、二指宽的大小字条,上面写着"黄永玉《××××》书序""回×××信""黄苗子……"等等,有的是人名地址,有的是书名、文章提示。我猜想这定是老人的"备忘录",真是个细心认真的老人!看似杂乱无章,其实乱而有序哩!忽然想起,他既约了我,又未指定时间;应该也有"备忘录"。仔细一看就找着了，小条上写着我的姓名住址，并注明"可能来访"，我喜欢得心都跳了，多么可爱的老人！我刚刚放心放意地坐定，就听见开门声。沈老夫妇带着隆冬的寒意进了书房，脸儿都冻得红扑扑的，像施了胭脂一样。我起身迎过去，笑道：

"沈老您回来啦！还记得我吗？"

"记得记得！大同乡嘛！"他眉开眼笑，像和合菩萨一样。"我来介绍一下，这是我的老伴……"

沈老带着真诚的歉意说：

"真对不起，你第一次来就让你等，我不该出去的……"

两老宽了大衣，与我一同就座之后，张阿姨问：

"你在哪儿工作？"

"在工厂。现在借调在人民文学出版社。"

"我的两个儿子也是学工的，也在工厂工作。"沈老接口说。

"您为什么不培养一个接班人呢？哪怕让一个学……"

"他们没有兴趣。再说，我也不愿他们搞这个。建设国家，还是学工有用。"

"那倒也是。您也早改行了。还想写小说吗？"

"改行三十多年了。我喜欢做点事情。我看到搞文物研究的人太少了，又觉得这个有用，又有做不完的事情，我就搞这一行了。新中国成立后一直没有写过什么小说之类，只写过她的父亲，一位革命烈士的书。"他充满感情地望着他的老伴说，"后来被付之一炬，也就再没写过了。"

"您现在又可以写了呀！"

"不行了，没精力了。想做的事情太多了，而年纪又太大了。我只能拣我认为最要紧的，最应该做的事情做。"

"您的小说写得多好啊！散文也好。我真想看见您写新的、写现在的小说散文。"

"写得不好。现在出的多是我早期的习作，二十年代的。我到三十年代才开始成熟，那以后就写得好一点了。我本准备写它五十年，结果情况变了，我当了文史说明员，接触到祖国丰富的文化遗产，我爱不释手，神醉心迷，被吸住了！刚好我又有点鉴别古物的知识，我觉得找到了最适合我的工作，有做不完的事情要做，其他我就不想了。别人骂我也好，冤枉我也好，我都懒得管了。"

"真的，沈老，我真的想不通，丁玲为什么总想刺您几句？您跟她之间到底有什么芥蒂呢？"

"我也莫名其妙！我们一直都是朋友，一直要好。新中国成立后，她在天上飞来飞去的时候，我没有去巴结过她，她也对我没有什么恶意。她母亲来北京时，还请我吃饭，老人家还说过许多感谢我的话……七九年她改正后，我们还为她高兴得不得了。后来听说她得了癌，我们两个还说，这回无论如何要去她家看看她。不晓得为什么，她忽然在八〇年三月的《诗刊》上，发表胡也频的遗诗时，骂起我来了。说我是'市侩'，是'胆小鬼'……从此她每写文章就总忘不了骂我，而且越骂越升级、越骂越精巧。我呢，与世无争，无权无势，挨了一辈子骂，从没有回骂过。不是我不会骂，我实在是没得时间，也不得浪费精力……"

我拿出一份香港《新晚报》上登的一篇文章给沈老看，并说：

"这里说的，主要是她看了您写的那本《记丁玲》有气，说那是一本编得很拙劣的小说。但是，那天我把她引用的您说胡也频的那段，念给聂（绀弩）伯伯听。聂伯伯说，沈从文写的是真实的，那时候我们参加革命，就是听宣传、听关于革命的种种报道而认识革命的。就是到了今天，又有几个能自称是真正懂得革命？自称是真正的名副其实的革命者呢？有些人总是这样左得、革命得出奇……可是，沈老，您的那本《记丁玲》，到底是小说还是真人真事呢？"

"当然都是真人真事！而且，当时她失踪后，我们都以为她死了，我是怀着真挚的痛惜之心、朋友之情来回忆来写她的。这本书刚一印出，就被封禁了，直到抗战胜利后才重新发行。从它的被封禁，就可以说明那本书在当时的意义和价值了。你可以看看这本书，然后把你的印象告诉我。

"可是我上哪儿去找这本书呢？您没有吗？"

"有倒有，只有一套，我们不敢借。"

张阿姨笑道。

"为什么不敢借呢？怕丢失吗？我保证如期归还，连书角都不卷……"

"那你必须保证绝不给第二人看，我们不想扩大影响。"张阿姨郑重其事地说。

"我保证！而且我可以只借一两天，看完就归还。"

"那倒不急。只是只许你自己看，不能轻借他人，看完就还回来。"

"好的。我借一星期行吗？今天二十二，我二十九一准送还。"

张阿姨起身去拿了一个笔记本，递给我说："你在这儿签个名，留个地址……"

我在借阅册上登记好，拿了薄薄的两本书，《记丁玲》和《记丁玲续集》，就告辞了。

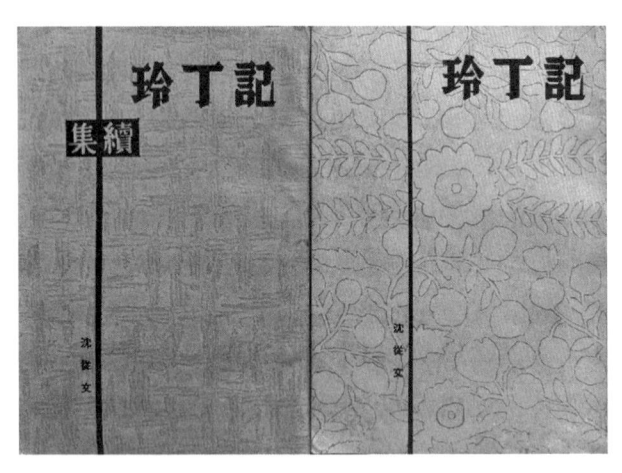

沈从文《记丁玲》《记丁玲续集》。（资料照片）

一九八二年一月二十九日

下午四时许，我依约去沈家还书。进门时，沈老正在看报纸，抬头见是我，就说：

"你很守信用，是个读书人。"

我一面把书递给他，一面说笑：

"我看完了。我丈夫也看完了。这不算转借吧？"

"这不算，当然不算！"张阿姨从对面房间过来，接了话头，"因为我们借丢过许多书，所以就变得吝啬起来。你不要见怪才好。"

"这不叫吝啬，这是爱惜书的表现。我对自己的书也这样，不是知己朋友，轻易不借……"

"你觉得这两本书怎么样?"

张阿姨问。沈老笑模悠悠地等我回答。

"我觉得嘛,写得好不好、真不真,先不说。单就我个人从这两本书中得到的对丁玲的印象来说……"看到二老专注的神情,我忍不住顽皮地顿了一顿,喝了口热茶,卖一小会儿关子,"是比我从她自己的文章里,和她许多朋友的嘴里,得到的印象,要好得多,可爱得多。真的,您把她写得多好啊!那么一个泼泼辣辣的、有性格、有才华、有着女人的一切长处,又没有女人的一般短处的女作家,简直呼之欲出。而且有关她私生活的种种传说,在这本书里都巧妙而得体地回避了,或者给一个最通情达理又使人信服的解释,使人能够谅解她的一切不当之处,连她跟冯达的那段,您都替她说得那么婉转动人,觉得她是那么无辜……要是我早点看到这两本书,我或许早就拜倒在她脚下,做最忠实最崇敬她的读者了……还有那个海军学生,是多么热情、纯洁、专一啊!对爱情如此,对事业也如此!这才是一个真正有血有肉,有长短优缺,而令人热爱敬仰的青年革命志士形象呢!我一面看这本书,一面琢磨不透,丁玲为什么会对这样一本书这么反感?是嫌您没把胡也频描写成个完美无缺的革命神吗?……"

我一口气说了这许多,沈老夫妇始终微笑着静听我讲,说到这儿,我犹豫了一下,随即决定提出我早就想问的问题,"沈老,您没有在什么最敏感的问题上挫伤过她么?要不她怎么会这么恨您?"

沈老抿着嘴微微笑着,眯缝着的笑眼,带点俏皮的神情迎住我的目光。他缓缓地说:

"我跟她是朋友,很要好,确实没有别的什么。她骂我这本书,是嫌我举得她不高。可是我已经举得她够高了,如你所说,这书里的形象比你听说的要好得多……"

"这正说明你这本书写得不真实,你夸大了,抬高了……"张阿姨尖刻地打断他。沈老静静地瞟了她一眼,依然笑悠悠的轻言细语地说下去。

"我也没有有意夸大、抬高她,我是按照我当时的所见所闻所感写的。我对她和胡也频没有任何恶意,我们都是好朋友。我写的《记胡也频》,是给她看过之后,经她同意了才出版的,而版税就由她领了,我分文未取。谁也不能否认胡也频是一个青年革命作家、革命烈士,但他实际上是死于立三路线。

那时候，他和我讲话，总是一口一个立三这么说，立三那么讲，立三路线害死了好多有为的进步青年……"

沈老坐舒适一点，脸上带着回忆的神情，沉静地用富乐感的乡音向我叙说往事。

"我认识胡也频比她早多了，我们一直是好朋友。他追求丁玲的时候，他把什么都告诉我。他被捕以后，我为了营救他，把武汉一个大学教授位置都丢了。当时谁都清楚胡也频是什么人，右派不敢出来为他讲情，左派也不能出面，当时白色恐怖十分严重。只有我，因为什么派都不是，左派右派都能接受，而我的社会关系又多，谁都要买我一点面子，于是我就上南京见陈立夫、陈果夫。在我，一个搞学问的人，是极不愿意与这些人来往的，因为不愿巴结权贵。但是为了救朋友，我还是去求了情，并且留在南京，几乎是做人质，以换取胡也频的自由。谁知那是两个系统，就是后来变成军统、中统的那两个系统，而蒋介石当时采取的均是'就地正法'的密令，所以当我第二次在南京为营救他而奔走打听、求情时，他其实已经被害了。而二陈他们似乎还不知道，直到另外的朋友报出实信来，我们才停止这无益的营救。

"后来，我送丁玲回常德安置他们的孩子，也是冒着生命危险的，一旦他们知道丁玲是什么人，我们随时有被捕的危险。从常德码头走到她家里，我们经过了六次盘查，那形势可想而知。而且见了她母亲，我们还要装作什么事也没发生，老人家喜欢她的女婿，怕她受不住这个打击，我们决定把胡也频的死讯瞒住她，能瞒多久就瞒多久。我一直冒充胡也频的笔迹和口气给老人家写信、寄钱、寄东西，老太太还以为胡也频到苏联去了，后来她才从报纸上知道真相，但那已经过了很久了。所以老人家一直对我很好。丁玲说她刺我，骂我，是因为我那次回湘西时，没去常德看老太太，母亲生气，她也生气。真是胡说！她母亲一点也没生过我的什么气。新中国成立后我们见面时，她还是那么客气，感谢我。我实在想不出我有什么对不住她的地方。我是个与世无争、无权无势的人，而且对于人家的攻击谩骂，从来是沉默到底。她和我作对，有什么乐趣呢？"

我那次去××②先生家送书，也曾提出这个问题：丁玲为什么老跟沈从文

---

② 编者按：查作者日记原文，××指代唐弢。

过不去呢？沈老那么忠厚老实。××先生说，我也问过丁玲。丁玲说，沈从文去了一趟美国回来骄傲了，架子大了，不理我了，我偏要碰碰他……"

"我有什么架子呢？我从年轻到现在，就从没端过什么架子。我要会那一套，还不会是今天这个样子哩！她说我从美国回来骄傲了，笑话！我有什么可以骄傲的呢？我在美国受欢迎，被尊敬，那不是人家尊敬欢迎我沈从文，而是因为我是代表中国出去的，他们是尊敬、欢迎中国。那时正是'中国热'呀！我个人有什么可骄傲的呢？那次接待南斯拉夫的代表团，开宴会，我和她都出席了。她确实在会上找过我，说是要我和她同桌吃饭，我是躲开了。但是后来在握别的时候，我还是跟她握手问候了。为什么呢？人家已经在《诗刊》上骂过我是'市侩''胆小鬼'了，我怎么能跟一个骂过我的人同桌吃饭呢？但是面子上我还是照顾她了。去年她去美国之前，文联一个姓刘的秘书到我家来请我参加他们的宴会，其实那是丁玲请的宴会。我问刘秘书都有哪些人参加宴会？他说有某某某、某某某还有丁玲。我一听说有她参加就说：有丁玲参加的宴会我不参加。我不是外国人，却有外国人的脾气，我只能跟自己喜欢的、相投的人一起聚会吃饭。我不能为了这个那个原因委屈自己，去赴自己不愿赴的宴会……"

"从文就是那么爱得罪人。你不去就说不去好了，干嘛非要说出她参加你就不参加呢？那人家还受得了？"张阿姨插进来批评，随后又对我说："他年轻时候挨人家骂，虽从不与人对骂，但那笔头子也很得罪人的！而他又没有什么派、什么团的，总是孤军对垒，四面受敌。因为那时候，许多人都怀疑他是这个、是那个。等到新中国成立后，大家才知道，他什么也不是，就是沈从文！于是许多骂过他的朋友，都跟他谅解了，都跟他不错了。"

"是啊！那次我问聂伯伯，你们那时候怎么都跟沈从文过不去呀？照我看这老头儿阿弥陀佛，挺忠厚的，并不坏呀！"

"聂绀弩说什么呢？"沈老极感兴趣，问。

"聂伯伯说：那时候都年轻气盛，自以为是，自以为最革命，容不得不同的意见和不同的人。就跟'文化大革命'一样，都以为自己的观点最正确，看见不同的观点就批判、攻击。不过我们那时候，都是为了明辨是非，追求真理，而打笔墨官司。在私人关系上，应该是朋友，还是朋友，绝不会因为你写文章批评了他，就翻脸不认人。并不像现在这样，一打笔仗就成仇。我的杂文集里涉及许多文化名人，被我挖苦过、讽刺过，但并没有什么人因此记仇。至于沈从文，就因为鲁迅曾因丁玲提到的那件事误会了他，以为他（沈）装成个女人要搞什么名堂。那他（鲁迅）也说'他文章是很能做做的'。不像现在，只要说你不好，就一无是处，连写的文章都是假的。后来，他又主张妇女的位置是在家里，妇女的解放是因为要一个家而不可得。那当然是封建的，与妇女解放相悖逆的，哪能不群起而攻之？尤其他又办了那么个《战国策》杂志，谁要他办那么个杂志呢？这样他树敌更多了。有意思的是，我有一篇骂沈从文的文章还骂错了。有一篇文章的观点跟沈从文的差不多，我就以为是他写的，把他骂了个痛快。后来才晓得根本不是他写的。他这个人也有意思，你骂你的，他干他的，骂对了不作声，骂错了也不作声。我们见了面还是同事一样，并不觉得有什么。因为谁都理解，那时都是为爱国、救国而辩论、争吵，总想争出个你高我低、谁对谁错，然后大家好一起来做那对的、高的。而现在就没有这气量，不要说在报上点名骂你，就是在会上批评批评，心里就结下疙瘩了……"

"他说得确实不错。那时候他骂我并不是最厉害的一个。我忙于写作，根本没空来管别人怎样骂我，也更没时间来和人对骂了。人家愿意怎么骂就怎么骂，我也不生气。我要是生气，早就气死了。就是丁玲骂我，多少人为我抱不平，怕我生气。其实我才懒得生气呢！有一个中山大学的还特意跑去向她询问原因，她说是母亲生气她也生气。还说她那次被捕失踪后，左联冯雪峰来找我设法营救，说我胆小不肯出面，其实我根本没见过左联来人找我。我是胆小鬼么？在北京，只有我写过两篇文章，《丁玲女士被捕》和《丁玲女士失踪》来揭露当时的黑暗和高压手段，为她呼吁，争取广泛的同情……"

"您有这两篇文章吗？"我问。

"八〇年三月《诗刊》的文章一发表，就有一个原先是《大公报》记者的人，给我们寄来了《丁玲女士被捕》一文。他说当年他就是读了这文章才知道丁玲被捕的，才对黑暗当局对文化人的迫害义愤填膺的。所以他很愤慨，丁玲怎么能够这样对待沈从文呢？这个人我们原本不认识。现在我们手里只有这一篇文章，发表在《大公报》上的《丁玲女士失踪》还没有找到。"张阿姨说。

沈老对她说："你拿那篇文章和我送小频回常德时的照片给她看看。"

张阿姨拿来一张复印件，和一张有些模糊的照片。照片上的丁玲只有二十来岁的样子，旗袍上套着一件无领西装短套衫，黑发蓬松披在肩上，笑得很欢快很好看，有姿有态地坐在一个小土坡上，面目姣好。她的左前方立着穿深色长袍、身材修长、带一副眼镜、文质彬彬地微笑着的沈先生。右手边立着陈西滢先生，陈的前方是徐志摩先生，都是长袍一领、体态修长、文质彬彬之士，都很年轻潇洒。沈老一面在照片上指点着告诉我这个是谁，那个是谁，一面告诉我：

"丁玲就是不喜欢这张照片，因为，上面有陈西滢教授。她自己还有一张与胡也频的合照，寄给了胡的父亲，照片背面题词'誓同生死'……胡父将照片寄还她时，她却不肯承认那字是她题的……对于她骂我，我并不生气。她身体不好，年纪也大了，如果能够因骂我而使她觉得舒服一点，就随她骂吧！"

我感动地说："我真想去见见她，把您的话当面转达给她……"

此后不久，二月下旬，我为周南女中校友会的事，真的去木樨地拜会"学姐"丁玲。有生以来第一次见到这位大作家时，却为她所震慑，打消了胀满我的胸臆的问题，只顾喃喃讷讷回答她连珠炮似的盘问……

这是我第一次也是最后一次会见丁玲。我没有勇气当面问她这个"爆炸性"问题，也未能把沈老的隆情美意传达给她……

原载《散文世界》1989 年第 8 期

附录

复周健强[①]

沈从文

健强同乡：

　　来信收到，谢谢你的好意，丁玲在什么刊物上骂我，你觉得不可解，十分自然。因为凡是熟人，都有同样离奇不可解印象。不应担心，不妨把近年她的许多文章通通找来看看，也许会明白原因何在？从八〇年《诗刊》三期开始，说我是个"市侩"后，对于骂我像是特别感兴趣，每一提笔，总忘不了对我这个与世无争无权无势的人要痛骂一番。骂得且越来越精巧！曾有中山大学中文系一熟人[②]，去当面请教，询问原因。据说理由有二，一为我三十三年[③]冬返回湘西，路过常德时，没有去看望过她母亲。母亲生气，因此她也生气。天下会有这种道理？二为她被捕，左联派人（冯雪峰）商量营救，我不肯出面。我根本不见过左联某某。这也不是事实。她被捕后，在北京，我是唯一公开写过两篇文章呼吁的。

　　我从二十年代写了点文章开始，就是个被骂对象。且逐渐升级，由"多产作家"到"无思想""无灵魂"作家。我为人本来即庸俗到家[④]，又少远大志气，从不自以为有什么过人才能，且从不会在大庭广众中以"作家"自居。更不会和人争吵，什么派也没参加过。被人痛骂总是沉默接受，无从计较这

[①] 编者按：原文刊《散文世界》时是"致周健强"。现从北岳文艺出版社2002年版《沈从文全集》（下称《全集》）第26卷（书信）第332页作"复周健强"。为便于阅读，略做分段。

[②] 编者按：据《全集》第26卷（书信）第329~330页"致萧离"函，此"熟人"是广东中山大学中文系主任吴宏聪教授。

[③] 编者按：民国33年，即公元1944年。

[④] 编者按：着重号为沈老原文所加，下同。参见《沈从文全集》第26卷（书信）第332至第335页。

些小事。唯一希望，只是能不受一时流行的口号限制干扰，得到些一个从事文学不可少的比较自由用笔机会，来继续写个三几十年，日子过得下去，就够了。任何嘲讽从不回答争辩，即在负责许多副刊文艺版多年时，既不刊载争论文章，更不刊载对我个人赞美文章。因在学校教书，自己写点批评时，居多也较客观，只提长处，极少以个人爱憎随意贬低前人成就。过去由于彼此生疏，别人以为我属于什么"派"的，到新中国成立后，也多逐渐清楚我并本省本县同乡会也不曾参加过，因此多能相谅于无形。

新中国成立后，我为了身体不好，难以适应新的写作要求，为避免作"绊脚石"，心安理得转到博物馆去做个普通说明员，凡事从头学起，从不向任何人发什么牢骚，或冒充"空头作家"。即或所有老同行、旧同事，甚至于学生的学生，也无不"飞黄腾达"，成为大小不等要人，我也从不做"攀龙附凤"妄想。一心只记着"为人民服务"五个字，认为极有意思，极有道理。因此凡事由无到有学下去，不知不觉过了三十年。经过三十年人事风风雨雨，至今还能存在，只能说是幸运。

许多骂我的，都明白我这个平凡渺小的人，除了把所学懂的文物常识，为各方面需要打杂服务，什么向上爬野心都没有，也不是出头露面拿得上台盘的人。为人思想庸俗平凡是事实，再学二十年也还无从提高，但也不是凡事随风转舵吃白饭混日子的工作人员。工作再困难寂寞，总还是充满热情去求理解，觉得国家死了不止千万人，总还是必需尽理解的去爱，才像个"公民"！我能理解到的是国家还多困难，我的职别虽始终只是个起码文物研究人员，因为机会好，学到的文物常识，对许多方面看来还有用。人快到八十岁了，报废是迟早间事，报废以前念念不忘，只是如何尽力把三十年改业学到的有用知识，如何尽可能设法转成为比较年轻接手人的应有知识，才像个"合格公民"。

近年来，那些烧毁已三十多年的旧作，有重印机会，在国内外即或受到少数人认可，我觉得总的说来，多是这些读者对国家的关心，并不是对我个人认为真有什么了不得贡献。国家困难还够多，实在需要亿万人来在个人职分上"忘我无私"的，十分素朴、认真学习和工作，不以个人得失荣辱在意，勤勤恳恳的扎扎实实的坚持到死，才会有个真正的转机！

丁玲这二十年来受了些委屈是真事，以她的绝顶聪明，应当明白这委屈自有或远或近原因，可派不到我的头上。她目前是全国文联副主席，有权有势，并且也是"举世无双"的伟大女作家，谁也无法否定。我却只算得是个挂名

"空头作家"，任何一点都够不上被骂资格，更不会妨碍她在世界上在历史上的尊严地位。可是正当上面最高层领导一再提及应"加强团结"时候，她的位置、她的责任、和她的年龄，依我看来，应分是能够深深体会"加强团结"四个字的意义，贯彻到工作态度上、方式上，才可望在她的职务和名分上，把工作领导得更好一些。不至于再给人以二十多年前形成内部矛盾以"丁陈集团"的借口。如理解到这些大处的责任何在，哪还会一再变换花样，来和一个老朋友争鸡毛蒜皮小小是非，且言不由衷说是不曾看望过她母亲，或不曾出名营救她，而如此生气？即或果真因此而生气，哪值得每写小文必骂、泄气？更何况被捕后，我是唯一写了二文批评国民党，且因此被一个名叫张铁笙的记者，把我骂得狗血喷头，后来得到王芸生支持，要向法院起诉，张某才约人谈和道歉的。即或真以为有其事，只要稍稍调查研究，不就明白了然吗？质实一点说来，只不过是四十多年前那本《记丁玲》认为内中不大真实（她最近在国外还向人说是本"最坏的小说"），主要还是觉得举得她不够高，有损于她伟大形象，如此而已。

其实这本小书可说多灾多难，当时写来付印时，即被国民党扣禁，直到抗日胜利四六年才印一版，新中国成立后不久，且并我所有旧作，完全付之一炬。即我自己，也还是七八年才由香港盗印本见到。东南亚或美国人都把它当成一本正经作品，从正面去对书中提到她的好处加以肯定。照国外习惯，对她印象之好，也多从这本"坏书"得来。至于她的三十年代写成的小说，国外熟人是否真有多少人赞赏，实在不得而知。但研究她的外国人，写论文如果不用我那本"坏书"，恐怕将无从下笔。如我有权会禁止别人看我这本"极坏小说"，我自然一定努力做去。只是据我知道，国外还有的是抗战以前报刊材料，并且编排得相当完整，我那本小书，倒很少有人认为是贬低她的伟大形象的。

你来谈谈天好，能带本写我的刊物长长见识。

十分感谢。并候安好。

沈从文　（一九八二年）一月九日

原载《散文世界》1989 年第 8 期

"和合菩萨"沈从文

"一个人活到世界上,就是做事来的。不能做大事,就做点小事。不能打天下,就帮着治天下。不能治天下,就尽一个人活着的责任……"

这是沈从文先生跟我说过的话。这些朴朴实实的话语,一字不漏地记在我1981年12月12日的日记里,当时的情景更如昨天般清晰地印在我的心坎儿里。那是多么愉快的会面,多么美妙的记忆啊!

1988年,作者(后右)陪同罗孚(后左)看望沈从文、张兆和夫妇(前坐者)。(作者提供)

"我是'苗子'不叫苗子"

那是 1981 年全国政协会议期间，在友谊宾馆。为找罗（孚）叔，我一头闯进了沈老房间。一进门，罗叔就笑微微地起身向人介绍我说："这是你的同乡，她也是湖南人。"

一个胖胖的慈眉善目的小老头儿站起来同我握手。那手小而柔滑，整个人都是笑眯眯的，连眼镜片也一闪一闪地在笑。

"你是湖南哪里人？"他的湘西口音很好听。

"湖南长沙。"

"哦，好地方，大地方。我们那儿是小地方，穷地方……"

"小地方穷地方？！我读过您的书，您把你们那儿写得那么美，美得让我心痒痒的，只想也坐船去游一次……"

"你看过我的书？许多中文系教现代文学的人都不晓得沈从文是谁呢！"

"那我比他们稍微强一点……可惜我读的书还是香港出的，罗先生送我的。据说有人提名您得诺贝尔奖？"

"哪里，哪里，这是应该由茅盾、巴金那样的大作家得的。我们这种小地方的小作家不行。"

"我看你们那儿是山灵水秀、人才辈出，出了您这位大文学家，还有黄永玉这样的大画家……"

"黄永玉是我的侄儿呢，你晓得不？"

"哇！风水都被你们家占了！"这一"哇"，惹得全屋笑。我又问："您还有些什么书呢？我想都看看。"

"没有了，没有了，一本也没有了。那都是些过时的东西，'十年'那会儿，七分五一公斤，我都卖了……"

"他做的卡片撒了满院子，比天女散花还热闹。清洁工用铲子一铲铲铲走，扔垃圾车上……"

一位快活神仙似的先生在旁帮腔。罗叔介绍："这是黄苗子。"

"咦，刚才在楼上，您不是介绍他是黄苗子的哥哥吗？我简直闹糊涂了，又是黄苗子，又是黄苗子的哥哥……"

罗叔笑道：

"他是黄苗子的哥哥的弟弟。"

"哎,我是黄苗子弟弟的哥哥,你说我是谁?"

"您不是与罗叔同房间的那位黄先生吗?"

"哈哈,我说我是黄苗子弟弟的哥哥,你说我是谁?哈哈……"他简直乐不可支。

"哎呀,你们要把我绕糊涂呀!我知道了,您是黄苗子!你们兄弟长得太像了,简直真假难分。您也是苗族吗?"

沈老笑着指了指他和自己,说:

"他是假苗子,我是真苗子。他叫苗子不是'苗子',我是'苗子'不叫苗子。哈哈……"

他哈哈喧天,笑得像和合菩萨一样。他极富感染力的笑声引来满堂欢笑,也引起我拜访聆教的强烈愿望。

"我是不怕骂的……"

隔天下午,我捧着《沈从文散文选》敲开了沈老的房门,请他签名。老人十分亲切地接待我,仔细问了我名字的每一个字,拿钢笔像握毛笔一样,一笔不苟地在扉页上签了名。他问我:"你是哪个学校毕业的?"

"我只是个中学生。"

"那比我还强,我不过是个小学生。"

"您真会逗笑,谁不知道您读过北大呀!"

"那是自学,没有学历。"

"在最高学府里自学?"

"觉得奇怪吗?那时候的大学是开放的,不是本校的学生也可以去听课。这要感谢蔡元培先生,学校的一切为学生开门,为教师开门。他选教授不考虑资格,只考虑真才实学。梁漱溟先生就是没有考取北大,过了两年在北大教课的。对学生,对不是本校的学生也一视同仁,可以去北大听课,也可以参加考试,考得好的也给分,也可拿奖金,三角五角的,我就得到过这便利……"

"那您还是读过大学呀!"

"其实我的文化最低,始终是个小学生。"

"文化最低，还写出那么多好书！"

"那是靠我耐心不停地习作。我的一篇文章总要改来改去，磨来磨去……你读过我的书，感觉如何？"

"喜欢得要命！尤其喜欢您写的那个《大王》……"

"那是真有其人哪！我写的多是真人真事，看起来像编的一样离奇，其实都是真的，生活本身就是这样离奇。所以我说人生是一本大书，一本百读不厌、永远也读不完的大书。"

"真羡慕您有那么丰富的经历，那么不平常的经历。"

"是啊，我这一生见过的事情多了。我曾亲眼看见过一次杀死五千人，血流成河，尸横遍野……所以我总是知足，我这条命就像捡来的一样。我可以死很多次而没有死，我还怕什么呢？所以我只要有点子力气就好好地用。一个人活到世界上，就是做事来的。不能做大事，就做点小事。不能打天下，就帮着治天下。不能治天下，就尽一个人活着的责任。你年轻，你见过的只有现在，见的过去也不久，过去对于你是朦胧的。而我见过的就多了，我是从过去走过来的，又看到了今天。由于我的工作关系，我还知道历史的、传统的、古代的许许多多事情……"

"都说您绝顶聪明，是个天才……"

他摇手打断我，继续轻声细语地说下去："什么聪明、天才都是不可全信的。重要的是工具、是条件。只要是有心人，不想白白地浪费五谷杂粮，他就要做事情。而他手边又能找到许许多多的书和资料，这里抄一点，那里摘一点，自己写一点，不就是厚厚的一本吗？我是小书也看，'大书'也读，抄小书，摘'大书'，一本本书就出来了。我是个乡里人，我从来不以为自己有什么了不起，我相信就是你，如果像我一样待在博物馆，手边有看不完、用不尽的书，自己又勤快，你也会写出一本本书来的。"

"您是不是新中国成立后就再没写过文学作品？而只搞这些老古董？"

"我原计划写作50年，但是情况变了，我就改变计划了。我拒绝了当茅盾和老舍的角色，我说，我不是做那个的材料。如果有什么具体的工作要我做，我只会做事情，我一定会做得好的。我到了历史博物馆，看见那么多宝贝没有人认识，没有人研究，我就决心尽自己的力量来收编、研究，使这些珍贵的遗产，巨大的财富，不散失糟蹋。但我1953年的时候，还是写过文学作品的。写的是兆和家的事情，写她的父亲，一个革命者的故事。'文化大革命'时期都点火烧了。'文化大革命'时抄了我八次家，我是片纸无存，连周总理嘱我为苏联写一部中国历史书的所有资料、书、卡片，全部以七分五一公斤卖掉了，化纸浆了……

"我还收集了许许多多唱片，也被说成是黄色的，要销毁。我告诉他们，保证不是黄色的，你们可以请内行人来鉴定，是黄色的就销毁，不是就请不要销毁，随便送到哪里保存都行。结果来了一个懂音乐的一听，全是中外古典名曲……那个人只有露出同情的苦笑……"

"'文化大革命'那十年您没少受罪吧？"

"还好，比老舍他们好多了。我天天打扫女厕所，我把那些妇女的卫生纸，一张张拣出来，捡得干干净净，把厕所搞得清清爽爽的。反正是做事嘛，扫厕所也是做事情，做事情就要做好……"

"据说您认识江青？"

"说起来江青还是我的学生呢！"

"那'文化大革命'时她还不猛折腾你哪？"

"我那时对她是很好的，她对我也不错。不光没加害我，只怕还保护了我呢！人是复杂的，不会样样都好，也不会样样都不好。"

"您跟鲁迅很熟吧？"

"我跟他合不来。刚好不晓得哪个写了封什么信给他，他以为是我写的，老大不高兴。其实我写信给他做什么呢？他骂了我一世，我挨了一世的骂，但我未回骂过一句……"

"是啊是啊，我读了您的书以后，曾跟聂（绀弩）伯伯说：沈从文的书写得真好，说不出来的好，我看他人一定是挺好挺善的。他说这人挺不错，文章好，学问也好。我说，他那么好个人，您以前为什么还老写文章骂他呢？"

"他怎么说？"沈老颇感兴趣地问。

"他说，那时年轻气盛，总以为真理在自己一边，容不得不同意……和别人不同的是，您挨了骂从不回击，就是骂错了，也不申辩。有一次他错把一篇文章当成是您写的，不同意那观点，写文章挖苦了一气。后来知道错骂了您，等您回击，您却始终未吭气……"

"其实骂人哪个不会？骂骂人，冯冯火，最痛快易得了，要创作、写文章就难了。我不是不想骂，实在是没有时间。一个专心写作的人，哪里腾得出工夫跟别个吵架对骂呢！所以我一句都不骂，时间自有公论，骂骂有何用。拿时髦话来说，就是在骂声中成长……那个时候，关于'普罗文学''民族文学''左翼''右翼'等等，争论得热闹非凡，互相又争持不下，似乎不争出个结果就不能轻易放下笔，有些作者干脆搁笔不写了……我呢，既不轻视'左倾'，也不鄙视右倾，我只相信真实，埋头傻干，努力写作，注意社会对我的作品的反应。我不参加任何党派，不属于任何团体，我只按我自己的思想原则生活，按一个乡里人的脾气，认准一条路就一直走到底，绝不回头……唉，我什么骂没挨过呢？什么'无思想作家''桃色文人''反动作家''无内容文人'……他们骂都不会骂，没有思想怎么能够成为作家？我写过什么'桃色'呢？我又没乱来过，我和兆和一直恩爱到白头。那些骂我的人呢，有几个说得起这种话？"无内容"怎么能写成文章呢？真是天大的笑话！要晓得'没有内容'正是一种内容，就像'无思想'就是一种思想一样。不过我这是随便跟你说说就是了，我是不怕骂的。我从年轻时候就挨骂，现在80岁了，还有人这里那里的骂我几句，骂我的人泄了火，被骂的我还增了寿呢！"

他笑微微的，轻声细语地说着，没有一点怨恨、责难的意思。他圆圆的脸上溢满儿童般纯真的笑意，诚实的眼睛在镜片后闪着明净的柔光，只有博大宽容、心无点尘的人，才会有这样的眼神和笑容……

"没有国家，沈从文算什么呢？"

谈话还在随意而愉快地进行着。由于对社会这本"大书"的共同爱好，话题转到了眼下的现实。沈老感叹着：

"中国的知识分子最遭孽呢，动不动就说怕知识分子翘尾巴。有什么尾巴可翘呢？不早就脱过裤子割尾巴了吗?！像我忍隐、退让一辈子，那也不行，还要想方设法搞搞你。我从来是，你进一步，我就退一步，进两步就退两步。你嫌我惹眼睛，我就躲到角角里。你嫌我占的地方大，我就缩到最小最小。我以为世界如此之大，哪能容不下我的一个五尺之躯？我一不要做官，二不要发财，三不要扬名，我只想做点实实在在的事，做点对后人有益处的事情，这有什么不好呢？你何事硬要别个同你长得一模一样，还要想得一模一样呢？

只要他不搞破坏，还帮你做事就要得嘛。邓小平说得好，不管白猫黑猫，捉得住老鼠就是好猫。只要他帮你做点子实事好事，你管他脸方脸圆咧！

"十年浩劫，暴露了人性最丑恶的一面。长期的无情斗争，锻炼了人身上那些极要不得的东西。你看如今文盲、流氓、杀人抢劫犯可不少，拜金主义，崇洋媚外，不讲面子，比什么时候都厉害。人与人之间的关系那么紧张，处处一触即发。怎么得了呢？再要是搞起'文化大革命'来，那就更狠了。你还要我多写些文学作品，写什么呢？写这些烦恼？发发牢骚？有何用处！要做的事情太多了，我的精力也不行了，所以我不想写。只想写些研究性的文字，知识性的书。"

谈话岑寂下来。和合菩萨似的笑容早已从他脸上消失。这位数十年如一日钻在老古董堆里，默默抢救祖宗遗产的耄耋老人，这位潜心于编撰皇皇巨著，一心为后人造福的学究先生，原来一刻也未停止过忧国忧民，也从未放下过那本难读的"大书"。这个不愿"惹眼"，退到"角角里"的小老头儿，忽然在我眼前变得高大起来。像聂老绀弩一样，他是"最遭孽"的中国知识分子的又一典型代表。他的感喟，他的烦恼，何尝不是一代知识精英的感喟和烦恼？这位三四十年代已誉满文坛的著名作家，自1949年以来便从文坛悄然隐退、消失了，直至最近两年才像出土文物一样重新受到关注。而他在国外的声誉却历久不衰、与日俱增。据说他那年的美国之行，曾受到空前热烈的欢迎。我扯起这个愉快的话题，笑道：

"传说您在美国讲学，受到极热情的接待，就差铺红地毯了，是吗？"

"传说嘛，难免不夸大。不过他们也确实对我客气得不得了。但是我晓得，我在那里受欢迎、被尊敬，并不是人家尊敬欢迎我沈从文，而是因为我是代表中国去的，他们是对中国表示友好欢迎。现在不是'中国热'吗？没有国家，沈从文算什么呢？台湾（地区）曾明令禁止我的作品出版，至今也未解禁，还把我骂得一塌糊涂。这次在美国我就特意跑到台湾（地区）出重资办的一个教会学校去，别人劝我莫去，我偏要去。我往台上一站，让他们看看沈从文就是这个样子！结果得到学生们空前热烈的欢迎。国内至今也没有几个知道沈从文的，没想到美国倒有知道我和我的作品的，而且还有学者和年轻的研究生在研究沈从文！"

轻言细语也掩不住激情，镜片后的眸子也溢彩流光。是啊，再淡泊的人，对自身价值的被肯定赞赏，也不可能无动于衷啊！随后老人兴奋地和我谈起他们夫妇，在美国与四妹充和一家度过的美好时光，谈起她们张家四姊妹，个个是才女，她们的家庭简直是革命者之家。又无限深情地说起他与老伴兆和，如何伉俪情笃，患难相依，兆和为照顾他所做的牺牲……

摘抄我七年前的日记，重温那次推心置腹的谈话，谁能相信这是一位文坛巨擘和一个萍水相逢的无名小子在交谈？当初我如实录下这些连珠妙语，却并未理解其中的深意。而今，我已渐渐悟出其中富含的智慧和真理，那个赤子般坦诚、慈父般亲切的老人却已离尘远去了。再也看不见那和合菩萨似的笑脸，再也听不到那如吐玑珠的轻言细语了……

原载《名人传记》1990 年 6 月号

夏衍谈"左联"后期

夏衍同志的《"左联"六十年祭》一文发表后,读者纷纷来信,提出不少问题。这位"世纪同龄人"在"'左联'六十年祭"前后,正拟写一篇文章,综合所提问题作答。恰在此时,笔者随柳苏先生[①]为《聂绀弩还活着》一书要请夏老作序,拜访夏老,谈及此事。笔者说自己也有许多问题要问。随后便一访再访夏老,提了一堆问题。为对历史负责,夏老一丝不苟,凭着惊人的记忆力,查核有关资料,做了认真的回答。此文根据录音整理,又经夏老核阅。

1990年,作者登门拜访夏衍。(作者提供)

[①] 编者按:柳苏即罗孚先生,参见本书《罗孚在京访友及其他》一文。

周：在《收获》1990年第2期上，看了您写的《"左联"六十年祭》，很受启发。您从当时20年代末、30年代初的整个国际大环境出发，从历史唯物主义的角度，叙说了当时进步知识分子所处的历史背景和社会关系，以及他们的心理动态来讲"左联"成立的经过，脉络清晰而有说服力。美中不足的是，您对"左联"前期的事情说得较详细，而对后期的"左联"说得较简略，这是什么缘故呢？

夏：这个问题嘛——且慢，让我先讲清楚两个问题。第一个问题是，我只能讲我亲身经历过的事情，我确实知道，或者有材料可核对的事情。第二个问题是，我个人写自己的东西比较简单。正如你说，你想在《懒寻旧梦录》里找我个人生活上的事情很难，包括我什么时候结婚等等都找不到。因为我对涉及个人的事情，总是尽量少写少说，所以就有简单和复杂的问题。

现在，再回到你刚才提的问题上来。"左联"有前期后期之分，这是自从茅盾的回忆录，和我的《懒寻旧梦录》发表以后，大家基本一致的意见，只对具体从何时分，有些不同看法。我个人是以1932年"一·二八"为分界线的。

我在"左联"工作，是1929年10月，我从闸北区第三街道支部调到文化组参加筹备"左联"的工作，到1932年秋调出，参加电影小组工作，我直接参加"左联"工作不足三年。以后先是由冯雪峰，后是由周扬主持工作。因为我是"文委"成员，只有在"文委"开会时，才了解一些"左联"的情况。直到1935年2月19日，上海分局遭破坏，阳翰笙、田汉、许涤新、杜国庠被捕以后，文委成员只剩了我和周扬两个人。下半年，1935年9月吧，我和周扬重新组织文委，我才又开始参加和了解一些"左联"的事情。但这一段时间，有许多事情我未亲自介入，包括许多具体事，如周扬与冯雪峰在理论上的问题等等，我只知道个大概。因为我参加电影工作，有许多事情要做，要学习，我忙不过来。因此我对后期"左联"的工作，缺乏具体的感性的了解，才有前详后简的问题。

周：那就是说，您现在所讲所写的都是亲见亲历过的事情、确实无误的事情。对吗？

夏：是的。我只讲自己亲身经历过的，我所确实知道的事情，或者有材料可以核对的。其他一些听说的事，我就声明我是根据某本杂志某篇文章讲到的。我的回忆文章都是这样子的，也只能是这样子。

周：关于"左联"筹备委员会12个人的名单，各说不同，究竟是哪12个人呢？

夏：关于12个人的问题，包括冯雪峰的儿子冯夏熊整理的冯雪峰回忆录，还有吴泰昌整理的阿英回忆录，都有不同的12个人。这个，我认为我的记忆是不会错的。因为当时采取的是创造社、太阳社以及其他不是太阳社、创造社的，三个方面各出4个人组成筹委会。创造社4个人是郑伯奇、冯乃超、彭康、阳翰笙；太阳社是阿英（钱杏邨）、蒋光慈、戴平万、洪灵菲；其他方面是鲁迅、柔石、冯雪峰和我。一共12个人，我记得很清楚，不会错。三方面各出4个人，最后决定是潘汉年，潘汉年代表"文委"领导我们。他说：

"你们12个，加上我算13个。我这个人没有洋迷信，不怕13。"

这个我记得很清楚，连潘汉年说这话时的神情我都记忆犹新。

周：我最近又看了阳翰笙的回忆文章《中国左翼作家联盟成立的经过》，文中提到的12人筹委会名单跟您的有些出入。他回忆的创造社4人是：郑伯奇、冯乃超、李初梨和他自己；太阳社4人中没有戴平万；而且整个筹委会算上潘汉年才12人。现在"左联"筹委会12个人中，健在的只有您和阳老了。如果写文学史，应该以谁的为准呢？

夏：我曾在《"左联"成立前后》一文中说过，当初筹组"左联"时，我是唯一不属于文坛的非作家。你知道，我是学工的，但我爱好文学。为了维持生活，我翻译过一些日本的、俄国的文学作品，也向报刊投过稿，但我不是作家，不是文坛中的人，也没有卷入过1928年那场文艺论争。而我又与当时创造社、太阳社的人以及鲁迅先生都熟悉，我是作为"缓冲"力量参加"左联"筹备小组的。我对各派文艺团体没有偏见，掌握情况较全面，而且我的记忆力一直不错，我相信自己不会记错。

周："左联"五烈士之一的李求实（李伟森）好像没有其他四位烈士有名，他是作家吗？

夏：有人写文章说李求实不是作家，也不是"左联"成员，这不对。李求实这个人，我1928年就认识了，他是我在日本读书时的一个朋友、李国琛（人一）的堂兄弟。人一是日本陆军军官学校的学生，左派，共产党员。我回到上海后，他也来过。后来他在广州参加暴动，牺牲了。

李求实当时是上海青年团负责人，酷爱文学，写过许多新诗，翻译过《陀思妥耶夫斯基传》，二十多万字，是不是北新书店出版，记不清楚了。总之，李求实早在参加发起"左联"之前，就代表青年团跟文化方面接触了。当时跟他一起的，还有红色工会的谭寿林，也是作家。当时团中央与总工会里喜欢文艺的人很多。据罗章龙回忆录《上海东方饭店会议前后》（见《新文学史料》1981年第1期）：

当时李求实负责文化方面工作，他来问我，是否请柔石等人来参加，我同意了。这次会议是一次党的会议……

罗章龙是当事人，当时他没有参加，没有被捕，但是这个谈话是可靠的。李求实是"左联"发起人之一，参加了"左联"成立大会，只是为了安全，没有发表他的名字。1931年，他和柔石、胡也频、冯铿、殷夫等在龙华同时被杀害，是著名的"左联"五烈士之一。有许多回忆五烈士的文章，说他不是作家、盟员，是不对的。

周："左联"成立的时候，为什么没有请叶圣陶、陈望道、郑振铎这些人参加？

夏：当时筹备组12人曾提出过、也讨论过这个问题。郑振铎那时不在上海，大概在英国，所以主要讨论陈望道、叶圣陶。陈望道在中国共产党成立之前，他和茅盾都是上海第一个共产主义小组的发起人之一，是中共第一批党员，1923年6月，在广州召开中共第三次代表大会以前，他是中央上海地方委员会委员长。"三大"以后，他因不满陈独秀的家长作风命令主义，宣布退党。同他一起退的还有邵力子、沈玄庐。1923年8月，毛泽东代表中央指导上海工作，茅盾第一次见到了毛泽东。毛泽东代表中央建议，对邵力子、沈玄庐、陈望道的态度应当缓和，劝他们取消退出党的意思。茅盾在《我走过的道路·文学与政治的交错》中有这样一段话：

党组织又决定派我去向陈望道、邵力子解释，请他们不要出党。结果，邵力子同意，陈望道不愿。他对我说："你和我多年交情，你知道我的为人。我既然反对陈独秀的家长作风而要退党，现在陈独秀的家长作风依然如故，我如何又取消退党呢？我信仰共产主义终身不变，愿为共产主义事业贡献我的力量，我在党外为党效劳，也许比在党内更方便。"

由于有了这样一段经过，所以决定不请他参加"左联"。

陈望道以非党及非"左联"的地位帮了我们许多忙。筹备"左联"前后，我们办了一个中华艺术大学，要找一个有名望的人做校长，我去请了陈望道，他欣然同意。后来，"左联"成立大会就是在中华艺术大学开的。这一切，与茅盾的回忆是完全吻合的。

至于叶圣陶，当时是这么考虑的：叶圣陶是开明书店总编辑，主要管《中学生》杂志。那时生活书店还没有，开明是唯一的一家和进步作家有联系的书店，他若参加了"左联"，暴露了"左"的身份，对开明书店不利。我们把这个意思告诉过圣陶先生，他完全同意。

周：太阳社和创造社成员是否都是党员？12人筹备小组都是党员吗？

夏：当然不都是党员，按性质"左联"是群众团体。创造社的元老郑伯奇就不是党员。

周：那么，为什么叶圣陶参加就怕暴露身份，而郑伯奇就不怕暴露呢？

夏：因为叶圣陶先生在社会上声望高，我们要有一位公开的、可以出面的代表人物。郑伯奇也有一点名气，但他已经是公开的左派。

周：下面是不是谈谈李立三见鲁迅的问题？

夏：关于这次见面，鲁迅（1930年5月7日）的日记只有十八个字：

晚同雪峰往爵禄饭店回至北冰洋吃冰激凌②。

冯雪峰的回忆录讲的是对的，当时一起面谈的是四个人：冯雪峰陪同鲁迅，潘汉年陪着李立三去的。朱正考证许广平回忆的正误，许广平把此事拔高了，说从此之后鲁迅完全听党的话。其实不然，冯雪峰的回忆对，说这次见面是各说各的，并未取得完全一致的意见。就是见了面，谈了大概不到一

---

② 编者注：查人民文学出版社1976年7月北京第2版《鲁迅日记》（下卷），当天日记全文如右："七日　晴。上午复季志仁信。午后往齿科医院。往内山书店买书二册，共泉十四元四角。晚同雪峰往爵禄饭店，回至北冰洋吃冰其淋。"熟读鲁迅日记者均知，鲁迅在日记里只作流水账式客观记述，很少施以主观评论。

个钟头吧。冯雪峰同许广平的回忆录都讲到：李立三这次见鲁迅，是希望鲁迅发表一篇文章支持他，支持党。但是鲁迅没有同意。究竟为什么要发宣言？发表一个什么宣言？只要看一下当时的历史，就很容易了解。左联成立（1930 年 3 月 2 日）不久，李立三在 5 月 9 日准备发表一个文件，就是后来在 6 月 11 日发表的那个党史上有名的《新的革命高潮与一省和几省的首先胜利》。在提此口号之前，李要求见鲁迅，希望鲁迅发一个宣言支持他，即指此事。当时是立三路线高峰，他扬言"会师武汉，饮马长江"，搞城市暴动。为什么鲁迅冒这个危险到爵禄饭店去呢？这里有一个小秘密。当时的爵禄饭店是一个中型、中档的饭店，在西藏路、汉口路附近。上层，达官贵人不会去，下面，平头百姓也不去，比较安全。最重要的一点是，饭店有个领班是宜兴人，是潘汉年的同乡，人很可靠，可惜姓什么叫什么记不起了。1937 年，抗战前，潘汉年每次到上海，都是在那里开个房间，约我见面，这是别人不知道的。

周：歌特到底是谁？歌特的文章是怎么回事？

夏：歌特嘛，现在一般认为是张闻天。但是我还有点疑问，张闻天后来到苏区以后，还是支持博古的，特别是在六届五中全会上还是很左的。

歌特的这个文章里，主要反对左联的教条主义和关门主义，对此，我和茅盾的回忆录都写了。教条主义，几乎各联都有。"左联""社联""剧联"，甚至电影小组、音乐小组，几乎无一避免，大家都有。而关门主义各联就不一样了。因为"左联"主要是作家、诗人或文艺理论家，个人写个人的，而且以前有过公开的论争。他们各人写各人的文章，可以关起门做各人的事。而"剧联"、电影小组等等就不一样了。"剧联"成立时就有洪深、应云卫、朱穰丞，都不是党员。后来朱穰丞入了党。而电影小组，参加大型电影公司工作，要团结导演、演员，甚至老板也要团结。在当时完全是中间派或旧艺人，不可能搞关门主义的。比方"社联"，就团结了很多非党人。"左联"有前后期之分，对此，大家意见一致了。"左联"前后期又有不同，前期较左，后期搞了统一战线。"剧联"不同于"左联"写个剧本，排个戏，要找导演，找一批演员，是关不了门的。音乐小组也是，最初没有党员，任光、张曙，当时都不是党员。聂耳参加音乐活动时也还不是党员。

周：当时各联属"文委"统一领导是吗？

夏：领导机构公开叫左翼文化总同盟，简称"文总"。内部领导是中共文化工作委员会，简称"文委"。

周：您的《懒寻旧梦录》里面，讲到上海党组织遭三次大破坏以后，与党中央断了联系，那你们还怎么进行工作呢？

夏：1935年2月19日，上海中央局遭到第三次大破坏之后，"文委"负责人阳翰笙、田汉、许涤新等人被捕，当时中央红军已开始长征，我们与中央断了联系，中间大约有七八个月没有接上关系。但是，人家以为党在上海就没有活动了，这就不是事实。《上海党史大事记》第381到382页记得很清楚，当时党中央由刘仲华、贺昌之、蒲化人组成上海中央局三人委员会；总工会——红色工会有夏菊一、马纯古、饶漱石；青年团还有许亚、陈国栋（慎之，二十世纪八十年代初还是上海市委书记）。还有孙大光（原地质部部长，现为中顾委委员）；当时"文委"还有周扬和我。组织还在，虽与中央断了联系，在短时期内隐蔽或者转移了一下，但很快就重新集合起来，进行斗争。我还记得5月30日，为纪念"五卅"，大世界楼上还散了传单，还打出了一面红旗。这是共青团搞的。这行动很大胆，有点冒险主义，但说明党的活动并未停止。党的三人小组（三人委员会）时间不长，它被破坏后，很快又重建，真是前仆后继。

夏衍《懒寻旧梦录》。（资料照片）

除红色工会、共青团、"文委"三个系统外，还有特科的胡愈之、王学文（原来"社联"的，主管日本方面事务，当时日本在中国的进步人士都归他联系）、蔡叔厚，即我在《懒寻旧梦录》里一再提到的蔡老板。当时还有党员二百多人，共青团员三百多人。要是1935年2月19日大破坏以后，党的上海工委不存在了，这些力量不存在了，那么以后就不会有"七君子"事件，救国会也不会有，甚至"西安事变"也不会有了。这些活动主要是通过"文委"和特科进行的。胡愈之更是做了许多工作，"西安事变"就是张学良到上海来探望杜重远时，胡愈之和杜重远对张学良做工作的结果；邹韬奋转变过来，完全是胡愈之的功劳；韬奋的生活书店，胡愈之是"军师"，他出主意，做了大量的工作。对这一段时期的事，文字记载不多，包括《中共历史大事记》这个都没有提。③

1935年是很关键的一年，"何梅协定"签订，上海的救亡运动不起来，甚至"一二·九"运动都要受影响。上海救亡运动搞得猛烈，许多群众救亡歌曲，如《义勇军进行曲》等等，都是从上海唱开去的，对这些事，历史上应该记录下来。没有上海救亡运动，没有胡愈老，没有"文委"——当然不是讲我们个人，个人当然也做了些工作——特别是"社联"徐雪寒办的新知书店，黄洛峰办的读书生活出版社，后来大批出版马列的书，这个作用很大。其他各联也为抗日救亡，传播马列做了不少工作。特别是特科，胡愈老就不用说了，还有王学文搞的日本反战同盟，作用不小。蔡老板也做了许多工作，可惜他在"文化大革命"中逝世了……

总之，上海中央局和江苏省委被破坏以后，在它们领导下的党组织并没有被"全部消灭"，剩下的党团员，没有被白色恐怖吓倒，也没有因为和党中央断了联系而停止活动和战斗。

周：究竟"民族革命战争的大众文学"这个口号是谁提出来的？

夏：现在议论不一。一说是鲁迅要胡风提的。而茅盾回忆录《我走过的道路·"左联"的解散和两个口号的论争》（321—323页）谈到这口号提出的前前后后。胡风的《人民大众向文学要求什么》在《文学丛报》上发表以后，茅盾曾去找过鲁迅，鲁迅说："胡风自告奋勇要写。我就说：你可以试试看。可是他写好以后不给我看就这样登出来了。这篇文章写得并不好，对那个口号的解释也不完全。"

胡风自己写的《我的小传》中谈到，1936年冯雪峰从延安到上海以后，是在冯雪峰的授意下提出这个口号。但是，《我的小传》是1981年发表的，冯雪峰1976年已去世，"死无对证"了。

当年曾经其事的还有任白戈。任白戈是徐懋庸当"左联"书记以前的"左联"书记，新中国成立后当四川省委书记。他在"四人帮"垮台以后，四次文代会时到北京，曾当面问周扬："为什么对这个问题只字不提？两个口

---

③ 编者按：可参见本书"忆胡愈老"一节。

号之争就是冯雪峰搞出来的，为什么不提？"任白戈是"2·19"上海党组织大破坏后去日本，领导"左联"日本支部，抗日后回四川的。

周：那么，胡风《我的小传》讲的是对的啰？

夏：我刚才讲了，胡风的《我的小传》发表是1981年，冯雪峰已去世，死无对证了。

周：同是一个口号，谁提的有什么关系呢？

夏：当然有关系。假如知道是鲁迅提的，就不会有这场风波。

周：这样就又回到聂绀弩的论点上来了：假若这口号是对的，谁提的又有什么关系呢？为什么鲁迅提就没关系，胡风提就要批判呢？

夏：鲁迅究竟跟胡风不同，虽然是同一个口号。当时搞统一战线，"民族革命战争的大众文学"这口号究竟多数人能不能接受？而"国防文学"早已提出，并且已经为包括叶圣陶、陈望道、王统照等等在内的知名人士所接受、同意。

周：那么说鲁迅提的应该也不对呀？

夏：这话不好讲。鲁迅究竟不是党员，在那个大变化时期，他不可能知道党的方针已从"反蒋反日""逼蒋抗日"进入到"联蒋抗日"了。但是从延安来的冯雪峰是应该知道的。

周：当时胡风也不是党员吧？他只是日共党员吧？

夏：胡风1933年从日本回到上海，大概在1933年年底、1934年年初，冯雪峰曾经要我和他一起介绍胡风入党。但我说，我不详细（了解）这个人，怎么能介绍他入党呢？连他是日共党员，我也怀疑。我曾问过日共（当时我在日中友协），他们回答说，不详细。

周：那么胡风与鲁迅一样是党外人士，他也不可能知道党的方针已有所转变，提这个口号又有什么可指责的呢？

夏：要知道，一个人除去理智之外，还有个感情问题。胡风跟周扬之间是既有理论问题，还有感情问题。而且胡风这个人，有的时候宗派主义不比周扬弱。

周：当时胡风主要是与周扬合不来，是吗？

夏：主要是。

周：我从那些文章里面看，您跟冯雪峰也合不来是吗？

夏：我跟冯雪峰，应该说过去是合得来的。就是 1936 年他回到上海不找我们，这件事我恼火。你为胡愈老整理的回忆文章（《我所知道的冯雪峰》）里面说，他问胡愈老上海地下党的情况，胡愈老第一个告诉他，夏衍是可靠的。说他第二天就来找了我，没有哇！实际上他是 4 月回来的，可一直到 7 月底才来找我们。而他一直在上海，除了短时期去过香港。

周：他为什么不找呢？

夏：他不找哇，宗派主义呗！他主要是跟周扬不好，对我倒是无所谓。

1990 年，作者登门拜访夏衍。（作者提供）

周：不是说你们还跟他要介绍信吗？

夏：没有这个事情。他还说周扬拒绝见面哩！哪有这个事情。我们知道延安来人以后，各方面找了许多关系，找特科，找王学文，我找冯雪峰是通过王学文才找到的。哪有不见之理？

周：冯雪峰自己的回忆录提到过这件事情没有？

夏：没有呀，他不提。最有名的是他 1966 年 6 月（经查对应为 8 月）10 日的交代，那里面骂我和周扬，主要是骂周扬，把我也骂了一顿。那个成为"文化大革命"中整我们的最主要的材料嘛。

周：不是他的交代在《新文学史料》上发表以后，周扬还很感动，在他生病住院时，周扬还去医院探望，向他表示了道歉吗？

夏：周扬还要我一起去看他，我不去。

周：为什么呢？

夏：我这个人就是这样子，说不去，就是不去。

周：最初"文化大革命"中搞你们，就是因为这个材料呀？

夏：就是啊，这个厉害呀！

周：您写的那个《往事》（《一些早该忘却而未能忘却的往事》）就是针对这个材料的吗？

夏：主要提到他到上海后不找我们，他跟章乃器讲，今后由他联系，别的人来找，你不要见。章乃器一直是我跟他联系的，因为章乃器的弟弟章秋阳过去跟我同一街道支部，是党员。章乃器的夫人胡子婴，跟我的妻子是同学，这样，章乃器是由我联系的。冯雪峰来了以后，带着毛主席给章乃器几个人的信找他。我去找他的时候，章乃器讲：你们中央有人来了，跟我联系了，今后你不要来找我了。而且章乃器讲：冯雪峰说了，轻则不理，重则扭送捕房。这个我当然恼火。

周：这是章乃器说是冯雪峰讲的吗？

夏：是章乃器告诉我的。

周：章乃器可靠吗？是不是他在中间挑拨？

夏：章乃器这个人呢，先是左，但是抗战开始以后，他又右了。这个人有些霸气，但是个事业家，很能干，人还是很不错的。他是"七君子"之一，他的夫人胡子婴尤其好，她还写过一部长篇小说，这个，茅盾的回忆录里有。

我看了你整理的胡愈老的回忆录，我才知道这件大事情：冯雪峰到上海以后，胡愈老告诉他，我和周扬可靠。因为胡愈老了解我，一直与我有联系，救国会的事我都参与，沙千里、沈钧儒，都是胡愈老介绍我认识的。胡愈老主编的《世界知识》创刊号上，就有我一篇谈美国电影的文章（《美国电影艺术的动向》载《世界知识》1934年9月第1卷第1期）。在这以前，我不知道冯雪峰曾找过胡愈老，直到看了此文（《我所知道的冯雪峰》），我才知道这件大事情。也才知道冯雪峰"七七"事变前后，曾找过胡愈老。你看这里：

有一天晚上，雪峰突然到我家来了。我高兴地问他："好久不见了，你到哪里去了？"

他气色很不好，赌气似的说：

"我到南京（也可能是杭州）去了，现在不去了，他们要投降，我不投降。我再也不干了，我要回家乡去。"

原来他随中央代表团（雪峰不是代表）同国民党谈判第二次国共合作的问题，与博古吵翻了，气得跑回来的。那时为联蒋抗日，共产党要的条件是很低的，如取消苏维埃政权，改编红军等等，这对于这个农民的儿子，血气方刚的雪峰也确实不容易接受。

第二天我找到潘汉年，问究竟怎么回事？潘说："雪峰这样子不对，谈判还未成功，怎么就说是投降呢？这是中央的事情，他是共产党员，怎能自己说跑就跑掉？组织纪律呢？他说他再也不干了，他不干什么？不干共产党吗？"

但是雪峰脾气倔，总是坚持自己认为对的。后来，他真的跑回义乌老家"隐居"去了④。

周：您原先不知道冯雪峰跑回老家这件事吗？

夏：我以前不知道雪峰这件事，是看了胡愈老这篇回忆录才知道的。你帮助整理的这篇文章，最初发表在香港《新晚报》，大概是1985年8月间吧，那时我才知道的。

周：胡愈老还以为您误会了，冯雪峰先找了他，而他是极秘密的党员，只有周总理等一两个人知道他的身份，您不知道，所以说冯雪峰先找党外，是这样吗？

夏：不，我的意思是指他找胡风。虽然我可能不知道胡愈老是秘密党员，但他什么事都跟我们走，还给我们出主意，又都是浙江同乡，蔡老板也是同乡。沈西苓是沈兹九的弟弟，我在日本时就认识，他学美术，参加社会科学研究会，是进步学生。我妻子和沈兹九还有点远亲关系，我跟沈兹九都是浙江人，都姓沈，但没有亲戚关系。但是像胡愈老这样的秘密党员不止一个，孙师毅也是，连杨度都是秘密党员，这些情况我是能理解的。

---

④ 编者注：参见本书胡愈之口述、周健强整理的《我所知道的冯雪峰》一文。

周：文艺界对你们有些看法，是不是都是由此引起的？都说在那样困难的时候，冯雪峰去找你们，你们不见他，不信任他……

夏：没有这事。他第二天根本没有来找我们，是直到七月底才来找我们的。

你想呀，我们跟中央失去联系这么久了，听说延安来人了，真是盼星星，盼月亮。我们正拼命找他，我是通过王学文才找到他的。这之前人家在内山书店都碰到他了，他为什么不找我们？这就奇怪了。

周：1957年您那次"爆炸性发言"也是说的这件事吗？

夏：是的。

周：冯雪峰被打成"右派"，就是由于这件事吗？

夏：那倒不一定！当时主要批冯雪峰，也不是周扬一个人的意思，因为周扬没有那么大权利。你想，他（雪峰）一个长征干部，又是江苏省委宣传部部长。他就是因为这件事情，他开过"小差"。他被关进上饶集中营，是宦乡把他保出来的。保出来后，他到重庆。总理在重庆找他谈话，我在，还有徐冰、冯乃超也在。总理批评他，我有笔记。总理批评他几点：第一件事情是他不应该擅自离开上海（他当时是十八集团军驻上海办事处副主任，主任是潘汉年），无组织无纪律吧。第二件事情是他从延安出来，少奇同志曾托他找一个什么人，他没有找，结果这人失了联系。第三件事情是他删改了方志敏的《可爱的中国》。

你只要想想，他参加过长征，过去当过江苏省委宣传部部长，为什么新中国成立后才当个出版社社长？抗战开始以后，他在上海，也不找我，那时我是公开的嘛！正在办《救亡日报》，他一直住在姚蓬子家里。总理和他谈话以后，他还是住在姚蓬子那里。这个地方，我都不愿意去。我原先也不知道，是老舍拉我去的。他说：去敲姚蓬子的竹杠，让他请客！我才去了姚家，结果看见冯雪峰住在那里。

现在这些事情说不清楚，有些事情宜粗不宜细，搞细了也不行。特别是论人论事，这很难。有的人先很好，后来不好。有的先很坏，后来又很好。各种都有，很难细，只能从历史唯物主义的角度看。冯雪峰整个是功大于过。但是那时候这个人脾气之坏，简直没有办法。

比如两个口号之争，那个口号（"民族革命战争的大众文学"）究竟是谁提出来的？是一个疑团。到现在还是个难解之谜。当时"国防文学"这口号早已存在，已经叫开了，又为各方面所接受，而且那时正讲统一战线，一致抗日，怎么又提出"民族革命战争的大众文学"这口号呢？真是标新立异，不利于统战。但是作为冯雪峰个人，我觉得他是功大于过。今天是不是就谈到这里吧？

（*作者根据 1991 年 3 月 25 日下午访夏衍同志录音整理。）

原载《新文学史料》1991 年第 4 期

林海音：爱心·耐心·信心

——小英子与"第二故乡"

看过电影《城南旧事》的人，谁能忘记那个终日忽闪着一双美丽的大眼睛，好奇地注视着成人世界的聪明善良的小英子呢？小英子一家随着辚辚远去的车马从银幕上消失以后，留在人们心头的是惜别的怅惘，无尽的思念……

那个让人牵肠挂肚的小英子是谁？她到哪里去了呢？她就是现居台北的著名作家、"老编"、被称为台湾出版界"长青树"的林海音女士。林海音原名林含英，小名英子。《城南旧事》由7个短篇小说组成，写的是她对童年生活的回忆。她说：

"我是多么留恋童年时代住在北京城南的那些景色和人物啊！我对自己说，把它们写下来吧，让实际的童年过去，心灵的童年永存下来。就这样，我写了一本《城南旧事》。"

林海音"实际的童年"和"心灵的童年"，永远都是同古城北京紧紧联系在一起的。这个祖籍台湾苗栗，1918年生于日本大阪的英子，除3岁时回过一趟原籍，从5岁起就随父母来到了北京。父亲林焕文是客家人，出身书香门第，当时在北平邮政局日本课任课长，44岁病故于北京，那时英子刚12岁。英子随父母先后住过北京椿树上二条胡同、新帘子胡同、虎坊桥大街、西交民巷、梁家园、南柳巷、永光寺街、南长街等处。英子在厂甸师范大学附属小学高小毕业后，进入私立春明女子中学。初中毕业后考入北平私立新闻专科学校，毕业后即任北平《世界日报》记者、编辑，直至1948年返回原籍台湾。她的青少年时代，她一生中最美好的时光，都是在北京度过的。她对古城北京的街市、胡同是那么熟悉，至今提起，仍然如数家珍。她把北京当作她的"第二故乡"，她对"第二故乡"怀着深深的眷恋之情，以致她的作品多是以北京作为故事背景。她以优美深情的笔调，描画出一幅幅北京的风景画和风俗人情画，字里行间永远跃动着一颗爱国怀乡之心。

回到"第一故乡"

1948 年年底，林海音偕丈夫何凡（本名夏承楹）及孩子们回到了久违的故乡台湾。他们一家在基隆上岸到达台北以后，先住在东门町的二姐家。放下简单的行李，何凡就开始"南北奔波去找工作"，后经友人介绍，何凡"一脚踏进了"国语推行委员会新创刊的《国语日报》。从此"bpmf，得吃得喝"（台湾"国语"界同仁的俏皮话），兢兢业业工作至今。

过了年不久，林海音一家就搬到重庆南路三段的报馆宿舍来住。林海音这样描绘她的新居："十八坪不大，只有一顶日本'皇军'色的大蚊帐，一张矮桌，也就勉强可以应付我们一家 24 小时的生活所需了。三个孩子——八岁的、四岁的、两岁的——就每天在这十八坪上翻来滚去。榻榻米的房子，日子倒也好混！"

林海音虽然把他们一家初抵台北时清贫俭朴的生活，轻笔点染得情趣盎然，我们却不难想象一对"由手到口"的年轻夫妇抚育三个子女的艰难。试想，大小五口人，只有一个十八坪的生存空间，而且连一张写字台都没有！但是生性乐天的林海音根本不在乎这些。她安顿好简单的家，就穿街走巷，出去"认识环境"去了。当她在七折八转的巷弄中，发现一间卖报刊的矮屋时，她简直欣喜若狂！她马上买了一份《公论报》回家，看到副刊内容很合自己的胃口，就每天都去买来看。看来看去，那弄惯笔墨的手就痒痒了。于是，她将身边的琐事顺手拈来，把读书的心得、杂感拿来，写成一篇篇散文、杂感，拿去向《公论报》副刊投稿。如《飘》的作者死了，她就写了《文星殒落桃树街》；读了果戈理的《死魂灵》，她就来一篇《向乞乞科夫学习》……稿子一篇篇地登出来了！这个初来乍到台北，在文学界没有一个熟人朋友的林海音，就这样开始了她的写作生涯。前面讲到，林海音家里连一张书桌都没有，而他们夫妇俩都是靠伏案摇笔为生的。虽说有张矮桌，他们又没有日本人席地伏案的本事。怎么办？不久"雪里送炭"的人就来了，阿烈哥送了她一张小小的旧书桌。且看她如何深情地写到这张小书桌：

"没想这张书桌，我使用了差不多20年，趴在上面写了千千万万的字。后来桌面干了、翘了，木板生虫了，碎屑常一堆堆洒落在榻榻米上，我扫巴扫巴还是一样的使用。它曾放在卧室的窗前，更久是放在走廊的尽头，走廊头上也有一扇窗，我白天在那里写作，有窗明几净的感觉；晚上嘛，夏天脚下是一盘蚊香，冬天膝头是一张手毛毯……倒也颇有'一箪食，一瓢饮，在陋巷，人不堪其忧，回也不改其乐'。"

好一个"安贫乐道"的"林颜回"！

不久，林海音被聘为《国语日报》编辑，兼主编文艺性的《周末》副刊。《周末》没有稿费，全靠同仁朋友等义务撰稿来填满那几千字的版面。作为主编，她写了不少民俗小品、读书杂记等作为贡献。

"小说家应有广大的同情"

林海音自小在北京长大，"第一故乡"台湾对于她是很陌生的。为了"认识环境"，了解、熟悉自己的故乡，林海音确实下了一番功夫。遇到有关民俗乡土的文章，她都要仔仔细细地研读。听到有关民俗风情的故事，她都要认认真真地记录下来。她把所有空闲的时间都用来读书。新公园省博物馆的阅览室是个读书的好地方，不但藏书丰富，环境也宜人，她几乎每天下午都去光顾那里的日文书刊。有一份研究台湾民俗的日文月刊《台湾民俗》，是她最爱读的一份杂志，简直让她着迷。于是，她也把读来的、看到的、听到的有关第一故乡的种种风土人情，都写成文章，投到《国语日报》和《民族报》等报刊发表。

1956年《文学杂志》创刊，第4期就刊出了林海音的短篇小说《要喝冰水吗?》。主编夏济安对这个短篇很欣赏，曾写信给她：

"……这篇小说写本省人的生活，很是生动。窃以为这条路大可走得。我们外省人虽然怀念故乡，本省人的事情，我们也应该写。小说家应有广大的同情，这一点海音女士当之无愧了……"

林海音将"小说家应有广大的同情"这句话，始终铭刻于心。正是这种

"广大的同情"和博爱精神使林海音在台湾文学界广结善缘,结交了许多文学朋友,成为一个既受老一辈文学家钟爱、又得到同辈和文学新人爱敬的承上启下的纽带人物。

这种广大的同情和爱心,使她格外关心妇女问题,她用第一人称写了许多反映妇女生活及妇女问题的小说。1951年1月,她还写过《一个抗议》。当时台湾只有《中央日报》和《中华日报》有妇女版,在报纸缩版的情况下,两报首先把妇女版给"缩"掉了。林海音抗议这种拿妇女版开刀的缩版办法,希望给妇女留下一片文艺园地。《一个抗议》在《中央日报》副刊登出后,《妇女与家庭》周刊果然第三度复刊!

同情和爱心融在林海音创作的儿童文学作品里。《薇薇的周记》《金桥》《蔡家老屋》《我们都长大了》《不怕冷的企鹅》《请到我的家》《林海音童话集》等都是小朋友喜欢的书,林梅音还是被誉为"儿童知识宝库"的《中华儿童丛书》最初的四位编辑之一。她负责文学类。林海音又是小学低年级语文课本的执笔人,台湾的小朋友一进学校,捧读的就是林阿姨编写的语文课本。除此之外,林海音还为小朋友们翻译了《伊索寓言》《一只坏小兔的故事》等生动有趣的各国童话故事。

发现培植文坛新秀

1953年12月起,林海音担任《联合报》中的《联合副刊》主编。至1963年4月止,10年间,林海音在支持和培植台湾本土作家、发掘文坛新秀方面,做出了有目共睹的贡献。

一位被林海音"发掘""培植"的作家深情地写道:"《联合副刊》是众多报纸中最有文艺气息也是提倡文艺最有力的副刊,要追本溯源,就是林海音时代打下的风格和基础。今天的一些成名作家,如钟肇政、郑清文、陈火泉、桑品载、杨蔚、彭歌、庄因、刘非烈、陈若曦、朱西宁、司马中原等都是当年"联副"上的大将,而林海音发掘新人、提拔新人又不排斥老作家的作风,至今被人引为美谈,譬如,在《何索震荡》一书的扉页上有这样一句话"献给——林海音女士,她在文学上播下许多信心的种子",其实这是很多当年的"文学青年"心中的一句话。

"老编"林海音以她独到的慧眼审视和发现一篇篇有希望的来稿,以广大的同情和爱心对待每一个可造就的文学青年。她主编的"联副",因她的爱心、耐心和信心,成了一片培植文坛新秀的沃土,一片催发信心种子的沃土。许多成名作家的处女作都是在"联副"发表的。《峡地》《现代英雄》《局外人》等作品的作者郑清文,谈到在"联副"上发表第一篇作品时说:"这对我的写作生涯有莫大的鼓舞。当一个人的文字和思想都还没有成熟,正在一种类似沙漠的情况中彷徨的时候,忽然有人肯定了你正在摸索的路,你便有足够的勇气走下去。"郑清文是学商业的,在银行任职,但他一直在"走下去",一直利用业余时间进行小说创作,是一位创作颇丰的作家。

1962年,林海音收到一篇署名"七等生"的稿子,题名为《失业·扑克·炸鱿鱼》。开头第一句竟是一口气38个字:

"已经退休半年的透西晚上八点钟来我的屋宇时我和音乐家正靠在灯盏下的小方桌玩扑克。"

林海音是个善解人意的好编辑,她尊重作者的思路和行文的风格,没有以自己的习惯和通常的编辑处理来断句或修改,而是让这篇年轻人写无聊生活的有味道的处女作,带着作者自己遣词造句的独特风格,一字不改地发表了。就这样,七等生踏入了文学境界,写了30年小说,出版了几十本书。常有人拿他的小说来评论、分析、诠释、解剖,就因为他语言与众不同。而这"与众不同"首先得归功于林海音。七等生原名刘武雄,出身贫苦,穷困使他在整个学校教育期间受尽欺侮和折磨,他痛恨那个缺乏爱和充满虚伪做假的不健全的社会。但他对林海音却满怀感激之情,他说:

"谁都知道林女士是我初入文坛的恩人,那时她主编联合报副刊,以后她编纯文学。我正处在潦倒穷困之时,拿作品亲自去找她,知道我的困难后,毫不迟疑地先拨稿酬给我。我想曾受到她提携而踏入文坛的人必定不乏其人。"

与七等生几乎同时,林海音还收到一篇从军队寄来的稿子《城仔落车》。还附有一封短信,强调"落车"的"落"字绝对不能改,不能改为"下车"什么的。信中的口气相当的狂傲,仿佛不容有一字一句地修改……对这篇颇有新意的"牢骚之作",和那封幼稚的附信,林海音宽厚地笑了,她从那字里行间看出了这是一个以自尊自傲来掩饰自暴自弃的青年,这个青年一定经历过坎坷,经历过种种不如意和失败……她将《城仔落车》一字不改地在"联副"刊登出来,并给作者黄春明写了一封充满温暖和鼓励的信,引导他"去观察四周现实的环境和关心在这样环境中活生生地生活着的人们"。于是,他看到一个疯子,就写了《北门街》;同情一个为孩子焦虑的父亲,就写了《借个火》;为排解年轻朋友的空虚,就写了《把瓶子升上去》《两万年的历史》等等,他把这些作品都寄给林海音。当黄春明的《儿子的大玩偶》改编成电影"一炮而红"时,很少看电影的林海音,却在大雨滂沱中排了两场队,只为买票去看《儿子的大玩偶》!林梅音在《宜兰街上一少年》中写道:"在电影院的剧情进行中,我虽因剧中人语言、举动的滑稽而大笑,但心情是怜悯和悲哀的,每个观众都是一样的吧!但出了电影院,走在雨冲洗过的人行道上,我的心中却充满了喜悦,为了这部片子的成功而喜悦,为了原作者黄春明和编剧者吴念真终于完成了他们的抱负和理想的工作而喜悦,为了他们俩是我认识的写作朋友而喜悦。"

当年林海音主编的"联副"的篇幅是那么小,除了一个方块和一写一译的两个连载外,就只有3000字左右的一方版面供刊登短篇小说新作。就是这小小的副刊,因林海音的精心经营,成了一块光明之地、希望之地,造就了许多新进的作家,成为"文坛上少有的一个有灵魂、有感觉又有目标的"所在。

"熊掌"和"鱼"兼得

编辑和写作是林海音的两大精神支柱,也是她的"经济支柱"。在她主编"联副"时,她已经是4个孩子的母亲,单靠她与丈夫何凡当编辑的一点固定薪水,很难应付日益高涨的生活开支。要支撑一个6口之家,要培养教育4个孩子,谈何容易!为了补贴家用,林海音夜以继日,更加勤奋地写作。她有一支明快流畅、典雅柔美的笔,又有敏锐深邃的眼光,能从日常生活中发掘丰富的题材,见人之所未见,写人之不及写。她的散文、杂感、小说,均受读者欢迎。

1959年,长篇小说《晓云》问世,林海音用现实主义和西方现代主义结合的手法,描写了台湾现代城市生活和爱情婚姻的悲剧。翌年出版的《城南旧事》,则是用朴实传统的写实主义手法,以儿童的口吻写成人世界的故事,1963年9月,短篇小说集《婚姻的故事》出版。翌年受聘于台湾省教育厅儿童读物编辑小组，编辑《中华儿童丛书》。旋又受聘于"教育部"国立编译馆，负责小学低年级语文教科书的编纂。1965年，应美国国务院邀请访问美国，在美国游览做客4个月，将访美见闻写成游记《作客美国》，于1966年出版。

1967年，林海音创办《纯文学》月刊，并首创25开本杂志形式，在内容和编排方式上都使人耳目一新。当年《纯文学》《现代文学》与《文学季刊》鼎足而三，被公认为台湾民营刊物中最好的文学刊物之一。一年后，在杂志社基础上，林海音又主持成立了纯文学出版社。该社以"购买我们的任何一本书，都不会觉得上当；任何一本书都是可读的好书"，作为宣传口号和办社宗旨。林海音身体力行，兑现了这个口号。

这个编辑、创作、出版"三栖"的林海音，在别人的心目中究竟是什么样儿呢？请看钟铁民笔下的林海音：

"当她坐在办公桌前，鼻梁上架着系有金链的细框眼镜，看书、选稿、读信，神态严肃认真，这个时候她是理智、果决甚至是无情的（操生杀文稿大权），这是编辑林海音；当她摘下眼镜让它悬挂胸前，检视起发行事务或交涉工厂印刷装订时，她是精明干练绝不含糊的，这是老板林海音；当她放下眼镜，接待各类朋友，闲话家常时，她是亲切爽朗、博知风趣的，这是作家林海音……"

林海音自1948年年底偕夫带子握两手空拳回到台湾至今，几十个年头过去了。她由一位风姿绰约的少妇，变成了一个壮心不已的古稀老人；也由一个默默无闻的"小编"，变成了一位有口皆碑的优秀"老编"；由一个"爬格子"的投稿人，变成了一位享誉海内外的著名作家和出版家。作为一个职业妇女，林海音的事业是成功的；作为一位贤妻良母，她的婚姻和家庭是美满幸福的。是上帝对林海音格外垂青，让她"熊掌和鱼"兼而得之吗？不！是林海音拥有的爱心和信心成就了她的事业和幸福……

原载《河南日报》1993年2月20日

沟通两岸文化与心灵的金桥

——《青春本色》代后记

本书是一群剧坛"老搭档"、老朋友,在海峡两岸音容暌隔近半个世纪之后,白头聚晤,共同回顾青春时光,缅怀旧谊往事的真实记录。

书中主人公们,个个苦历沧桑,久经磨砺,在这里平静而翔实地叙说了各人的风雨历程。没有悲叹,没有怨恨,没有颓唐,充满的是无怨无悔的青春轨迹,是感人灼人的真挚友情,是煜煜煌煌的青春本色。

主笔之一萧赛,韶华早逝,年逾古稀,曾经"七个半劳教"的磨砺,从"炼狱"中走出来,虽九死一生,面目全非,齿缺发颓,却精神矍铄。依然是笑不离口,笔不离手。他以"济公"式的谐谑、善良,以赤子般的真诚、豁达,烘暖每一个有幸接近他的男女老少。他才思敏捷,"倚马千言",仅用了三个多月时间,就完成了二十余万字的初稿,描画了二十几位活灵活现的剧坛朋友的音容笑貌。他们的家庭、事业、成就,他们的奋斗、坎坷、磨难,他们漫长而丰富的经历,他们的喜怒哀乐,都浓缩于《青春本色》中。

现如今,正当为"名誉权""隐私权"种种,动辄兴讼公堂,打官司打得热门红火之时,《青春本色》却顶风而上,不避讳、不溢美,真名实姓地为一群大小名人写真,这要何等自信的大手笔!何等不怕鬼、不信邪的精神!萧赛倚仗牢固、深厚的友情作后盾,一面纵横恣肆,任情挥洒;一面小心谨慎,如履薄冰。常常为了核对一句话,核准一张照片,不惜工本,频频飞鸿于海峡两岸,认真负责到了迂执的地步。完稿之后,再由每位主人公或亲属进行审核。主笔们更是轮番过目，加工润色，务使尽善尽美。《青春本色》融汇了二十多位失散多年的戏剧界朋友的心血，是沟通两岸炎黄子孙的文化、心灵与情感的金桥，表述的是血浓于水的无价情义。

定稿之后，本责编有幸赴蓉城，一睹书中数位主人公的风采：笑声朗朗，豪爽如侠客的张英；风度翩翩，热情活跃不减当年的曹丹；朴实无华的忠厚长者"垮杆社长"陈萍；沉稳寡言挺拔若松的"老大哥"王怀孝；心直口快激情如火的"西班牙"黄蜀威；秀外慧中、善解人意的"赵小妹儿"赵淑华。这一班南虹剧社的"老搭档"，一如既往，仍服从"费导演"的指挥，"费导"萧赛一个电话招之即来，一个个冒着炎夏酷暑来接见我这个小责编，使我受宠若惊，感动莫名。

这群当年曾轰动过西南话剧舞台的"名角儿"，虽都已年逾花甲，却绝无老态，个个老当益壮，朴实亲切，风度气质极佳。岁月的风霜雨雪，虽然染白了他们的鬓发，艺海浮沉，世态炎凉，却未能磨灭他们的青春本色。他们热情坦诚如莘莘学子，清新纯净如深山涌泉。他们身上没有一般老年人的世故、暮气，也没有时下流行的"商市气""功利气"。坐在萧老那间简朴宜人、阳光明媚的小客厅里，置身他们之中，听着他们推心置腹的谈话，看着他们情同手足的玩笑，只觉得如坐春风，整个人都变得清纯、净化了。觉得世界真奇妙，人性真美好！能够分享这样温馨动人的情意，能够结识这群率真志诚的人们，能够先睹为快读到他们写的人生历练、轶事趣闻，能够为出版此书，留传后世而奔走操劳，是我莫大的福分……

谁都知道出书难，出这类不赶时髦，不迎合"流行味儿"的，具有史料价值的书更难。可是"世上无难事，只怕有心人"。经过海峡两岸的南虹剧社老朋友们的筹划与努力，有钱的出钱，有力的出力，《青春本色》就要"呱呱坠地"问世了！这首先要感谢中影社崔君衍"老总"，他在百忙之中通读了全稿，并"慧眼识好书，"提出了许多宝贵中肯的意见，为此书"壮行色"；还要感谢郑再新主任，自始至终对出版此书的支持与关怀；更要特别感谢郝一匡先生，为出版此书牵线搭桥，并不避嫌疑尽心尽力义务当"红娘"，终于使此书顺利找到"婆家"……另有最初为此书搜集、整理材料的严淑琼、谷武贵、林雪、刘浣霞等同志，还有为本书热情题签的白杨、白虹、李影、李恩琪、李露玲、朱枢、柯俊雄、张英等女士、先生，本责编受众主笔及策划人委托，在此一并深表谢忱！

《青春本色》封面右下角为作者。（资料照片）

1993年8月28日北京

原载《青春本色》中国电影出版社，1993年11月

倾家兴学为报国

——记钟期荣、胡鸿烈伉俪

慕古思贤、忧时忧国,咸信兴绝学于当今,重振人文,乃大丈夫应有之壮志,故此不避万难,要以愚公移山精神,负起在海外振兴中华文化之重任,来推行仁者教育,己立立人,己达达人,培养出仁人君子,故创立树仁(学院)。

——摘自钟期荣《我办树仁》

警钟长鸣"万言书"

香港一家晚报辟专栏讨论香港的青少年问题,引起港府及社会各界人士的密切关注,许多人参加讨论,这个专栏的主笔,就是中国的第一位女法官——钟期荣,她郑重指出:"少年犯罪问题,像世纪末的病态蘑菇,像一股狂流暗礁,在侵蚀着每一个国家的命脉,在玷污每一个大都市的美丽外衣。"

"香港有此问题,并不足怪。面对着现实问题,我们应当冷静地客观地分析其严重程度如何?性质是什么?成因是哪些?而不是随意夸大或缩小。"

为了给社会一个全面的答辩,为了给迷惘的一代找出真正合理合法合情的出路,钟期荣夫妇开始公开、详尽、系统地阐明自己的观点,以引起全社会的高度重视。钟期荣以真名实姓发表了《香港的少年犯罪问题》万言长文,在《华侨日报》连载后,又印成单行本。她说:"为便于关心此一问题人士研究时获得一个全面的、整个的、彻底的、系统的资料,本人遂有意将历年研究之心血所撰成的专题论文公之于世。"

此"万言书"发表后,引起强烈反响,给香港社会敲起了警钟。

当时确实有不少人主张成年与少年犯罪，应同罚同治。在一片"严惩"声中，钟期荣以一片慈母仁师之心，为少不更事误触法网的少年犯振笔疾书，呼吁社会关心少年儿童的成长和前途，呼吁给"问题儿童"和少年犯以合情合理合法的处理和仁道的对待。

"万言书"提出了35条建议，包括对立法、社会福利、教育、警务、家庭、学校、社会及其他方面共八个部分的意见。建议涉及范围之广、层面之多、见解之深，在当时香港有识之士中也是很鲜见的。

《香港的少年犯罪问题》既经提出，那么，究竟用一种什么精神来拯救迷惘的少年、失足的儿童，有什么办法引导他们走出迷津呢？钟期荣和胡鸿烈大律师认为：中国自古是文明之邦，有可能用文明战胜不文明，要发扬中华民族的优良传统。全面否定和打倒传统的一切，采取民族虚无主义，就不能引导"迷惘的一代"打破"迷津"，中华民族历经千年风雨和多番动乱浩劫，而能如磐石岿然屹立至今，实有其精神文明的支柱在！我们不能两眼直盯着别人，盼望人家给我开个什么济世救人的灵丹妙方。

香港教育界传奇夫妻：钟期荣、胡鸿烈。（资料照片）

钟教授自1956年离开巴黎刑事学院来到香港，便整个儿投入了教育事业。先后受聘于香港联合书院、珠海书院，担任讲师，她是当时最年轻的博士讲师，讲授欧洲文学、西洋文学史、大学法文、法学概论、社会立法、社会福利行政、犯罪学等科目，一讲就是八年！她的学生数以千计。香港青年勤奋好学，上进心很强，使她欣喜，而许多学生在精神上、心理上、情绪上或多或少存在某种病态，又使她忧心忡忡。身处"金钱万能"社会的学生，自己两手空空，说话不响，遭人白眼，满腔愤懑却要忍气吞声，能不憋得难受？他们寻求发泄，寻求刺激，麻醉自己，于是放下书包，过早去"捞世界"。从社会回到校园，学生们的话题渗进了马经、狗经、求爱术、登龙术等等。崇拜的偶像是罗宾汉、占士邦之类银屏英雄。他们手头有了钱，便一帮一伙逛闹市，胡吃海喝，"拍拖"，甚至赌马、炒股票……把老师们苦口婆心的教诲忘出了九霄云外。

钟期荣锐敏地感觉到社会的种种影响，正搅扰着学生的思想情绪。她不能满足于站在高高的讲台上"照本宣科"，更不能等待学生们来向老师敞开心扉。她主动与学生交朋友，和他们坦诚交谈。她发现他们各有各的心事，心中隐藏着种种有待解决的难题。她像爱自己的孩子一样爱他们，愿尽自己的力量帮助他们，护佑他们。她为自己确定一条：决不把神圣的教书育人工作，简单地等同于"打工仔"的谋生手段。虽然家里有政务缠身的丈夫需要照顾，有两个孩子吃"开口饭"要她分心。她还是把宝贵的时间抽出来与学生谈心，坚持做社会调查，寻找令学生迷惘的外因。

钟教授认为，那些被社会舆论苛责为"不求上进""没有出息"的"问题少年"，他们身上大大小小的问题，正是社会弊病的反映。正因为他们年轻幼稚，善恶好坏辨别力差，权利义务分辨不明，才做了坏事。固然这跟他们本身的修养、内因有关，但家庭、学校、社会也不应推卸责任，社会环境外因作用是不容忽视的重要的一环，就像生态环境之于动植物一样。从事教育工作多年的钟期荣，首先严于律己，正视学校教育方面确实存在的缺点。她列举了八条缺点：学校考试太多，学生不堪重荷；缺乏理想教育，学校只强调考试和文凭；只重书本，不重课外知识；忽略人格教育、道德教育；学校"商业化"气味太浓，过分追求"学生多钱多"，不管其他；教育与现实脱节；"学非所用""用非所学"；社会之不良风气侵入学校，学校防不胜防。钟期荣对"教育程度低,犯罪率愈高"痛心疾首,认为现行教育,不易培养出健全的完善的有作为的人,青少年出现问题,学校不能辞其责。从而大声疾呼。

她的见解、举措,即使在 30 年后的今天仍不失其睿智,并有其现实意义,足见她的远见卓识。而钟期荣并未停留在大声疾呼上,这个湖南女子是位"行动的巨人",她居港多年,细心体察,感到香港深受殖民主义文化毒害,致使许多青少年缺乏理想,没有祖国观念,不善思考,成了"无根的一代"。中华民族的传人若数典忘祖,不知中华文明之精粹,又怎能自立于世界民族之林?钟期荣夫妇合编的多本教材,都是以弘扬中华文化的优良传统、兼收并蓄世界现代文明之精华为宗旨,帮助一代代青少年寻根、生根。

1963 年出版的《社会立法概论》,就是钟期荣在崇基书院讲授"社会立法"课,自编教材的汇编。此书被称为"及时雨"。翌年出版《法学概要》一书,以中国民法为基础,涉及刑法、有关亲属、婚姻、领养及继承等内容,对香港当时运用于华人的法制,亦有确当而详尽的阐释,具有很高的学术价值和实用价值。她与胡鸿烈大律师合著的《人权与国籍》《香港与继承法》《香港的少年犯罪问题》等,在香港立法的重要时期,起了加强法制建设的作用。

披荆斩棘"从头越"

钟教授与胡大律师自 1945 年"状元结缡"以来,始终风雨同舟、双栖双飞,在法学和教育领域里开拓奋进。他们一步一个深深的脚印,走到了 1971 年,又开始实现他们多年的构想。

这双贤伉俪算过一笔账:港大、中大每年实际许可入学学生总共不过 2 千余名,每年大学预科生有两万多人,盼升大学的青年学子苦于无门可入。出国留学吧,英、美大学学费昂贵,又有移民限制,谈何容易!每年上万"待学"学子往何处去?若能开办一所新大学,每年招收一两千学生,岂不也能缓解部分矛盾?而三四年内,这所新大学就能向"求(人)才若渴"的各行各业,输送上千名大专毕业生,岂不等于"雪中送炭"!已经步入"知天命"之年的钟教授,在离开浸会学院后,身心疲惫,本来只想用自家的一座花园洋房,办一所幼儿园寄托精神,而胡大律师却极力主张办大专,因为他深知妻子志在高等教育。钟教授以为丈夫在说笑，不觉反问：

"凭这座小楼就能办大专？！"

"能！一定能！"

"钱不够呢？"

"我有办法！准备每年赔三五十万港元！"

一向说到做到的大律师，把如何向各方有识之士寻求赞助的种种办法一一摆明，钟教授听了连连点头，精神振奋地说：

"我们一不做二不休！真要办大专，就一定办得像个样，一定要政府认可是香港一间注册的学院！"

"一言为定！"

他们合力耕耘，终于有了成果。1971年9月18日，树仁学院举行了首届开学典礼。胡鸿烈校监报告了筹办的缘起和经过。他和钟期荣教授实在是因为"目睹本港青年有志深造而失学者日众，心中不安，觉得应给予上进的机会"。也感到"海外华人知识分子，应对国家、民族、时代有一份使命感，最有意义的工作莫如办教育，培育高风亮节的下一代"。只为这一份崇高的使命感，这一双年过半百的贤伉俪，宁愿抛弃唾手可得的优裕闲适的生活，倾家兴学，不顾前途维艰，任重道远，而愿悉力以赴，誓尽绵薄……

从此以后，钟校长即以校为家，每天从早八点到晚八九点，她都"泡"在学校，连她自己也慨叹没有私生活。她的同事说："钟校长以办学为乐，她可以在学校整天办公而毫无倦容。"凡是见过钟期荣的人，都会为这位小巧玲珑的女士的勤奋、认真、坚强的意志和过人的精力而感佩不已。

钟期荣早年在武汉大学念法律，1944年又"独占鳌头"成为中国第一位女法官，还是巴黎大学的法学博士。凭法律明辨是非，择善执着的精神深入她的骨髓，数十年如一日身体力行，贯彻在她的教育办学生涯中。"树德立仁"是她创办树仁学院的宗旨，施仁教，导善禁恶，是她的理想。她说："虽然要求学生有十全十美的完整人格是在唱高调，但'君子自强不息'，自爱自重，处事认真负责，始终是我毕生追求的教育目标。"

钟校长重身教胜于言教。1978年，港府建议树仁改变四年学制为"二二一"制（即二年预科二年专科一年学术性），然后可获得港府财政资助。但由于大部分学生反对，她就决定维持旧制。她这样做，不但会失去港府资助，甚至可能得罪港府。但她并不后悔。她说：

"我常教导学生要有坚定目标，坚强意志，假如在这件事情上舍弃原则，便不能为学生树立榜样了。"

"树仁"现在北角宝马山道拥有自建12层高、总面积25000平方米、设备现代化的校舍。当新校舍落成时，香港各大报纸及中国新闻社都竞相报道，表示"难以置信""实在令人敬佩"。钟期荣告诉大家：

"为了兴建这座校舍，探土探了两年半，造地基造了四年半，不得不令人心急如焚。1983年奠基之时，适值香港前途最不明朗的时刻，有些校董反对投资建新校舍，但我认为做事不可半途而废，于是将手上的所有物业（包括自住的楼宇）押给银行才渡过难关。"

香港树仁大学外观一瞥。（资料照片）

新校址地基差，山坡陡，施工艰险，建费巨大，人人望而却步。而百折不挠的钟期荣却"人弃我取"，耗十年心血，费八千万巨款，终于如期完成了"要办间有规模的私立大学"的夙愿。建校5年即获港府批准为第二间认可的专上学校。钟期荣并未停步，树仁开始走出香港地区，先后与美国路易州东北大学、阿拉巴马大学合作，在港创设工商管理和社会工作硕士学位课程，为香港大专院校与外国大学在港合办学位课程之先河，并获得美国州政府及港府批准承认其学历。自1985年以来，树仁先后与中国人民大学和北京大学建立学术合作，树仁毕业生可考入两校研究所进修硕士，并与北大在港合创硕士学位课程，开设四个专业：民法、国际法、中国古代文学、世界经济，并已于1992年9月正式开课。此为国家教委批准之第一个在大陆以外开设的研究院硕士课程。

树仁以私人兴学，从无到有，不过短短20余年，已发展为今日颇具规模，且受国际承认的大专，这里凝聚了钟期荣夫妇的半生心血和同仁们的共同努力。钟校长视树仁为自己的孩子，倾注了她慈母般的爱心。而她的两个爱子也早已长成栋梁之材，一个是牛津大学经济学博士，另一个是加州大学土木工程博士，她的家是"一门四博士"，她的教育理想在家里和在社会上都是成功的，她说：

"教书是一种享受，能够常常去接触年轻人，了解他们的问题，是一份很愉快的经验。"

她现已年逾古稀，她想过退休享清福吗？她的回答是：

"我已经很老了，但我还没有想过退休，只因为自己的责任未了。"

这一份未了的使命感，使她至今还活跃在教育战线上，她还在为重振人文、推行仁者教育而殚精竭虑……

原载《海内与海外》1994年第11、12期

一个记者与冰心老人的对话

泰戈尔说:"生命是一种缘。"缘分很坦白也很神秘,坦白得使人觉得本该如此,神秘得叫你感到难解难猜,比如我跟世纪老人冰心,跟记者、作家纪一,比如年龄悬殊半个多世纪的冰心与纪一。

我与冰心老人的缘分,因为书,20世纪50年代读她的书敬仰她,80年代为出书求她帮助而结识她,她的人格力量时刻激励着曾经多灾多难的我献身事业,奉献爱心。跟纪一的缘分也是因为书,去年初,朋友把他和他的新作"跨世纪三部曲"之一《世纪末灵感》介绍给了我,记者纪一作为生命文学的创始人,他的博学和灵气,展示在他的生命文学作品中,给人一种全新的感觉与享受。出版社领导立即决定"全社总动员"出版《世纪末灵感》,首次发行16万册,并在人民大会堂举行了首发式。

一个偶然的机会,纪一听说我要去拜访冰心,问我能否一起去求老人写一个字?

"什么字?"

"禅。"

后来,我才知道纪一对冰心、巴金、夏衍老人敬仰已久,他曾专门研究过三位文坛巨人的轶事,欲写一部研究他们长寿的书,曾与冰心家人相约,因故未能成行。

几天以后,我偕纪一到了冰心家。

我向冰心老人介绍说:"那个'禅'字就是他要的。"

"哦,是年轻人要的?"老人目光闪闪地转向纪一:"你为什么喜欢这个字呢?"

"近10年来，我一直潜心研究佛、道、儒、医、武、俗、民，对'禅'字有特殊的感情，不言中即言，冥冥中得之。"

"对对对!"冰心连连点头后又追问："你为什么要研究这个呢?

"佛、道、儒、医、武、俗、民，是一个巨系统，我只侧重研究其中关于养生的内容。中国传统保健术为世界人们所瞩目。我以为，19世纪英国人，20世纪美国人，21世纪则是中国人的时代。"

冰心忽然盯着纪一手里的照相机发问："小伙子，你手里拿的是什么?"

"是相机。"我以为她没看清是什么物件，忙替纪一回答。

"哪国的?"她追问。

"是日本的……"我告诉冰心。

聪明的纪一早已明白了老人的潜台词，马上笑着解释。"我说的是在保健、养生及长寿研究方面，跨入21世纪的中国人将以中国传统养生术为基础，奠基新世纪人类自我保健学，从而为人类做出贡献。"

1994年作者访问冰心并合影。(作者提供)

"这还差不多。"冰心边说边点头，转向在座的陈大姐问，"他多大岁数?"

"你看他多大?"陈大姐笑着反问。

"看不出来。说十几岁可以，说二十几岁也可以。"

"我 38 岁！"纪一自报年龄。

"他是显得年轻，真年轻！"冰心感叹着对在座的说。

"可是我在 30 岁时，身体基本垮了，是风湿性心脏病。后来我一直研究气功和民间医术，还跟许多气功师学过气功，至今仍坚持练功，我坚信国宝可以救我，也可以救更多的被顽疾折磨的人们。为了让更多的人受益，我倡导生命文学，传授大佛功，以唤起人们的养生意识。"

"很好呀，你有经验了。"冰心笑道。

"我的职业是记者，文学、影视方面的作品也不少，但我更爱的，还是生命文学，这类作品可以直接为大众的健康服务。"

冰心说："这个好！社会越富有，人们越渴望健康长寿，你的作品的读者就越多。"

纪一说："现在还有许多疾病，吃药是解决不了的。要靠养生才能健康长寿。

"我什么养生术都不用，怎么也健康长寿呢？"冰心反问纪一。

"我研究过您，您的长寿得益于您特别健康的人格、文学修养和豁达、幽默。

"是吗？谢谢！"老人笑悠悠地说："我确实没有特别的养生之道，也不搞什么养生。你问大姐（与她朝夕相伴的陈大姐连忙证实：她吃呀什么的都跟大家一样，没有什么特别的），我没有什么特别的，就是心里豁达一点，从不跟人计较，也不跟自己过不去。生命的每一天都是新的。十几年前，我 80 岁时说过，生命从 80 岁开始，现在我还说，生命从 80 岁开始。"

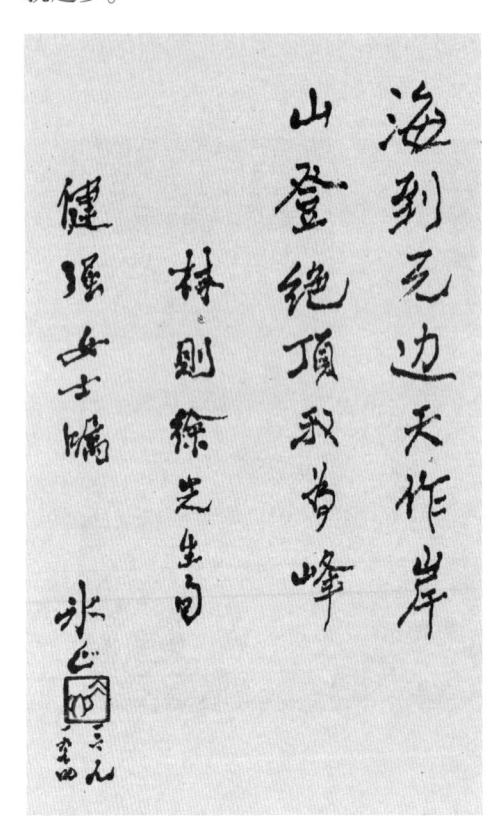

1974 年 12 月 9 日，冰心女史题林则徐诗句赠作者。（作者提供）

"长寿和健康，是个复杂的命题。受遗传和生存空间的制约。但就每个人而言，胸怀坦荡就是养生长寿的宝典。我记得报上曾介绍过您的幽默，好像是曹禺先生去医院看望您，您说，'昨天医生给我输血了，输的一定是艺术家的血，因为我昨晚上做的梦都是关于艺术的梦'。我以为，您不论在任何情况下都能善待自己，您的幽默是您胸怀坦荡的标志。如果一个人总是看到黑暗，而且总想着整人，拨弄是非，他绝不可能长寿。坦坦荡荡的胸怀和良好的情绪，是一门超级养生术。佛家养生讲'净、静、晶'，说的是，心不干净，不能入静，不净不静，难以修行。目前，现代医学也开始重视身心疾病。身心病的意思是说，一个人刚生病时，是身病，病了几年之后，心也病了，这病就难治了！要治好，必须身心同治……"

纪一谈起养生像水库开了闸门。但我没想到他会忽然打住，笑着问冰心："我谈的这些，您有兴趣吗？"

冰心颔首道："我觉得你说得很有道理。一个人就怕心病，心病了，就不好治了。"

一老一少，说说笑笑，好不开心，不觉已过两个小时。

原载《报刊之友》1995 年第 5 期

"老小孩"小丁趣话

初识丁聪，说来是十几年前的事了。1981年11月的一天，我正在三耳（聂绀弩）伯家里聊天。随着敲门声，走进来一个胖胖乎乎、大腹便便、宽脸阔鼻大嘴、笑弥勒似的汉子。他一进门就高声大气欢天喜地同满屋子人打招呼，然后一屁股坐进三耳伯的破藤椅中，把张围椅填得满满登登、颤颤巍巍直叫唤……

三耳伯见了他，欢喜得清瘦的脸上放出光来。我直用眼睛在这一胖一瘦之间逡巡，欲言又止。三耳伯见状，忙介绍道：

"他是小丁，我的难兄难弟，北大荒同学，老右派朋友……"

周（颖）妈妈（绀弩夫人）笑着加上注脚：

"他是画家、著名漫画家，抗战时重庆的三神童之一，丁聪，都叫他小丁……"

小丁哈哈一乐，打断话头：

"什么画家、神童哟！我是'右派'，行不更名坐不改姓的'右派'，1958年是戴帽'右派'，1962年是'摘帽右派'，现在是改正'右派'，将来死了，是'已故右派'，我与'右派'结下了不解之缘……"

这位漫画家，本身就是漫画人物，开口就是连珠妙语伴随串串哈哈，整个儿一幅妙趣横生的漫画。

我从未见过这么有趣的人，名叫小丁，却生得如此胖大，说话做派又如此幽默风趣。三耳伯见我只顾望着他，合不拢嘴地笑，就问：

"四姑娘，你尽望着他笑什么呀？"

我比画着，正要开口，小丁已经哈哈连天地说："笑我名不符实呗！知道吗？胖，就有了罪！医生嘱咐：不要吃含糖多的食物，不要吃含淀粉多的，不要吃含脂肪多的，尤其不能吃肥肉！他勿晓得世界上最香、最好吃的就是肥肉！这也不叫吃，那也不能吃，于是，家长就天天给我青饲料……"

"家长是谁？"

"是他的贤内助，夫人沈峻。"

周妈妈夸他画的《吴祖光教子》，"吴祖光真像。"小丁说："那是我画着玩儿的，没想到会拿去发表。"

周妈妈说："不发表不就可惜了吗？"

我接过话头："漫画有意思极了，我最喜欢。您不想收集起来出个集子吗？"

"还收集呐！藏都来不及！漫画是火，会烧伤人的，哪敢集中起来？成了熊熊大火，还不定烧坏什么，我不想惹事。"

问他几个孩子？回答"就一个"。

周妈妈打趣："真不错哎，真响应号召。"

"哈！我响应号召的事儿多了去了！我40岁才结婚，响当当的晚婚晚育吧？生了一个孩子就不再要了，也不要人来做计划生育工作，觉悟够高吧？现在只生一个孩子的还有奖励，那时候，不但不奖励我，还送我一项右派帽子，让我抛妻别子上北大荒冬练三九……"

"嗨，那也是奖励呀！"周妈妈那天特别高兴，妙趣横生地说："让你戴着高帽子去练功夫，去减肥，又不限制你吃肥肉，多么的好！"

"那倒不假，毛主席他老人家喜欢'运动'，就让我们都当运动员。我是'老运动员'，一直瘦瘦精精的，这几年不当运动员了，这不，就胖得要减肥了，哈哈……"

到底是艺术家，说出话来也如他的漫画一样形象生动，嬉笑中见出温和的褒贬，耐人寻味。

一眨眼，到了20世纪90年代。当年那些"藏都来不及"的丁聪漫画，竟是一路走俏，历久不衰。长年"运动"的余悸，早已烟消云散，改革开放带来的是和煦春风。就像湖南人喜欢吃辣椒一样，人们都喜欢漫画的辛辣味儿，更不怕那如火的热度，也敢于集中成熊熊大火，而并不怕烧坏什么。小丁的漫画集子出了一本又一本：《古趣一百图》《昨天的事情》《绘图新百喻》

《今趣集》《古趣集》……我这个丁聪漫画爱好者，当然是见一本买一本。我喜欢小丁漫画醇醇浓浓的中国味儿，书卷味儿，喜欢那一个个活灵活现、可笑可爱又可气的中国人形象，更喜欢那传统绣像画似的细致、传神。喜欢他的夸张适度、变形不谬，投合中国老百姓的审美情趣。更喜欢他"一团和气"与人为善的忧国忧民之至诚，也喜欢他疾恶如仇匡正时弊之智勇……

　　十几年的变化是巨大的，而我对丁聪漫画的爱好没有变，那"收集起来出个集子"的想法，更没有改变。我说过那话儿不久，就有幸进入出版界，当了三联书店的编辑。天假我以缘，小丁竟然同意将他二十世纪八九十年代画的几百幅漫画交给我，让我这个爱好者选编！我也就老实不客气地以一个爱好者的眼光和水平，编选了一套《丁聪漫画系列》共三册，成为迄今为止最集中、最全面、也是最新的丁聪漫画集子。"世纪同龄"老人夏衍，当时已93岁高龄，又老病缠身，只为喜欢丁聪漫画，欢喜这套系列的出版，欣然命笔亲自作序。这些大师之间的友情之诚笃，由此亦可见一斑。晚辈无名如我，因编选《丁聪漫画系列》，得到丁聪夫妇的亲切指点教诲，使我这个漫画门外

1994年4月，作者当责编的《丁聪漫画系列》一套三本甫问世即叫好亦叫座。（资料照片）

汉，得窥堂奥，受益终身。令我惭愧的是，我未曾言谢，丁聪在赠我的书扉页上，却谐谑地写下："健强四姑奶奶：为了这套书，您受累大发了！"多么宽厚风趣的为人！

令人鼓舞的是，《丁聪漫画系列》于1994年初版时，即在5月深圳举办的《丁聪画展》上引起强烈反响，可惜当时大批书供应不上，只摆出了几套样书，使爱好者只能"望书兴叹"。翌年，此系列又得以重印，并在1995年10月在郑州举办的《丁聪文化人肖像画展》上出足风头。近40元一套的丁聪漫画系列，从北京运去300套，竟在两小时内一售而空！使在画展上签名售书的作者本人，面对购书的读者长龙，感慨万分。

丁聪是一位多才多艺的画家，文学作品插图、书籍装帧、舞美设计、服装布景、宣传广告等各个绘画领域，都留有他坚实的足迹，而他最主要的成就是漫画。他从17岁开始发表漫画，至今已60余年，不论是颠沛流离的战争时期，还是风雨如磐的"运动"年代，或是物欲横流专讲"实惠"的岁月，他都坚守着自己的漫画阵地，不邀宠，不媚俗，按照他独有的生活理念和审美情趣，挥舞着他犀利传神的画笔，至老弥坚。如今他已届80高龄，依然作画不息，热情勤奋不减当年。

1997年作者和丁聪合影。（作者提供）

在此文行将完篇时，又传来外文出版社出版的《我画你写——文化人肖像集》的可喜消息。他一生关心文化人的喜怒哀乐，着墨最多的是普通的中国知识分子。他与人为善，一团和气，走到哪儿都伴随着笑声，是最受欢迎的文化人。他的画同他的人一样，最大的特点就是"本色"，不作伪。他以这"本色"颇得文化人青睐，也以这"本色"大获普通老百姓的欢心。

小丁的胖大，与小丁这笔名反差很大，初见他的人，忍不住因联想而发笑，随和的小丁却从不以为忤而生气。即使刨根问底：为什么要叫小丁？他的回答特忠厚："丁聪的聪字，繁体很复杂，太难写，为省事，就叫小丁。"老老少少都叫他小丁，他自称："我好像是个老也长不大的老小孩，屡跌泥坑，仍然不谙世事。"永远不为世态炎凉而烦恼，不被世故俗尘所污染，多么值得庆幸！难怪他总不见老，总是年轻，快 80 岁了，还那么"小丁"！他还常常风趣地用大拇指掐着小手指尖尖，使"小丁"形象化……

原载《名人传记》1996 年 10 月

书　缘

——与张中行先生的相识

我并不相信什么缘分，可有时候却与缘分撞个正着，除了用它无从解释。就拿与张中行先生的相识来说吧，还真有点"缘份"。

早就听到张先生的文名如雷贯耳，却始终缘悭一面。而且有人对他老的文章颇有微词，大抵是啰唆、废话多，需要"沙里淘金"。本人直性，急碴儿，素爱明快透彻的东西，更无意"沙里淘金"。虽然这里那里时常与张先生的大作碰头撞脑，果然不是"琐话"就是"续话"，甚而"三话""禅外谈禅"等等，与本人的喜好相去甚远，也就敬而远之。

"山不转水转"，在一次传记文学研讨会上，竟得以一睹张先生"芳容"：高、瘦、貌不甚扬、气度儒雅，谈吐更是让人折服。不拿讲稿、信口说来，却条分缕析，晓畅透彻，引经据典竟如喝鸡蛋汤一样毫不费事，不像是搬用旁人的宝贝，倒像是他自产自销的东西。一口京片子，委婉动听，透着亲切，谐趣盎然，让人越听越爱听。绝不是有意掉书袋，竟像是天然长泉，没来由地汩汩往外奔涌，知识含金量之高，倾吐流泻之快畅，直让人恨不能变个录音机，全部录下来，再一遍遍地播放……真正是百闻不如一见，若不是亲眼见、亲耳听，本人也许就要与这位世间难得的作家和作品失之交臂。景仰使人倍增勇气，马上趋前递过名片，自报家门。老先生待人接物绝对热诚亲切，是绝不掺假的让人一见如故。

于是极后悔不早读他的书，于是走访书店，几乎店店、处处都有张中行，只惜都是文集，实在买不起。而"这话""那话"又早告罄。盘算着找人借，又未得其人。周末逛书店，忽然瞥见一本《桑榆自语》，哇！大欢喜！是新作，又是精选本，单是目录，就有数篇令人心仪。毫不犹豫，买了。等车时就翻开了，竟比侦探小说还勾人！当然不是情节吸引，实在是文格引人。那一句句话、一个个词汇，直往心里头钻。事叙得那么有情有味，理讲得那么鞭辟透彻。自己感觉过，想到过却表达不出来的，他替你表达了，说痛快了。自己想写未写，或写了不对路的，他为你细细磨磨写得一清二白。这老先生是孙悟空么？直能钻进人的肚肠里荡秋千？有人嫌其啰唆，其实是细密呀！哪里是废话呢？是曲笔谐语呀！何需沙里淘金，全都是沙金呀！这样一本老人的自言自语，竟把我看得如醉如痴，八成是自己也老了？半夜里爬起来，直想给老先生挂个电话，问他是怎么写出来的？幸喜没有他的电话，不然准把张先生吓一跳：碰见神经病人了！激动过后又打小九九，得想法让他给这书题鉴，好落个珍藏签名本！可上哪儿找他签名呢？那天自报家门时，曾习惯地向他大吹三联韬奋图书中心，如何如何在北京首屈一指，不去逛逛，是读书人的憾事，并嘱一定要来啊！谁知他来不来？何时来呢？

昨天上班，"读张"的激动未息，因特别喜欢《王门汲粹》那篇里的李太太，世上有这样可爱纯粹的人么？李太太简直是真善美的注释！这样的人与文，应该介绍给大家。办法是投给《读者》之类，想那老编定会慧眼识得金镶玉，于是带了书想复印。谁知缘分来了！小仇来叫：张中行先生有请！这才是踏破铁鞋无觅处，得来全不费工夫呢！飞快下楼，捧出《桑榆自语》请题签。张先生接过笔，像描花似的写下：健强女史不弃拙作以血汗钱买此书签名从命之余既感且愧。

落款后笑眯眯道："写滑笔了，题签也写随笔！"我说："更好！"并告诉他最喜欢《王门汲粹》。他说："启功说，李太太是佛菩萨，至少可修成佛。可惜没有她的照片，跟他们家的人要，只有一大堆人的合影……"又说把自己的作品，重复出版多，这里选，那里编，小葱拌豆腐一盘，豆腐拌小葱又一盘，真不好意思。但是盛情难却，人家找上门，又是这个那个朋友介绍，又只要签个名，招架不住哇！

原载《浙江文化报》1997 年 4 月 25 日

启功：随和与不随和

启功说郑板桥："盖其人秉刚正之性，而出以柔逊之行，胸中无不可言之事，笔下无不易解之辞，此其所以独绝今古者。"

这段话，其实正活画出启功本人的特点。启功的书画虽不敢说古今独步，也堪称独具盛名。随处可见启功的题签，清秀而挺拔。随处可闻启功的嘉言懿行，谐谑而亲切。他生着一张活佛似的和善之极的笑脸，真正是未语先带三分笑。对同仁友好，对晚生后辈，对名人上司，对无名小卒，他一律笑脸相迎，绝无"一阔脸就变"之嫌。他见人的习惯动作是，两手抱拳，满面春风，作揖与人打招呼，一口浑厚悦耳的京片子妙语连珠，顿时满堂生辉。从未见过他疾言厉色大发雷霆，谁都熟悉他笑弥勒似的欢容。在下因为聂（绀弩）伯伯的关系，20世纪80年代初便有幸亲聆启老的趣语笑谈。他的诗文像他的为人一样，淳厚而幽默，充满睿智和生活情趣。他的书画都是人见人爱价值连城的，但他并不像守财奴似的"惜墨如金"，对朋友以及朋友的朋友的索书索画，几乎是有求必应的。当然，也有有求不应的时候，但那是极感人的有求不应……

几年前，在下曾请人裱褙了一批名人字画。到付工本费时，那师傅却死活不收钱，但求为他弄一两幅名家墨宝，特别点名要启功先生的。万般无奈，只有求救于启功菩萨。

在一次聚会上巧遇启老，我原原本本说出了求字的因缘，红着脸极不好意思地说：

"你看这像不像拉赞助？"（拉赞助在当时还是初露头角的时髦语）

启老听了哈哈一笑，宽厚地说：

"拉赞助也无妨，我写就是了。那人叫什么名字？要不要题款？"

"那敢情好！"他叫我把名字写在一张小纸片上。又笑眯眯地问："你自己呢？想不想要？"

"噢，我太想要了！只是不敢开口，太不好意思了，怕您嫌我贪哩！"

"不过几个字，贪什么？替你写就是了。"

刚好那时几个朋友为纪念聂老，编了一本《聂绀弩还活着》，想请启老题写书名，于是我又打电话追加任务。启老在电话那头逗笑：

"聂绀弩还活着？他不是死了几年了吗？"

我以为他对书名有意见，就说：

"是不是不像书名？您看叫什么好？"

"就叫这吧！大家都没忘记老聂，他确实还活着。不像有些人，死了就完了……"

1997 年 10 月，周健强登门拜访启功。（作者提供）

过了些天，启老写好了，叫我去取。我依约于午后来到启老家门口，门上挂的木信斗上果然贴有毛笔小楷告示。周健强同志：你要的字等，放在木斗中封套里。是启老亲笔。我抬手去掏，里面空空如也。心想，启老准是在家又不拒访，而未放在信斗里。我揿响门铃，来应门的正是笑弥勒启老。

"都给你放在信斗里了。"

"什么也没有呀!"

启老自己掏摸了一下,说:

"咦,叫人顺手牵羊了!"

原来在我之前曾来过一个愣头愣脑的人,他敲开门就说:

"这是启功家吧!"

"您是哪位?有什么事?"启老问他。

"没什么事,想参观参观他家。"

"对不起,这是私人住宅,不接待参观。"

启老关上门忙自己的事去了,没想到那人会……启老一面心平气和地讲这事,一面把我让进书房。书房也就十三四平方米,东西两面墙挤着两溜陈旧的老式玻璃书柜,满满地装着书,不堪重负的样子。四壁皆书画,见缝插针很随意地挂着。中央靠窗处是写字台,铺着墨迹斑斑的旧毛毡,满桌满毡是文房四宝。门旁的几凳上摊着待干的中堂、条幅、斗方。两只旧得不能再旧的简易沙发颤巍巍地挤在书和纸堆中,让人不敢落座,生怕坐坏了什么。到处摆放着各种布制的卡通小动物,都是一按机关就笑、就出声音的玩具。启老向我介绍了已在座的荣宝斋的雷先生,便坐下来往一张小纸上写"聂绀弩还活着",写了一条横的,又写了一条竖的。接着又给那位裱褙师傅写了一个斗方。随后拖过一张小条幅写了一首七绝:

> 十幅蒲帆万柳条,好风盈路送春潮。
> 昨宵樽酒今朝水,一样深情系梦遥。

这时门铃又响,进来两位男士,一位颀长身条、花白头发的新加坡名摄影家蔡斯民,一位长发谢顶、长须飘飘的画家曹武。他们为出版一本名人影册,来请启老拍照并介绍其他文艺界名人拍照。启老招呼过后,一面笔不停挥继续工作,一面满脸正经地介绍:

"姚雪垠、臧克家、启功。不过给我拍照最好上动物园……"

那两位问:"为什么介绍他们?"

"他们是文艺界很有特色的名人。"

又问:"冰心怎么样?"

"冰心不行，心都结冰了，心冷了还行？'热心'还差不多。"

蔡先生见我忍俊不禁，目光炯炯扫过来向我发问。我笑道："启老是幽默大师，爱开玩笑。"

蔡又问："您是皇族，你们爱新觉罗家族……"

启老打断他说："他们是爱新觉罗家族，我是爱新'撅着'家族。"边说边做撅着状，逗得满座前仰后合。

给我的条幅写好了，启老找了四颗图章——钤上，顿时满纸生霞，犹如一位眉清目秀的少女，点上绛唇，吉祥痣，搽上两颊胭脂，真是美不胜收。我喜形于色：

"啊，这太漂亮了！从来没人给我钤过四颗印！"

"特别优待四姑娘嘛！"

启老说着，又用干毛笔蘸粉涂刷四个朱砂印，同时哈哈连天地和几位访客说笑，真是工作、玩笑两不误。蔡先生不失时机地抓拍，咔嚓咔嚓的快门声响成一片。启老那天童心勃发，捧着那些卡通玩具，做出种种顽童般可笑可爱的表情，任摄影家大显身手。随后又跟在场的人一一合影，始终快活得像个老儿童。

照完相，我拿出刚出版的《论诗绝句》请作者启老签字。他问我："看了吗？"

"昨天刚看了一下，觉得诗倒不太'绝'，至少没有注释绝，注释太绝了！"

启老有些惊喜地说："你看出来的？"

"我不太懂诗，全凭直觉，可能体味不出那诗的绝妙。而注释我懂，觉得真绝！"

启老似乎很欢喜我的直率，对雷、蔡等先生一再重复："她说我的注释比诗绝。"

后来又来了一位瘦瘦小小的老先生，多半是常客，启老任何客套话都没说，就指着我说：

"她说我的注释比诗绝，哈哈哈……"

他在《论诗绝句》扉页上题：健强女士指正。我叫起来："天哪，您怎么用指正！逼我钻地缝吗？"

"找找看,有没有地缝可钻。"

全体哈哈笑过,画家曹武拿出一本精致的册页,请启老画了一丛墨竹,画得秀气逼人。随后又为蔡先生写了条幅:无我相,无人相,无众生相,无寿者相。

整整一个下午,启老始终和颜悦色、幽默风趣地接待这一群职业不同、年龄各异的访客,回答他们各种各样的提问,满足他们的索书索画,使他们个个欢天喜地满载而归,我觉得启老简直是有求必应、随和平易的化身。

但是,不久,我就领教了启老有求不应、极不随和的另一面。

一个新成立的文化社团,为自筹经费,接受一香港书商委托,组编了两本挂历画片。一本是中国历代著名皇帝的工笔画像,另一本是中国历代著名战将。港商要求由著名书法家题写封面,应允润笔从优。这社团负责人求助于我。凭以往数次无偿求启老如愿以偿的经验,又经不住亲友们的一再央求,想到此次至少可以避"拉赞助"之嫌,我应承了。

我的运气不错,一个电话打到启老"藏身"之处,来听电话的正是启老。我连称:

"罪该万死,又来打扰,辜负贵校委会的苦心,连藏起来都不得清静……"

"没事儿。我奉命躲起来,实在是因为太忙,应接不暇。快说,你有何吩咐。"

"不敢吩咐,只求您大慈大悲写八个字,做挂历封面用。"

"好,你等一等,我找根笔记下来。"过了一会儿,他说:"现在说吧,哪八个字?"

"中国皇帝,中国战神……"

我的话还未落音,那边启老就急促地说:

"实在对不起,我不能写,我不能写这八个字。"

"为什么?"

"因为我最恨皇帝,我不能帮着宣传他们。中国就是因为这些个皇帝,才成了今天这个样子。我也最恨打仗,战神是最讨厌、最可怕的东西,连年战祸,老百姓吃的苦太多了,我不愿意写他们。"

"这些都不在国内出……"

1998年，作者再次拜访启功先生。（作者提供）

"那就更糟糕，这是卖丑、献丑，我更不能够写。"

"那些战神其实是岳飞、戚继光之类的民族英雄。"

"要我写中国民族英雄可以，但不能写中国战神。"

"那怎么办哪？人家托我求您，急着要用，要执行合同呐！"

"实在对不起，周健强同志，我实在帮不了忙，我对这些心里觉着别扭，我不能写别扭的东西。你要我写别的什么都行，写200幅都行，这八个字我觉着别扭，实在没法子写，请你谅解！"

"唉，启老，怪我太冒失了，不应该不先问您就答应人……"

"你别太着急，我可以告诉你一个补救的法子，你可以拼字。"

"拼字？怎么拼法？"

"王羲之的字里有中国皇帝这四个字，你找一找，拼在一起就能用。另外李×（我没记住名字）的字也很好，肯定有中国战神这几个字。"

"那好吧，我得赶紧帮人家拼字去，打扰您了，原谅我冒失……"

"我不能帮忙，实在抱歉。"

我没有完成所托，只好把启老的话一五一十传达了。大家听了，议论纷纷：

"这老头儿还挺'左'的。"

"不是'左',可能因为他自己是皇族,有切身之痛,所以特别反感。"

"他不肯写自己认为别扭的东西,挺有个性的。"

"大凡名家,都有一股子拧劲儿,没有那股拧劲儿,可能也成不了名家。"

"如果拼字,可能更费功夫,就怕时间来不及。"

"快找夏(景凡)老去,他肯定有办法。"

我知道夏老是资深编辑,经验丰富点子多。

夏老听我说完,很高兴地说:

"启功能这样,倒改变了我原先对他的印象,他还很有点个性和原则哩!"

"我一直以为他是最随和、最有求必应的。"

"是呀,原先他给我的印象是好好先生。其实我也讨厌皇帝,起中国皇帝这名不妥,才选了13位皇帝,只能叫中国名帝。完全可以拼出来,我手边就有书法字典,拼凑很容易。搞这些东西,确实有献丑、卖丑的味道。唉!咱们也是不得已。"夏老颇为感慨,"启功真不错,应该为他写篇文章……"

一直没有看到夏老的文章,其人也已于前年[5]病故。近日整理案头,翻到当时的记录,启老周身洋溢的人性的温暖与纯真,令人十分感动,他的随和与不随和,都那么纯真可爱。目下正大力提倡精神文明,呼唤道德重建,像启老这样的道德文章,这样重义轻利的活生生的榜样,我无权专利,特誊清,并借传媒一角,与读者诸君分享这人性的纯真,这精神的文明。

原载《名人传记》1997年7月

---

[5] 编者注:1995年。

"鬼怪老头"萧赛

> 远看像个逃荒的，
> 近看像个上访的。
> 发言像个演讲的，
> 写作是个拼命的。

这是在下给四川老作家萧老做的"鉴定"，不信？不妨一睹"芳容"：此老通身上下没有一样高档货色，满身披挂活像是领的赈济物资，既不成套，更不成系列，只求冬不冷夏不热的实惠。远远望去，像煞一个非洲灾民。走拢一瞅，更是"触目惊心"，干、瘦、黑、老，如果说《出关》的老子像一段"呆木头"，他则像一根"焦树棍"。老子一肚子《道德经》，他则是一脑门子官司。高耸的隆准像猎犬的鼻子一样，总在警觉地嗅着什么；深陷的锐目暗敛精光，像激光束一样四处扫描，仿佛要洞烛这世态人情；双眉微蹙，紫唇紧抿，翘下巴，兜兜齿儿，一副衔冤负屈，随时准备击鼓鸣冤滚钉板的架势，活脱一个"舍得一身剐，敢把皇帝拉下马"的"上告专业户"……

但是，萧老只要坐下来，划着那要划几十下才能划着的火柴，点上那谁都不要抽的劣质淡烟，两根又瘦又长的手指一夹，扬颌喷出一片愁云惨雾，启动那紧抿的双唇，却是虎啸山林，声若洪钟，舌灿若花，满座皆惊！或是顶风而上，大唱反调，唇枪舌剑，所向披靡；或是娓娓道来，大摆龙门阵，"滑稽亦自伟"，听得人人喜笑颜开，活脱脱一个吃"开口饭"多年的老演说家。动起笔来更是吓人，洋洋洒洒，密密麻麻，横不瞄距，竖不归格（为节约稿纸和时间，他舍不得一字占一格地写），倚马千言，不在话下。笔头之快，写作之勤，少有人能比。虽然难免"萝卜快了不洗泥"，但那横溢之才情文思，听取意见之谦虚，推倒重来都在所不辞的胸襟，却实在令人钦敬。他常常通宵达旦、不食不眠地写作。他的一个"徒孙"曾与他同室同榻数日，却总不见他头挨枕头，只见他在烟雾缭绕中伏案疾书，就跑去问妈妈：萧爷爷是不要睡觉的吗？他总是写、写，不累吗？妈妈不是说，不好好睡觉身体会不好，身体不好就会没命，萧爷爷懂这个吗？我想去告诉他。徒孙果然去说了，却引起萧爷爷一迭连声地抗议："去去去，莫打岔！萧爷爷就是要拼命！晓得不？有命不拼就等于没命！"

好一个有命不拼就等于没命！这个拼命"萧三郎"，自 1979 年出狱，1985 年便出版了七十多万字的《红楼外传》。该书以《红楼梦》原著为线索，将荣宁两府大大小小的众丫鬟，如抱琴、侍书、良儿、坠儿、莺儿、平儿、司棋、芳官、藕官、龄官等三十余人的遭际、命运大胆演绎，为她们打抱不平，树碑立传，成就了一部别开生面、情趣盎然的《红楼外传》，引起了国内外红学界的强烈反响。尤其值得大书特书的是，此书是萧老被囚禁在大渡河边、金沙江畔、鲁南山下、鲅鱼滩旁，头顶右派"高帽"，胼手胝足劳动教养期间，悄悄密密，偷偷摸摸，用信纸反面、包货废纸、报纸边、烟盒块，断断续续写成的。在那样艰难困苦、生死难卜的逆境中，此老竟有"闲情逸致"为那群苦命丫头操心操肺，为她们安排命运，寻找出路，像喊"SOS"一样，一再地喊着"天生一人，必有一路"。本着这传统的朴素的信念，他同这群丫鬟侍儿们一起走过了二十三个春秋，从一头青丝熬到两鬓斑白，终于迎来了十一届三中全会的浩荡春风。当他得脱缧绁之时，他什么要求也不提，只求发还那被告密没收的一破麻袋《红楼外传》初稿。当初这些密密麻麻布满字迹的破纸片儿，是被当作"变天账"被告发没收的，本该灰飞烟灭，幸喜上天垂怜，让一个爱《红楼梦》的公安看见了，觉得可惜可怜，而手下留情，当作"罪证"保存了下来……

这位"改正右派"一旦得到写作出版的自由，便一发不可收，陆续出版了《青蛇传》《高鹗其人》《嘿！奇僧怪杰传》《带镣铐的粉骷髅》《巩俐评传》《青春本色》《阴曹地府传奇》等等，已经完稿，正在联系出版的还有《目连救母传奇》《隋唐鱼龙触电录》《老右囹圄录》等。这些已出、待出的作品都是动辄几十万字的长篇，粗算了一下，有八百万字之巨！要是算上那些零篇散稿、应急文章，只怕字数更加惊人。这是萧老十几年的心血，堪称成绩巨大。诚然,字数的多寡并不能决定文学成就的高低,但其笔耕之勤奋、文思之捷敏,不能不令人佩服。

在下小他二十多岁,十足一个后生晚学,却是大懒虫一只。最怕萧老来问:最近有何新作?今后有何计划?此老是新作不断,计划"泛滥"。乍听时,以为是"天方夜谭",渐渐便"初露端倪",最后是"大功告成",令在下羞愧难当……

大家都是工薪阶层,萧老的退休金有限,手面又宽,全靠卖文补贴,便常与人合作写些卖钱的东西。同书商讲条件、订合约、讨价还价,他有板有眼,俨然"阿巴公"一个。等稿费、编辑费到手,却是东家送劳务费,西家给资料费,南家发补助,北家谢策划。到头来自己剩个零头,够抽次烟买本书就皆大欢喜。学生同仁感激他,给他送好烟好酒,他倒快当,转手就送了朋友。听到埋怨声,他就堆起一脸"无耻(齿)"的笑:"我是劳改犯,不配抽好烟喝好酒,嘻嘻……"他锐敏机灵,深谙商品经济唯"钱首"是瞻的俗理。他是舍得下"孩子",套得住"狼"的角色。一本毫无经济效益的书稿(多为呕心沥血之作)不管是学生的还是朋友的,他都有本事软磨硬泡,钻沟打洞,搞出出版门道来!跟他一起开会、游山玩水,他总是帮腿弱者把包包袋袋、七七八八都背在自己身上,别人不过意,跟他争抢,他一面抓得牢牢的,一面仍是满脸"无耻(齿)"地笑着大声争辩:"我是老劳教,忍辱负重习惯了,不手提肩扛就会失去平衡!"谁要买个小东小西,他总有零钱抢着付账。你开玩笑说萧老真阔呀,到处请客!他歪着头看着你,仍是一脸"无耻"的笑:"阔?不阔,够用。我是生不带来,死不带走,有就请客!"跟他接近的人,有几个没被他请过客?故而他的朋友"遍天下",男女老少,三教九流,都有他的朋友、学生。他走到哪儿,都有人接送,都有人为他跑腿张罗。似乎谁都愿意为他服务,取悦于他,你说怪不怪?

萧老的尊容,在下前文已经描绘过,但不如他的"自画像"来得直接逼真:脸又瘦,面又黑,背又驼,牙又缺,衣冠又不整,头发又斑白,在新旧红学家当中,都找不出这个怪物来!就是这个"怪物",这位自诩"狂狷"的人,搅扰了原本相当平静的红学界。他高举反旗,大喊大叫"宝黛不是叛逆"!他情有独钟,扬曹霑,贬高鹗,以追名逐利与否做准绳……他不光在各类学术研讨会上固执己见,还用《红楼外传》《高鹗其人》等长篇著作自壮声威,"反弹琵琶"。他在学术观点上的固执、得理不让人,与他在日常生活中的随遇而安、善解人意,恰成鲜明对比。说起他的"狂狷"脾气,可就由来已久,源远流长了。他是抗战期间重庆国立歌剧院编导系的高才生,编、导、演都来得,堪称全能。临毕业时,却因艺术观点不同,与校方顶牛,还与一帮同学闹学潮,结果是"煮熟的鸭子飞了",他被挂牌开除。当时他满身"学院派"酸气,"此处不养爷,自有养爷处",他趾高气扬地走了,回到了他的故乡——小小酒城绵竹。此前,他早已做过几家报纸的记者,主编过副刊,与罗念生先生合编过《川时文艺》,还独力支撑过一家戏剧文学出版社,一身兼社长、总编、工友三"要职",包打包唱出版过《罗定中小说集》,李克丝的《翻译小说集》,王余的歌剧《夜祭》,他自己的话剧《怨偶》、小说《玩友》。他不怕失学失业,却应聘做了南虹剧社的无薪水的导演,领着一帮年轻的戏迷"戏疯子"排演了《浮生若梦》《天外》《狐》《文豪传》等进步话剧。他们的成功表演轰动了小城内外,活跃了西南话剧园地,培养了一批年轻有为的知名演员。小小的南虹剧社在半个世纪后竟被载入了《中国现代话剧教育史稿》。萧赛何等得意!新中国成立后,萧赛继续自己的编导生涯,在西南艺术剧院培养新秀,还当了艺术处主任。正当他春风得意、如日中天之时,忽然一阵"寒风"吹来,他一夜之间成了"定右派"。他不服,梗脖子,宁愿坐穿牢底也不认错(什么错?)。他抗议过,绝望过,自杀过三次,但阎王爷有先见之明,知道他日后会"捣鬼",会为十殿阎罗树碑立传,硬是不收他。但是,"阎王好躲,小鬼难挡",他还是被打上了鬼的印记。风流倜傥的青年教授,变成了"焦树棍"一根,还不是直的!

萧赛《红楼外传》。(资料照片)

"七年半劳教"耗尽了他年轻有为的年华,"改正右派"正好六十岁退休。这位阶下囚一跃成为座上宾,那狂狷之气又开始作怪。他知道恢复政治名誉靠组织，而要恢复"艺术名誉"就只有靠自己。好在他状貌虽鬼怪不复原形，却仍五脏俱健，耳聪目明，才思敏捷。他开始拼命地写，拼命地出书。此老"鬼"得很，好热闹，赶潮头。社会上"热"什么，他就发什么"烧"。"追星族"风行时，他迷上了"不白活一回"的歌星，又以《我拿青春赌明天》捧巩俐；"鬼文化"热时，他就捣鬼，搞什么"鬼传奇系列"，于是《阴曹地府传奇》《目连救母传奇》《十殿阎罗传奇》便从他的"鬼头"笔下汩汩涌出……他名利双收，提前奔上了"小康"。此老已年逾古稀，儿孙绕膝，连太爷爷都做上了，该含饴弄孙，安享天年了吧？不！他"人还在，心不死"。他忘不了那些与他一起风餐露宿、胼手胝足劳动过的老右哥们儿，忘不了对那些埋骨荒山的右派朋友们的承诺：谁活着出去，也不要忘了这里的人和事，要留下历史的印迹……他本着不说假话的原则，用一颗平常心，细细密密地写下了三百万字的《老右囵圄录》。他的心愿是不要让历史重演。记住教训，不让历史有惊人的相似……

这个年近八旬的"戏疯子"，近年来到处呼吁，作家不"触电"不行。他命好，终于在桑榆晚年得到一次"触电"机会：他被邀在中央电视台拍摄的六集电视剧《少年邓小平》中扮演三叔公，着实疯狂了一下。此剧将在邓小平逝世周年纪念前后播出，到时读者诸君可一睹此老风采。

当今的年代，人人都忙忙碌碌，为竞争，为金钱，为挡不住的诱惑而忙碌而行动，很少有时间静下来思考：活着为什么？忙碌为什么？为那些生不带来，死不带去的东西活着吗？萧赛的满脑门子"官司"，就是充斥着这些鬼鬼怪怪的念头……

在下就叫他"鬼怪老头"，合不合适？

原载《名人传记》1998 年第 5 期

哲人徐梵澄

圣人所臻至的精神境界，凡夫俗子实无由而知。但神圣人物也出自人间，有其为凡人的一面。我们所能知的多限于这一面。

——摘自《母亲的话·简介》

拜谒徐老

每次拜望徐梵澄（诗荃）先生回来，整个人都有一种通明透亮、难以言状的喜悦之情。就像是夏日炎炎日当午，忽地行过一座浓荫匝地的清凉寺院，一下子滤去了浑身的热汗浊尘；又像是深山探宝，满载而归……

徐宅坐落在一幢20世纪70年代建的宿舍楼里。一套小而逼仄的三居室，因"家徒四壁"而显得格外空敞。这里依然是水泥漫地，白灰抹墙，保持着大楼竣工时的原装原味。墙上墙下，桌边柜头没有什么摆设，除了笔墨纸砚、几摞书，就只有小书房沿墙挂着几幅如主人般清俊的自作行草，是预备着送人的。客厅内一套老式沙发，小厨房一堆不配套的炊具，余下是一床，一桌，两椅，两书柜。要不是有一部转盘电话机摆着，和一只很有几年"工龄"的电冰箱立着，标榜一点现代化，很可能让人误以为撞入了"时光隧道"，回到了物资匮乏的五六十年代……

主人徐老呢，从头到脚一副家常打扮，随意，闲适，与他的满堂家私成龙配套，可以一个"旧"字概括。旧，不现代，却窗明几净，一尘不染。那肆虐京城，无孔不入的"悬浮颗粒物"，对于这个清心寡欲的所在，似乎也"清静无为"起来，羞于到处"钻营"了。

徐先生已届耄耋之年，却并不老态龙钟，依然耳聪目明，思路清晰。人呢，高挑，腰不勾，背不驼，是湖南人称的"瘦长子"；脸呢，清癯，凹凸，睛光射人，像煞一副得道成仙、大彻大悟的样子。当他让座如仪，亲手奉茶，顺手抹下那顶"伊斯兰"小帽，露出光洁开阔得仿佛可以跑马的天庭，落座在那把旧藤椅上，点燃一只酱紫色的木烟斗，嗞嗞地吸嘘着，悠悠然地喷雾吞云，用一口走遍世界也没有变味的纯正的长沙话，侃侃而谈，话语如智慧的甘泉汩汩地涌流，让人顿时忘了尘世的喧闹、俗务的纷烦，忘了身外有个物欲横流的世界，身内还有颗不知超脱、未必平和的心……

谈话内容包罗万象，古今中外，轶闻掌故，经史子集，孔、孟、庄、老、儒、释、道，中国气功、印度瑜伽、古巴比伦、耶稣基督……徐先生就像一部大百科全书，我则像一个无知任性的读者，翻到哪儿问到哪儿，一味追求猎奇探胜、释疑解惑的惊喜。一次无意间由"长城外，古道边，芳草碧连天"这首《长城谣》，谈起词曲作者李叔同，我问：

"您跟弘一法师熟吗？"

"不熟。但晓得这个人，晓得他许多事。"

"据说他是个全才。绘画、篆刻、书法、诗词、音乐、戏剧，他样样精通。他还演过《茶花女》是吗？那他怎么会出家呢？"

"他确实多才多艺，是个罕见的天才。可惜被马一浮误导，害了他。"

"哦——怎么害的？"真是闻所未闻，我忙问。

"他视马一浮为师长，他研究佛学上了瘾，有心问佛，特地求教于马一浮，马却叫他学习律宗。当时他已患有肺结核病，不是二期就是三期，相当严重。而律宗是戒律最多、修炼极苦的。什么斋戒啦、打饿七啦、过午不食啦，对身体损伤极大。他的病是需要加强营养和休息的。李叔同是气性极高的，他不肯示弱，修炼极端认真，持戒一丝不苟。初时凭精神力量，撑持了一时期，结果他的身体越来越弱，直到圆寂，是肺病折磨了他一生。

"设若当初马一浮从爱护人才、爱护他的身体着想，应劝他先养好身体，然后修道。从来没有强壮的身体，是难在修为方面做出什么结果的。有些大师真叫人搞不懂！还有，我对章太炎也有意见，他因苏报案自己坐牢就坐吧！非要拉上邹容（著名的'革命军中马前卒'，一位热血革命青年才俊）一同坐不可。他应该力劝邹容远走高飞才对，'望门投止'亦不损气节。相反，他还激起邹容投案自首，在监狱中与他做伴。结果邹容被判两年徒刑，差两个月刑满，死在监狱里，死时未满二十岁……"

这样的名人轶事，我是头一回听说，不觉也同徐老一同激动起来："为什么会这样?! 是迂吗？还是……"

"是迂。也是自私，不为青年着想。鲁迅先生就不是这样。"

"鲁迅先生怎样呢？"

徐老笑而不答，目光转向窗外，深邃而神往。显然，他人虽坐在对面，心神已悠游于千万里之外，百十年之前……原来，在鲁迅先生晚年的最后岁月里，他与先生曾有过一段非同寻常的交往。其间，徐梵澄负笈德国，留学海德堡大学的时候，祖国正是内乱不休、烽火遍地之时。当战火延及长沙，梵澄的经济来源断绝，加之"独在异乡为异客""寥落一身，濒于九死"，急火烈性、好走极端的湖南人脾气一上来，青年梵澄便认为是"入世"则当革命，虽摩顶放踵，捐生喋血，利天下则为之。否则，不如出家当和尚去。

鲁迅先生得知他这些想法以后，没有掉以轻心，而是马上回信予以开导：

> ……捐生喋血，固亦大地之盐，足使沉滞的人间，活跃一下，但使旁观者於（音"乌"）悒，却是大缺点……此外，作和尚也不行。……我常劝青年稍自足于其春华，盖为此也……

鲁迅先生以为革命当然是好，但要固定目标，从容中道。譬如战场上金鼓震耳，烟尘蔽天，眼疾手快的战士，却从容不迫，端起枪来打他一个正着，此之谓"中道"。气不当妄使，力不当妄用，倘失败了，又应积蓄气力，重新振作。如或一蹶，又走另一极端，行出世道，亦不可。人生在世界上，是"出"不到哪里去的。后来，鲁迅又屡次告诉梵澄，做和尚怎样会使神经不正常，使人变得乖戾。鲁迅先生是学医的，从医学的角度、从生理心理诸方面作令人信服的开导，使梵澄心悦诚服。在人生的关键时刻，鲁迅先生给以如此切实、明达的指点，使徐梵澄免入歧途，珍惜青春年华，脚踏实地地走上一条平淡冲和、潜心向学的智者之路。

师法鲁迅

要追寻这位与媒体几乎绝缘，"尽可能避免显露"的学者的足迹，并非易事。各类名人辞典中找不到他，一般史料中也没有他，他耕耘的领域较冷僻，治学几十年又多是在海外……从他回国以后出版的译、著序跋中，难得有三言两语谈及自己，倒是从《鲁迅全集》的书信、日记卷中，时不时可以见到他的名字或有关注释：徐诗荃，原名徐琥，又名梵澄。笔名冯珧、梵可。鲁迅先生时而称他为"友人""某君""此公"，时而又呼为"某兄""英雄"。先生在给黎烈文（《申报·自由谈》主编）的信中，这样介绍和推荐徐梵澄：

有一友人（徐诗荃），无派而不属任何翼，能作短评，颇似尼采，今为绍介三则，倘能用，当为续作……

另一致黎烈文信亦说：

"此公"盖甚雄于文，今日送来短评十篇，今先寄二分之一，余当续寄；但颇善虑，必欲我索回原稿……

其实，"此公文体，与我殊不同，思想亦不一致，而杨公村人，又疑是拙作……

又一致黎烈文信说：

"此公"是先生之同乡，年未"而立"，看文章，虽若世故颇深，实则多从书本或推想而得……

在给林语堂信中则这样论及徐梵澄：

如《自由谈》上屡用怪名之某君，实即《泥沙杂拾》之作者，虽时有冷语，而殊无恶意……

而在给杨霁云信中谈到梵澄的文章颇似自己：

有一个常用化名，爱引佛经的，常有人疑心就是我，其实是别一人。

致陶亢德信内也谈到类似情况：

《泥沙杂拾》之作者，实即以种种笔名，在《自由谈》上投稿，为一部分人疑是拙作之人，然文稿则确皆由我转寄。

随手拈来鲁迅先生几封谈及徐梵澄的书信，已足见先生对青年梵澄的赏识与呵护。梵澄晚年谈起这些往事，总是一往情深又颇带歉意：

"有人说我的文章像鲁迅先生的，也确实有人把我的文章当成鲁迅的而加以攻击，鲁迅要写几篇文章才能澄清不是他写的……现在回想起来，我觉得很对不起鲁迅先生。我骂人，被误会成他骂人，于是都来攻击他。他是代我受过，遭受不白之冤呐……"

"鲁迅先生嬉笑怒骂皆成文章，最多的又是投枪匕首，也难怪总被误会他骂。"我笑道。

"其实他为人是最好的，宽厚仁慈，充满爱心。当然，他有怒目金刚的时候。但我见过他同小海婴在一起玩的时候，快活得跟小孩子一样。比如他对我，真是再好不过的。那时我写文章不少，投稿又不愿将原稿去投，叫用抄稿投，或者必须退还我原稿。我的文稿多是寄给鲁迅先生，由他介绍发表，烦劳他要去找人誊抄。有时来不及，或找不到抄誊人，他就自己替我抄，有时是景宋（许广平）抄，景宋因此对我很有意见……"

"鲁迅先生的学养少有人能比，厉害得很哪！我给他看我新作的诗，他就知道那阵子我在看谁的书。有一次我无意模仿了李长吉，写了一首短诗寄去。下次见面，他第一句话就问：你在读李昌谷吧？他就是这样有眼力，称得上丝丝入筬。现在人写扣字不对头，提手加口是扣分、扣除的扣。丝丝入扣，应该是竹字头底下一个寇准的寇，那是织布机用来梳理经纱、确定经纱疏密的。做学问是不能投机取巧的，就像织布一定要丝丝入筬，否则就织不成布了……"

可以说，鲁迅的影响贯穿了徐梵澄的一生，也可以说徐梵澄一生师法鲁迅，才走到了今天。

1909年秋，徐梵澄生于湖南长沙东乡，祖祖辈辈都是读书人。祖父白手起家，创下一份家业，父亲治理田业，晚年在乡里办小学，开小型医院，方便乡人，因而故里闻名。梵澄为家中季子，从小受到严格的家塾教育，同时接触多种西学知识。开始就读于长沙雅礼中学，毕业时正值北伐战争高潮，即投考武汉中山大学历史社会学系，一年毕业。读大学时已开始在武汉《中央日报》发表文章。1927年夏，考入上海复旦大学西洋文学系。1928年5月15日，鲁迅先生为复旦大学附中讲演《老而不死论》，梵澄为之笔录，而与鲁迅通信，并为其主编的《语丝》杂志撰稿，颇遭当权者所忌，而得鲁迅赏识。1929 年 8 月，梵澄负笈德国，入读海德堡大学哲学系。其间，他与先生书信往来频繁，并受托为先生搜购外国小说、版画等，介绍于中国。梵澄因此亦选修大学的艺术史课，同时又在另一高等学府从一老画家学习版画，并开始研读《大藏经》。节假日时，则与当时同在德国留学的冯至为友，他俩后来一直保持着到老不衰的友情。

1932 年 8 月，梵澄因父病危回国。父亲病故后，他为守制辍学，寓居上海，经鲁迅先生推荐介绍，经常为《申报》副刊《自由谈》写些切中时弊的杂文，于是便有《泥沙杂拾》出版，署名闲斋。徐老近年提起："鲁迅先生说我一下子能写十篇文章，我写了不止十篇哪！都是他寄《申报·自由谈》刊出。我当时笔名很多，有人找来当时的《申报》，我看看有些文章又像我的，又不像，连我自己也记不清用过些什么笔名了。当年有人借我的文章指责鲁迅，先生说那不是他写的，但是一查寄稿地址是他的！先生是百口莫辩！其实是我惹的麻烦。"

某次，先生问梵澄为什么不翻译《苏鲁支语录》（唐时译名。另译为《扎拉斯图拉如是说》）？他说郭沫若已有译本（郭译了一卷）。先生说不全，应全部译出。他又说没有人出版呀。先生说可以去找郑振铎。找了郑振铎，果然答应出版。他又提出要译完一本给一本的钱（这相当于预支版税。一般是卖掉书后结算版税）。郑也答应了。于是，一卷卷《苏鲁支语录》译稿交给了郑振铎，1934 年在世界书局出版。接着又译出了尼采的《朝霞》和《快乐的知识》，由商务印书馆于 1934 年出版了。随后又翻译出《歌德论自著之〈浮士德〉》一书。同时，他还潜心于佛学的研究，二十四五岁，便已成为一个颇有成就的尼采研究者和翻译家了。这里面有鲁迅先生推荐介绍的功劳，更有青年梵澄埋首案头、辛勤笔耕的苦劳。因为翻译甚至比创作更加艰难呀！徐老近年每当谈及这段往事，仍掩不住感奋之情："当时我跟郑振铎提出译出一本给一本的钱，他答应了。但是又担心我译一半不译了怎么办？他曾写信给鲁迅。先生了解我的为人，回信不置可否地说：他还讲条件呀！那时我年轻气盛，做事拼命，每天一译就是好几个钟头，甚至通宵达旦。等放下笔一照镜子，好吓人，脸色苍白像刚值完夜班的护士，一点血色都没有……郑振铎说话算数，我的稿子一寄去，他的钱就寄来了。"

鲁迅先生是把别人喝咖啡的时间也用来工作的，青年徐梵澄工作起来也是不分昼夜。这一老一小，属两个世纪生的人，却因潜质、志趣的相近相投，成就了一段亦师亦友的忘年之交。在鲁迅生命的最后岁月，正是内忧外患、国破家亡的危急时刻。鲁迅不但要"挈妇将雏"逃难避战火，还要随时警惕白色恐怖、黑名单的胁迫。文艺界内部又因"两个口号"之争闹得沸沸扬扬，鲁迅成了明枪暗箭的靶子。他的一支笔既要为真理、为友朋呐喊声援，又要对付黑势力、浑人、非人的攻击，他的身体早已是肺结核晚期，危如风前残烛……而他对于如梵澄这样初出茅庐的有为青年，依然不辞辛劳，悉心栽培。他的言传身教，成为梵澄终生取之不尽的精神财富。大半个世纪过去了，玄鬓早已变为华发，鲁迅先生的音容笑貌依然鲜活在徐梵澄的记忆里。当年对恩师的情怀则凝固于青年梵澄的吟咏中：

> 几度沧江话劫灰，
> 酸梨残命有余哀。
> 文章定后公垂老，
> 海月圆时我竟来。
> 辟佛有心存硕果，
> 安禅无意惹氛埃。
> 女娲未补唐天处，
> 觅取芝兰次第培。

另一首《定居沪上之后感事咏怀奉呈豫公》：

> 一夜西风涨海痕，
> 江山初冷梦初温。
> 满窗月色疑晴昼，
> 百尺楼头无语喧。
> 咳唾风云存大雅，
> 沈吟涛浪任掀翻。
> 蚁封蜗角纷何事，
> 恻恻苍生未忍言。

治学天竺

淞沪会战,上海失守后,许多大专院校都撤至云南、四川一带。1938年6月,中央美术专科学校已迁至昆明,留德同学滕固其时为校长。好友冯至此时也在昆明,写信给梵澄,叫他来昆明,在艺专讲西洋艺术史。直至1940年10月,滕固和他相继离开昆明,梵澄去重庆后便在中央图书馆任编纂,主编《图书月刊》。冯至将所译歌德专家俾得曼之《歌德年谱》寄给梵澄,由他在《图书月刊》上按期连载,一直发表了十期。

1944年下半年,梵澄在昆明敬节堂巷冯至先生家住了几个月,冯夫人姚可崑知他擅长书法,请徐梵澄指导她的女儿冯姚平练习大字。冯至先生家曾是当时在滇的文化名士的"文艺沙龙",杨振声、闻一多、闻家驷、朱自清、沈从文、孙毓棠、卞之琳、李广田等著名文人学者常定期在冯家聚会、互通声息。梵澄一来就说:"在重庆就听说你们这里文采风流,颇有一时之盛啊!"他此次到昆明,是来向其时已当某银行副行长的一位老同学借款的,要汇给桂林某医院,他曾在那儿养过长时期的病。其时桂林正大疏散,梵澄离院时没有付医药费。后来听说两位医生因这一笔汇款,方能出离桂林,而桂林旋即陷于日军。后来梵澄积了自己的工资,交给那老同学的侄子,如数还清了借款。

1945年,梵澄被国民党政府教育部派往印度泰戈尔大学中国学院任教,曾讲"欧阳竟无佛学思想",并研究古印度佛教哲学家世亲的名著《唯识三十论颂》,根据法国学者莱雅的考校本,参以魏、陈、唐三译本,经钩稽译成《安慧〈三十唯识〉疏解》(1990年于北京出版)。1950年,他去贝纳尼斯学习梵文,译印度教经典《薄伽梵歌》(1957年于南印度出版)。又译出迦里大萨《行云使者》一书,同年出版。翌年辗转入南印度琫地舍里的室利阿罗频多修院,在其国际教育中心任华文部主任。执教之余,他著书立说,专治精神哲学,亦注重探讨法相唯识之学,出版多种著作。

当笔者问及徐老去印度这段经历时,他说:"印度泰戈尔大学想实现诗圣的理想,即坐在菩提树下、草地上进行海阔天空、自由自在的讨论、学习,将大学办成一所诗人的摇篮。国际文化中心办了中国学院,当时的教育部派我去该院研究部做教授,同去的还有常任侠。去的时候就有争论,教育部主张派人去，财政部不同意，嫌经费大。我是坐军用飞机飞越世界屋脊到的印度。后来蒋介石逃往台湾，中国学院就完全断了经费。最惨的时候是印度给我五十卢比一月，连吃饭都不够。起初，学院给我三百卢比一月，常任侠二百卢比，而一般印度教授才八十二卢比。我去印度时是倾向印度独立运动的，因此在英管区不受欢迎。又因为宗教观点不同，印度人也不欢迎我，到处受排挤、冷嘲热讽，日子不好过。后来连吃饭都成问题，是朋友们帮助接济我，才苦苦捱过来的。

"到印度之后我才知道我初学的梵文很不对路，不得法。于是我在贝纳尼斯重新学习，按印度人的土方法学，跟小时候读经书一样，靠熟读、背诵，然后再理解。我还在贝纳尼斯专修了一年梵文。人家教我梵文，每日半天，死记硬背，学得苦呀！这样一年下来，我才运用自如。梵文是要背的，现在我每天早上还要背一段梵文哩！一天不背就生了。"

"您后来怎么又去了室利阿罗频多修院呢？"

"你晓得'西方三圣'吗？就是圣雄甘地、诗圣泰戈尔和圣哲室利阿罗频多。对室利阿罗频多和他的阿施兰，我早有耳闻。我很佩服他的超心思学说。在朋友们的帮助下，我辗转来到南印度法属琫地舍里，打算稍事休整就回国。那是1951年，室利阿罗频多已于头年圆寂。他原是印度独立运动领袖，专事暴力革命。他自幼在英国长大、受教育，二十一岁回到印度，开始研究本土文化，渐渐投入独立运动。到三十四岁时，已成为著名教授并被推选为大学校长；到三十六岁已成为秘密团体之领袖，继续爱国运动。得讯又将被捕时，他从英属地逃往法属地，在琫地舍里登陆，从此隐居修瑜伽、著书立说。他原先的追随者群龙无首，有的骂他临阵脱逃，是怕死鬼，是逃兵、叛徒。也有一小部分失意者仍追随他。其时他已彻底否定暴力革命，并预见到印度必将独立，开始专修超心思哲学，即精神哲学。琫地舍里当时为法管区，他在此躲避英国人的追捕，创立阿施兰，收容来投奔他的弟子……"

"阿施兰是什么？是寺院还是修道院？"

"阿施兰（Ashram）勉强可以译为修道院。据室利阿罗频多自己解释，阿施兰的意思是房舍或一些房屋，属于精神哲学的一位教师或大师的。其间，他接纳而且安顿来就学和修习的人们。阿施兰不是一社会或一宗教团体或一寺院，它只是上面所说的意思，没有其他。阿施兰中的一切皆教师所有，在他下面修习的弟子，在任何事物上皆无权利，他们皆随他（教师或大师）的意思或去或留。无论他受到什么赞敬，皆归他所有，不属于公共团体。这不是一信托社或基金会，因为没有公共机关。这种阿施兰公元前若干世纪在印度已有了，于今还有许多。一切皆依于教师，终其身而止，除非有另一教师能替代他。

"琫地舍里的阿施兰是这么创立的：室利阿罗频多起初在琫地舍里住下时（1910 年），有几个从者，后来又有几个人来跟从他。及至'神圣母亲'参加以后，到 1920 年，人数便已大大增加，不得不设法安寓新来的人，虑此需要，便买了许多房子，又租了许多。于是不得不做些设备，来保持、修理、重建这些房子以及维持膳食、公共卫生和高尚的生活。有些私规，全凭'母亲'的意思自由去增订、修改或更换，其间没有什么是属公共性质的。

"另一篇宣言里，室利阿罗频多也说过：这阿施兰是'神圣母亲'的创作，不是何人给她的，也没有人能从她手里夺去。"

"跟我讲讲'神圣母亲'，好吗？"

"她是我迄今见过的最了不起的人。先讲她一件小事。这是我在院二十几年天天所见的。每天早上六点一刻，她必出现在她住的二层楼临街的阳台上与大众相见。其时院友或路人已静立在街上仰望她，她向每个人看一看就进去了。不论刮风下雨天天如此，从未间断过一日，也从未迟到或早退过一分钟，五十年如一日！你见过这样有恒有道的人吗？

"她署名 Mira，音译'密那'，日本人称'美良'。生于法国贵族家庭，其兄为阿尔及利亚总督。从小学到大学都在巴黎念书，擅长音乐与绘画，颇具声名。她结过婚并有一儿子，儿子是名教育家，晚年时常到印度来看望她。她从小就倾向于精神哲学，对希腊、埃及以至近东的玄秘学术都极留心。外出旅游时，她总是访问当地玄秘学界的著名人士。她曾到过日本，尤其想访问中国，可惜时值北洋军阀时期，社会动乱，未能成行。有一次，船近琫地舍里时，她忽然感觉身心舒泰、神清气朗，便决定在此登陆，访室利阿罗频多。两人谈得十分投契，她便决定终生在此度过。从日本回巴黎后，她变卖了所有家产。于 1914 年回到琫地舍里，将全部财产投入阿施兰，将一个乞丐似的室利阿罗频多群体，发展改造成一个四方来朝的国际文化中心，由原来几十位院友发展成两千多人。她一人操持院务，让室利阿罗频多可以静心修为、著述，身后留下等身的精神哲学著作，被世界称为'精神大师'。

"我初到该院，顿觉耳目一新，一切设施皆富新意，有一贯启明的原则，理想弥漫其间。她的理想是要开辟一新园地，使全世界的有志之士，为人类作新的精神追求，转化自己，由之亦转化人类。这一切深深地吸引了我，但我仍决心最多待半年就走。后来，'母亲'找我谈话，她讲法文，我讲英文，有一翻译在场帮忙。但我们几乎没有怎么借助翻译，竟谈得十分投机，几乎方方面面，过去、现在、未来都谈到了，单单忘了说我只待半年。回去我跟朋友说起这次长谈忘了重要内容。他说，他也如此。他还与别人谈起过，几乎人人如此。与'母亲'谈话就失去了自己的思路，只能跟着'母亲'的思路走。当时印度人排挤我，因为进此院的人都应献出自己的一切，而我一无所有，无可奉献。他们觉得我是来占便宜的，故意问我打算做什么？我说准备翻译《神圣人生论》。他们就无话可说了。但问题是翻译了有什么用？谁给我出版？'母亲'知道后说，就在修院出版。我说如何印刷？她就叫我在院里的印刷所印行。她很快就从香港买来了排印所需的几千磅铅字，并把修院最好的一幢像宫殿一样的房屋拨我，一半做华文排字房，一半供我住宿用。我又提出，没有熟悉中文的排字工人还是不行。于是，她又高薪从香港聘来熟练的工友。我的译著一完稿，随即印制出版……

"那里是做学问、研究的最好地方，'母亲'为此创造了最优越的条件。她要指导各位院友的精神修持，要接待世界各地来的皈依者和谒拜者，要翻译室利阿罗频多的著作（译为法文），要总管修院及工友几千人的衣食住行……她的忙累和工作效率之高简直令人难以想象。我们很少见面交谈。我所需要的维持日常生活的物品，自有管理处供给，有需要开一个条子去领便是。她从未忘记过我的生日，也从未忘记我对好烟的嗜好，另外给我每月二十卢比买烟的钱，算是一般院友的例外。

"有一天，天气奇热，无法工作。我随手找了张包货纸，画了几笔山水，挂在墙上，自己静静地欣赏。这被一位院友看见，说：你还会画画？画得这么好，应该告诉'母亲'。他去告诉了。第二天，'母亲'就派人送来一大卷还是欧洲一战时的日本画纸及笔、墨、砚，都是极品，是她珍藏的。我如常发奋地教学、译著，把印度的精神哲学、佛学经典介绍给中国，也把中国的经典介绍给世界。'母亲'于1973年示寂，享年九十六岁。'母亲'死后，我仍享有她在时的待遇。我最难忘的是,有一次上街,竟有个三轮车夫挤过人丛,来摸我的脚!这是印度人对圣人表示敬意的最高礼节。在院内受尊崇不足为奇,在外面一个陌生人这样就很令我感动……但是,我思乡情重,只想回国……"

"要是'母亲'不死,您是不是就不会这么急着回国?"我笑问。

"确实。因为'母亲'对我太好了,太器重了。如果她还活着,我就不好意思离开她。"

"'母亲'不是1973年示寂的吗?您怎么1978年年末才回国呢?"

"'母亲'示寂后,我只想回国。当时国内正是'文化大革命',我毫无所知。朋友都劝我等一等。等到1978年,朋友替我办好手续,从纽约买好飞机票给我。驻印度使馆了解当地情况,像我这样在修院的人,早已不是公民,不参加任何政治活动。我既未入印度籍,也没有中国护照。大使馆很快就发给了我中国护照,允许我回国。当一切手续齐备,印度警察忽然来找我说,你明天就要走了,把你所有的证件、手续,拿给我们再检查一次,看是否齐全了?我当时以为是例行公事,想也没想就让他们收走了我所有的证件。过后我忽然明白了,这是在敲竹杠。可是,我除了一张机票,身无分文。进阿施兰不但要交出个人所有的财物,工作也是义务的,几十年也没有一文工资。我是什么都有,就是没有钱!我除了身上穿的一件印度白长袍,几件换洗单衣收拾在小箱子里,就是几本书,此外一无所有。我只得求一个朋友,去警局通融一下,送去了一百卢比。第二天,他们果然把证件送回,说一切都齐全,你可以走了。我刚想去机场,中国使馆却告诉我,还有个什么证件没办妥,让我再等一等。我哪能等?飞机票要作废了怎么办?我说你们慢慢办吧!我是非走不可。我飞到香港,朋友来接我,住在朋友家。海关不放回广州。漂流了几十年,好容易到了家门口,却进不去。朋友劝我别着急,几十年都过来了,何必急此一时?先在香港玩玩吧!一面又催印度使馆。他要回去开广交会,不能陪我。临走给了我几千港币说:我知你一文不名,怎么出门?先拿这些路上用吧!我什么也没说,任他把钱揣进我的口袋。过了没几天,海关就通知我可以入关回国了,我马上回到了故乡长沙……后来我与冯至、贺麟联系,他们都让我上北京,我就来了北京。"

哲人境界

1979 年春，徐老来到北京，就职于中国社会科学院世界宗教研究所，任研究员，同时他还被聘为中国佛教协会特约研究员、哲学所顾问。

归国以来，这位"游心乎无形的超实用的所在"的学者，宁静淡定，深居简出，专心著译。

他把印度古代精神哲学典籍《奥义书》首先较系统地译介到中国来。早在南印度任教时，他就凭借室利阿罗频多修院的藏书，遍识《奥义书》百余种，择自古推重而不乏精义者五十种，陆续译成中文。其中《伊莎书》《由谁书》二种并室利阿罗频多疏释及译者补注，于 1957 年在该修院出版。1984 年又由中国社会科学出版社出了全译本《五十奥义书》。他在《译者序》中详述《奥义书》丰富庞杂的思想内容，及其在印度哲学史、宗教史上的重要地位和世界影响。

他是室利阿罗频多思想和著作的传播者。1954 年，即著《室利阿罗频多事略》，同年 10 月于香港出版。1959 年，译其重要著作《综合瑜伽论》第一、二、三部，由室利阿罗频多修院华文部出版，流布于东南亚和欧美各地。1987 年，又由北京商务印书馆出版该书第四部，名为《瑜伽论》，是以中译本为德、法译本外之最全者。1960 年，翻译出版退隐后的室利阿罗频多与弟子的问答书信《瑜伽书札集》（亦题《瑜伽论》）。1973 年，又译出其著作《赫那克莱妥斯》，名为《玄理参同》，附以疏释。1984 年，由北京商务印书馆出版其另一名著《神圣人生论》，是书根据 1949 年纽约格雷斯通版译出，又根据琫地舍里全印度出版社 1972 年室利阿罗频多百年诞辰纪念精印本校订。译笔简古明畅而富文采，为精神哲学研究者之必修书。

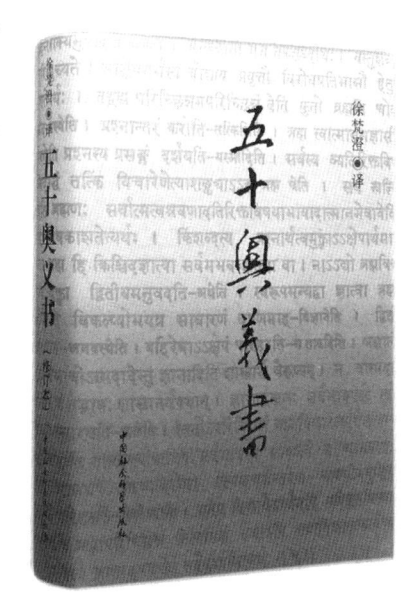

徐梵澄译《五十奥义书》（修订本），1984 年 1 月。（资料照片）

他还辑译了"神圣母亲"密那氏有关瑜伽等问题的答问和释义，共八辑，题为《母亲的话》。其中四辑已于 1958 年、1978 年在修院华文部出版，计有六七十万字。

他也是向世界介绍中国哲学和宗教的优秀学者，曾出版过多种英文著作，有《孔学古微》（1966 年出版）、《小学菁华》（1976 年出版）、《肇论》（1985 年出版）、《唯识菁华》（1990 年出版）、《周子通书》等等。

他对中国哲学的研究介绍也颇有独到之处。如 1988 年由中华书局出版的《老子臆解》，即根据 1973 年长沙马王堆汉墓中出土的《老子》帛书二种，斟酌其他诸本，并参以《周易》及先秦古说和西洋哲学家的见解，释其疑难处，多有新意。文字、句读均有异于寻常者。

除专著、译作外，他的文论亦颇多。近年辑旧作《异学杂著》一册（1988 年浙江文艺出版社出版），《陆王学述》（1994 年上海远东出版社出版）一册。其编译之《周天集》一书 1991 年由北京三联书店初版，1998 年又收入"三联精选"文库重印一万五千册。其所辑《母亲的话》第一辑于 1997 年由辽宁教育出版社首印一万册。1998 年，更自印线装本《蓬屋诗存》，其中辑录其自少年至近年的旧体新诗五百余首，以优美铿锵的文字抒情、言志，勾画平生轨迹，读来感人至深……

这位白发不失赤子心的九旬老人，无一点名利的烦恼，而善于发现大千世界的真善美，尽情享受人生。一草一木，一饮一啄，梅兰竹菊，四时更迭，甚至夭折的鹰隼，一群聒噪的小鸟，都被他诗化而成佳景。"平生手所书，何止千万言？"这样一个富于生活情趣的人，竟无缘为人夫、做人父，实在太难叫人理解。但这纯属个人私事，除了至亲友朋，像我这样的后生晚辈实难张口问出。然而，这问题如骨鲠喉，不吐不快。终于有一天，谈兴正浓时，我忍不住单刀直入地发问："您老为什么不结婚？为什么独身？"回答却出人意料地爽快："我不独身谁独身？我从德国回来，正是谈婚论嫁的年纪。可是父亲病故，我要守制。守制三年后，来了抗日战争，天天躲飞机，钻防空洞，怎么谈情说爱？后来我去了印度，一去几十年，连个中国女子都没有，我怎么恋爱结婚？"

"您老不觉得遗憾，不感到寂寞孤单吗？"

"多少哲人、学者、搞学问研究的，都是独身无后的。我也不过如此。有什么好遗憾？要做的事情那样多，我赶都赶不及，忙都忙不过来，哪有时间感到寂寞孤单?"

徐老没有时间寂寞,也不肯为身外事分心、耗费时间,有如他的诗句:

> 缠缚何由解,
> 于心出世间。
> 韬藏甘寂寞,
> 烂漫近愚顽。

有了这种"甘寂寞""近愚顽"的精神,才能如徐老般"穷尽可能的领域"。这是哲人、大师的境界。

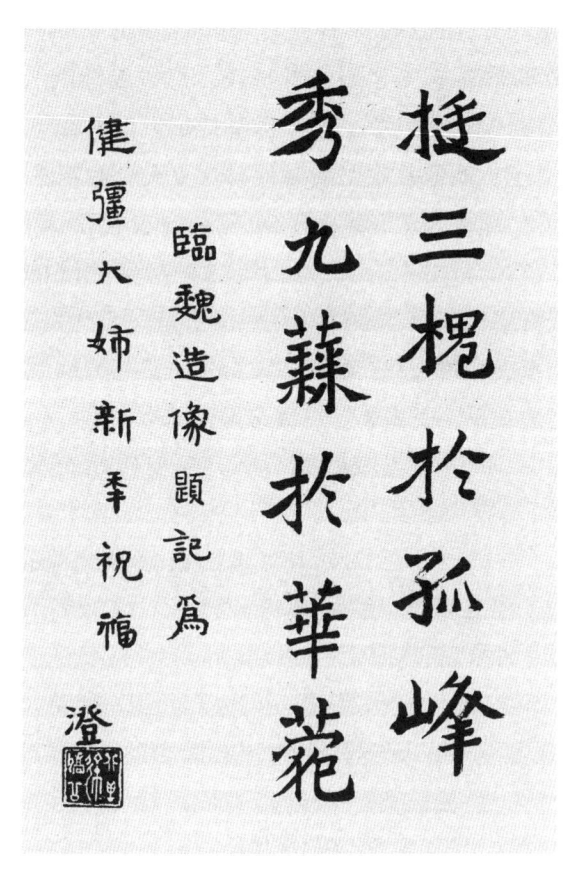

徐梵澄临北魏刻石《魏灵藏薛法绍造像记》碑文题赠周健强。内有通假字,"彊"通"强","姊"通"姊"等。(作者提供)

徐梵澄先生像他所敬重的恩师鲁迅、精神大师室利阿罗频多、神圣母亲密那一样，终身从事高尚而寂寞的事业——唤醒人心、为人类做新的精神追求，建造崭新美好的精神家园。他们为此辛勤耕耘，留下等身著作。他们自奉俭约，追求崇高，为世界积攒下一笔巨大的精神财富。而今，有几人能如他们一样真心实意地关怀人们的精神追求和未来？更有几人能为这无形的非实用的事业奉献一生？

徐老回国的二十年，正是中国改革开放花团锦簇的二十年。他修为有福，赶上了大好辰光。祖国像神圣母亲一样对他无微不至，让他遍游大江南北风景名胜，为他提供优越的治学环境，使他能继续徜徉于那些"道藏佛经"精神哲学的高文大册中，在他的"小洞天"做"散仙"。他也并未如其诗云"他年老境至，劳事悉弃捐""眼涩即罢读，意倦旋酣眠"；而是常常感叹"三日不写手生，三日不念嘴生"，至今仍坚持每天早上背一段梵文，连生病住院都带上梵文本子。他曾几次跟我说他喜欢夏天，我都未在意，以为是他在南印度生活久了，喜欢热天不喜欢寒冷。那次他又说："我喜欢夏天。"

"冬天太冷了。"

"不是。冬天有暖气不冷。"

"那为什么？夏天多热呀！"

"夏天天长，天亮早，天黑晚，可以多做好多事……"

原载《名人传记》1999 年第 4 期

罗老念生之最后辰光

情钟希腊

凡是爱好或研究西方文史哲和文艺思想的人，就不能不涉及古希腊文化，而涉足希腊经典就不会不识罗念生的大名。

有人调侃说，要想折磨谁，就让他去学希腊文。据说希腊语的繁难程度几乎与印度梵文不相上下，读古希腊原著如读古天竺贝叶经。一个正规希腊动词的变化就有三百个字形，加上希腊文学作品内容深奥，典故奇多，要把如甲骨文的古希腊文译成当代汉语，还要不失古风西韵，真是谈何容易！译者须学贯中西，通古博今，还要耐得住寂寞，经得起烦琐磨难，谁耐烦做这费力不讨好的工作呢？只有罗老念生！他的同学好友柳无忌先生说："他是一位资深的古希腊文字与文学专家，自清华读书起，致力于这门学术研究已有六十余年。在今日中国，不论大陆与台湾，都很难找到一位像他这样献身于古希腊文学的研究者。"

说来有缘，当青年罗念生1922年考入旧制清华学校（清华大学前身）时，英文课本就是荷马史诗《伊利亚特》中的故事，引起了他对古希腊文学的兴趣。而他当时志在数学，对文学不过是爱好而已。后来他父亲的炼铁作坊破产，家里无钱供他念书，他不得不靠卖文为生。当时他的散文才卖千字一元，译作却能卖三元千字。为稻粱谋，他忍痛放弃数学而改攻中外文学，靠向报刊投稿维持学业。后来他与才华横溢的年轻诗人朱湘成了好友，朱湘很喜欢荷马史诗和希腊悲剧，还学过希腊文，他认为希腊文很啰唆也很有趣。朱湘还常说希腊文化是世界文明的高峰之一，它植根于西方文化和社会制度之中，要了解西方，须先研究希腊文化。由此，希腊情结便深植于罗念生心中。

1929 年，他考取公费留美，先后在俄亥俄大学、哥伦比亚大学和康奈尔大学攻读英美文学和古希腊文学。1933 年，他从希腊原文译出欧里庇得斯的悲剧《伊菲革涅亚在陶洛人里》，由赵元任介绍在上海商务印书馆出版。随后，他只身横渡大西洋，来到他向往已久的欧洲文明发祥地希腊，入雅典美国古典学院，选修了雅典城志、古希腊建筑、古希腊雕刻、古希腊戏剧四门课程，成为第一位留学希腊的中国人，也成为全面了解古希腊文化的第一个中国人。他充分利用这珍贵的时机，走遍了希腊半岛和爱琴海上的大小岛屿。他寻访古迹，观看戏剧，了解风土人情，如饥似渴地吮吸着希腊文化的精髓，并深深地爱上了这个古朴典雅美丽的国家。

1934 年秋，他学成回国以后，失业、困窘、颠沛、流离就像影子一样跟随他。为求职他四处奔波，几乎跑遍了大半个中国，曾先后在北京大学、四川大学、武汉大学、山东大学、清华大学教授英国文学、希腊文学和翻译课等，并同时在各地中学兼课。他在讲课授业的同时，也讲古希腊英雄抗暴的故事，激励青年学子抗日救国的热情。他自己也以过人的热情和精力，积极参与各类爱国救亡活动，与卞之琳、朱光潜、何其芳等许多爱国进步文人一起创编《工作》《笔阵》《半月文艺》等抗日救亡刊物，以笔代枪向反动势力开火。同时，他也从未放弃对古希腊经典著作的钻研。1934 年秋，罗念生在宝鸡斗鸡台考古发掘陈仓古城墙时，被堵埋在坑穴中，险些"作古"。深夜在如豆的灯光下，他忘了浑身伤痛，沉浸在被亚里士多德誉为"最完美的悲剧"《俄狄浦斯王》翻译的喜悦中。在抗日战争最艰苦的岁月，敌机对大后方狂轰滥炸，白天他要"挈妇将雏"钻防空洞躲警报，晚上等妻儿们入睡后，他就着昏暗的菜籽油灯静静地翻译《特洛伊妇女》……

新中国成立后，从此衣食无忧，生活安定，罗念生的专长得以充分施展。1952 年，他辞去北京大学的教席，应邀到该校文研所专事文学研究，后又合并到中科院哲学社会科学学部文研所，即现在的社科院外国文学研究所，潜心钻研、译介古希腊文化典籍。他从事的工作是无人竞争的大冷门，他本人生性谦和，善于体贴帮助别人，与世无争。他又只知勤勤恳恳、默默无闻地辛勤译作，与时髦、虚名无缘……种种因素使他幸运地被一次次政治运动所忽略遗忘，他成了极少数未被"文化大革命"迫害冲击的"臭老九"。用罗老自己的话说是"'反右'时,他们没有把我揪出来","'文化大革命'中,他们没有想起我"。他赢得了宝贵的时间,能够六十年如一日地在其心爱的学术领域里精耕细作而且硕果累累:译著和文论达千余万字,五十多种。他翻译了埃斯库罗斯的全部传世悲剧七种,索福克勒斯的完整传世悲剧七种,欧里庇德斯的悲剧五种,阿里斯托芬的喜剧六种,亚里士多德的《诗学》和《修辞学》以及古希腊《铭体诗选》,还与人合译了《伊索寓言》《琉善哲学文选》《古希腊罗马散文作品选》《意大利简史》等。他制订的《古希腊语专用名词译音表》,自1957年以来即为文学出版界采用,为我国统一译音译名功不可没。他与水建馥编纂了三百万字的《古希腊语汉语词典》,填补了我国辞书的一个重要空白。此外他还写得一手"清丽、有一股奇气"的散文和新诗,著有《漫话希腊》《芙蓉城》《龙涎》等。他还是一位见解独到的戏剧评论家,《论古希腊戏剧》一书可资佐证。

罗老的译著多从繁难的希腊原文译出,不仅数量巨大、文字考究,而且忠于原文、注释详尽,可谓"信、达、雅"占全。最为难能可贵的是他乐此不疲,自甘寂寞,一干就是一个花甲子!他被国内外学者誉为"东西方文化之桥",国外学者称其为"遨游在天书中的人",甚至有人撰文称他是"中国的希腊之神"……罗老本人谦不肯受,一味强调:"我不是神,我是一个普普通通的铺路架桥的文化人。"

梦想成真

我有幸因工作关系得识这个在书山学海中铺路架桥的文化人,分享他重游希腊的喜悦,参加他风光无限的受奖仪式,并成为他最后时日的"托孤"人。

已经过去十几年了,1986年5月的一天,罗老那满面生辉的样子仍在眼前。我见面就问:

"您今天有喜事?"

"是啊是啊,还有比一生梦想成真更大的喜事吗?"

"梦想成真?"

"是啊!我年轻时就偏爱古希腊戏剧,已陆陆续续翻译了二三十种,我一直梦想把它们搬上中国舞台,这一天终于来了!《俄狄浦斯王》即将公演,用的是我五十年前的译本，导演之一是犬子罗锦鳞！"老人兴奋不已，无限感慨："这一天，我盼了五十年哪！"随后又回忆起 1935 年他随北平研究院考古组到宝鸡发掘古陈仓城墙时，随身总带着索福克勒斯的剧本和就着如豆的灯光在地窖似的小屋里翻译《俄狄浦斯王》的情景。当他终于译完大功告成后，他回到北京开始找曹禺，希望他改成舞台剧本，搬上中国舞台。但没有找着曹禺。听说曹去了天津，他又追到天津，还是没找到。当时他因写《老残局的枪声》等抗日作品，已上了日本宪兵队的黑名单，正要南下避祸，便从天津搭船去香港。

  一路上罗念生以打桥牌消遣，他自幼数学成绩优异，打得一手好桥牌，一旦打起来就很投入。其时曹禺也在船上，不时还站在他身后观战，而他却毫无觉察，因为他对曹禺是"闻名不曾见面"，根本不认识，以致当面错过。事后有人告诉他，他只有跌足惋惜。不久，抗战全面打响，满目人间惨剧，谁还有心思搬演这几千年前的希腊悲剧？这一耽搁就是半个多世纪！

  《俄狄浦斯王》在京公演获得巨大成功，也震动了国际剧坛。1986 年 6 月，《俄狄浦斯王》剧应邀到德尔菲参加国际古希腊戏剧节，并在雅典进行公演。罗老以中国戏剧家代表团团长身份，随剧组赴此盛会。开幕式上，罗老应邀登上主席台并做了学术报告，引起希腊及来自世界二十多个国家的艺术家、学者惊叹。谁也没有想到，在中国有这样一位老学者，为传播希腊文化，默默奉献毕生精力。《俄狄浦斯王》剧的精彩演出迷倒了万千观众，罗老的治学精神赢得了世界的尊重。

  这位普普通通的中国文化人，在为沟通东西方文化铺路架桥了一辈子，第一次在国际舞台亮相便引起世界瞩目。希腊雅典科学院于 1987 年 12 月 29 日决定授予他最高文学艺术奖。"因为他在他的祖国——中国，为研究和关心希腊文学沥尽心血……"

  承罗老盛情，我有幸参加了 1988 年 2 月 12 日在希腊大使馆举行的颁奖仪式。韩念龙、周南、赵复三以及数十位文艺界名流都出席了。希腊驻华大使迈戈洛科诺斯作了热情洋溢的讲话："没有任何一个外国古典文学研究者曾像罗念生教授那样，把古希腊的文化介绍给如此广大的公众，并持续了如此长久的时间。罗教授五十年如一日，孜孜不倦地研究古希腊思想和文学，并出版了四十多部著作。"

罗老在热烈的掌声中,接过那张洁白典雅的奖状后,做了极富诗意的答词:"我衷心感谢雅典科学院授予我最高的文学艺术奖。我一生钻研希腊经典著作。每天早上,我展开希腊文学书卷,别的事全部置诸脑后,我感到这是我生平最大的幸福。我热爱希腊和希腊人民,爱琴海上明蓝的风光和雅典城上的紫云冠时萦脑际……"

罗老是世界获此奖的第四人。

喜事联翩而至,忙坏了耄耋老人。1988年,哈尔滨话剧院继中央戏剧学院的《俄狄浦斯王》之后,又排演了索福克勒斯的另一著名悲剧《安提戈涅》,用的是罗老四十年前的译本。该剧在哈尔滨首演成功后,应邀赴希腊参加第四届国际古希腊戏剧节,罗老作为文学顾问再访希腊。他的欣喜之情溢于言表:"译者不知老之已至,还想多看这种演出。按照亚里士多德对悲剧功用的看法,可以陶冶自己的性情,还可以提高自己对世界和生活的认识。"八旬老人被安排在开幕式上第一个发言,欧洲文化中心主席伯里克利斯·尼阿库宣布罗老作为文化中心的特殊贵宾,可以随时访问希腊。德尔菲市长授予他荣誉市民称号和证章。同年11月24日,在帕恩特奥斯大学礼堂举行了隆重的仪式,授予他"荣誉教授"称号和绶带。他是继西德前总理勃兰特、西

1988年,罗念生(前中坐者)在希腊接受帕恩特奥斯大学荣誉博士称号。(资料照片)

德外长根舍、塞浦路斯大主教马卡里奥斯和马耳他前总理明托夫之后，获此荣衔的第五人，也是唯一的亚洲人。他为祖国取得了荣誉，让世界对中国知识分子刮目相看。

殷殷"托孤"

有俗话说："少时忍得孤寒，老来福寿平安。"罗老正是如此。

《俄狄浦斯王》《安提戈涅》双获成功，河北梆子剧院著名表演艺术家裴艳玲等，又将罗译欧里庇德斯的著名悲剧《美狄亚》移植为河北梆子，用传统的中国戏曲形式演出再获成功。只惜罗老此时病魔缠身，已无力前去观赏。幸喜他曾抱病逐字逐句地阅读并修改过此戏曲改编本，嗣后还看了演出实况录像，只是未及看到河北梆子的《美狄亚》于1991年应邀出访希腊、塞浦路斯、西班牙等国演出时的盛况。

罗老自1988年末去雅典受奖途中，突发急性小肠缠结，虽经希腊政府全力抢救悉心治疗，转危为安，但元气大伤。年底罗老回到北京，住进了中日友好医院，体力稍稍恢复他便急切要求出院。回到家中第二天，他就又伏在那张用床板扩展的大书桌上，埋首于小山似的书籍中，继续翻译荷马史诗《伊利亚特》。从古希腊原文用诗体翻译一万五千余行的《伊利亚特》，是罗老多年的夙愿，因恐功力不到家而未敢率尔操觚。接踵而至的世界声誉，给了这位过分谦虚的老人无比的自信。他一旦动笔就废寝忘食，势不可挡。他有意从最难译的篇章下手，已译出七八千行。紧张的脑力劳动其实是很伤身的，罗老因过度虚弱体力不支，又一次住进了中日友好医院。医生批评他太不爱惜身体，老是透支体力是很危险的。他说："人活着若不工作就毫无意义了。我不怕死，只希望再多给我一点时间，让我能够译完《伊利亚特》。"在医院和社科院的竭诚努力下，他的病情得到控制，1990年3月，他又高高兴兴地出院了。

罗老回到家里就打电话告诉了我。当时他的《希腊漫话》和《修辞学》正在三联书店出版运作中，为签出版合同，我撂下电话就登门拜访。罗老照例应声给我开门，然后让座让茶。

跟罗老交往近十年，不管是如约而去还是贸然造访，总是老人亲自应声开门，亲自让座倒茶，脸上总是漾着慈蔼的笑容，说话总是温和而简洁。如果他确实太忙，开门见山谈完工作，他会彬彬有礼地说："看看还有什么事情？"想想没有事情，我就起身告辞。老人则带着温和的歉意躬送如仪，从不怠慢。

那天是1990年3月14日，我因久未拜访，把许多琐碎事办完，我才注意到老人比以前微胖而有些血色的脸，才意识到他是一位高龄抱病者。我说："您这回休养得不错，样子蛮好的。"

"不行了，可能是回光返照……"我连忙打断他："您别开玩笑了！怎么能这么说？"

"是真的，我顶多还有半年时间。我得的是毒瘤，前列腺癌，而且已经扩散了。"

我像被当头一棍，愕然沉默了。其实早在他第一次入中日友好医院时，我就从护士口中知道他得的是不治之症，但见他出院后像健康人一样工作、忙碌，毫无病态，就以为是护士乱嚼舌头。这次我仍不愿相信，人总是不愿证实自己不想证实的东西。我故意抢白道：

"您怎么知道的？不要胡乱猜疑好不好？"

"不是胡猜，是真的。第一次、二次住院我还不清楚，这次回到家里我就都知道了。"

"不对！您的气色这么好，不像是恶性病变。"

"靠进口的特效药维持着呐！一千七百块钱一瓶，院里给买了七瓶，争取维持半年。"

"您最好不要想这些，高寿老人发展慢……"

"你放心，我没有一点思想负担，只是更要抓紧时间，争取六月间把《伊利亚特》全部译完，我就可以彻底休息了。"

"您千万不要东想西想，现在医学发达，有好多种癌都是可以治好的，说不定这特效药就会治好您哩！"他笑道："我坚持吃药就是了。尽量争取把想做而未做、已做还无结果的事都做完，我就满足了。你知道吗？我的大孙女儿已经到希腊上学去了。"我乐得转换话题，笑问：

"是我在希腊使馆见过的那个漂亮姑娘吗？"

"就是她！"

"那太好了！您的接班人和第三梯队都有了！"

"是啊，我很高兴。"

"对了，我早就想请您写点回忆录之类。"

"写回忆录没时间了。再说我的一生实在没有什么可写的，一点也比不上你写的聂绀弩，他有那么曲折丰富的经历，我的一生太平淡无奇了！除了读书就是做学问，一点意思都没有。"

他拍着脑袋说："让我想想还有什么事情？啊！那本《修辞学》到底怎么样了？""早发排了呀！""我可是一次校样也没见过！希望你们抓紧一点，我的时间不多了，再过一两个月我可能就不能工作了。最好让我校对一次，那本书是很麻烦的，必须我亲自校才好。还有《修辞学》的台湾版出没出？我记得我签过给你们总编辑的委托书。"

我答应回去催问，尽快送校样来。他又一如既往关心地问三联在此出版低谷能不能维持？听我说肯定能维持，他很高兴。我把话题引到他醉心的《伊利亚特》，他侃侃而谈："这是第一次从古希腊文直接译成中文诗体。你将来可以拿它比较以前别人的译本，你会发现它是最接近原著，最准确可信的。你如果想要，我就给三联，请你当责编。这书应该不会赔本，也可以卖港台版。我还编了一本《希腊抒情诗集》，只要你有兴趣，我也给三联，还是你当责编。"

罗老的信托使我衷心感动，但我才疏学浅，不堪重任，又不忍拂老人一片栽培之意，只好声东击西："兴趣我当然有，但是您为什么不给××出版社呢？这是他们的业务范围呀！"

"我跟他们闹翻了，不想给他们。我信得过你，我们几次合作都很愉快。柳无忌的书出版你也帮了忙，他很感谢你。"

"噢，这都是应该的，编辑就是为作者服务的嘛！不过现在编辑越来越不好当，动不动要人放弃稿费、编辑费，甚至还要包销多少册，真不好意思！作者是衣食父母呀！"

"现在到处都一样。我的《希腊罗马文学作品选》也是要我包销，你给我介绍的书店我送了一百本，还有杭州一个我学生的学生的书店，也送了一百本。我这些书稿，是我一生的一点成绩，像我自己的骨血一样，只怕我看不到它们成了书了。我向你托孤好不好？请你负责！"

"不敢当！托孤不敢当！我人微言轻，怕耽误了您的成绩问世。这样吧！

1985年10月29日,罗念生在照片背面题字:"周健强同志留念 罗念生"。摄于1983年。(作者提供)

我回去同领导说说,也替您联系一下别的出版社。这件事我一定放在心上,一定不辜负您的信托,竭尽全力。"

"这样我就放心了,我就没有什么遗憾了。唯愿再多给我点时间,让我译完《伊利亚特》。"

"您一定能译完!"当时我确信这一点。因为我见过无数癌症患者活得好好的,而罗老只求半年时间!但是,争分夺秒地紧张工作,无情地吞噬了罗老原已十分衰弱的身体。几天后我去送《修辞学》校样时,已是人去楼空,他因病情突然恶化又住院了,就剩下罗老夫人留守家中。见她离群孤雁一样伤心落寞的样子,我不忍心放下校样就走。人,尤其是老人,在这种时候是急需陪伴,渴望倾诉的。她极客气地留我坐会儿,喝杯茶再走。我们一起喝茶,一起聊了起来,她打开了话匣子:"这病我们一直瞒着他。全院的人都知道,单瞒他一个人。他这次住院回来,人也胖了,脸色也红润了,他自己更是高兴得很。一到家就急着忙着翻译《伊利亚特》。说是机会难得,理应分秒必争。谁知上礼拜,他的特护来看望他,并来送出院证等等。我外甥女去送她出门,老先生就看见了出院证。见上面写着前列腺癌已扩散。就质问我外甥姑娘：这是个什么字？因为那癌字写得像疝字，姑娘说是疝字。他又问已扩散是什么意思？姑娘答不上来，他就生气，说你们都瞒着我、骗我！我们说了许多安慰话，给他鼓劲儿。他说，我这么大年纪了，我不在乎。只是担心你妈是家庭妇女，没有工作，又有病，将来怎么办？谁来管她？"老太太说到这儿泪水盈眶，语近呜咽。我赶忙说："您有那么好的两个儿子，怕什么？"老太太擦去眼泪说："我也这么安慰他，他还是不放心。于是给这个打电话，给那个打电话，写信，交代这样，叮嘱那样……又忙着想把《伊利亚特》译完。你想想，一个高龄病人，哪经得住这样折腾？他嘴里说不在乎，实际心里着急，精神太紧张，已经垮了……"

趁老人抹泪的功夫，我把话题转到他俩的婚姻上。罗夫人长长地嘘了一口气，平静下来，缓缓地拉开了记忆的闸门："我们是七七事变头一年结婚的。他从希腊回国，已过而立之年。他找对象的条件很简单，只要年轻漂亮，能做家务活儿。其他如文化程度，家境条件等等均不计较。经人介绍，他见了我以后，就开始追我。我当时嫌他岁数大，他比我大九岁。还嫌他书呆子气太浓，并不中意。但是我父母喜欢他，说是多大几岁，知道疼你让着你不好吗？上哪儿去找这么有学问、有人品，又没有任何不良嗜好的女婿去？！我想也是，就和他结婚了。他不爱玩，总是看呀写呀，在书堆里打滚。我想玩，叫他陪我，他总是跟我说好话推托，叫我自己去玩。我就经常回娘家，和一帮京戏票友们唱戏玩。他有时见我较长时间不回去，还关心地问，怎么不回娘家了？是不是哪儿不舒服？他的生活极简单，桌上一大缸子白开水，有点面包就行了。第二年我生了锦麟，他喜欢得不得了，但也不大管孩子，还是一心一意抠自己的学问。他性情温和，处处体贴谦让，我们从不吵架，就这么过了一辈子。我们结婚五十周年，孩子们都记着，回来热闹了一番，两个儿媳妇孝顺，都送了我礼物。对于他的病，我并不很紧张，好多得癌的人都活得好好的，我想他也会活下去。"我说："就是，现在得癌快跟得感冒一样不足为怪了，只要罗老注意放松，别太紧张，不会有事的。倒是您要多多保重，别让罗老担心才好。"老太太微笑了："我没事儿，我一辈子都这么病病、好好过来的，也活了这么大年纪了。"见罗老夫人意犹未尽的样子，我问："罗老帮您做家务吗？我还吃过他做的苹果派哩！"老太太笑道："他呀，迂得很，常常帮倒忙，越帮越忙。他出去散步，常常给我买回一堆处理的烂菜来。

我说他,你买这些烂菜回来做什么?不就等着扔吗?你猜他说什么?菜烂了多可惜!你不买我不买,不就全烂了吗?损失都是公家的。你买一点,我买一点,省得公家受损失,择一择还能吃,至少可以少浪费,也对得起辛辛苦苦种菜的人。听说要节约用水,北京的地下水位越来越低,他小便后冲厕所就舍不得放一箱水,七搞八搞想少浪费点水,结果把把手弄坏了。我说他,难道就差你省这半箱水吗?他说,都是因为有你这思想的人太多了,水才浪费那么多!要不还不至于闹水荒,要知道水是有限资源……他一辈子就这样朴朴实实,从不糟践东西。"

老太太发现我偷偷看表,抱歉地说:"说话时间过得真快,说说话心里敞亮了许多,谢谢你!我们明天就把校样送去给他,你过几天来电话吧!"老太太拄着拐棍,颤巍巍的,坚持要送我到门口,就像罗老每次都送我一样,怎么拦也拦不住。

我与罗老工作交往不少,而与老夫人交往不多,她几乎从不出头露面,总是静静地待在隔壁的小房间里,走动也是静悄悄的,从不干扰罗老工作。像今天这样的长谈,是第一次也是最后一次。人们常说,在每个成功男人的背后,都有一个默默奉献的女人。罗老夫人就是这样一个女人。我忍不住要把罗老的"这一半"介绍给热爱罗老的人。老太太芳名马宛颐,读过贝满中学,是二十世纪三十年代北平颇有名气的京剧票友。罗老曾告诉我:"她擅长青衣,会五十多出戏,功夫不输专业演员。只因'穷'字与我相亲,为养家糊口找工作,我漂流了大半个中国,可怜她形影不离地跟我走南闯北受苦受累。直到新中国成立后,才过上衣食无忧的安定日子……"

罗夫人终其一生都是一位相夫教子的家庭妇女,但她一生热爱京剧,曾为传承弘扬国粹而不遗余力。他们的长子罗锦鳞回忆:"抗战期间到胜利前后,父亲辗转各大学院校教书。每到一处,母亲就主动联系京戏票友和爱好京剧的学生,学习、排演京戏,搞得轰轰烈烈。当年川大的一些学生至今仍怀念不已,还有写文章纪念母亲的哩!"罗老曾向我介绍他的一家:"我老伴善唱青衣,一辈子都喜爱京剧。大儿,你知道,是中央戏剧学院的教授、导演。大儿媳是儿艺演员。大孙女也是学导演的,现在希腊留学。除二儿子搞工业外,二儿媳也是话剧演员。"老人喜形于色,如数家珍。我打趣着:"你们家真是名副其实的戏剧世家呀!不但有人接班,连第三梯队都有了!"老人听了哈哈喧天,连连点头:"是啊是啊。"(罗老的音容笑貌鲜活如昨,我几乎忘了他已离去十多年了。不能放任记忆驰骋,还是回到他的最后辰光吧!)

过了一个礼拜,我应约给罗老家打电话,传来老太太低沉的声音:"是周同志吧?罗老已经不行了,所里已经在为他准备后事。不过你给他的校样和字条他都看了。校样交给了王焕生。他还写了张什么条子给你,可能交给老二锦文了。这都是入院那天办的。随后就不行了,昏迷了,一直在抢救。昨天忽然清醒了,好像还问起了你。你有什么事就快去找他,或许就是最后一面了。"我噙住泪水说:"好!我今天下午就去医院看他。您要想开点,千万保重!"她说:"不用担心我。我早就有思想准备,岁数大了,迟早是这一回。我想得开。我谢谢你去看他。"老太太的豁达明理令我心折。

1985年10月,作者与罗念生合影。(作者提供)

下午,我在风沙漫天黄尘蔽日的路上花了两个多小时,才抵达中日友好医院。当我找到外宾病区1425号房,进门就看见一个黄胖囊肿、完全变了形的罗老躺在那儿,鼻孔插着氧气管,脚上打着吊针,双目紧闭,嘴巴大张,喘息之声粗重而急促,令人怜惧。癌魔到底是个什么可怕的东西?不过十几天工夫就把个清清秀秀、生机勃勃的罗老折磨成这样儿!特护告诉我:"他一直折腾,从昨天才开始安静下来,就这么昏迷着。医生不让惊动他,也不让他说话……"看来情况与罗老太说的相去甚远，我原以为可以与他做最后交谈，还特地带了小录音机、笔和纸，准备给他录音请他签名哩！我问特护，是否会像前几次一样有转机？她说："除非发生奇迹。这次不是癌症恶化，而是因为他家室温过低，感冒引起的大面积肺炎。"是的，罗老家的暖气一向不大好，有时还要烧煤炉升温。这次刚停暖气没几天就……我静静地注视那熟悉又陌生的病容，耳听那令人窒息的粗重喘气，深感生命之无常，老年人更是如风前烛、瓦上霜，几度温差就足以置之死地啊！上天太不公平，竟让一位辛勤劳作了一生的耕夫，来不及收获他最后的硕果，就匆匆撒手人寰。

奇迹终未发生，罗老静静地走了，有如他静静地译著终生……

一晃十三年过去了，罗老的广大读者和有幸接触过他的人们，对他的美好记忆没有淡薄而更历久弥新。《罗念生全集》即将在他百年诞辰隆重推出，为他树立不朽的丰碑。正应了他给朱湘的赞诗：

> 不死也死了，
> 是诗人的体魄；
> 死了也不死，
> 是诗人的诗。

2003 年 6 月 16 日于北京

原载《罗念生全集》第十卷　上海人民出版社，2007 年 4 月

回忆与溥仪相亲相爱的时光

——访"小皇上"遗孀李淑贤女士

这是一篇写于一九八二年的访问记,记录了末代皇帝溥仪在成为中华人民共和国公民后的感情生活。

二十世纪八十年代初,罗孚先生担任香港《新晚报》总编辑时,曾约请沈醉为《新晚报》撰文。沈文中有关溥仪的叙述,引起了溥仪家属的不同意见。罗孚先生又委托时任三联书店编辑的周健强(笔名湘绯)采访溥仪夫人李淑贤女士,写成了这篇《回忆与溥仪相亲相爱的时光——访"小皇上"遗孀李淑贤女士》。文章于一九八二年五月八日写就,不久适逢罗孚先生因故前来北京①,遂使这篇记述重要史料的访问记失之交臂。近日,罗孚先生清理旧物,在故纸堆里找到了这篇尘封二十九年的文章,为补遗珠之憾,特荐本刊发表。

——《万象》编者按

我读过爱新觉罗·溥仪著的《我的前半生》,我很喜欢这本中国式的《忏悔录》。我也听到过不少关于这位末代皇帝特赦出狱成亲后,过夫妇生活的趣闻轶事,还看过一些别人写的有关他和夫人李淑贤的回忆文字。有的文章把"小皇上"描绘成一个近乎白痴的"二傻子",把他的妻子李淑贤写成一个性情乖戾的泼妇,这与我在大型文献纪录片《末代皇帝溥仪》里看到的他们的形象大相径庭。带着一窥"庐山真面目"的强烈好奇心,我决定走访"小皇

---

① 编者注:参见本书"念罗孚叔"部分。

上"的遗孀——李淑贤女士。

1982年,作者登门采访末代皇帝溥仪遗孀李淑贤(左)。(作者提供)

应声给我开门的是一位衣着素雅的瘦瘦的中年妇人。她淡淡地微笑着,细声秀气地问:

"您找谁?"

我一眼就认出了她,笑道:

"您就是溥仪夫人吧?您跟电影里一模一样哩……"

她欢快地笑了:

"真的吗?这不可能。那是十几年前……我还年轻,现在不行了,老了……"

她一面说着,一面热情地把我让进那间带阳台的敞亮的小客厅:迎阳台门一溜儿摆着一套简易沙发,落地灯和一张单人床,床头悬着她与溥仪在西观音寺家门口的合照。对面靠墙立着一只两屉柜,柜上摆着周总理接见他们夫妇的照片。靠窗摆着一张小圆桌,铺着浅蓝桃花的桌布。窗台上一字儿排着兰草、天竺和海棠。她与我隔几而坐,正对着周总理接见溥仪宗族的多人合影。她温文尔雅地请我喝茶、吃糖,并细心地为我剥开糖纸。我含笑接受她的殷勤款待,一面仔细端详她清秀的面容、乌黑的头发,欣赏她待人接物大方而自然的风度,很高兴她与我想象中的形象相吻合。说明来意之后,我开门见山地请求道：

"请您和我谈谈您和溥仪先生的事情吧……"

"谈什么呢？我不会说话……"

"随便谈谈吧！比方说说，你们是怎么认识的。"

皇上恋爱史

她轻轻地叹息了一声，带着回忆的神情，用带南方口音的普通话，缓缓地柔声开始说：

啊，那是二十年前的事了……我们是通过双方的介绍人认识的。溥仪的介绍人是他的同事周振强，我的介绍人是人民出版社的编辑沙增熙。开始老沙只告诉我，给我介绍一个在政协搞文史资料工作的人，说这人很忠厚老实，无家无室，很孤单可怜……后来又告诉我，他是一个已改造好了的特赦人员。最后才说出他是宣统皇帝溥仪。当时我一听说是皇帝就害怕了，我联想到戏文故事中的那些活阎王似的皇帝……但是，我也很好奇，心想，一个活在新社会的皇上是什么样子呢？

记得那是六二年春节期间，农历正月初七，我由老沙陪同，去政协文化俱乐部相亲。溥仪和老周早已等在那儿。我第一次看到了这个穿一身笔挺的藏青中山服，头发梳得油光锃亮的"皇上"。他热情洋溢地迎上来和我握手，又忙不迭地让座让茶，倒咖啡，一派喜气洋洋的神情。我心想：这就是宣统皇帝？一点架子都没有，跟普通老百姓没两样，还这么热情和气……我对他的第一印象很不错。随后，他就陪我坐着，问长问短：哪里人氏啦，家中有什么人啦，父母是干什么的啦……当听说我无父无母，从小独立谋生时，他很同情，连眼圈都红了……后来又谈起我的工作，听说我在医院当护士，他很高兴，赶紧告诉我，他在战犯管理所时，也做过护理工作，他会量血压，做电疗，还懂一点中医。同时又关心地问起我的工作忙不忙，累不累……我俩谈得很投机，一点也不觉得拘束，不知不觉谈了一个下午。我对他的印象很好，觉得他人很真实，很单纯，一点假都没有。而且他还知道关心体贴别人，跟戏文故事里那些蟒袍玉带的万岁爷一点都不一样，我很喜欢他……

第二个礼拜六，双方介绍人都给我来电话，约我去政协礼堂参加舞会，我们又见面了。他不会跳舞，但还是跟着我跳，很认真，很殷勤地陪了我一晚上。临别握手时，他说："你能把你的电话号码告诉我吗？以后我直接打电话跟你联系行吗？"我把医院的电话号码给了他。这以后，每到星期六，他总是一早就打电话来约我，晚上去政协礼堂参加晚会。

第三次，我如约去政协礼堂时，他站在礼堂门外迎接我，见到我高兴得像得了宝贝似的。我们一起看了一场电影，他又邀请我上他宿舍去坐坐。那时他就住在政协，生活有赵大爷照顾，屋子收拾得干干净净的。他问我对他的印象如何？我说印象不错，你很诚实。他听了很高兴，马上说，那我们结婚吧！我说，结婚是一辈子的事儿，哪能这么性急？刚见了三次面，我还不很了解你呢。说着我就要走，他以为我生气了，赶紧赔小心，说：你别生气，我实在是因为喜欢你，才这么性急。他一直送我到 1 路无轨车站，看着我上了车，还恋恋不舍地用英语喊着 Good bye……

第四次，他打着五妹夫老万的名义非要上我家里看看。我那时住在朝阳门吉市口，我虽然对他很有好感，但相交太浅，不知道他的脾气什么的，而我是受过创伤的，不敢轻易以心相许，我不愿往家里带男的，怕万一不成，弄得尽人皆知。但他一定要去，跟我磨，老万也从旁加油，我才答应。到了我的住处，老万坐了一会就走了，他却坐在那儿一支烟接一支烟地抽，一面就向我做检讨：说他过去怎么作恶，对不起人民，尤其对不起伪满洲国的人民。说他的四个妻子其实都是他的牺牲品，他根本不懂得什么叫夫妻，不知道应该互敬互爱互相体贴，而是把她们当作奴隶，还因故把婉容打入冷宫……我问：那你以后呢？他说，那当然绝不会跟过去一样了……

以后他就三天两头来找我，那时候医院的会议多，我回来晚，他也等着我，总是要待到坐末班车才走。我没回来的时候，他就上我的同院街坊家闲聊，他一点也不讲虚礼客套，到人家家里，只要能坐的地方就一屁股坐下，也不管脏不脏。给他沏茶他就喝，想到什么就问什么，随便得很。他每次来找我，都穿着那身见外宾的衣服，头发梳得油光，皮鞋擦得锃亮，外表像个大首长模样，却一点架子也没有。同院的街坊对他的印象都不错，跟我说：你这位姓周的朋友人真好。他不愿别人知道他是谁，总是自称姓周。他可有心眼儿了。借闲聊的工夫，他向街坊四邻了解我的情况：都跟些什么人来往啦？有没有别的男朋友来找她啦？街坊说她除了跟医院的同事常来往，没见过别的什么人来。他听了很高兴，每次见我都变着方式问：你考虑得怎么样了？现在成熟了吗？你是不是对我有什么不满意？我回答没有什么不满意，就是时间太短，相知太浅……他只好唉声叹气，说你还是不相信我，我怎么才能让你相信呢？是我把心掏出来吗？

热闹的婚礼

据说他这次决定成家，前后给他介绍过十几个对象，他都不满意，唯独看中了我。他恨不能马上结婚，一是怕夜长梦多，我跑了。二是他岁数不小了，急于求成，结了婚可以天天厮守在一起，省得我们两个来回跑了。而我当时心里很矛盾，政协来人到医院了解我的情况，弄得医院上下都知道了我们的事情，群众议论纷纷。那时候大家还亲切地叫我小李淑贤呢！都说：小李淑贤怎么找这么一个老头子？一个战犯！自己还这么年轻，这一下不就完了吗？多少人不好找，为什么偏偏找这个"小皇上"？……而我的好朋友却说：人家过去虽是封建皇帝，但是现在改造好了呀！不改造好能放他出来吗？群众议论是正常的，组织领导不是没有反对吗？看你以什么为重了，大主意你自己拿吧！而我跟溥仪已经有了一定的感情，觉得和他很有点缘分，还真的很喜欢他。我并没有考虑什么享受、出风头。说得不好听，他不过是个劳改释放犯，既没钱，又没权，从头上到脚下都是国家给的，国家不给他就一无所有，我图他什么呢？我就图他对我确实好，他知道同情、关心、体贴我，而且，我看得出他是真心爱我……他也劝我说：只要我对你好，我们两个要好，你又不讨厌我，管人家说什么呢。这样，我经过一番思想斗争，终于同意五一前夕和他举行婚礼，正巧是二十年前的今天……

泪水涌上来打断了她的叙述，她默默地喝了几口茶水，又接着说下去：

那时正是国家困难时期，买什么东西都要票证。政协特为我们给百货大楼和友谊商店开了两封介绍信，让我们随意选购一点结婚用品。溥仪很感动，特别嘱咐我：这是组织上花钱，最好不要买什么，等以后咱们自己攒了钱再买。你只拣实在必不可少的东西买一点吧！我听他的话，只在友谊商店买了一床被面，一条床单，和一条凡尔丁裙子，就这三样东西。我当了一场新娘，就穿了他一条裙子……你看，被面就是这床。

她指着摆在床头的那床已经旧了的、桃红大银花软缎被面说：

政协还送了一床被面，我们就这样在文化俱乐部结了婚。婚礼很热闹：全国政协、各民主党派、爱国团体、中央统战部都来了人，还有溥仪家的全体亲友、我的同事朋友，市统战部部长廖沫沙……共二百多人欢聚一堂，由当时政协总务处长李觉先生主持仪式并讲了话，七叔载涛也讲了话，然后是我和溥仪讲恋爱经过……大家吃着茶点，谈笑风生，十分热闹。我穿的是自己做的新衣和新买的那条凡尔丁西服裙，溥仪穿着那套见外宾的银灰色中山装，连双新鞋都没买。一应家具都是政协的……我们建立了一个普通而平凡的真正的小家，溥仪欢喜得像小孩子一样，一再地唠叨着：淑贤，我们组成了一个真正的小家庭了。这是我的小家，真正的我的小家……

"兄妹"夫妻

婚后不久，我就发现溥仪有病。追问之下，他向我哭着承认：他确实有病。他以为经许多名医国手调治以后会渐渐地好起来，看起来是无望了……他说他对不起我，因为怕我知道了不跟他结婚，他没有在婚前告诉我……当时我很气愤，我一直以为他很诚实，没想到他会在这样的大事上欺骗我。我已经三十多岁了，很喜欢孩子，而我跟他是永远不可能有孩子了，这对我是一个很大的打击。我难过极了，觉得自己的命太苦了。我也很生气，怪他为什么不早告诉我。而他只一味地流泪，哭诉：小妹，我对不起你，只要你不跟我离婚，我什么都依从你，我一定加倍地疼你，事事让你高兴称心。相信我，我确实是因为喜欢你，怕失去你，才隐瞒真相的……听了他这些情意绵绵的话，看到他真心悔恨、痛苦不堪的样子，我心软了，眼泪扑簌簌地往下掉，心想真正是"不是冤家不聚头"哇……看见我哭，他哭得更痛心了。我只得强忍着泪水对他说：你不是跟我说过吗？我们不能成为终身的伴侣，也要做永久的朋友吗？你别哭了，我不会跟你离婚的，就算我给自己找了一个大哥哥吧！他听了破涕为笑，激动地搂住我说：小妹，你真好！你对我的情义，我一辈子也忘不了……

我们的共同生活，确实是少有的甜美和幸福，他对我关怀体贴无微不至，真是好得无法形容。那时我身体还很好，每天上下班，他都要上车站送我接我。看了天气不好，怕下雨，他就会请了假，夹着把雨伞挤车往医院送。他怕我受凉，一见我坐在窗口，他就会马上帮我关上窗门。我要是有个头疼脑热，他就紧张得不得了，常常急得偷偷地哭。我取笑他说：你紧张什么呀，一点小病，离死远着呢！他就是怕我死，哪怕我只是感冒发烧，他也整宿整宿地不睡，坐守在我的床边，一会儿摸摸我的头，一会儿摸摸我的手，问：小妹，你觉得怎么样啊？好点儿了吗？一会儿又喊：小妹，要喝点水吗？总之，他让我得到了我从小就缺少的父兄之爱，慈母之情。我做梦也没想到，一个称孤道寡、唯我独尊的封建帝王，会被改造成这样一个温柔体贴的丈夫，会那么关心体贴别人，甚至忘了自己的休息和睡眠，只为减轻他所爱的人的痛苦……这在世界上恐怕也是少有的吧？

相依为命、形影不离

记得有一天晚上，医院本来通知要开会，后来又临时决定不开了。我就利用这难得的空闲时间，跑到王府井四联理发馆去烫发去了。那时候理发店营业时间特别长，一直到晚上十点才关门。匆忙中我没有往家里打电话，这一下可就糟了，溥仪等我到八九点还不见我回家，就往医院打电话找我。值班员告诉他：今晚的会临时决定不开了，李淑贤早就走了。他一听可急坏了，放下电话就像傻子似的上街去找，东一头西一头地乱闯，北京城这么大，这不是大海捞针吗？后来他又往派出所、公安局、交通队挂电话，问有没有发生什么车祸，回答都说没有。但他还是不放心，又颠儿颠儿跑去找老万，非要老万陪着他去找我。老万不肯，说她可能上哪个朋友家串门儿去了，到时候自然会回来。偌大个北京，我跟你上哪儿找去？溥仪没有求动他，只好哭丧着脸回家了。等我十点多钟回到家里时，正好看见他坐在客厅沙发上呜呜地哭呢！我吓了一跳，赶紧问：溥仪，你怎么哭啦？他抬头一看是我，高兴得从沙发上腾地站起，一把将我揽进怀里亲着，又哭又笑：你可回来了！快把我急死了，你上哪儿啦？也不告诉我一声儿，你看，我的心都快跳出来了。他那个高兴劲儿，就像找到了一个失而复得的宝物一样。

溥仪虽然已年过半百，但显得很年轻，一点不像比我大一二十岁的样子。他的性情简直就是一个小孩子，说哭，眼泪来得特别快，说笑，笑声震得玻璃响。我常常跟他开玩笑说：溥仪，你应该去当演员，你一定能当上明星，因为你演得特别逼真……他就笑着回答：我本来就是演员嘛！你自己也是！人生是个大舞台，人人都在演自己的戏……但是，他这个演员身上却没有一点江湖味儿，他待人接物真诚得让人感动。渐渐的，我忘记了他的生理缺陷，我的心完全被他征服了。在这个世界上，我们两个都可以说是举目无亲，虽然他有众多的弟妹亲族，但可能是由于封建礼教的毒害吧，他们之间的关系，并不像一般平民百姓那么亲密。溥仪自己就承认：皇上自己称孤道寡，倒是有自知之明，几个皇上不是孤家寡人呢？他三岁进宫称帝，前后做过三次皇帝，其实哪一次都是别人手里的傀儡，他一直被关在一座座高墙深院之中，没有一点人身自由，没有一点生活乐趣。他常常和我说，他最恨慈禧太后，恨她为什么要把他抱进宫里，毁了他的童年和青春，乃至整个一生，使他不能做一个真正的人……直到改造十年特赦出狱，他才算真正有了自己的小家庭，过上了自由的、真正的人的日子……

而我自八岁失母，十四岁亡父，十六岁开始独立谋生，个人生活一直多难坎坷，从来没有享受过真正的爱情，也没得到过家庭的温暖。而溥仪却让我尝到了爱情的幸福，家庭的温馨。世界上从来没有一个人对我这么好过，他既像慈母、父兄，又是最多情的爱人，我们渐渐变成了相依为命的一对，谁也离不开谁，我觉得世间很难找出第二个这样的男人和这样的丈夫。后来，我的身体不好，脾气也变坏了，但他始终对我那么温和体贴，从来没有和我红过脸。我真纳闷他为什么有那样的好脾气，他似乎除了哭和笑，根本不会发脾气。虽然我的夫妻生活不理想，但相互的感情却越来越深，简直到了形影不离的地步。

越帮越忙

只要我在家，他总是像尾巴似的跟着我。我上厨房做饭，他就抢着帮我打下手；我洗衣裳，他就帮我拿肥皂、搬板凳，帮我晾晒；甚至我上卫生间他也跟着。我被他跟烦了，就说："你干吗老跟着我？怕我跑了？你真讨厌！"他说："我不讨厌，我是真心，我在充分享受我的幸福和自由……"他很好动，一点也不懒，就是笨手笨脚的。记得我们俩谈恋爱时，每次看见他都收拾得利利索索的，我还以为他很会照料自己，很会生活。等我和他共同生活，才知道他几乎什么也不会做，原来以前都是别人帮他收拾打扮的。我笑他：

"那时候你是化装演出呀！"他就不好意思地笑笑说："嘿嘿，那都是五妹夫的主意……"而他很愿意干活，很愿意帮我的忙，他总是抢着干活，怕我累着，可惜就是越帮越忙。有一回，他要给我烙饼吃，让我等着吃饼，他一个人关起厨房门，乒乒乓乓紧忙乎。一会儿他果然送出一张饼来，外面烙糊了，咬一口却粘牙，原来没熟……又过了好半天，厨房里忽然烟雾大作，呛得他开门跑了出来。原来饼没烙好，炉子却被他闷灭了，他想重新生火，闹了满屋子烟也没生着……后来，他又要自己洗白衬衣，我让他试一试，结果一件衬衣洗了一整块肥皂不说，还溅了一身肥皂点子。而白衬衣呢？不该洗的地方搓得雪白，该洗的领子袖口却还是黑的……从此以后，我就不要他干这些家务活了，省得他给我越帮越忙。

小皇上与孩子

刚成家时，家里客人很多，但他不会招待，他自己又抽烟又喝茶地陪着客人聊天。我就说他："你也应该请别人喝茶抽烟才像个主人呀！"他很听话，后来一有客人，不管我在不在家，他都抢着让烟让茶，客客气气的。我们请了一个老太太帮着搞搞卫生，做做杂务，只请半天，不管饭，但溥仪总是要留老太太吃饭才让走。后来老太太不小心摔坏了腿，溥仪和我还常常买了点心去看她，老人感动得不得了……我有时候上街买东西，赶不上回家吃饭，他也不吃，非要等我回来一起吃。我说他："人家大妈下午还有别的事，你不吃饭，她就不好意思走，不是耽误人家的正事了吗？"但是他很固执，他让老太太先走，而自己仍饿着肚子等我回来。为了准时回来赶饭，往往弄得我逛街也像上班赶点一样紧张……

他喜欢好的吃喝，但对饮食并不挑剔，他什么都吃得很香。烟也是不管高级低级，有抽就行。他爱喝浓茶，但对茶叶也不讲究，香片茶就可以了。他的烟瘾很大，早晨起来头一件事是点火抽烟；晚上临睡的最后一件事还是抽烟点火。而他有气管炎，咳嗽很厉害，痰也多，我就劝他少抽，抽点好烟，后来他果然抽得少了。

他生性好动不好静，除了睡觉，他总是在不停息地活动。拿他自己的话说，是在充分享受自由幸福。他喜欢串门儿，我们住西观音寺时，那么长的一条胡同的人，对他都很亲热。只要有空，他就东家坐坐，西家聊聊，和人家翻古、讲笑话，笑声响亮得几个院子都能听见。街坊邻居都喜欢他，就是十年"文化大革命"那会儿，他们也没骂过他一句。他特别喜欢小孩儿，家里来客人，要是客人带了小孩来，他就和小孩儿一起玩耍一起说笑去了，把客人丢在一边坐冷板凳。最好玩的是有一回，我偶尔提前回家，刚进院子门就听见屋里乒乒乓乓很热闹。等我推开客厅门一看，只见满屋子戴花脸面具的小孩儿，足有十来个。其中一个特大个儿的孩子，戴着个猛张飞的面具正耍得欢实。听见动静后，他一把将张飞脸掀到头上，呀！原来是溥仪！我忍不住扑哧乐了，这个没大没小的老儿童！他看见我了，怪不好意思地咧着厚嘴唇嘿嘿嘿地笑着说："嘿嘿，到底被你碰见了，真糟糕……"那群顽皮的小机灵鬼一个个悄悄地溜了，只剩下满地的花脸，满地的木头刀枪……溥仪平自特别喜欢买玩具，光花脸、大娃娃头就有一筐。我原来以为他不过是喜欢收集这些玩意儿，绝没想到他会这么孩子气十足地玩得欢。怪不得我常常发现家里的摆设挪了地方，地上也出现一些莫名其妙的假须，彩色纸片之类，原来他趁我不在家的时候，和左邻右舍的娃娃们在家里大闹天宫，估计我快回来了，才匆匆收拾还原去车站接我，没承想这次却被我当场捉住了……

那时他出来进去，或接见外宾时，总有一群群孩子跟着他，围着他看热闹，连汽车都没法开。有时候那些小孩还拍着巴掌起哄喊"小皇上！小皇上！小皇上！"他从不起急，总是笑眯眯地摸摸这个的小脑袋，拉拉那个的小手说："小皇上好吗？当小皇上可不好啦！见不着自己的爸爸妈妈，还有一大群人跟着管你，挑你的毛病。你们看，你们今天多自由，多快乐！你们是祖国的花朵……"而我看见他那么喜欢孩子，看见他和小孩儿玩得那么高兴，和人家的孩子告别时那么恋恋不舍，我就忍不住心里难受，要是我们能有自己的孩子多好啊！

"老猫"和"小猫"

他对吃穿的兴致并不大，他最喜欢的是这里看看，那里玩玩。北京的公园，我们俩几乎都逛遍了，去得最多的是动物园，因为离家近，溥仪又特别喜欢动物，我们差不多每礼拜天都去。后来我有病，在家休息，他每天早上五点就愣把我叫起来，拖着我坐头班车去景山公园散步，做操，直到有人认出他来，开始围观我俩。我们才换成月坛公园，学八段锦、太极拳，可是，不久又被人认出来了，大家都想看"小皇上"打拳，我们只好又换一个公园……

除了去动物园逗熊瞎子、喂猴子、引八哥说话儿，我们去得较多的地方是故宫博物院。溥仪平时很少和我回忆往事，似乎很忌讳那个不光彩的过去。只有在游故宫时，为了给我讲解他才提起一些往事。他是最好的讲解员，他熟悉那里的每一间房子，知道许多掌故，也说得出每一件摆设的来历和用途，所以常常引得一些游客和参观者不自觉地跟随我们，屏息凝神地听他对我讲解……

他的外事活动很多，除了在家里接待，还常常被邀参加宴会。每当他独自一人去吃了一桌丰盛的筵席回来，他总要详详细细向我描述整个宴会的情况。他告诉我席上有哪些名菜，有哪些我喜欢吃的东西，而他又没法替我带点回来，他急得不得了……我听了直笑他："你当我跟你一样馋呐！"

在外人面前我叫他"老溥"他称我"贤"。关起门来，我们是"老猫"和"小猫"，每当我叫"老猫"！他就会大声答应："嚛！小猫有何吩咐？"一面还行一个那样的半跪礼，我也就忍住笑说："老猫听着！把什么什么给我拿来！"他又是一声："嚛！小猫！"……我们没有小孩子，自己就变成了两个大孩子，我们常常互相闹着玩儿。他每天下班回来，一进门就叫"小妹"或者"小猫呢？"我就故意藏起来，让保姆骗他，说我不在家。这一下他就会问个没完没了：她上哪儿去了？什么时候走的？快回来了吗？临走留话没有？等着他看见保姆憋不住笑，他就高兴地说："哦——我的小猫又藏起来了，等我把她找出来！"这时候我就从藏身的地方猛地跳出来，嘿地吓他一下子，他就一把抱住我笑："哈哈哈，老猫逮住小猫啦！"

有时候，我看见他刚进院子门，就连忙躺到床上，盖好被子，呻吟着。他一进门就慌了神儿，把提包一扔，跑过来问："小妹，你怎么啦？"我骗他说："我病了，一整天没吃东西了……"他就会吓得变了颜色，焦急地说："你快起来，快起来！我背你上医院……"我故意问："你背得动吗？"他一面蹲下身子把背对着我，一面说背得动。这时，我就把被子一掀坐起来笑得前仰后合……他也笑了，但一面又正儿八经地说："小妹，以后不许你再这么吓唬我了……"

溥仪比我大十九岁，所以他就特别怕自己显得老。我又故意逗他，一会儿盯着他的眉毛说："老猫，你这儿有一根白眉毛。"他马上摸摸自己的眉毛说："是吗？昨天还没有哩！"就连忙跑去照镜子……有时候，我故意大惊小怪地说："哎呀，老猫，你这里的头发怎么白了一片呀？"他一面惊慌失措地说："不可能，这不可能"，一面又跑到穿衣镜跟前去……

在家里，他喜欢写字，作诗。有时一些归国华侨和外国友人，要他的"御笔钦题"，他从来都有求必应……最多的时候，是自己练字写诗玩儿，他几乎天天都要写几张纸，他不研墨，而是买墨汁写。他说我的字不好，应该好好练一练，我还真跟他学过练过一段时间。他常给我讲他新做的诗，可惜我脑子不好，一首也背不下来。他的毛笔字写得不错，钢笔字却潦草得叫人难于辨认。他对古典文学、诗词很有些修养，但对数学却一窍不通，连加减乘除的式子都不会列。他曾一再要求我教他学算术，可惜我一次也没教过他。

1964年3月30日，溥仪夫妇随全国政协参观团在杭州都锦生丝织厂参观。（资料照片）

游览南北

六四年，政协组织我们去南方参观访问，玩了五十多天，一路上都受到热情招待，玩了个兴尽而归。溥仪高兴得像小孩似的，总是兴高采烈地又说又笑。只要是好玩的地方，多难爬也要爬上去看看，还总是要拽上我。中国新闻社还给我们拍成了一部大型纪录片，他说只怕真正的皇帝也玩不了这么痛快，这么好。他胃口好，吃得又多又香，大家一桌子开饭，也不管多少人，他只要看见我喜欢吃的菜，就赶紧往我盘子里夹，自己也呼呀呼地埋头大吃。我背地里说他："当着那么些人你不要给我老夹菜，让人笑话你。"你猜他说什么？他说："笑就笑吧，只要你吃好了就行。"而至今使我感到奇怪的是晚上，我们住在同一间房里，但是一人睡一张床，两床之间还有不小一段距离，他睡眠很好，几乎一沾枕头就着，而只要我在床上翻个身，他就会马上醒来，你说怪不？他知道我神经衰弱，又择席，换个地方就睡不好觉。南方天气又热，他老担心我睡不好觉会生病，就爬起来给我打扇，一直扇到我慢慢入睡了，他才轻轻地回去接着睡。我不叫他扇还不行，我只好一动也不动地躺在那儿装睡，要不他又会爬起来……

后来我们又上西安、临潼一带参观访问了二十多天，他好动好问好打听的脾气，孩子般的快乐，确实感染了那一行人，也发生了不少趣事。比方那天参观碑林回来，却找不见他了，原来他抄碑文抄得忘了时间，大伙找到他时他还在一个劲儿往小本本上抄呐！那次在南方吃狗肉，他先不知道是什么肉，吃得津津有味，等知道是狗肉，他想起狗是吃屎的，就恶心得想吐，再也不肯吃了……但是说他把鞋油当牙膏使，却是纯粹编来逗笑的，他虽不善于照料自己，但终究不是文盲和白痴；眼睛有点近视散光，但也并不是瞎子，怎么会连皮鞋油和牙膏都分不清呢？至于说他在华清池沐浴，连袜子都不晓得脱，为看姑娘洗头去浴室被当成流氓，等等等等，真不知从何而来。那天参观华清池时间很短，根本没有洗澡这些事，难为人家编得像真的一样……

参观回来不久，溥仪就尿血了。当时没有查出是什么毛病，只是给他注射维他命（维生素）K止血，后来才诊断为肾癌。但是除了有些浮肿，仍然能吃能睡。自他生病以后，一直享受高干医疗待遇。他喜欢看中医，一直在广安门中医研究院，由名医蒲辅周老先生给他看病。我每次都陪他同去，蒲老见我就挑大拇指，意思是我这样体贴照顾他很好。蒲老对溥仪很好，每次见面不管多忙，也要像老朋友一样谈笑风生。蒲老当时已八十多岁了，却总是客客气气地送我们到门口。用药也很舍得，多是名贵药草，都是要盖高干章才能买到的。我们多半是一早就悄悄地去，怕引起别人注意，但有一次还是被认出来了。这一下可热闹了，住院的、门诊的，甚至路过的，都挤在楼梯、走廊里，等着要看"小皇上"。幸喜医院给我们开开后门，让我们悄悄地溜走了……

"文化大革命"中的皇帝

一直到一九六六年九月,溥仪的病情都很稳定,至少从外表看起来是这样的。我们在"文化大革命"中并没有受到什么群众组织的冲击。一是因为当地派出所很讲政策,二是那些好心的街坊邻居都暗暗保护我们。就是红卫兵到我家来破四旧,也有派出所的同志跟着,一点也没乱来。红卫兵一共来过两次,头一次他们进我们屋里这看看,那儿摸摸,当发现床和沙发都是颤悠悠的,软的,就有意见了。派出所同志解释,这都是国家给的,因为要接待外宾。他们就说,现在也没有外宾了,为什么还用?一边儿搁起来吧!溥仪赶忙叫政协派车来搬走了,换了一套木头椅子。过了几天,红卫兵又来检查,发现摆的是硬板凳,满意了。但抬头一看房上,发现屋檐上的几个螭头还蹲在那儿,就不高兴了,不是叫你们把这些四旧拆掉吗?怎么还留着?我们告诉他们说,房管局答应派人来拆,我们有病,不能上房……果然,不久房管局就派工人来拆走了。从此,红卫兵就没再来过我家。

据说溥仪是毛主席亲自点名的几个重点保护对象中的一个,就是那样轰轰烈烈的群众运动,像溥仪这样的"帝王将相""反革命战犯",也没挨过一次批斗,没有抄过一回家。但是溥仪胆子小,又总是觉得自己罪孽深重,是当然的专政对象,谁都可以革他的命。当他看见满街红卫兵贴的"勒令""通告",看见街坊邻居砸花盆、鱼缸,烧古书字画,他也马上学着把家里的藏书,别人赠送的字画,以及他平日写的诗词,字帖,都让我悄悄点了炉子。甚至连我们结婚的时候,别人送的花瓶,石膏模型之类的小摆设,也都悄悄砸碎埋掉了。

而他胆子虽小,却始终相信政府和党的政策。"文化大革命"最高潮那会儿,我去粮店买白面。一个售粮员板着面孔告诉我,现在只供应玉米面不卖细粮。我就买了几斤玉米面回去,对溥仪说:"以后只能吃这个了。粮店说不供应细粮。"他却笑着说:"棒子面是好东西,又营养又好吃,我最爱吃这个了。"而且真的稀里呼噜吃得很香。可是他担心我吃不惯,而且我身体不好,吃得又少……于是,他一个人悄悄找派出所所长去了。说他自己吃这个没什么,而爱人有病,不能老吃这个……那位好所长马上给粮店打了电话,过了两天,我再去买粮食时,就卖给细粮了……

"文化大革命"刚开始那会儿，溥仪好像很兴奋，他老让我替他上街买各式各样的小报回来给他看。当他看到周总理一会在这儿讲话，一会又接见什么群众组织的代表，一会又陪着西哈努克亲王……总是担心地对我说："这样怎么行？会把总理累坏的……哎呀，总理太忙了，干嘛什么事都找总理一个人呀？"开始，他对那些小报看得很仔细，还时常一面看一面跟我发议论。后来，我就只看见他把那些报纸翻过来覆过去地翻看，像要找什么东西似的。再后来他就只是对着它们发呆了，我不买，他也不跟我要了……

谁也没有经历过那样的"文化大革命"，熟人朋友自顾不暇，都不跟我们来往了。我们熟识的首长、领导干部也都靠边站了。我们成天蹲在家里，只是为了看病才上医院。而就是在那种时候，溥仪看病也仍然享受高干医疗。看西医还是在协和医院"二门诊"，也就是专门给外宾等看病的地方。有人在回忆文章里胡扯什么医院不给溥仪看病，不给他好药，是他带着他爱人给溥仪看病弄药……可笑我们平时都很少交往，在那种时候，像我们这样身份的人还敢与人来往吗？

东北来的打击

再说六六年九月十五日，溥仪接到一封原东北伪宫一名勤杂工写来的信，当时我正在厨房里做饭，忽然听见溥仪失惊地喊叫："来人啦！快来人啦！"我跑出去一看，只见他拿着信纸的手索索地抖，满头冷汗，面如白纸。我着急地问："你怎么啦？你到底怎么啦？"他不理我，还喊"来人啦来人啦！"我从他手里拿过信纸一看，原来那信上是批判他的《我的前半生》一书，还说《我的前半生》一书流毒全世界，要他写交代悔罪材料……我看了心里也怦怦地跳，但看到他魂不附体的样子，又极力劝解道："溥仪你不要害怕，这是个人的信，又不是组织上写的，我们可以不理他……来，咱们先吃饭吧！"他不喊叫了，也不理我，就那么呆呆地坐着……从那以后，他就几乎不吃饭，不睡觉，只抽烟，写材料。他一连写了六封信给那个童仆，对过去当伪皇帝时虐待童仆的事，反复认罪检讨，但是怎么也通不过，那边还是不依不饶，他的身体完全垮了……

经协和医院二门诊检查，将他收住院了。在医院治疗了两个多月，我把从东北来的信都瞒着不告诉他。他渐渐好了一点。快过年了，医生说他可以出院回家过年，但我考虑到家中没暖气，生炉子也冷，怕他感冒，而他的病是经不起感冒的。于是我就想法把他转到了他的医疗关系所在的人民医院。

到人民医院不久，东北一位故旧来到了北京，立刻就挑动"三司"的红卫兵小将到医院来批斗溥仪，幸喜"三司"一个姓王的年轻头头，因白血病住院，刚好与溥仪同房间，他知道后，马上去说服劝阻了他们，溥仪才算没有挨斗吃亏。

但是，过了几天，两个女人突然气势汹汹地闯进了病房。溥仪一见她们，就吓得面无人色，一个劲儿地在床上发抖。原来此二人一个是长春伪宫中的一位故人，一个是这位故人的嫂子。她们自称是东北人民的代表，要与溥仪清算罪行。我当时也不知道害怕，就说："你们既是东北人民的代表，有介绍信吗？"她们在身上掏摸了半天，说是没有带来。我又说："看看你们的工作证也行，好知道你们是哪个单位的。"可是她们连工作证也忘记带了。但是，革命是不需要介绍和证明的，造反有理嘛！那位故人真厉害，她操着浓重的长春口音，控诉了溥仪在伪宫时对她的虐待和奴役，说她和她的家庭怎么受溥仪的压迫，没得过他的一点好处，还要溥仪交出《我的前半生》一书的五千多元稿费……她们像搞逼供似的搞了整整一上午，还让溥仪按她们提的条款写证明，以洗清她们自己。溥仪照她们说的写了，但不肯交出稿费。他承认他不该拿稿费，但那钱是国家给的，他只能交还给国家。第二天他就把剩下的四千元（给提出材料的人花了六百元，给我看病买中药等用去了六百余元）稿费，一个不剩地交给了全国政协组织上……后来那两人要回东北时，还要溥仪出路费。我气坏了，说："人都快被她们整死了，还想要钱？谁也没有请她们来！"可是，最后还是给了路费才走的……

那天中午，她们俩人拿着溥仪写的证明材料走了以后，溥仪伤心地大哭了一场，接连几天他都没怎么吃东西，他的病情从此越来越沉重了。这也是他在"文化大革命"中，唯一受到的一次"批斗"……

皇帝之最后

溥仪自六四年第一次发现尿血，当时误认为是前列腺炎，也一直按前列腺炎治疗。六五年第一次手术，才发现是癌症，而且已从肾脏转移到膀胱了。我从医生口中知道以后，第一个念头就是：应该瞒住老猫！我一再嘱咐医生说话小声点，别让溥仪听出什么来。其实溥仪自己会看化验单，他早就从对他的一系列检查中，明白了自己得的是绝症，但他从来不肯伤我的心，他故意装着没事人似的，像健康时一样有说有笑。直到有一天，我无意翻看他的日记本，才知道他原来早就知道了，也在瞒着我，我忍不住哭了……

六六年三月，他做完第二次手术出院不久，正赶上他有生以来参加的第三次选举，也是他的最后一次选举。这时他已经切除了一只肾脏，另一只也因放射治疗而萎缩了。他身体很虚弱，却依然高兴得像小孩儿一样。投票选举的那天，他一大早就爬起来梳洗整装，穿上他那套见外宾的"礼服"，把皮鞋擦得锃亮，头发梳得溜光……我和他一起先到街道主任家里开会，溥仪还讲了话，讲些什么我就记不得了，只记得他始终喜笑颜开，讲得很带劲儿。连我都以为这次做手术，或许是一个转机哩！我们去投票处投了票以后，还特意上莫斯科餐厅吃了一顿，以示庆祝……

不久，"文化大革命"开始了，从东北来的冲击，无情地打倒了重病在身的溥仪，他转成尿毒症和贫血性心脏病，肚子被尿憋得肿起老大，不插管子就尿不出尿来。而他的尿道已失去收缩能力，老插管子又插不住，老往下掉。插尿管是件讨厌活儿，谁也不愿干，他常常被憋得凄惨地哀求，给我插管子导尿吧！劳驾帮帮忙吧，我快憋死了……于是，我就跟进跟出地去求那些值班护士，自己帮忙当下手，往往一导就是一大盆，肚子眼见着就小了，溥仪千恩万谢，能舒服地睡上一会儿……

就这样，他一直拖到了六七年十月十六日晚上。十月十五日，蒲辅周老先生还来人民医院给他看过病，开了三副中药，说他还能拖一阵子。蒲老对溥仪一直很好，一直坚持为他出诊，老人家那时已年近九旬，还登高爬低地到溥仪病床前为他诊脉、开方……可是蒲老开的三副中药还没吃完，人已经不行了。十六日晚间，护士像往常一样给他注射了三种药针之后。我上便所回来，就发现他神色不对，他最后向我说了声："小妹，打完针我心里憋死了……"就再也没有声音了，这是他说的最后一句话……等医生护士闻声赶来，他的瞳孔已经散了，但喉咙里还咕噜咕噜地响，始终咽不下最后那口气，一直拖到十七日凌晨两点半，他才最后咽气……

从他病重住院以来，我始终寸步不离地守在他身旁。但我总是不相信他真的会死，至少也不会死得这么快……我完全被悲伤弄得麻木了，一点也没想到应该给他准备后事，也没有一个人来提醒我一下，直到他咽下最后一口气，被用白单子一蒙送进太平间，我才赶回去为他准备装殓衣裳……但是，他已经完全僵硬了，原先身上穿的衣服脱不下来，拿来的内衣也换不上去，而我又舍不得掰断了他的骨头或关节，就只给他穿上了一身头年为他做的新绸子棉衣裤，虽说不是崭新的，但刚刚拆洗过，也跟新的差不多。可惜里面还是他入院时穿的那件毛衣……十几年了，我始终觉得对不起溥仪，因为我没有给他换上干净的贴身衣裳，而他是很爱清洁的……他死后的样子很安详，就跟睡着了一样，一点也不使人觉得害怕。当给他装裹时，我发现他一只眼睛还睁着，像在看着我，嘴唇也半张着，似乎还想说什么……我轻轻替他摸了摸，就都合上了……

深沉的哀思

在溥仪觉得自己已经不行了以后，我成了他的唯一心病。他常常含着泪水，拉着我的手说："小妹呀，我殁了以后你怎么办呢？除了我谁还会来疼你呢……"我总是强打起精神安慰他："别说傻话了！老猫怎么会殁呢？老猫的生命力那么强，一定会好的……等你好了，咱们还天天逛公园去……"但是他心里明白我是在安慰他，总是沉思着说："唉，要是我真能好起来就好了，我舍不得离开你呀……可是我知道我日子不多了……你以后怎么生活呢？谁来管你的生活呢？……"他到死都在为我操心哪……

他撇下我走了以后，我一个人回到西观音寺 22 号，那栋空荡荡的大房子里。那里到处都留有他的痕迹，到处都引起我对他的怀念。我不能够相信他真的死了，这样一个生气勃勃、笑声朗朗的大孩子，我的亲爱的老猫，怎么会在顷刻之间化为乌有呢？那太平间里的诀别，那通往八宝山的短短的路程，那熊熊的焚尸的烈火，那飘向天空的缕缕青烟……难道不是一个梦么？！但是，我的老猫再也没有了，任我喊破嗓子，也没有人来应一声"嗯！"了……他的衣服还在衣架上挂着，他的碗筷还在橱柜里摆着，他的枕头还微现着他压下的头印……而他的的确确没有了，他化作一股青烟自顾自地走了……那些和他玩闹过的胡同里的小孩，一个个怯生生地盯着我，他们再也不喊"小皇上！小皇上媳妇！"了，他们默默地给我让开小路，静静地看着我走过去，走向那个树木森森、空空荡荡的大院子……那个跟我相依相伴、形影不离的溥仪永远消失了。我觉得房子空荡得可怕，庭院也空荡得可怕，而我的心更空寂得像一个无底深渊……我不知道那最初的半年多时间是怎么过去的，我只知道自己像一个幽灵，整天在家里荡来荡去，活像在寻找什么丢失了的东西。我不听广播，因为那个跟我一起向电台学唱新歌的人儿不在了；我不看报纸，因为再也没有人给我读报讲报了……

但是，我还得生活，我不能在四十多岁年纪便停止生活。我不愿得神经病，我还想追回那已失去的健康。于是我决定搬出那栋曾使我度过一生中最美好幸福的时光的大房子。一方面固然是为了紧缩开支，节约房租水电，另一方面也是为了换换环境……

六八年我搬到灯市口箭厂胡同住。溥仪死后，政协把他自动交给组织上的那四千元稿费发给了我，另外还给了我几百元抚恤金。我就靠这些钱看病吃药生活到了七一年。但是，我的工作问题、公费医疗等，始终没有得到妥善解决，我已经坐吃山空了……

周总理的关怀

在百般无奈之时，我想起了周总理。自从溥仪从东北特赦回到北京，他的工作安排、学习改造、个人生活、看病医疗……就一直挂在周总理心上。最使我难忘的是，我和溥仪结婚以后不久，周总理宴请我们和溥杰一家，并和我们合影留念的幸福情景：那是六三年，当我得知我就要见到周总理时，我是又高兴又心慌，溥仪看出我很紧张，就笑着告诉我："我保证你见了总理不会感到拘束，他最平易近人了，他有本事只要说一句话就会使你忘了你的紧张和心跳，不信？你见着总理就知道了……"果然如他所说，那天周总理见了我们就笑微微地问溥仪："这是你的新娘子吧？你娶了我们一位杭州姑娘……"听了这亲切的话语，我就像见到了自己的亲人一样，我幸福得心都忘了跳了……接着是吃饭，看到摆的是一桌浙江菜，我感动得眼睛都湿润了。上席坐定以后，周总理又亲自给我夹菜，夹的是红烧狮子头，他的右手不方便，还是不怕费事地把那块狮子头送到了我的菜碟里，我吃到了世界上最美味的红烧狮子头……

我还记得，溥仪第一次发现癌症时，周总理就嘱咐平杰三部长，要组织名医全力抢救……

于是我决定写信给周总理求助。我的信发出去没几天，周总理就派了管理局的侯处长找我来了。他代表总理向我表示慰问，并答应满足我提的要求。我提了两个要求：一是换一下房子；二是请求给我安排一个轻工作，让我能带病坚持上班，好解决公费医疗和生活问题。周总理真好呀！七一年还没有落实政策这一说法哩！而他对我的关怀却无微不至，凡事都考虑得那么细致周到，他一再嘱咐要给我找两间合适的房子，而且要是我满意的房子。这样，我很快就搬进了东四的新居。不久，政协又派人来说，你身体不好，只怕轻工作也支持不了，政协每月发给你六十元生活费，你安心养病吧！就这样，周总理在我最困难的时候帮助了我，把党和政府的关怀送到了我身边，使我终生感激在心……

七九年关厢医院给我办了退休手续，并解决了公费医疗。一九八〇年五月二十九日，国家又为溥仪补办了隆重的追悼仪式，还分给我这一套两居室有阳台、有煤气和暖气的新房子。政协每月照顾我六十元，加上我自己二十多元的退休金，我的生活有了保障，过得很舒服……

每年清明和他的忌辰，我都要去八宝山看望溥仪，给他扫扫骨灰盒上的尘土，告诉他我现在过的好生活，让他能含笑九泉……

如果小皇上还活着

李淑贤脸上浮起一丝恬静的微笑，深情地注视着周总理接见她和溥仪的合影，沉默了。

"家里就您一个人吗？"

"就我一个人，一个人生活简单、清静……"

"您不觉得寂寞吗？"

"有时候当然也有点寂寞，但常常有朋友来看我，我闷了也出去走走，看看电影，日子过得很轻松。我还要参加民革的学习与社联活动，寂寞的时间并不多……而且，你看，我还有一个好伴儿呢！"她指着小柜上的一台十二寸黑白电视，含笑地说："每天晚上，就是它陪伴我……"

"哦，您这一辈子也真不容易……"

"是啊，我生来命苦，从小就没过过什么舒心惬意的日子，好不容易碰上个溥仪，我才过了几年幸福快乐的生活，没想到他又那么快就丢下我去了……要是他现在还活着有多好啊！我相信他一定会为统一祖国、振兴中华尽他的一分力量，而且我们会有一个多么幸福安康的晚年啊！

"过去我因为身体不好，脾气急，性子又直，难免不跟溥仪耍点小孩子脾气，但我们从来没有真正吵过嘴，因为他的脾气太温和了，他好像根本就不会生气，只会笑，谁也无法跟他吵起来。可是，我也许无意中得罪过什么人，但我确是出于无心啊！可是有的人，不知什么原因，总是跟我过不去，故意为我捏造一些无聊的东西。我觉得既是写回忆文字，就应该实事求是，不应该为迎合什么而胡编乱造，也不应该为报复哪个就造谣中伤，欺骗读者……我常常想，要是溥仪还活着，这个自称是他的朋友的人，敢这样对待我吗？他为什么要死得那么早呢？他就是活到今天也不过七十七岁……"

她眼圈红了，声音哽塞了。我劝解道：

"您不要为这些难过。俗话说，会说的不如会听的，会写的不如会看的。人正还怕影子歪么？读者的眼睛是雪亮的，读者的心是最公正的……"

"是啊，是啊，是这样的……其实也没有什么，不过偶尔想起来有点难受……趁这个机会，我就借你的笔，向海内外读者致意吧，并代表九泉有知的溥仪感谢各位对我及'小皇上'的好心关怀……"

原载《万象》2011年第9、10、11期（三期连载）

五、集书评介

高旅《持故小集》。三联书店，1984年2月。（资料照片）

《二罗一柳忆朱湘》。三联书店，1985年4月。（资料照片）

赵家璧《编辑忆旧》。三联书店，1984年8月。（资料照片）

柳苏（罗孚）《香港，香港……》。（资料照片）

罗念生《希腊罗马散文选》。湖南人民出版社，1985年6月。（资料照片）

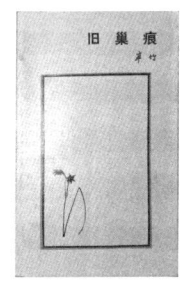

金克木《旧巢痕》。三联书店，1985年12月。（资料照片）

金克木《难忘的影子》。三联书店，1985年12月。（资料照片）

《罗念生全集》。上海人民出版社，2004年6月初版。此为2016年增订典藏版。（资料照片）

无意中引人入胜

——读高旅《持故小集》[1]

拿到三联书店新出版的《持故小集》，一眼就发现了《孙行者不能代取经》这篇文章，想起小时候读《西游记》，看到唐僧守着个能驾筋斗云的高徒，却要自己一步步走去取经，直恨他"冒傻气"。听说是佛祖的规定，不历尽千难万险不传真经，又恨菩萨刁滑，专会折磨人……孙行者为何不能代取经？倒要看看作者高旅怎么说。

此文开头不讲孙行者，却说古代西方的奴隶主，读书也不自己读，却让每个奴隶背熟一两本书，他想读哪本了，就叫哪个奴隶出来背诵。真正读通那部书的，当然是奴隶，奴隶主听了点皮毛，却自以为博览群籍，正如今人把《大英百科全书》《二十四史》当作陈设一般。高旅正讲着古

高旅《持故小集》。三联书店，1984年2月。（资料照片）

代"活图书馆"的故事，突又笔锋一转，信手给现今那些沿墙摆着高级书柜，里面排满从不开封的精装书的主人们画了一幅小像，接着才讲孙行者为什么不能代取经。作者以为，唐僧必须经"八十一难的折磨，千山万水的历程"

---

[1] 编者注：副标题为编者加。

"得到了真经，方能受用""最怕的是取捷径，求捷法，一味偷巧，自以为得计，那么即使取得真经，也会视作等闲"。这本是做学问的客观规律，让作者娓娓道来，透彻服人。作者又说："软弱无能也无妨，有虔诚、坚定的心志，天助自助，必抵于成。"简直可做座右铭。《孙行者不能代取经》不多的两千字，游刃有余，褒贬自如，使我加深了对《西游记》的理解，以后读书再不敢取巧图快活，更不屑于做那种拿书作摆设的自欺欺人的"书主人"。

再看书中的《想起了严复和刘师培》一文，这篇更"经济实惠"。不消几分钟就弄清了两位近代名人的面目。严复是《天演论》的第一个译者，是我国近代的启蒙思想家，曾以主张维新变法、反对专制，名震一时。刘师培汉学精深，曾极力鼓吹革命。二者都是功不可没的，后来却双双"失足"，参加了"筹安会"，拥护袁世凯称帝。怎样对待这样瑕瑜并见的学问家？是贡献归贡献，缺欠归缺欠呢？还是"一有小辫子立刻抓牢，拖倒之后，再踏上一只脚"呢？这篇杂文十分委婉地做了回答。

1982年，作者在聂宅与来探访的聂绀弩的好友高旅合影。左后是卧榻假寐的聂绀弩。（作者提供）

其他如《十常侍》《从八股文说起》《且说"悔其少作"》《贪泉》等等，

都是引古鉴今、言之成理、令人击节叫绝的好文章。诚如杂文大家聂绀弩所说:"高旅杂文,博闻强记,娓娓而谈,无意中引人入胜。"

(原载报刊不详)1984年2月1日

三支妙笔忆朱湘

——写在《二罗一柳忆朱湘》出版后

一九三三年的一天清早,一位才华横溢的年轻诗人,在采石矶江面,跃下江轮,拥抱了水中的朝阳,永远消逝了。别人以为是失足落水,投下救生圈,他不用,挣扎几下,兀自沉入水底,与屈原、李白做伴去了……这就是被鲁迅先生称为"中国的济慈"的著名诗人朱湘的"沉江抗议"。

朱湘为人诚挚善良,生性倔强孤傲,有着强烈的民族自尊,在留学美国时,因不甘受"异族人的闲气",愤而退学。他热爱祖国,讴歌五千年的灿烂文化,想用诗"复活起我国古代的理想、人格、文化与美丽"。他十五岁考上清华学校,已能阅读英文小说,十八岁开始新诗创作,二十岁时,他的第一部诗集《夏天》便已问世。到了二十一岁,他已能用英文写最难写的十四行诗了。朱湘的诗是浪漫的灵感和古典的艺术的有机结合,他是新诗运动的中坚人物。他对我国古诗词和西方各国诗歌的丰富知识和深入研究是令人惊讶的。但是,朱湘生不逢辰,命运多舛,他的耿直狷介,疾恶如仇,不能见容于那个"见鬼作揖,见人磨牙"的社会。他一生穷困潦倒,幼儿死于饥饿,妻子又不理解他,他甚至被旅馆扣留,被茶房押去找朋友解救,受尽侮辱。诗人走投无路,愤而沉江,以死抗争……

《二罗一柳忆朱湘》是罗皑岚、罗念生、柳无忌自朱湘逝世以来所写的关于朱湘的纪念文字的结集。三位名家各具特色,罗皑岚的笔调像小说,柳无忌的风格像诗,罗念生的文章则既像小说又像诗。他们三位都是朱湘在清华和留美时的同窗好友。他们自己承认:"我们三人都是在朱湘的指引和鼓励下走向文学道路的。"他们从不同的角度,抒发了对这位生前坎坷、身后凄凉的天才诗人的痛惜和眷念之情,同时将朱湘的身世、机遇、治学成就做了简洁明了的介绍。三支妙笔轻点淡染,便把一个具有火一般爱国热情的"有骨头的硬汉子,一个顶天立地的中国男儿",一个典型的中国式的耿介文人呈现给了读者。朱湘的名字,将连同"二罗一柳"至死不渝的情谊一起"不至于湮没无闻"了!

1985年10月,作者(后左)参加"朱湘研讨会"。前右四为罗念生。(作者提供)

年逾八旬的古希腊戏剧专家罗念生在繁忙的编译、研究工作之余,不辞辛苦,为此书编辑、作序;学贯中西的诗人柳无忌远隔重洋,鸿雁频催,为此书操心、笔耕;"五四"以后第一批有成就的小说家之一的罗皑岚,也曾为此书的结集关怀备至,遗憾的是他不及看到这本"友谊的结晶"出版,就匆匆地找老友朱湘去了……

原载《瞭望周刊》1986年第39期

书人书事集锦

——赵家璧与《编辑忆旧》

古往今来，名作家、名著数不胜数，而名编辑和编辑专著有多少呢？近年来，各种回忆录盛行，赵家璧的《编辑忆旧》适时问世，确实给那些"为人作嫁"的"无名英雄"露脸争气。

赵家璧《编辑忆旧》。三联书店，1984年8月。(资料照片)

《编辑忆旧》集作者自一九七七年以来所写的二十八篇回忆编辑心得的文章，涉及的都是名人名书。作者以翔实的史料，晓畅的文字，记录了进步文化出版事业所经历的坎坷，道出了一个出版界拓新者的苦乐，揭示了不少煌煌卷帙名著问世的过程。这对于评价、研究作家与作品无疑是大有裨益的资料。

赵家璧自幼爱书情笃，还在读小学时就曾编过一种油印刊物赠友，到光华大学附中上高中时又曾主编过校刊《晨曦》，念大学时即创刊《中国学生》，后又任主编。一九三三年初，他初谒鲁迅，即表示了愿将文艺编辑作为自己终生事业的志向，得到了鲁迅的亲切鼓励。他从此献身这种"社会通力之学"，几十年如一日从事编辑出版工作，曾主编过几百种图书，如《一角丛书》《良友文学丛书》《良友文库》《万有画库》《中国新文学大系》等等，为进步文化出版事业做出了难以磨灭的贡献。

赵家璧根据自己珍藏的书简、文献、图片，并查证了大量有关史料，写就了这本堪称"编辑经验总结""出版史话""著名书人书事集锦"的图文并茂的好书。书中亲切地回忆了上述各套丛书的诞生历史，和作者与鲁迅、蔡元培、郑伯奇、茅盾、丁玲、郑振铎、徐志摩、耿济之等文坛宿将、译界泰斗亦师亦友的交往，也解开了当时的论争对手（如鲁迅和叶灵凤等）为何能同在一套丛书中编纂作序的疑团。

怎样做一个合格的编辑？怎样确定编辑方针？怎样选题、组稿？赵家璧以他手撰的《编辑忆旧》作了令人心悦诚服的回答。

他热情诚恳地告诉人们：爱好书籍吧，这是知识的源泉！热爱编辑工作吧，这里面也大有学问和乐趣！

1984年9月，作者和赵家璧先生合影于三联书店办公室。（作者提供）

原载《北京日报》1985年7月5日

《香港，香港……》的来龙去脉

当全国，尤其是北京兴起"香港热"时，凡是冠有香港字样的书刊都成为争购的"俏货"。可惜那些有关这个名声大噪的小岛的书籍，不是旧作重印，就是失之偏颇，或者一鳞半爪。香港这个中国的第一深水良港，近年来，由于中英会谈，"九七""回归""一国两制"等等，更一跃而为世界舆论的热闹话题。"港商""港币""港产""港澳同胞"也成了内地人们的关注对象。它何以能够具有那么巨大的能量和魅力？它的历史渊源、现行制度、生活方式好坏短长，以及它的成长发展、未来前景等等，要是有人真实客观地逐一介绍该有多好！只是这样的作者不好找啊！他至少应该是个"香港通"或"准香港通"，要有空闲、有文采、又乐意"爬格子"……

我很快想出一个人来，这是一位脸上永远带着宽厚纯真的笑容的"眼镜先生"，活脱脱的一位"笑弥勒"[①]。他在香港生活过数十年，算得一个"香港通"。他主编过报刊，发表过无数清新活泼的大小文章，颇有文采。现在蜗居首都终日埋在书报里，是一个难得的"富贵闲人"，而且了解堪称他的第二故乡的香港可以做到"旁观者清"……于是，我开门见山地说出自己的"编辑梦"。

选题和写作提纲很快得到有眼光的上司们的赞赏。于是《香港，香港……》就一篇一篇地诞生了。根据自己对香港社会诸象的亲身体验观察，精心摄取足以表现香港社会风俗人情的各种事物，分而详介细描。庄谐并寓，涉笔成趣，写尽香港的世态人情。从介绍"芬芳港"的缘起，"香港人"的

---

① 编者注：《香港，香港……》一书作者是原香港《新晚报》总编辑、1982年初因故滞京十年的罗孚先生。参见本书"念罗孚叔"一章。

组成，香港与母土千丝万缕的联系，香港的中国心、思乡情，香港的世界第一，香港的亿万富翁，乃至它的银行多过米铺，它的跨国黑社会，它的"凤楼"和"别墅"，它的女强人和女佣，它的衣食住行，它的大学和大学生，它的现代化和"风水"迷信，形形色色的风土人物，光怪陆离的社会现象，都不难在这本书里找到，堪称一本包罗万象的"香港小百科"。北京三联的"老总"刚刚看完原稿，就去香港公干，回来后无限感慨："第一次去香港，幸喜先看了这本书。我对什么都不感陌生，别人奇怪我怎么晓得那么多……"哈，一个编辑的梦想终成现实！

书写出来了，却为它的"正名"颇费斟酌。最后拟了三个书名请教于聂老（绀弩），聂老大笔一挥圈定《香港，香港……》，还嘱咐一个逗号，一个省略号，决不容含糊，取意犹未尽也！并辗转托请香港的欧阳乃霑先生画来插图，更是锦上添花。以至在出版业不景气时的征订数亦很不弱。一本小书包含着多少人的心血啊！

《香港，香港……》的出版发行，给编者、作者及其众多的友人带来了少有的欢欣，也为"宽松""和谐"做了最好的注释。内地读者反映颇佳，虽然是"仁者见仁，智者见智"，有喜欢装帧设计的，有欣赏插图的，有称赞文章内容的，也有"全面肯定"的。香港读者有嫌资料过多的。但是，引用资料丰富翔实，正是此书的一大特点，当然由此也容易"时过境迁"。比如书中的《"金鱼缸"狂潮》一节，据说已成"旧景"。现在，人们不必再蜂拥在四面玻璃的股票交易所里充当"金鱼"了，只要舒舒服服地坐在自己的客厅或办公楼里，消消停停地操纵电脑就行了。还有《菲律宾女佣》已不止书中写的两万多，时隔年许，"菲佣"已增至三万多了……诸如此类，如果细心找找可能还有。

好在《香港，香港……》在首篇文末及终篇文末均注有写作时间，足资考究，总之一切想了解香港或有机会去香港工作或旅游的内地人，以及身居香港而"当局者迷"的读者朋友们，建议请读读北京三联书店最新出版的《香港，香港……》吧！

原载（香港）《新晚报》1987年1月22日

罗念生与《希腊罗马散文选》

古希腊、罗马文学中，最早繁荣的是史诗、抒情诗。散文发轫稍晚于诗，却也斐然可观。现存的古希腊、罗马散文有好几千万字，要比诗歌多许多倍，称得上源远流长，洋洋大观，实在值得介绍、研究。

组成古希腊散文的重要成分是演说辞，分政治演说、诉讼演说和典礼演说。古希腊城邦奴隶民主政治的确立和发展，为演说的繁荣提供了温床。罗念生老先生编译的《希腊罗马散文选》，选译了伊索格拉底的《泛希腊集会辞》、狄摩西尼的《第三篇反腓力辞》、西塞罗的《第一篇控告卡提利那辞》，这是三位大演说家的最佳政治演说辞。狄摩西尼先后发表过三篇反腓力辞，其中《第三篇反腓力辞》最为雄辩、感人，亦被西塞罗及后世用来称呼痛斥对手的精彩演说。

罗念生《希腊罗马散文选》。湖南人民出版社，1985年6月。（资料照片）

该书还收进了古罗马著名政治家、演说家和作家西塞罗的《论老年》。西塞罗从清心寡欲的伦理观点出发，以安享老年为题，写了这篇万古长新的文艺性哲学著作。文章认为老年将无所作为是毫无根据的，并列举了许多生动的例证。说"时、日、月、年都会逝去，唯有道德和善行的果实长久留存"，又说"最适合老年的养身之道莫过于研究学问和培养美德"。劝人不要害怕步入老年："如果一个人真能做到求得知识和学问如同获得食物一般，那么没有什么比闲逸的老年时期更令人愉快了。"还劝老人不要害怕死亡，说"老年人的死是生命的成熟""贪求一切的人才贪生"。形容老年人的死是"成熟的果实自行落下"，是"远航之后，望见了陆地，终于可以进港泊岸了"。这些诗一样的警句，即使在两千多年后的今天，读来仍觉清新扑面，不失其现实意义。

琉善的《摆渡——僭主》是一篇机智隽永、妙趣横生的讽刺文。作者把自己对当时社会的怨愤不满，在这篇类似神话又像寓言的文章里痛快淋漓地发泄出来。对那个无恶不作、恶贯满盈的最高统治者——僭主，进行了无情的鞭笞，而对那个善良本分的鞋匠弥库罗斯，却写得风趣可爱，妙语连珠。《摆渡——僭主》既代表了作者琉善的典型风格，也代表了译者罗念生老先生的风格为人，这位在文坛上活跃了一个花甲子的希腊文学专家，虽已逾八旬之年，仍壮心不已，编撰不息。

去年三月及五月①，中央戏剧学院上演了他翻译的二十场古希腊索福克勒斯的著名悲剧《俄狄浦斯王》，忠实地再现了古希腊悲剧精神，获得国内外好评，使罗老五十年夙愿得偿。现在，老当益壮的罗老还在为三联书店编译亚里士多德的《修辞学》和《希腊漫话》。他正废寝忘食地工作着，为促进中希文化的交流而努力。

原载《瞭望周刊》1987 年第 3 期

---

① 编者注：即 1986 年。

两本别致的回忆录

——读《旧巢痕》与《难忘的影子》

著名诗人、翻译家、南亚文化研究家、印度梵文专家金克木教授，近年来时常以他轻灵隽永的笔触，在报纸杂志上发表文章，每有惊世骇俗的独到见解。这位年逾古稀的老人，身居斗室，终日与书报为伍，广采博览，思想极为活跃，谈锋尤健，对青年一代更是关怀备至。你若登门求教，他便不惜放下手头工作，与你竟日长谈，使你如闻天籁，记不胜记（他不让录音），满载而归。对于各方约稿，他也竭力予以满足，而且涉笔成趣，说理透彻，很能吸引青年读者。

他虽已年逾古稀，却童心未泯，追求"新潮"，为人为文，不落俗套，连回忆录也写得与众不同。最近出版的《旧巢痕》，就是金老先生写的一部颇为别致的小说体回忆录。是书为避自我吹嘘之嫌，隐去真名（恕笔者冒昧"泄密"），以第三人称手法，通过一个天真无邪的小孩子的眼睛，将一个知识分子小官僚家庭的衰落、分化，逼真地勾勒出来，而将整个社会及那个时代的风云变幻，推成一幅朦朦胧胧的远景，虚虚实实、庄谐并寓地描画出上承晚清，下接"五四"的中国社会之一隅的习俗风貌。小孩子苦乐参差的识字生涯，不同阶层、各种地位的旧式妇女的痛苦命运，旧时代知识分子的辛酸坎坷，以及江南乡村的节庆酬酢、婚丧礼仪等等，均如电影一样生动地展现在读者面前，具有浓郁的生活气息和地道的乡土风味。

一个大家庭，就是一个小社会。《旧巢痕》记录的这个家庭的衰败和变迁，揭示的却是整个封建社会、封建制度和传统不能不变迁，不能不衰败的真理。小主人公所见所闻的人情风俗、家庭琐事，所受的传统家庭教育，以及那悠远的隐含淡淡哀愁与甜蜜的回忆，不难引起中老年读者的回忆和共鸣。而这些对于现代青年，则像隔世传说，也不乏吸引力。对于那些学习、研究中国近代史、中国家庭史和社会学的专门家和爱好者，也是一本颇有价值的参考书。

继《旧巢痕》之后，金克木先生又用他那略带诙谐的笔触，向读者捧出了他"重现青春"的新作——《难忘的影子》。

金克木《旧巢痕》。三联书店，1985年12月。（资料照片）

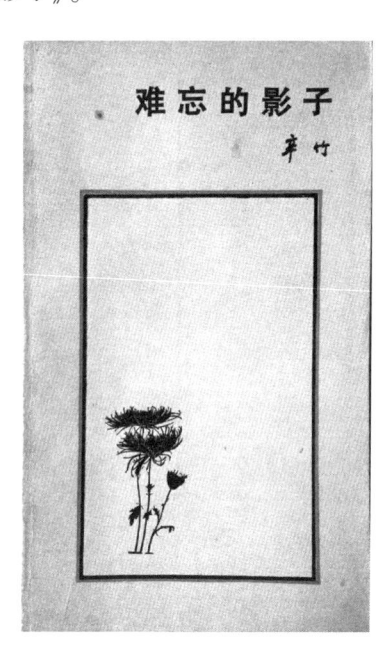

金克木《难忘的影子》。三联书店，1985年12月。（资料照片）

那个《旧巢痕》中的"小孩子"，在这里已长成一个能招来少女青睐的小青年。随着时代的跳荡，他离开了那个已经分崩离析的封建大家庭，独立出外求学谋生，开始了艰苦的自学生涯和对人生的上下求索。他整日奔波于图书馆和不像大学的大学之间，向社会，向人生，向各类学者学习社会科学和自然科学知识，也向各色人等学习做人的道理和糊口谋生的本事，在困境中完成了自我成长与自我教育的过程。作者日后的成就，证明了只要肯吃苦，肯学习，又能认准目标，坚持不懈地努办，就会有所成功。

关于从大革命失败后到"九一八"事变前夕的一段回忆，虽然写了些寻常小事，却也反映了那个大时代中，社会一角的风貌，以及当时北京一些大学的许多不大为人所知的实际情形。

至今很少有人写这类"过去的微末"。这些在今天看来如同虚构的真人真事，是否能如书名一样成为"难忘的影子"呢？读过此书之后，诸君自可做出判断。

原载《瞭望周刊》1987 年第 5 期

搬来了一座奥林匹斯山

——读《罗念生全集》

有学者称,《罗念生全集》的编成出版,"像是中国文化大地上搬来了一座希腊群神聚居的奥林匹斯山一样"。

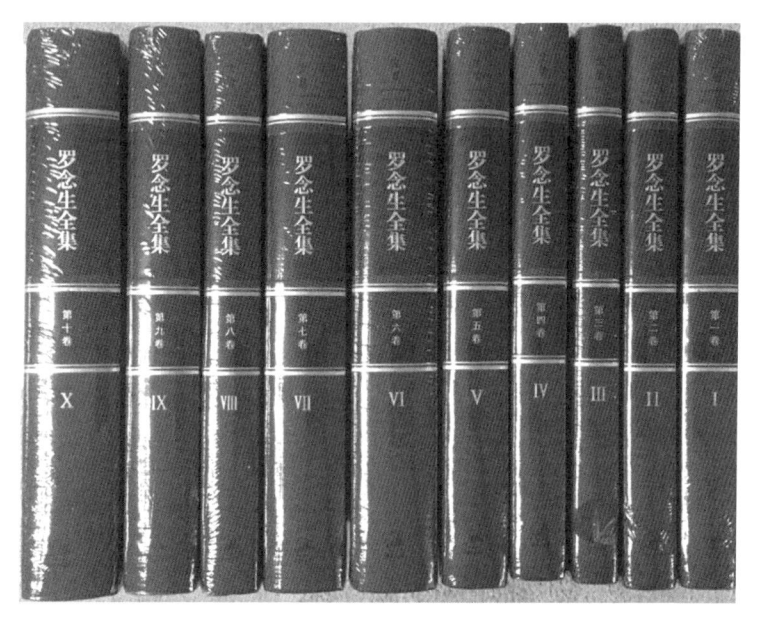

《罗念生全集》(十卷本)。上海人民出版社,2004年6月初版。此为2016年增订典藏版。(资料照片)

诚如所言:这座聚居着古希腊先哲文论泰斗亚里士多德、古希腊"悲剧之父"埃斯库罗斯、以戏剧技巧完美享誉后世的索福克勒斯、将古希腊悲剧平民化从而影响和推进欧洲戏剧发展的欧里庇得斯、古希腊最负盛名的喜剧大师阿里斯托芬还有史诗鼻祖荷马、永不言败的著名演说家吕西阿斯、伊索格拉底、狄摩西尼以及著名传记作家普卢塔克、讽刺散文大家琉善等十数位希腊文艺"众神"的"奥林匹斯山",即将在中国文化大地上大放异彩了。

《罗念生全集》共10卷,这是罗老半个多世纪辛勤笔耕的丰硕成果。前六卷为罗老研究翻译古希腊文艺经典之集萃,特别值得一提的是第一卷内的《修辞学》,是我国第一个从古希腊语直接翻译的中文译本。译笔之生动风趣出人意表,可读性极强,弥足珍贵。可惜老骥奋蹄而天不假年,罗老拼命与癌魔争分夺秒,也没能译完《伊利亚特》……

罗老自1933年留美第一次由古希腊文译出欧里庇斯的《伊菲革涅亚在陶洛人里》伊始,便与这世界上最早最古老的戏剧结下了不解之缘,嗣后先后翻译了18部不朽名剧。罗老自幼受到良好的传统教育,国学根底深厚,又天生一支散淡清奇的抒情文笔,为他日后弃工从文,终生译著打下了坚实的基础。罗老的文艺理论也难逃希腊情结,多是他研究古希腊戏剧、诗歌、散文及雕塑艺术的成果。他的文论写得跟散文一样优美动人,引人入胜。他讲希腊悲剧就告诉你,所谓希腊悲剧其实并不悲,而着意在严肃。随即给你讲一个雅典悲剧诗人佛律尼科斯,因其所作历史剧《米利都的陷落》公演时,引起全场观众感动流泪,而被罚款一千希腊币的故事。以现代观点看,演悲剧而能赚观众的眼泪不是应该受奖吗?这说明剧本优秀,表演也成功到位呀!而在古希腊却要受罚,因为违背了悲剧的基本要素——严肃!罗老论诗、论古希腊雕塑及古希腊罗马文学作品等等,都是这样以一个个生动有趣的小故事夹叙夹议,深入浅出略加圈点说明,就"润物细无声"地把文艺理论传输给了读者。有兴趣者不妨读读第八卷,领略罗老文论的高明意趣。

罗老的散文平易、清奇,写人状物幽默调侃,活灵活现,又透着诚实稳健,充满生活情趣,曾被散文圣手朱自清、朱湘等赞为"清新有奇气"。第九卷内的《芙蓉城》所描画的"天府之国农家乐"图,就向读者透露着这样的信息……

罗老的诗朴实无华中深潜隽永的人生感悟和生活哲理,不仅音韵叮咛如小河流水,那形象之生动清冽更是令人过目难忘。对于罗老似乎无事无物不可入诗,一张普普通通的川菜谱被他随手拈来,变成了一首有滋有味的谐谑诗……若不是希腊情结把他缠夹在如天书、贝叶的古希腊经典中苦苦耕耘而心无旁骛，无暇纵情诗文，我相信中国文坛会崛起一位卓尔不凡的诗人兼散文家。

《罗念生全集》的编纂问世，堪称一项文化工程，而价值不菲，意义不小。它是迄今为止收集罗老一生著译最齐全、最完整、也最精当的版本。它为文艺爱好者，古希腊罗马文明研究者，提供了一座可供博览、探索、攀登的奥林匹斯山。

原载《光明日报》2004年7月7日

留一缕文脉在书中相遇

——《谈笑有鸿儒》编后记

蒙　宪

一、缘起

2011年上旬，老总交来一部书稿，署名："×××口述，周健强采访撰写"。这是我第一次得知周健强这个名字。

翌年（2012年）2月，为庆贺原香港《新晚报》（隶属中资的香港《大公报》）总编辑罗孚老九十二岁大寿，在香港铜锣湾一酒家设宴庆贺，参加者大多是罗孚先生亲朋故旧和香港传媒出版界的旧雨新知。我随《明报月刊》总编辑潘耀明先生赴宴。进得大厅，只见人头攒动，而主宾席处围着不少人，趋前才知，原来是早已封笔隐居的金庸先生伉俪赫然列席，与罗孚老同座，不少人前去问候。作为当年促成金庸、梁羽生撰写新武侠小说从而掀起一股新武侠小说热潮的重要推手，罗孚老名声地位可窥一斑。

我在主宾席旁桌见到了本书作者周健强——后来才知，她与罗孚老一家关系很好，获邀南下贺寿。

这是我们第一次谋面。

第二天，我到她们下榻的港岛北角城市花园酒店拜访。同属出版行业，话很投机。我称呼她周大姐。同一房间还有另外一位女士，周大姐介绍她叫姚锡佩，是北京鲁迅博物馆的研究馆员，一同获邀前来祝寿。当时觉得这个名字似乎在哪里听过——后来才知，她和中国著名译制片配音演员姚锡娟是同胞姐妹。

从隔空编稿到对坐面谈,我与周健强的相识又进一步。

此后,一南一北,我和周健强大姐时有电话往来。闲聊中,我得知她曾经在报刊发表了不少记述与老一辈文化名家往来的文章;后来看了她寄来的几篇复印件,很惊讶她所撰文章的细节翔实,文字灵动,人物对话活灵活现如在眼前,不禁佩服她的记忆力和笔头功夫。她谦虚说是得力于访谈时笔录,回去后补记,再加上访谈时大都带上录音机,不难整理成文。她还告诉我,因为先后任职人民文学出版社、三联书店,是专责传记、回忆录等文史选题的编辑,尤其是为聂绀弩先生担任助手兼秘书的近七年里,有机会接触到当时中国文学乃至文史领域的很多名家,她又勤于动笔,陆陆续续就写满了好几本日记,也发表了不少访谈文章。

出于职业习惯,我马上意识到:这是一笔很有文献史料价值的文学文史资料,是一个值得整理出版的好选题。我向她提议:应该把这些文字记录整理成册结集出版,给学界研究,供史料积累。周大姐对此颇有兴趣,应允好好规划整理一下。

不日她们返京。

此议慢慢淡了下来。

时日匆匆,一晃十年。

世纪疫情施虐全球,生活节奏突变,有了更从容的时间,整理资料翻看笔记让我瞬间想起这个几乎快要遗忘的选题。一番辗转,重新联系上了周大姐,也重启了这个选题。

二、了解

直到真正开始全面整理周健强大姐的文稿资料,我才逐渐对她有了更多的了解。

她出生自湖南长沙一个书香之家,四姐妹里除了大姐从医,其余都从事编辑出版工作,二姐在体育出版社,三姐在商务印书馆。她自小聪慧,四岁发蒙。渐长,尤喜文学。先在北京一家国营工厂当绘图员,后调到总工程师办公室。因缘际会结识了聂绀弩、周颖夫妻,抽调到人民文学出版社,给聂绀弩先生当助手兼秘书,为其整理回忆录、文稿等。她热心谦逊勤勉敬业,得到聂绀弩先生及其一众文友赞赏指点，因在姐妹中行四，这些文坛前辈大多昵称她"四姑娘"。

后来她调到（北京）三联书店，专责传记、回忆录等文史类书稿选题，所经手策划、组稿、编辑的不乏中国当代文坛名家专著（按出版时序择要例举）：聂绀弩《散宜生诗》、高旅《持故小集》、罗念生《二罗一柳忆朱湘》、胡愈之《怀逝者》、辛竹（金克木）《旧巢痕》《难忘的影子》、柳苏（罗孚）《香港，香港……》《香港文坛剪影》、叶灵凤《读书随笔》（一、二、三集）、庞熏琹《就是这样走过来的》、郁达夫《郁达夫海外文集》、徐城北《梅兰芳与二十世纪》、赵家璧《文坛故旧录：编辑忆旧》、舒济《老舍和朋友们》、范用《我爱穆源》、丁聪《丁聪漫画系列》等等。作者中不乏中国编辑出版界的元老和名家。

她在兢兢业业"替他人作嫁衣"之余，也见缝插针"为自己缝锦裳"，以"四强""季强""翊云""湘绯"等笔名撰写发表数十万字访谈和书评，还撰著《颐和园的故事》（1986）、《聂绀弩传》（1987）、《聂绀弩还活着》（合著/1990）、《无缘情结》（1993）、《阴曹地府鬼神谱》（合著/1995）、《聂绀弩自述》（1998），以及采访撰写了《我和末代皇帝溥仪的婚姻》（2011）等书籍。

周健强采写的《我和末代皇帝的婚姻》，大山文化出版社，2011 - 11（资料照片）

同时她还是《胡愈之文集》（六卷本）、《聂绀弩全集》（十卷本）、《罗念生全集》（十卷本）、《热点丛书》等全集和丛书的编委、责编；她还和她的两位同行姐姐一起策划组稿编撰出版了《华夏妇女名人词典》《中华成语熟语辞海》等大型工具书，并担任副主编或编委。

三、点题

回想起来，这个选题已是十年前的刍议了。

作者当年亲炙访谈的那一代中国文史前辈，他们中大多数的名字和作品都以文本的形式在我当年大学的课业中出现过。此刻整理这些记录描写他们的文字，既像温习也是补课，让我得以从另外的视角了解了立体鲜活的他们，丰富了我记忆中的人文影像。他们当中不少还是出版界的前辈名家，我在整理时自有一种莫名的亲近感。这些名家及其作品能流传下来，那都是经过多少磨砺，前承于史，后传于世，方能积淀成经典。想象着这些文化先贤的人生际遇，益觉文史资料整理承继的重要和迫切①。

在我国文史图书编辑出版领域，尤其是政协系统，有一个广为人知而又简明易懂的指引：所撰文稿宜"亲历、亲见、亲闻"，俗称"三亲"原则。此说之客观、科学且合理，我们不妨将其延伸扩展至更广的图书选题范围。

譬如本书。

《谈笑有鸿儒》所访谈采写人物大多享誉中国现当代文化学术领域，可谓群星璀璨（排名不分先后）：胡愈之+沈兹九、聂绀弩、罗孚、胡风+梅志、冯雪峰、夏衍、周而复、楼适夷、柳无忌、沈从文、丁玲、冰心、丁聪、启功、吴祖光、赵家璧、朱仲丽、黄苗子、金克木、邵燕祥、钟敬文、徐梵澄、罗念生、舒芜、范用、牛汉、高旅、萧赛、林海音、钟期荣+胡鸿烈等等，他们在各自领域里出类拔萃，声名卓著，对中国文学、中华文化乃至世界文明均建树不菲；随着他们已先后离世，这本如实记录他们专业成就、特殊贡献乃至言谈举止的访谈，更具有不可再生、不可复制的珍贵史料价值。其中

---

① 编者注：2022年6月下旬，全国政协文史工作座谈会的闭幕会上，全国政协主席汪洋发表讲话时强调："文史工作从以抢救挖掘为主向抢救挖掘与做好经常性文史工作并重转变，从重视史料征集向更加重视史料研究、利用转变。"

有些更是独家首次披露。

与同类书籍相比，《谈笑有鸿儒》与众不同之处至少有三：

首先，形式上一如人物访谈一问一答，但是因了作者大方不拘的个性，访谈时轻松随意，宛如闲话家常，令被访者不时流露出平日不易多见的真性情一面；

其次，由于作者是知名出版社专责文史传记、回忆录等选题的资深编辑，书中不少被访者是她的作者，因编校书稿交往频繁而了解日深，使得访谈文章多了对书对人的深层挖掘和展现；

最后，作者身为聂绀弩先生助手兼秘书的私淑弟子身份，又使得她和聂的友人、同事等不少文坛前辈结为忘年交；可遇不可求的私谊浸润，令访谈少了寒暄，直窥堂奥，无不使她笔端生花，言辞鲜活，访谈文章更丰繁立体，细节突出而独具特色（以上诸点在作者日记中尤甚）。

从胡愈之先生的例子可窥一斑。

1983年周健强曾经随中国著名出版家、国家出版委员会前秘书长王仿子先生拜访胡愈老，经过他们极力建议再加上胡愈老夫人沈兹九女史一再劝说下，胡愈老终于同意：他亲自口述自己的经历，由周健强负责记录整理发表。

1984年8月，胡愈老在他的《怀逝者》一书"后记"里专门提道："……三联书店周健强同志找了在南洋和国内的许多旧报纸，才编成了这本小书，我要代表读者感谢她。"

周健强大姐对此曾不无感慨：翻古谈往是老年人的"专利"；回忆那些无愧于今天的可贵经历，更是老年人的慰藉。而我觉得发掘他们珍贵的记忆宝库，是和抢救历史文物同等重要的工作。[②]

当我着手整理周大姐这些资料并逐渐深入时，想到从她三十多年前的"感慨"到现在又过去了这么多年，我对她的感慨更是感同身受。

这也让我想起几年前，为本书赐序的香港作家联会会长潘耀明先生曾先后在香港城市大学和香港浸会大学举办《现代文人书画手札特展》和《现当代名作家手稿书画展》，展示了数十年来他同中国众多现代文学名家交往所累积收藏的书信、绘画、题签等墨宝。布展前我参与《展览特刊》的编辑出版，

---

② 编者注：参见本书《引曙光于世 播佳种在田——访胡愈之先生》一文。

感觉就像一次同时旁听三十多位大师坐而论道（排名不分先后）：艾青、冰心、叶圣陶、茅盾、俞平伯、巴金、钱钟书、萧军、吴祖光、汪曾祺、老舍、萧乾、夏志清、曹禺、秦牧、沈从文、丁玲，以及金庸等。后来潘先生将这些墨宝加上他自己数十年的研究感悟整理结集成《这情感仍会在你心中流动》一书，于2021年5月由作家出版社出版，为我们保留下一批珍贵的名家文史资料。

与此相同的是一本出版于香港的《新文学家回想录》，初版于1977年，作者是香港早期专栏作家程靖宇先生（本名程绥楚，以字行）。2021年初重新再版，我当责编。那也是一本"三亲"型文集，程靖宇先生在书中回忆了他当年求学期间以及之后同数十位中国近现代学术文化巨擘如：周作人、冯友兰、老舍、辜鸿铭、赵元任、冰心、朱光潜、沈从文、梁实秋、徐志摩、陈衡哲、曹禺、胡适等人的亲历交往。其中，他在香港替胡适先生买书寄去台湾、求学期间陈衡哲女史（中国第一位女教授）对他的特别关爱指点、他的一篇论及"民国第一外交家"顾维钧的妻子唐宝玥的专栏文章引起其女儿顾菊珍从美国来信勘误等等，这些信函日记等第一手资料更加深了我对书信日记访谈文史类图书选题的痴迷。

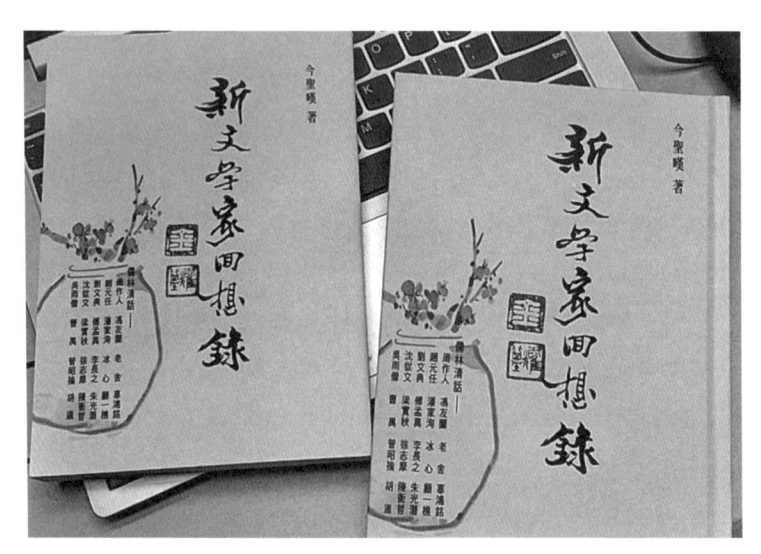

金耀基教授题签的《新文学家回想录》封面书影（资料照片）

而为本书题签书名的香港中文大学前校长金耀基教授也有一本类似的结

集:《有缘有幸同斯世》,广东人民出版社 2018 年 9 月出版。书中,金教授除了回忆父亲,还为读者讲述了他大半生所亲炙交往的师友,其中王云五、钱穆、徐复观、李约瑟、狄培理、朱光潜、小川环树、李卓敏、马临、费孝通、刘述先、孙国栋、逯耀东、李亦园等均为那时一时无两、建树丰硕的一流学者;而李卓敏、马临更是他的前任:香港中文大学的最初两任校长。这些著名的文化人都和金耀基有学术上的交往。金教授感慨系之:"他们每一个都曾为这个世界增添光辉与温情,他们更都使我的生命意义变得充盈、丰实,我之能与他们'同生斯世'不只'有缘',更属'有幸',真的是'有缘有幸同斯世'。"

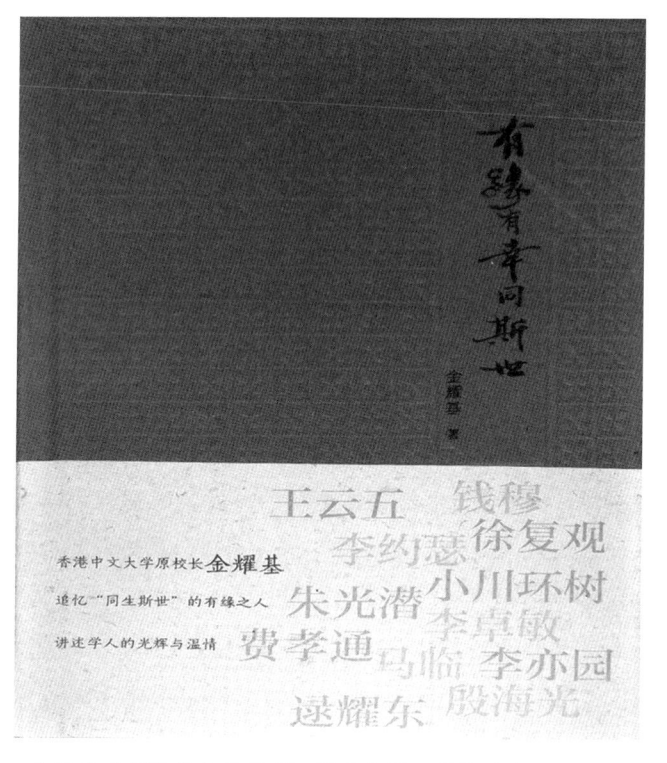

金耀基《有缘有幸同斯世》封面书影(资料照片)

行文至此,这两句"佛谒"自然在脑子里闪现:山川异域,风月同天——我生也晚却又何其有幸,竟在不经意间先后编辑(或阅读)并在几本内容虽异、主旨相近的"三亲"型文史书中亲炙了中国现当代一众大名鼎鼎、享誉中外的文化先贤。

《谈笑有鸿儒》这一类"三亲"型文史人物访谈书籍，每一位亲历者和作者都从各自不同的经历和视角描述记录下那个时代丰富真实的人文影像的一面；如同一片片散落四处的史料碎片，经过专业严谨的搜集整理结集成册，为后人勾勒展现出一部全面立体的信史、一幅文史全景图而奠下一砖一瓦的基石。随着时间推移，这类文学文史领域名人的纪实性图书会为中国文史资料库增添极其珍贵的文献资料，也为学界后人对这些文坛前辈的作品进行文本研究时提供珍贵而立体丰富的旁证材料，更为中华文化建设和传承积累贡献绵薄。

四、缘分

在整理周健强大姐的文稿资料时得知，她不仅曾经是民盟盟员，还是民盟人民出版社支部委员；她采写了多篇既是民盟先驱又是出版元老的胡愈之先生（及其夫人沈兹九女史）的文章，还践诺为胡愈老的口述记录整理并发表了许多珍贵的回忆史料。

至于我，最早只是知道民盟以高级知识分子居多而闻名。在同群言出版社总编辑助理孙平平女士（时为总编室主任）沟通交流中，终于有一天，"民盟"二字激活我的记忆：我曾经搜集的家族史料中，买的两本书里都提及，家父当年（1947 年）还在国立广西大学读书时，参加了由广西大学中共支部和民盟组织领导的学生爱国民主运动，因此和其他进步学运分子一起被当时新桂系军政府通缉："……伪广西省保安司令部武装人员到广西大学宣布学生运动的主要人物魏光陶、陈明、蒙方治、丘冠才等 11 人为民盟分子，责令他们到伪省保安司令部登记自首，停止其一切活动，否则'生命不能保障'。"③

后来又得知，家族中还有几位前辈都是老民盟成员。

"浮云游子意，落日故人情。"太白诗仙此句，正暗合我心意。本书最后选择在民盟的群言出版社出版，不仅仅是巧合。

---

③ 编者注：见《南方民盟历史》和冶钢文："解放前广西大学盟员革命活动的回忆"，1991 年 3 月内部出版；及《风雨十七年——广西大学革命斗争史料》（1936～1953），广西师范大学出版社 1998 年 9 月出版。

五、鸣谢

首先我感谢周健强大姐对我的信任！——我们可谓萍水相逢，开始只是一本书的作者和编辑的数面之交，其间还一度中断了联系。后来她接受了我的策划建议，慨然把她的有关图文资料全权委托我来处理。整理中对于我的不断查询请教，她都尽可能有问必答；对于我在整理编排上的计划或调整，她都理解并认同，放手让我操作。而周大姐儿子焦述强先生除了替他母亲处理诸如寻找材料、翻拍照片、邮寄书刊等相关烦琐事务外，更给予了有力支持。

接着我要特别感谢为本书赐序的原明报出版社总编辑兼总经理潘耀明先生。他是我的前上司，在图书出版编辑业务上，给予我诸多实用技能指点和信任，使我从一个曾经在内地大学出版社偏重选题内容文字的编辑，很快成长过渡为适应高度商业化环境，不仅需要策划选题关注编务，更需要熟悉整个出版流程并懂得经营管理的出版人。去年（2021 年）5 月，潘先生在作家出版社出版的《这情感仍会在你的心中流动》一书（参见潘先生序文插图），是潘先生几十年来研究中国内地现代文学及其作家，倾力协助向港澳台及海外推广宣传中国现代文学作家作品的扛鼎之作。潘著与本书主旨相近，两书所论及之文史名家也有重合。因此，潘先生百忙中慨然应允为本书赐序。

罗海雷先生是罗孚先生的小儿子，罗周两家关系甚笃。谢谢他这个理工男写出了这篇精彩的讲述罗周两家交往点滴的回忆，无疑为现代文学研究补上珍贵的旁白。2014 年 5 月 2 日，罗孚老离世几天后，我们通力合作在一个月内就整理结集出版了他父亲厚厚一大本文集，令我记忆犹新。

我还要感谢为本书题签书名的香港中文大学前校长金耀基教授。金先生耄耋之年，笔锋睿智力透纸背。2021 年初程靖宇先生的《新文学家回想录》再版，书名就是金教授题赐。同时更要感谢为此请托的香港著名作家、香港《武侠世界》杂志社最后一任社长、近年专注于香港文坛掌故的沈西城先生。

至于群言出版社总编辑助理孙平平女士，在我的出版生涯记忆里，像她那样对选题的敏感和专业判断，沟通中所体现出来的策划能力和灵活应变，令我印象深刻。而年轻的责任编辑宋盈锡老师在具体的编校中付出了认真细致的劳作。本书人物事件繁多纷杂，所处时空背景对她们而言想必会显得遥远而模糊。把这样一部有一定史料分量的书稿能够合乎出版标准并保证质量地付梓面世，不难想见她们所具备的出色的专业能力、编校水平和辛劳努力。

最后，著名作家张平老师、范智红老师、刘剑梅教授和吕宁思总编辑诸君的联袂推荐，高屋建瓴，要言不烦——我们心存感激！

我深知，无论是赐序师友、题签前辈还是力荐诸君，无论是策划编校还是审批决定，凡是参与到本书的每一个人，一定是感知到了书中这些中国文史名宿的拳拳之心，一定是与他们所承继传播的中华文明起了共鸣，一定是感佩于作者的如实可贵的记录。

这一切都令本书锦上添花。

六、余绪

曾经，作者书中所访谈的文坛先贤们用文字（和图画）记录了他们的时代，为历史留下珍贵的吉光片羽；如今，他们已先后隐入历史，那个时代正渐渐远去。

幸好，他们留下一缕文脉，在书中与后人相遇。

书在。

史存。

文脉续。

后人方可期……

2022 年 10 月 23 日

附注：

突接本书作者周健强大姐儿子焦先生告知，他母亲不久前于凌晨 4 点多钟在睡眠中安详离世！

我瞬间错愕！接着心情跌落谷底，满脑子的懊丧和内疚：要是我早一点启动这个项目或者我再加快节奏，结局不应该这样！

我知道周大姐年纪大了，身体抱恙，之前她曾担心恐怕看不到新书问世，我安慰她，一定能看到！

不曾想，此时选题已定，书稿将送审，不久就可付梓，她却匆匆离去，没能亲见自己的访谈文集面世，没能亲嗅新书的油墨馨香，诚不令人遗憾、扼腕!?

　　大姐：倘泉下有知，我要向您最后再道一声感谢！感谢您对我的信任，感谢您为后人留下这一缕有价值的文脉。

　　此书面世日，便是祭君时！

　　大姐：愿您安息！

蒙宪敬上

2023 年 1 月 28 日